基礎英文問題精講

4訂版

中原道喜 著

宇佐美光昭 補訂

別冊

JN041755

旺文社

目次

構文編例題
英文分析

構文編例題の英文分析

本冊の構文編例題1〜50の英文の構造を分析したものである。

本書で使用する記号

S…主語　　V…述語動詞　　O…目的語

C…補語　　adv…副詞

(S), (V), (O), (C), (adv)…(to)不定詞句, 動名詞句, 分詞句内の各要素の機能を示す

S', S'', S''' の「'」…節や句の階層を示す

真S…真主語

仮S…仮[形式]主語

青色…主節の要素

黒色…従属節や句のなかの要素

[　]【　】…節または句のかたまり

節……節のかたまり（原則として従属節）

等接…等位接続詞

関節…関係詞節

疑節…疑問詞節

❶, ❷, ❸…並列関係にある要素

Ⓐ, Ⓑ…相関関係にある要素

▨▨▨▨…英文中で省略されている要素

└─＝─┘…同格関係または非制限用法の関係詞節と先行詞

問題・解説 ● 本冊 p.30

1 adv In Japan, s tattoos v are associated adv with organized crime groups, 等接 and s many public institutions v refuse o [people [関節 who s' ___ v have o' them]] adv [as a way [to (v') keep (o') gangsters out]].

2 s Most Japanese onsen operators v are adv apparently c [unaware [of the role of tattoos in some cultures]]. …

3 adv In 2013, s the issue v gained o a lot of media attention adv [節 after s' a Maori woman v' was not allowed [to (v") enter (o") a public bath (adv") in Hokkaido] adv' [because of her traditional face tattoos]].

2

問題・解説 ● 本冊 p.32

1 v Respect o your rhythms.

2 adv [節 If s' you v' want o' more output adv' from a machine or a computer], s you adv just v run o it adv for more hours, 等接 and 仮s it v 's c tempting 真s [to (v') assume (o') [節 that s" humans v" are c" the same]].

3 等接 But adv in fact, s we v 're c creatures of rhythm: s [two hours of intense work, [関節 when s' you v' 're c' at your most focused and refreshed]], v can be c vastly more productive adv [節 than s' [six hours [関節 when s" you v" 're feeling c" tired]] (is x-much productive)].

3

問題・解説 ● 本冊 p.34

1 s Parents v are most likely to be c Digital Immigrants 等接 and s their children v (are most likely to be) c Digital Natives.

2 _sThe former _vare still learning _othe enormous potential of these technologies _{adv}in adulthood, _{adv}[_節while _{s'}the latter _{v'}have known _{o'}nothing else].

3 _sThis cultural divide _{adv}often _vmakes _{仮o}it _chard _{真o}[for _(s')parents to _(v')know _(o')[_{疑節}how best to _(v")approach _(o")[situations [_{関節}that _{s'"}they _{adv'"}intuitively _{v'"}perceive _{o'"}___ _{c'"}to be a problem]], [such as seemingly excessive time [spent on computer-based activities]] _(adv")(how best)]]; _{adv}meanwhile _schildren _vmay feel _c[❶misunderstood and ❷impatient with [views [_{関節}(which / that) _{s'}they _{v'}regard _{o'} _{c'}[as ❶inappropriate and ❷outdated for present-day life]]]].

▶ **3**-3行目　such as … activities は situations を説明する。

▶ **3**-4行目　疑問詞を含む句 how best の空所が節の末位に現れる。

4

問題・解説 ◉ 本冊 p.36

1 _{adv}Then again, _{adv}perhaps _sthe Digital Native _vdoesn't actually exist _{adv}after all.

2 _s[Neil Selwyn, [of the Institute of Education in London]], _vargues _o[_節that ❶[_{s'}the current generation _{v'}is _{adv'}actually _{c'}[no different [from preceding ones]]]: ❷[_{s'}young people _{v'}are not _{c'}[hardwired [to _(v")have _(o")unprecedented brains]]]].

3 _{adv}Rather, _smany young people _vare using _otechnology _{adv}[in a far more ❶sporadic, ❷passive, ❸solitary and, above all, ❹unspectacular way] _{adv}[_節than _{s'}[❶the hype of the blogosphere and ❷zealous proponents of cyberculture] _{v'}might have _{o'}us _{c'}[_(v")believe _{((o")}[that they are using technology in a x-much sporadic, passive, solitary and above all, unspectacular way])]].

5

1 _SScreams _Vare _C[❶unmistakable, ❷universally recognizable as distress calls].

2 _SA new study _Vhas found _O[_節that _{S'}all human screams _{V'}are made _{adv'}in a particular way].

3 "_SWe _Vasked _{O1}ourselves _{O2}[_{疑節}what _{S'} _{V'}makes _{O'}a scream _{C'}a scream]," _Vsaid _Sa researcher.

4 "_SIt _Visn't _C[_節that _{S'}it _{V'}is _{adv'}always _{C'}[❶loud, ❷high-pitched or ❸shrill]]."

▶**3** **4** "We asked ... a scream a scream," と "It isn't that ... or shrill." は said の目的語であるが，分析図が煩雑になるのを避けるため，独立した主節として分析されている。

6

1 _S[People [_{関節}who _{S'} _{V'}live through _{O'}life-threatening situations]] _{adv}sometimes _Vdescribe _O[a ❶calming presence or ❷guiding voice [_{関節}that _{S'} _{V'}helps _{O'}them _{C'}survive]].

2 _SPeople _Vhave described _Othis experience _Cas an "imaginary shadow person."

3 _SIt _Vis also known _Cas the "Third Man" syndrome. ...

4 _SSeveral conditions _Vseem to produce _OThird Man experiences.

5 _{adv}For example, _San explorer _Vcan be affected _{adv}mentally _{adv}[after [days of [_(V')walking _(adv')through the snowy environment of Antarctica]]].

6 _S[The terrible winds and never-ending whiteness] _Vmay lead _Omany polar explorers _Cto [_(V')have _(O')visions of other people]]. ...

7

1 ₛ[Locations [associated with ❶famous assassinations, ❷murders or ❸tragic accidents]] ᵥattract ₒtourists.

2 ₐdᵥIn London, ₐdᵥfor instance, ₛone ᵥcan join ₒ[tours [関節that ₛ' ᵥ'trace ₒ'the brutal murders [(ᵥ")committed (ₐdᵥ")by the notorious Victorian serial killer Jack the Ripper]]].

3 ₛ[The spots [関節 where ₛ'[❶John F. Kennedy, ❷Martin Luther King and ❸John Lennon] ᵥ'were killed]] ᵥare marked ₐdᵥ[by commemorative plaques or informal memorials].

4 ₛ[The houses or streets [関節where ₛ'[celebrities [such as Princess Diana]] ᵥ'met ₒ'[tragic or violent ends]] ₐdᵥoften ᵥbecome ᵧ[sacred places [for their fans], ₐdᵥ[節as ᵥ'do ₛ'their graves].

8

1 ₛA recent government survey ᵥfound ₒ[節(that) ₛ'[only 1.23 percent [of male company employees]] ᵥ'took ₒ'child-care leave, ₐdᵥ'down ₐdᵥ'from 1.56 percent the previous year].

2 "ₛIt ᵥseems ᵧ[節that ₛ'Japanese men ᵥ'are rarely told ₒ'[節that 仮ₛ"it ᵥ"'s ᵧ"important 真ₛ"[for (ₛ''')a man to (ᵥ''')create (ₒ''')[a family [関節that ₛ'''' ᵥ''''can enjoy ₒ''''life ₐdᵥ''''together]]]]]," ₛ[an expert [on child-care issues]] ᵥsaid.

3 "ₛThey ᵥare told [to (ᵥ')value (ₒ')their families], 等接but ₛthey ᵥare made ᵧ[to (ᵥ')think (ₒ')[節(that) ₛ"[the most important thing [関節(that) ₛ'''they ᵥ'''can do ₒ''' ₐdᵥ'''for the family]] ᵥ"is ᵧ"[to ❶(ᵥ'''')work and ❷(ᵥ'''')bring (ₒ'''1)home (ₒ'''2)money]]]."

4 adv[With (s')such pressure (v')making (仮o')it (c')difficult 真o'[to **①**(v")leave (o")work (adv")early 等接or **②**(v")avoid (o")[(v''')doing (o''')overtime] (adv")[in order to (v''')help (adv''')with the kids and housework]]], s[(v)taking (o')child-care leave] vis ca serious decision.

▶**2 3** 引用符内は独立した主節として分析されている。

9

問題・解説 ▶ 本冊 p.46

1 sBeethoven vwould often shout adv[節because **①**s'he v'needed o'others c'to shout back 等接or **②**s'he v'couldn't hear o'[関節what s" v"was being said]], [関節which s' v'made o'many people c'[(v")think (o")[節(that) s'''he **①**v'''was c'''[angry with them] 等接and **②**v'''was trying o'''[to (v'''')start (o'''')a fight]]]].

2 advFor these reasons, sBeethoven vmoved ohouse adva lot.

3 [advIn one room [関節(which / that) s'he v'rented o' adv'in Vienna]], she vknocked oa hole advin the wall advwith a hammer adv[節so that s'he v'could see o'the nearby forest], [関節which s' v'upset o'his landlord].

4 adv[節Even though s'[his rooms and clothing] v'were adv'usually c'messy], she **①**vused to wash ohimself advall the time 等接and **②**vsang advloudly adv[節while (he was) v'doing adv'so].

10

問題・解説 ▶ 本冊 p.48

1 sDarts vmay have begun advas military training, 等接but sit vseems to have been c[a type of training [関節which s'soldiers **①**v'took pride in 等接and **②**v'enjoyed o']].

2 sThey vmay have continued otheir practice advduring their free time,

8

adv perhaps over drinks, adv [(v')using (o')smaller projectiles (adv')for the sake of safety].

3 s[(v')Gambling on (o')each other's abilities] v seems to have evolved adv naturally adv along with the rules of the game itself.

11

問題・解説 ◉ 本冊 p.50

1 advTraditionally, slistening vwas viewed c[as a passive process], [関節in which s'our ears v'were c'[receivers [関節into which s"information v"was poured adv"]] adv'], 等接and s[all [関節(that) sthe listener v'had to do o']] vwas c[(adv')passively (v')register (o')the message].

2 advToday swe vrecognize ❶o[節that s'listening v'is c'an 'active' process], 等接and ❷o[節that s'good listeners v'are c'just as active adv'[節when (they are) v'listening] adv'[節as s"speakers v"are (c"x-much active) adv"[節when (they are) v"'speaking]]].

1 sActive listening vis advalso can interpretive process.

2 sListening vused to be thought of c[as the exact decoding of the message].

3 advIn fact, slistening vinvolves osubtle interpretation.

12

問題・解説 ◉ 本冊 p.52

1 adv[節If s'you v'find o'yourself c'[(v")bored (adv")[by a book [関節that s"'well-informed people v"'regard o"' c"'as important and readable]]], ❶vbe c[honest [with yourself]] 等接and ❷vconfess o[節that adv'probably s'the difficulty v'is not ❹adv'in the book 等接but ❺adv'in you].

2 adv Often s[a book [関節which s' ___ adv'now v'seems c'dull 等接or c'difficult]] vwill prove ❶ceasy [to (v')grasp (o') ___] 等接and ❷cfascinating [to (v')read (o') ___] adv[節when s'you v'are c'more mature adv'intellectually].

13

問題・解説 ▶ 本冊 p.54

1 sA deeper problem, advhowever, vis c[節that s'[the big bottleneck [in reading]] v'isn't ❹c'perception ((v")seeing (o")the words) 等接 but ❸c'language processing ((v")assembling (o")strings of words (adv")into meanings)].

2 助動Have syou advever vtried o[(v')listening (adv')to an audio recording (adv')[with (s")the speaking rate (v")dialed way up]]?

3 s[(v')Doubling (o')the speed], advin our experience, vleaves oindividual words cperfectly identifiable — 等接 but vmakes 仮oit cjust about impossible 真o[to (v')follow (o')the meaning].

4 sThe same phenomenon voccurs advwith written text.

14

問題・解説 ▶ 本冊 p.56

1 sThe habit of reading poetry vshould be acquired adv[節when s'people v'are c'young].

2 s[関節What s'we ❶v'acquire 等接and ❷v'learn to love o' ___ adv'[節when s"we v"are c"young]] vstands by ous advthrough life.

3 仮sIt vhas been cdifficult advin all ages 真s[for (s')[people [関節who s" ___ v"are c"past middle life]] to (v')appreciate (o')[the genius [of new poets [関節who s" ___ v"have arisen adv"in their lifetime]]]].

15

1. adv[Therefore,] s[an effective story] adv[always] v[leaves] o[room] adv[for the person [関節who s'[   ] v'[is consuming] o'[it]]].

2. adv[There] v[has to be] s[enough detail [to (v')make (o')the narrative (c')compelling]], 等接but (there does) not (have to be) s[so much (detail) adv[節that s'[it] v[leaves out] o'[the audience]].

3. s[Effective ❶fiction stories, ❷music, and ❸art] v[leave] o[room [for (s')[❶readers, ❷listeners, and ❸viewers] to (v')fill in (o')the gaps (adv')with their imagination]].

4. adv[節Whether s'[you] ❶v'[know] o'[it] adv'[consciously] 等接or ❷v'[not (know] o'[it] adv'[consciously)] , s[you] v['re influencing] o[others] adv[in every one [of your interactions]].

   ▶2-2行目　not so muchに注目して，butの後ろにはthere has to be enough detailの否定文で，enoughをso muchに変えたものが続くと推測する。

16

1. s[Japanese literature, adv[in spite of [its ❶beauty and ❷richness and ❸immediate charm]], v[is] adv[as yet] c[inadequately known] adv[in the West. . . .

2. s[The reasons [for this neglect]] v[are not] c[hard [to (v')discover (o')   ]].

3. s[The intricacies [of the Japanese language]] v[prevent] o[all but a handful of foreigners] adv[from (v')approaching (o')[the literature in the original]].

17

問題・解説 ▶ 本冊 p.62

1 $_S$I $_V$have often thought $_O$[節(that) $_{S'}$it $_{V'}$would be $_{C'}$a blessing $_{adv'}$[節if $_{S''}$each human being $_{V''}$were stricken $_{C''}$blind and deaf $_{adv''}$for a few days $_{adv''}$[at some time [during his early adult life]]]].

2 $_S$Darkness $_V$would make $_O$him $_C$[more appreciative of sight]; $_S$silence $_V$would teach $_{O1}$him $_{O2}$the joys of sound.

18

問題・解説 ▶ 本冊 p.64

1 $_{adv}$[節If $_{S'}$it $_{V'}$were not $_{C'}$for books], $_S$each generation $_V$would have to rediscover $_{adv}$for itself $_O$[the truths [of the past]].

2 $_{等接}$But $_S$books $_V$give $_{O1}$us $_{O2}$a permanent, accurate record of [関節what $_{S'}$others $_{V'}$have thought $_{O'}$ $_{adv'}$[about the very problems [関節that $_{S''}$ $_{V''}$face $_{O''}$us $_{adv''}$now]]].

3 $_O$[Those books [関節which $_{S'}$ $_{V'}$have made $_{O'}$[a lasting contribution [to man's quest for truth]]]], $_S$we $_V$call $_O$ $_C$great books.

19

問題・解説 ▶ 本冊 p.66

1 $_S$Psychologists in the US $_V$have found $_O$[節that $_{S'}$people $_{V'}$consume $_{O'}$less food $_{adv'}$[節when $_{S''}$they $_{V''}$can hear $_{O''}$themselves $_{C''}$eating]].

2 $_S$They $_V$believe $_O$the effect $_C$[to $_{(V')}$be $_{(C')}$so powerful $_{(adv')}$[節that $_{S''}$$_{(adv''')}$even simply $_{(V''')}$telling $_{(O'''1)}$somebody $_{(O'''2)}$[節that $_{S''''}$they $_{V''''}$are eating $_{O''''}$a crunchy snack]] $_{V''}$makes $_{O''}$them $_{C''}$[$_{(V''')}$eat $_{(adv''')}$less]]].

3 adv[In a considerable boon [to those [関節who s' v'cannot get through o'a packet of crisps adv'[without (v")making (o")the noise of a small gunfight]]]], sexperiments vshow o[節that adv'[従節the more [s"people v"concentrate adv"on the noise of their meal adv"]], ❶主節the more intense [s'they v'think o'[節(that) s"the flavours v"are c"]] 等接and ❷主節the less [s'they v'eat adv']].

▶**3**-4, 5行目　第3文の主節は「that節内の主節」を意味する。

20

問題・解説 ▶ 本冊 p.68

1 s[The people [of a country]] vhave to be c[ready [for democracy]] adv[in order [to (v')make (o')it (c')[(v")work]]].

2 sThey vmust be c[educated adv'[enough adv'[節so that s"they ❶v"will make o"a wise choice 等接and ❷v"will not be deceived adv"by dishonest politicians]]].

3 sThey advalso vmust work advfor democracy, adv[❶(v')keeping (o')themselves (c')[(v")informed (adv")of important issues] 等接and ❷(v')exercising (o')[their right [to (v")vote]] (adv')[節so that s"they v"will keep o"effective control of government]].

21

問題・解説 ▶ 本冊 p.70

1 adv[According to the literature [in the field of education]], 仮sit vis not ca good idea 真s[for (s')teachers to (adv')simply (v')tell (o'1)their students (adv')[in a top-down manner] (o'2)[疑節what problems s"they v"are to study o"]].

2 advInstead, sstudents and teachers vneed o[to ❶(v')collaborate (adv')with each other, ❷(v')use (o')their creativity, 等接and ❸(v')come up with (o')["ill formed" problems — fuzzy problems — [関節that s" v"can start o"the research process]]].

3 adv[節As s'the work and communication v'continues], adv[節s'it v'is hoped], s[the problems [with the field]] vwill become cclearer, adv[節as 助動·will s'[promising ideas and pathways [towards possible solutions]] (v'become c'clearer)].

22

問題・解説 ◯ 本冊 p.72

s[関節What s'you v'have to learn o'   adv'[節if s"you v"are to be c"a good citizen of the world]] vis c[節that, adv'[節though s"you 助動"will adv"certainly ❶v"dislike o"many of your neighbours, 等接and ❷v"differ adv"from some of them adv"[so strongly adv"'[節that s"'you v"'could not possibly live adv"'in the same house adv"'with them]]], s'that v'does not give o'1you o'2[the smallest right [❶to (v")injure (o")them 等接or ❷(adv")even to (v")be (c")personally uncivil to them]]].

23

問題・解説 ◯ 本冊 p.74

sThe failure of the average man vis c[due, not Ⓐto lack of ability, but Ⓑto lack of [ability [❶to (v')concentrate, ❷to [(v')expend (o')all his energy (adv')in the cultivation of one marked talent], (adv')[instead of [(v")scattering (o")his efforts (adv")on four or five possibilities]]]]].

24

問題・解説 ◯ 本冊 p.76

1 adv[節If s'your friend v'reminds o'you adv'kindly adv of your faults], vtake o[関節what s'he v'says o'   ] not only adv pleasantly, but adv thankfully.

2 sFew treasures vare c[worth [as much]] adv[節as s'[a friend [関節who s"   v"is c"wise and helpful]] (is [worth [x-much much]])].

3 s[Such a one [alone]] vcan remind ous advof our faults.

25

問題・解説 ▶ 本冊 p.78

1 (仮sIt vis) cSmall wonder 真s[節that s'ambitious, imaginative youths v'crowd o'the profession of law].

2 advHere, adv[節s'they v'feel], s[they [themselves]] vwill find o[the opportunity [to (v')play (o')a real part (adv')[in ❹the comedies as well as ❺the tragedies of life]]].

3 sEveryone, adv[疑節no matter how small s'his chance v'may be c'　　　], vtries o[to (v')hold (o')[the centre of some stage [関節where s"the multitudes v"will scan o"his every move]]].

4 adv[To most lads] sit vseems c[節as though s'the courts v'were organized adv'[to (v")furnish (o"1)them (o"2)[a chance [to (v"')bask (adv"')in the public eye]]]].

26

問題・解説 ▶ 本冊 p.80

1 sSome restaurants vuse o[関節what s'researchers v'call o'　　　 c'decoys].

2 advFor example, sthey vmay place oa really expensive item advat the top of the menu, adv[節so that s'other dishes v'look c'more reasonably priced]; sresearch vshows o[節that s'diners v'tend to order neither o'[the ❹most nor ❺least expensive items], adv'[(v")drifting (adv")toward the middle]].

3 等接Or srestaurants vmight play up oa profitable dish adv[by ❶(v')using (o')more appetizing adjectives 等接and ❷(v')placing (o')it (adv')[next to a less profitable dish [with less description]]] adv[節so s'the contrast v'attracts o'the diner adv'[to (v")order (o")the profitable dish]].

15

27

1 ₛIt ᵥwas ᴄPlato [節who ₛ'＿＿ adv'originally ᵥsuggested ₒ'[節that ₛ"the mind ᵥ"was separated adv"into [two parts：❶a rational, logical part and ❷an emotional part]]].

2 ₛHe ᵥargued ₒ[節that adv'[節when (ᵥ")making (ₒ")decisions] ₛ'we ᵥshould try ₒ'[to ❶(ᵥ")use (ₒ")the rational part of the mind and ❷(ᵥ")keep (ₒ")our emotions (adv")under control]].

3 ₛHe ᵥthought ₒ[節that ₛ'emotions ᵥ'were ᴄ'a negative influence adv'[節when (ᵥ")making (ₒ")decisions]].

4 adv[Despite [(ᵥ')being accepted (adv')for thousands of years]], ₛ[recent work [by scientists]] ᵥhas come adv[to some very different conclusions [関節that ₛ'＿＿ ᵥ'require ₒ'us ᴄ'[to (ᵥ")rethink (ₒ")our Platonic decision-making model]]].

　▶**2**-1行目, **3**-2行目　adv'[節when ₛ"we ᵥ"made ₒ"decisions]から生じる接続詞付き分詞構文。

　▶**4**-1行目　(ᵥ')being acceptedの前に(ₒ')our Platonic decision-making modelを補って考える。

28

adv[節When ₛ'you ᵥ'have lived adv'as long adv'[節as ₛ"I ᵥ"have (lived)]], ₛyou ᵥwill discover, adv[節ₛ'I ᵥ'hope], ₒ[節that ₛ'it ᵥ'is not ❹ᴄ'[関節what ₛ"one ᵥ"sees ₒ"＿＿ adv"[on the outside (of a man)], so much as ❺ᴄ'[関節what ₛ"＿＿ ᵥ"is adv"[in the inside, [of a man]], [節which ₛ"＿＿ ᵥ"makes ₒ"him ᴄ"[❶happy and contented, or ❷the contrary]]].

16

1 ₛLanguage ᵥis ꜀⌈an indispensable instrument [of human society]⌋.

2 ₛIt ᵥis ꜀⌈the means [関節by which ₛ'individuals ❶ᵥunderstand ₒeach other 等接and ❷ᵥ'are enabled ꜀'[to (ᵥ")function (adv")together (adv")as a community] adv'　　]⌋.

3 adᵥIndeed, 仮ₛit ᵥis ꜀unlikely 真ₛ⌈節that ₛ'any human organization ᵥ'could either be [❹formed or ❺long maintained] adv'without language⌋. …

4 ₛ⌈The effectiveness [of human society]⌋, adᵥtherefore, ᵥis ꜀⌈largely dependent [upon the ❶clarity, ❷accuracy, and ❸efficiency [関節with which ₛ'language ᵥ'is [❶used or ❷understood] adv'　　]]]⌋.

1 ꜀⌈Related [to the plastic waste problem]⌋ ᵥis ₛ⌈one [関節that ₛ'　　ᵥ'shocks ₒ'[visitors [from countries [関節where ₛ"food shortages and starvation ᵥ"remain ꜀"issues]]]]⌋: [関節Japan's huge volume of wasted food, [関節which ₛ'　　adv'often ᵥ'comes adv'in plastic containers]].

2 ₛThe Environment Ministry ᵥestimated ₒfood loss adᵥat about 6.46 million tons adᵥin 2015.

3 ₛThat ᵥ's ꜀⌈more than double [the nearly 3.2 million tons of food assistance] [関節that ₛ'　　ᵥ'was distributed adv'worldwide adv'in 2014]⌋, adᵥ⌈according to the United Nations' World Food Programme⌋.

31

1 ₛMars ᵥis ᴄan especially good mission target ₐdᵥ⌊due to its closeness to us⌋.

2 ₛIt ᵥis ᴄ⌊relatively similar [to Earth]⌋ ₐdᵥin a number of crucial ways, ₐdᵥ⌊(ᵥ')making (ₒ')it (ᴄ')[a better destination [for manned missions and potential colonization]] (ₐdᵥ')[節than (ₛ"it* ᵥ"makes) ₒ"[any other planet [in the solar system]] ᴄ"[an x-much good destination [for manned missions and potential colonization]]]⌋.

3 ₛWe ᵥhave loved ₒMars ₐdᵥfor centuries.

4 ₛThe planet ᵥhas firmly embedded ₒitself ₐdᵥin our culture, ₐdᵥso much so ₐdᵥ[節that ₛ'"Martian" ᵥ'is ᴄ'[somewhat synonymous [with "alien,"]] ₐdᵥ'[節though ₛ"[the aliens [関節(which / that) ₛ'''you ᵥ'''imagine ₒ''']] ᵥ"may vary]⌋.

▶**2**-3行目　it* = It is relatively similar ... ways を指す。

32

1 ₛ[Our first mission [to Mars]] ᵥlaunched ₐdᵥin 1960, 等接and ₛwe ᵥhave attempted ₒ[more missions [to the planet]] ₐdᵥ[節than (ₛ'we ᵥ'have attempted ₒ'[x-much many missions) [to anywhere else in the solar system [except for the Moon]]]].

2 ₐdᵥ[Given [this history]], ₛyou ᵥwould be forgiven ₐdᵥfor (ᵥ')thinking (ₒ')[節that ₛ"we ᵥ"must know ₒ"[almost all [関節(that) ₐdᵥ'''there ᵥ'''is ₛ"[　[to (ᵥ'''')know (ₐdᵥ'''')about Mars]]] ₐdᵥ"by now]], 等接but ₛthat ᵥis not ᴄthe case.

3 ₐdᵥFor one, ₛwe ᵥare ₐdᵥstill ₒ[unsure [of [疑節how ₛ'Mars ᵥ'formed ₐdᵥ']]].

4 ₛThe planet ᵥis ₒsurprisingly small 等接and ᵥdoes not fit ₐdᵥ[into our theories of [疑節how ₛ'the solar system ᵥ'came together ₐdᵥ']].

5 ₛWe ᵥare not ₒ[sure [疑節how ₛ'its two small moons ᵥ'formed ₐdᵥ']], ₐdᵥeither.

6 ₛThese lumpy, bumpy rocks ᵥhave ₒpuzzling properties.

33

問題・解説 ▶ 本冊 p.94

1 ❶ₐdᵥ[疑節No matter where ₛ'you ᵥ'go ₐdᵥ'], ❷ₐdᵥ[疑節no matter who ₛ'your ancestors ᵥ'were ₒ'], ❸ₐdᵥ[疑節(no matter)what school or college ₛ'you ᵥ'have attended ₒ'], 等接or ❹ₐdᵥ[疑節(no matter)who ₛ' ᵥ'helps ₒ'you], ₛyour best opportunity ᵥis ₐdᵥin yourself.

2 ₛ[The help [関節(which / that) ₛ'you ᵥ'get ₒ' ₐdᵥ'from others]] ᵥis ₒ[something [outside of you]], ₐdᵥ[節while ₛ'it ᵥ'is ❶ₒ'[関節what ₛ''you ᵥ''are ₒ''], ❷ₒ'[関節what ₛ''you ᵥ''do ₒ'' ₐdᵥ''yourself], [節that ₛ'' ᵥ''counts]].

34

問題・解説 ▶ 本冊 p.96

1 ₐdᵥNo doubt ₐdᵥthroughout all past time ₐdᵥthere ₐdᵥactually ᵥoccurred ₛ[a series of events [関節which, ₐdᵥ'[節whether ₛ''we❶[ᵥ''know ₒ''[疑節what ₛ'''it ᵥ'''was ₒ''']] or ❷[not (know)]], ₛ' ᵥ'constitutes ₒ'history ₐdᵥ'in some ultimate sense]].

2 ₐdᵥNevertheless, [much the greater part [of these events]] ₛwe ᵥcan know ₒnothing ₐdᵥ[about (名*)], ᵥnot (know) ₐdᵥeven ₒ[節that ₛ'they ᵥ'occurred]; [many of them] ₛwe ᵥcan know ₒ ₐdᵥonly imperfectly;

19

等接and [even the few events [関節that s'we v'think o'[節*s''we v''know o''   adv''for sure]]] swe vcan never be c[absolutely certain [of (名**)]], adv[節since s'we v'can ❶never revive o'them, ❷never [observe or test] o'them adv'directly].

▶**2**-2行目　aboutの後ろの(名*)はmuch the greater part of these eventsの空所。5行目のofの後ろの(名**)はeven the few events that we think we know for sureの空所。

▶**2**-4行目　節*はthat節だが接続詞thatは通例省略される。

35

問題・解説 ◉ 本冊 p.98

1 sWe vget c[used [to particular papers and programmes]] 等接and advoften, advafter a while, vcome to take otheir typical content cfor granted.

2 s[Some degree of familiarity [with a particular paper or programme]] vis advindeed advoften cnecessary, adv[節if s'[関節what s''it v''has o''[[to (v''')offer (o''')   ]]] v'is to come through adv'to us adv'easily].

3 等接But advof course advthere vis sa danger, adv[節as s'we v'get c'[used [to the particular way [of (v'')looking at (o'')the world] [関節which s''[our favourite paper or programme] v''embodies o''   ]]], [同格節that s'we v'shall forget o'[節that s''it v''is, adv''after all, adv''only c''[one of many possible ways]]].

36

問題・解説 ◉ 本冊 p.100

1 advNow s[the greatest good [of a people]] vis ctheir liberty: 等接and adv[in the café [(adv')here (v')referred to]], sthe people vhas ❶judged oit advso, 等接and ❷provided for oit advaccordingly.

2 sLiberty vis adv[to the collective body], c[関節what s'health v'is c'   adv'[to every individual body]].

3 _{adv}[Without health] _sno pleasure _vcan be tasted _{adv}by man: _{adv}[without liberty] _sno happiness _vcan be enjoyed _{adv}by society.

▶ **1** -2行目　_{adv}so は to be the greatest good of a people を指す。

37
問題・解説 ● 本冊 p.102

1 _{仮s}It _vis _ca worthy ambition _{真s}[to _(v')do _(adv')well _(o')[_{関節}whatever _{s"}one _{v"}does _{o"}　　]].

2 _sThis _vis _c[an ambition [_{関節}that _{s'}nobody _{v'}should be _{c'}[without　　]]].

3 _{adv}[Even [in the play-ground]] _sone _vshould have _o[an ambition [❶to _(v')play _(adv')well, ❷to _(v')be _(c')[a good pitcher or catcher], _{等接}or ❸to _(v')excel _(adv')[in [_{関節}whatever part _{s"}one _{v"}has to play _{o"}　　]]]].

4 _s[A boy [_{関節}who _{s'}　　_{v'}is _{c'}careless and indifferent _{adv'}[in a game of ball]]] _vwill not be likely to accomplish _omuch _{adv}anywhere.

38
問題・解説 ● 本冊 p.104

1 _{adv}In conversation, _sone _vis likely to find out _o[certain things [about the other person]] _{adv}quite easily.

2 _sHe _vwill learn _othese things not so much ❹_{adv}[from [_{関節}what _{s'}the other man _{v'}says _{o'}　　]] as ❺_{adv}[from [_{関節}how _{s'}he _{v'}says _{o'}it _{adv'}　　]], _{adv}[_節for _{adv'}[_節whenever _{s"}we _{v"}speak] _{s'}we _{v'}cannot avoid _{o'}[_(v")giving _(o"1)our listeners _(o"2)[clues [about ❶our origins and ❷the sort of person [_{関節}(which / that) _{s'"}we _{v'"}are _{c'"}　　]]]]].

39
問題・解説 ● 本冊 p.106

1 _s[Much [about the estate tax]] _vremains _cdebatable.

2 s[関節What moneys s' v'are raised adv'by the tax] vmay appear csmall adv[節when (they are) v'compared adv'[to [the government's main sources of cash] — [the corporation tax and income tax]]].

3 advHowever, adv[even at just 1% [of total US tax earnings]], sthe estate tax vcan still fund ovital social programs.

4 advOn the other hand, sabolishment [of the tax]] 助動might, adv[節s'it vhas been argued], vprovide oan economic stimulus.

5 sOne 2015 study vfound o[節that s'[abolition [of the U.S. estate tax]] v'would ❶boost o'GDP and ❷create o'around 140,000 jobs].

1 sThe company's goal vis c[to (v')get (o')consumers (c')[to (v")embrace (o")bugs (adv")[as an eco-friendly alternative [to conventional meat]]]].

2 adv[With (s')[worldwide demand [for meat]] (v')expected (c')[to (adv")nearly (v")double (adv")by 2050]], s[farm-raised [❶crickets, ❷locusts, and ❸mealworms]] vcould provide ocomparable nutrition adv[節while (they are) v'using o'fewer natural resources adv'[節than s"[poultry or livestock] (use x-much few natural resources)]].

3 sCrickets, adv[for example], vconvert ofeed advto body mass adv[about twice as efficiently] adv[節as s'pigs (convert feed to body mass x-much efficiently)] 等接and adv[five times as efficiently] adv[節as s'cattle (convert feed to body mass x-much efficiently)].

4 sInsects vrequire o[less land and water] — and adv[(v')measured (adv')[per kilogram of edible mass]], smealworms vgenerate o[10 to 100 times less greenhouse gas] adv[節than s'pigs (generate x-much little greenhouse gas)].

1 adv In general s[the relation [between parents and children]] v is essentially based adv on teaching.

2 s Many of us v forget o this.

3 s Some v think o[節(that) s'it v'is based adv'on Love], s others (think [(that) it is based) adv'on control].

4 等接 But s you 助動 can ❶ v give o1 a child o2 as much love adv[節as s'it v'can absorb (o'x-much much love)]and ❷ adv still v make o it c[an idiot [unfit to (v')face (o')the world]]; adv[節while s'[the best and surest way [to (v'')control (o'')your children]] v'is c'[to (v''')explain (o''')the rules [関節(which / that) s'''you v'''intend o'''[to (v'''')enforce (o'''')]]]].

1 s Knowledge v is c power, 等接 but s it v is c[power [for evil]] adv[just as much] adv[節as (s'it v'is) c'[(the power) [for good]] (adv'x-much much)].

2 adv[With every increase [of scientific knowledge]] s[man's power [for evil]] v is increased adv[in the same proportion] adv[節as s'[his power [for good]] (is increased x-much much)].

3 s I v think, adv therefore, o[節that s'[the really important question [(v'')raised (adv'')by modern technology]] v'is not ❹c'[助動''will 仮s''it v''be c''possible 真s''[for (s'')man to (v''')inhabit (o''')other planets]], 等接but ❺c'[助動''will 仮s''it v''be c''possible 真s''[for (s''')man to (v''')continue (o''')[to (v'''')inhabit (o'''')his own planet]]]?]

4 ₛI ᵥthink ₒ[節that ₛ'a happy answer ᵥ'is ꜀'possible ₐdᵥ[節only if ₛ"we ᵥ"can learn ₒ"[to ₍ᵥ'''₎think ₍ₐdᵥ'''₎[in terms of the welfare **❹**of mankind and not **❺**of this or that particular nation or group]]]].

▶ **1**-2行目　x-much は「x 程度〜」を意味する副詞。much はここでは「大いに」を意味する副詞。主節に副詞の (just as) much があるので，それに合わせて much が生じる。

43

問題・解説 ◉ 本冊 p.114

1 ₐdᵥIn later years, ₛI ᵥconfess ₒ[節that ₛ'I ᵥ'do not envy ₒ'the white boy ₐdᵥ'[節as ₛ"I ₐdᵥ"once ᵥ"did]].

2 ₛI ᵥhave learned ₒ[節that ₛsuccess ᵥis to be measured not so much **❹**ₐdᵥ[by the position [関節that ₛ"one ᵥ"has reached ₒ"　　ₐdᵥ"in life]] as **❺**ₐdᵥ[by the obstacles [関節which ₛ"he ᵥ"has overcome ₒ"　　ₐdᵥ"[節while (he is) ᵥ'''trying ₒ'''to succeed]]]].

44

問題・解説 ◉ 本冊 p.116

1 ₛ[The main problem [with national minimum wage legislation]] ᵥis ꜀obvious: ₛit ₐdᵥneedlessly ᵥprevents ₒfree market competition.

2 ₛWages ᵥfollow ₒ[the laws [of supply and demand]], ₜₜand ᵥvary ₐdᵥnaturally ₐdᵥ[according to **❶**the availability and skills of the workers and **❷**general market conditions].

3 ₛ[₍ᵥ'₎Creating ₍ₒ'₎artificial barriers] ᵥcannot be ꜀[the right way [to ₍ᵥ'₎address ₍ₒ'₎the issue of cheap labor]].

4 ₛSmall businesses ᵥmake up ₒ[the heart [of most flourishing economies]].

5 ₜₜYet ₛno one ᵥis ꜀more affected ₐdᵥ[節than ₛ'[small businesses and particularly start-ups] (are x-much much affected)].

24

6 _SThese organizations _{adv}often _Vneed _O[to _(V')take _(O')[advantage [of cheap labor]], _(adv')particularly _(adv')[in the early stages of development]].

7 _S[Many [of today's corporate giants]] _Vstarted out [_{S'}   _{C'}small].

8 _{等接}Yet _{疑文}how many _S   _Vmight have collapsed, _{adv}[_節 _{助動}had _{S'}early labor costs _{V'}been _{C'}too high]?

45

問題・解説 ◉ 本冊 p.118

1 _SLinguists _{adv}now _{adv}generally _Vagree _O[_節that _{S'}a grammarian _{V'}has _{O'}[no more right [to _(V'')say _(O'')[_{疑節}how _{S'''}people _{V'''}ought to talk _{adv'''}   ]]] _{adv'}[_節than _{S''}a chemist _{V''}has _{O''}[(the x-much little right) [to _(V''')say _(O''')[_{疑節}how _{S''''}molecules _{V''''}ought to interact _{adv''''}   ]]]]].

2 _SThe laws of grammar _Vare _C[❶like the laws [of any other science]], _C[❷[simply generalized statements about [_{関節}what _{S'}   _{V'}does happen]], not ❸[directions about [_{関節}what _{S'}   _{V'}should (happen)]]]— _{等接}and _Sthey _Vare _C[subject [to change]] _{adv}[_節as soon as _{S'}any new evidence _{V'}comes in].

46

問題・解説 ◉ 本冊 p.120

1 _{adv}Today _Syoung people _Vfind _Othemselves, _{adv}[through no fault of their own], _C[_(V')living _(adv')[in a world [_(V'')torn _(adv'')[by ❶international bitterness and ❷the threat of atomic destruction]]]].

2 _{adv}More than ever _{助動}do _Syou _Vneed _O[to _(V')get _(O')goals [_{関節}that _{S''}   _{V''}will give _{O''}purpose _{adv''}[to [_{関節}whatever _{S'''}we _{V'''}are doing _{O'''}   ]]]].

3 _SWe _Vneed _O[assurance [_節that _{S'}life _{V'}is _{C'}[worth [_(V'')living _(O'')   ]], _{adv'}[despite the difficulties [_{関節}that _{S''}   _{V''}surround _{O''}us]]]].

47

1 _CStrange _Vis _S⌊our situation [here upon earth]⌋.

2 _SEach of us _Vcomes _{adv}for a short visit, _{adv}⌊not _(V)knowing _(O')why⌋, _{接副}yet _{adv}⌊**(adv')**sometimes _(V)seeming to divine _(O')a purpose⌋.

1 _{adv}⌊From the standpoint [of daily life]⌋, _{adv}however, _{adv}there _Vis _S⌊one thing ⌊_{関節}(which / that) _{S'}we _Vdo know _{O'} ⌋⌋:⌊_節that _{S'}man _Vis _{adv'}here _{adv'}[for the sake [of other men]] ── _{adv'}[above all] ❶_{adv'}[for those ⌊_{関節}upon whose smile and well-being _{S"}our own happiness _{V"}depends _{adv"} ⌋], _{等接}and _{adv'}also ❷_{adv'}[for the countless unknown souls ⌊_{関節}with whose fate _{S"}we _{V"}are connected _{adv"} _{adv"}[by a bond of sympathy]⌋]⌋⌋.

48

1 _S⌊Different kinds [of reading matter]⌋ _Vcall for _O⌊different kinds [of reading]⌋.

2 _SReaders _{助動}must, _{adv}first of all, _Vdecide _O⌊_{疑節}what type of reading matter _{S'}they _{V'}have _{O'} _{adv'}at hand⌋; _{等接}and _Sthey _{助動}must _{adv}then _Vread _Oit _{adv}accordingly.

3 _S⌊Every piece [of reading matter] ⌊_{関節}that _{S'} _{V'}comes _{adv'}before our eyes⌋⌋ _Vis not _{adv}equally _C⌊worth [_(V')reading _(O')]⌋, _{等接}nor _{助動}do _Sall _Vmake _Oequal claims _{adv}on our attention.

49

1 ... _{仮S}it _Vis _Cimportant _{真S}⌊to _(V')remember _(O')⌊_節that _{仮S"}it _{V"}is _{adv"}never _{C"}impossible _{真S"}⌊to ❶_(V''')shake off _(O''')an old habit _{等接}and ❷_(V''')form _(O''')a new one⌋⌋⌋.

2 _{adv}[_節Once _{S'}a habit _{V'}has been acquired], _Sit _Vhas _O[almost compulsive power [over us]].

3 _{等接}But _Shuman habits _Vare freely acquired _{adv}[by the choices [_{関節}(which/that) _{S'}we _{V'}make _{O'}　　]], _{等接}and _Vcan be ❶got rid of and ❷replaced _{adv}[by _(V')making _(O')other choices].

4 _SNo habit, _{adv}[_{疑節}no matter how strong (it may be 　　)], _{adv}ever _Vabolishes _O[our freedom [to _(V')change _(O')it]].

50

問題・解説 ⊙ 本冊 p.128

1 _S[Differences [between nations]], _{adv}[_節so long as _{S'}they _{V'}do not lead _{adv'}to hostility], _Vare by no means to be deplored.

2 _S[_(V')Living _(adv')[for a time] _(adv')[in a foreign country]] _Vmakes _Ous _C[aware of merits [_{関節}in which _{S'}our own country _{V'}is _{C'}[deficient [　　]]] …].

3 _SThe same thing _Vholds _{adv}[❶of [differences between [different regions [within one country]]], and ❷of [the differing types [_(V')produced _(adv')by different professions]]].

4 _S[❶Uniformity of character and ❷uniformity of culture] _Vare to be regretted.

構文編練習問題
文脈編練習問題

解答・解説

①

訳例 **1** 家庭で節水する方法がいくつもある。**2** その中には他の方法より簡単なものもある。**3** 水漏れする蛇口やトイレは非常に大量の水を無駄にする。理由は，流量は少ないものの，それらからずっと水が漏れているからである。**4** 新しいタイプのトイレや洗濯機は古いタイプよりずっと水を使わないが，取り替えの値段は高い。**5** 節水型のシャワーヘッドは多くの水を節約するし，取り替えるのが比較的簡単で，安価である。

解説 **2** Some are easier than others. = Some ways are easier than other ways (are x-much easy).「ある方法は，別の方法（がx程度簡単であるが，それ）より簡単である」「中には他の方法より簡単な方法もある」と訳してもよい。someとothersの対比を訳に盛り込む。　**3** adv[節because adv'[節even though s''the flow rates v''are c''small], s'they v'leak adv'all the time]「というのも，流量は少ないが，それらはずっと水漏れしているからである」　主節の主張に対する理由を述べるbecause節の中に，譲歩を表すeven though節が挿入されている。　**4** 新型のほうが旧型より水を使わないことを意味する。　**5** s they v are c[relatively easy and inexpensive [to (v')replace (o')　]]「それら（= water-saving shower heads）は取り替えるのが比較的簡単でかつ費用がかからない」　A is difficult[easy] to do「Aは…するのが難しい［易しい］」型の難易構文。to replaceはrelatively easy and inexpensiveを修飾する副詞用法で，主語のtheyがreplace「を取り替える」の目的語に相当する。

②

訳例 **1** 私は30年間大学レベルで教えてきたが，私の学生の大多数は私の異文化コミュニケーションの授業に出席してきた。**2** たいていの学生は学びたいと熱望しているように見える。**3** しかしときどき，大胆な学生がよくこう尋ねてくる。「どうしてここにいなくてはならないのですか。どうして文化について学ばなくてはならないのですか。どうしてこんなに勉強などせずに，ただ外国に行くことができないのですか」と。**4** 一部の学生にとっては，常に，文化的相違について学ぶことにつぎ込まれる講座と金は大変な無駄のように思えるのだ。

解説 **2** sMost (= Most students) vseem c[eager [to learn]].〈seem (to be) +形容詞（句）〉は「…であるように思える」を表す。ここではeager to learn「学ぼうと熱望して」がseemの補語として働く。〔類例：〈appear +形容詞（句）〉「…であるように見える［思える］」〕　**3** Why should I be here? は「私はここにいなくてもいいはずだ」を含意する修辞疑問（本冊文脈編⇒p.180）。あとの二つのWhy …? も合わせて，文化について学ぶのに教室にいる必要はないという考えを表す。　**4** adv[To some (= some students)], …, scourses and money [(v')invested (adv')[in learning about cultural differences]] vseem clike a great waste.　A seem like ～「Aは～のように思える」（～は名詞句）における前置詞句like ～はseemの補語として働く。

③

訳例 私が理解できなかったのは，なぜ人々がベビーカーに載せて押しまわるために犬を買うのかとか，なぜ犬に服を着せるのか，犬をドッグカフェに連れて行くのか，犬を犬の美容院に行かせるのか，犬に高価なケーキを餌として与えるのか，宝石が散りばめられたぜいたくなデザイナーブランドの首輪を犬に買ってやるのか，ということだった。

解説 ₛI ᵥcouldn't figure out ₒ[why …], or ₒ[why …].は二つの間接疑問文がorにより等位接続され，figure outの目的語として働く。orのあとのwhy節内では，五つの動詞句dressed … clothes，took … cafes，sent … salons，fed … cakes，bought … jewelsが等位接続され，they（= people）の述部として働く。fedとboughtは二重目的語を取る〈SVOO〉構造。

④

訳例 **1** タカハシ氏によると，「世界中の教育者は同じ目標を持っている」。「**2** 我々は子供たちを大学に入れて就職させるために数学を教えるわけではないし，そのために子供たちに世界市民であることを教えるわけではない。**3** 我々の夢は子供たちに，自分が学ぶことに対し責任を負い，その学んだことを他人のために使うように教えることである」

解説 **2** **We do not teach math, we do not teach them global citizenship** ₐ𝒹ᵥ[to ₍ᵥ'₎let ₍ₒ'₎them ₍c'₎[❶[₍ᵥ''₎get into ₍ₒ''₎college] and ❷[₍ᵥ''₎get ₍ₒ''₎a job]]].　目的を表す副詞用法のto let them … jobは，teach mathとteach them global citizenshipの両方を修飾する。二つのnotはそれぞれto let … jobに否定の作用を及ぼす。　**3** ₛOur dream ᵥis ᵤ[to ₍ᵥ₎teach ₍ₒ'₎kids [❶[to ₍ᵥ''₎take ₍ₒ''₎responsibility ₍ₐ𝒹ᵥ''₎[for [関節what ₛ'''they ᵥ'''learn ₒ''']]]and ❷[to ₍ᵥ''₎use ₍ₒ''₎that ₍ₐ𝒹ᵥ''₎for others]]].　teach *A* to *do*「Aに…することを教える」の構造を持つ。to *do*の位置に等位接続されたto take …learnとto use … othersが現れる。thatはwhat they（= kids）learnを指す。

⑤

訳例 **1** 最近私は新聞を読んで，政府が時間外労働時間を制限する政策の概略を説明していることを知った。**2** 私は時間外労働に対する態度の変化を示す証拠を見てきている。**3** 例えば，友人たちは，あまりに長い時間働くと1日休まなければならないと話してくれた。**4** こうしたことが頻繁に起こるなら，そうした人たちは自分の時間管理を改善する方法に関して上司と話し合いを持たなくてはならないのである。

解説 **1** **Recently**は『近い過去』を表すので**read**は過去形。that節内の現在進行形は時制の一致が行われない形で，現在も続いている行為・予定を表す。　**to limit overtime hours**はa policyの内容を示すto不定詞句。　**2** 現在完了形have seenは「見る」という行為をたびたび経験していることを表す。　**3** **friends have told me**のあとに接続詞thatが省略されており，that節内の現在形have to take a day offは『強制的義務』を表す。　if節内の現在形workは，条件や時を示す副詞節の中に現れる現

在形。　**4** adv[節If s'**this** v'**happens** adv'**often**] adv.**then** s**they** v**must have** o[**a meeting with their manager**] … 　　if *A does*(,) then *B does*「Aが…する なら，（その場合は）Bは…する」の if …then は相関語句（本冊⇒p.172）で，if節の条 件による『結果』を then 以降で述べている。this は前文の they have to take a day off if they work too many hours を指す。happens は if節内の現在形。　主節の must have は『自発的義務』を表す。

6

訳例　**1** トッド・ローズが21歳のとき，彼はまだ高校を卒業していなかった。**2** 彼 は妻と2人の子供を養うのに苦労していた。**3** 彼は2年間で10回目となる最低賃 金の職を終えたところだった。**4**「私の義父には怠け者だと言われましたが，私は 彼を非難することができません」**5** 今，41歳の彼はハーバード大学の教授で，今 でも幸せな結婚生活を送り，2人の子供は大学に通っている。**6**「ですから私は家 族をだめにしなかったということです」と彼はほほ笑んで言う。

解説　**1** 過去完了**had not graduated**は，Todd Rose が21歳であった過去の時点 で，まだ完了していなかった動作（＝過去時における未完了）を表す。　**3** 過去完了 **had just finished**は，彼が21歳であった過去の時点で，完了したばかりの動作（＝ 過去時における直前の過去）を表す。　**4 told me (that) I was lazy**は，主節の動 詞told と that節中の動詞was が，同じ過去の時点における動作と状態を示す。　**I can't blame him**は現在の時点で「することができないこと」を示す。and は and yet 「（…する）が，それでも（…）」を表す。　**5 Today,** c[**aged 41**]**,** s**he** v**'s** c**a Harvard professor,** adv.**still** c[**happily married**]**,** adv.[**with** [(s')**both kids** (adv')**at college**]]**.**　aged 41 と still happily married は形容詞句で，主語he の状態を表 す。　**with both kids at college** は『付帯状況』を示し，both kids と at college の間には主語・述語関係（＝「2人の子供が大学に通っている」）が成立している。

7

訳例　**1** 道具の製作と使用は，人間を他の生物から区別するものと思われがちだが， 皆さんは他の動物もまた道具を使うことを知らないかもしれない。**2** 多くの場合， その道具の使用は驚くべき方法でなされる。**3** 例えば，オランウータンは笛を作る のに葉を使っているのが目撃されている。**4** こうした笛を使ってオランウータンは 遠い距離を越えて情報をやり取りし，危険を警告することができるのである。

解説　**1** s[**The making and using** [**of tools**]]　　「［道具の］製作と使用」にお ける making と using は名詞的動名詞（⇒本冊p.54）の例。同じ内容を，動詞的動名詞 を用いて表すと，s[(v')**making and** (v')**using** (o')**tools**]「道具を作り使うこと」となる。 　**something**にかかる関係詞節（that … life）内の set apart は句動詞で，human beings はその目的語。

〈他動詞＋副詞〉型の句動詞
目的語が代名詞の場合，目的語は動詞と副詞の間（set them apart）に現れ，目的語が名詞（句）の場合，目的語は動詞と副詞の間（set human beings apart）か，副詞のあと（set apart human beings）に現れる。辞書に set apart ... / set ... apart のような表記があるのはこの事情を示している。

2 this は前文の that other animals use tools as well 「他の動物も道具を使うが，そのこと」を表す。　**3** $_s$orangutans $_v$have been seen $_c$$_{(v')}$using $_{(o')}$leaves $_{(adv')}$[to $_{(v'')}$make $_{(o'')}$whistles] 「オランウータンは笛を作るのに葉を使っているところを見られてきている」は $_s$people $_v$have seen $_o$orangutans $_c$[$_{(v')}$using $_{(o')}$leaves $_{(adv')}$[to $_{(v'')}$make $_{(o'')}$whistles]] の受動態。

8

[訳例]

1 かつてサンフランシスコにいたとき，私は唯一の空きスペースに駐車したが，その場所はたまたま通りの向かい側にあった。**2** 警官が私の所に駆け寄ってきた。**3**「あなたがたった今とった行動がどんなに危険か，あなたはわかっていましたか」と尋ねてきた。

1 私はどんな間違いをしてしまったのだろうか。**2** 私は交通の流れとは逆向きに車を止めたんだ。**3** 当惑して，通りのあちこちを見た。**4**「どんな交通でしょう」と尋ねた。**5**「そこにあるであろう交通のことですよ」警官は言った。「いくらかでも交通があればね」。

1 ある国から別の国へ移動している場合，知る必要のある規則とは何だろう。**2** ある国では義務的で，別の国では禁止されていることとは何だろう。**3** 常識からではわからないだろう。**4** 互いに教え合わなければならないのだ。

[解説]　筆者が経験した過去の出来事を伝える文章なので，地の文には基本的に過去形，過去完了形が用いられる。

（第1段落）**1** which 以降は the only available space 「唯一利用できる場所（＝唯一の空きスペース）」に関して付加的情報を述べる非制限用法の関係詞節。

（第2段落）**1** 直接話法〔I said to the policeman, "What did I do wrong?"〕と，間接話法〔I asked the policeman what I had done wrong.〕が合同した中間的な話法である。「～が…と言う［尋ねる］」に相当する節はないが，直接話法と同じ語順を持ち，間接話法と同じ代名詞や動詞の時制を用いる。作中人物の言葉として発せられない内なる語りを伝えるのに適した話法とされている。　**2** 前文の内的自問に対する筆者の内的自答を表すと考える。　**3** Puzzled「当惑して」は，主語 I のその時の心理状態を表す補語的要素。　**5** The traffic [that $_{s'}$　　$_{v'}$would be there], $_v$said $_s$the policeman, $_{adv}$[if there $_{v''}$was $_{s''}$any traffic]. 「『どんな交通でもそれがあるとすればそこにあるであろう交通だよ』と警官は言った」　本文で引用符でくくられた二つの部分は一続きの発話。if there was any traffic は関係詞節内の仮定条件で，その帰結に現れる仮定法過去 would be は「事態の推量」を表す。

（第3段落）**1** **2** 筆者の自問を表す。　**3** **4** 外国では自分の常識は通用しない。何をしなければならないか，何をしてはいけないかに関しては土地の人に教えてもらうしか

ない，ということ。このwon'tは『必然性，規則』を表す助動詞で，「…しないものだ，…することはない」を表す。

⑨ 訳例　■「ジョーはこの時間までにはここに来ているはずよね」とアリスはため息交じりに言う。②「そうだね。そのはずだよ。少なくとも電話ぐらいはかけることができたんじゃないかな」とビルが同意する。③ アリスは心配そうな口ぶりである。「きっと寝坊したんだわ。彼は朝4時ごろに帰宅したに違いないわ」④「そうかもね。僕は彼にモーニングコールをするべきだったよ」とビルは言う。

解説　■ ought to have *done* 「…した［している］はずである；…するべきであった」。今（＝この発話がなされているとき）までに完了していると推測されることを表す。　②should have *done* 「…した［している］はずである」も，今までに完了していると推測されることを表す。　could have *done*「…することができただろう」は，過去においてなし得たであろうと推測されることを表す。　③ must have *done* 「…したに違いない」は，過去においてしたであろうと確信できることを表す。　④ こちらのshould have *done*は「…するべきであった」の意味で，過去において実際にはしなかったが，するべきであった，すればよかったという『後悔・非難』を表す。

⑩ 訳例　■ かつて人々は美術と商業美術，純粋美術と応用美術の観点から考えた。② それで以前私たちは，技師が作り，それから芸術家が金や真珠層で装飾したミシンを持っていたのである。③ 今では私たちはもはや，このような美術と非美術の区別，純粋と応用の区別をつけない。④ 最近非常に多くの混乱を引き起こし，非常に多くのだましが横行するに任せてきた芸術の定義は，今ではその威信を失いつつある。

解説　■ pure art「純粋芸術（＝芸術のための芸術）」はfine artの，applied art「応用美術（＝実用・商業目的などに用いられる芸術）」はcommercial artの言い換えである。　② ₛwe ᵥused to have ₒ[sewing-machines [❶(v')built (adv')by engineers and then ❷(v')decorated (adv')by an artist (adv')in gold and mother-of-pearl]]　used to *do*「（昔は）よく…し（てい）た」は，現在とは異なる『過去の習慣的動作や状態』を表す。❶built by engineersがapplied artに対応し，❷decorated by an artist in gold and mother-of-pearlがpure artに対応する。　③ つなぎ語Nowが導くこの文は，前文の「過去の事態」に対立する「現在の事態」を示す。　this distinction ... appliedは，第1文のin terms of fine art and commercial art, pure art and applied artを指す。　fine, not-fine, pure, appliedはすべて形容詞で，ここでは名詞化して用いられている。後半は前半の言い換え。　④ that ... be pulledはdefinition of artにかかる関係詞節。節内では，動詞句caused ... timesとallowed ... pulledが等位接続され，完了助動詞hasの補部として働く。

⑪

【訳例】
　　人々は少しの常識が欠けているせいで，絶えず間違いをし，立場を失い，自分自身の進歩を妨げてばかりいる。そして経験と観察によって常識を身につける代わりに，人々はつまずき続け，自らの成功の可能性を潰し，自分の不運を，実際にはその責任は完全に自分自身にあるのだが，状況や環境や運命のせいにする。

【解説】 *be* constantly *doing*「絶えず［しょっちゅう］…して（ばかり）いる」は，好ましくない動作が日常的に繰り返し行われていることを示す。**for lack of a little common sense**は，等位接続された三つの動詞句（❶making mistakes, ❷losing ground, and ❸hindering their own progress）全体についてその理由を表す。_{adv}[instead of _{[(v')}acquiring _(o')it _(adv')by experience and observation]], _sthey _vgo on stumbling, _{adv}[❶_{[(v')}spoiling _(o')their chances of success], ❷_{[(v')}blaming _(o')circumstances or environment or fate _(adv')for their misfortunes, _(adv')[_節when, _{adv''}in reality, _{s''}the responsibility _{v''}rests _{adv''}entirely _{adv''}with themselves]]]の主要部は，they go on stumbling instead of acquiring it（= a little common sense）by experience and observationの構造。コンマを介して並置された❶spoiling their chances of successと❷blaming … with themselvesは，『付帯状況』を示す分詞構文。when節はここでは「…であるのに，…にもかかわらず」（= although）の意味。

⑫

【訳例】
　　1 例えば，子供に作業を次から次へとするように促すのではなく，セッパラ博士は私たちに，子供が神経を集中して今取り組んでいるどんな活動も楽しむ手助けとなるよう勧める。**2** 子供が何もしないでいるのを許すのも重要である。「**3** 作業を中断してくつろぐために時間を割くことは，子供の創造力と洞察力を増進するのに役立ちます。**4** 子供には怠惰と楽しみ，そして関連のない興味に充てる時間が必要です」と彼女は記している。
　　1 彼女はまた，自己批判が子供を不安で，失敗を恐れ，過ちから学ぶ可能性が低い状態にしてしまうのに対し，自尊心は試練をものともせずに卓越し，新しい技能を伸ばし，自分の過ちから学ぶという子供の能力を高める，と示唆している。

【解説】（第1段落）**1** _{adv}[rather than _(v')encouraging _(o')children _(c')[to _(v'')do _(o'')one task _(adv'')after another]], _sDr. Seppala _vrecommends _ous _c[to _(v')help _(o')them _(c')[_{v''}focus and enjoy …]]　rather than *do(ing)* A, … *do* B「AするのではなくむしろBする」の構造。*doing* A = encouraging … another, *do* B = recommends …now。rather thanはinstead of *doing*に近い意味を持つ。**to help them … now**において，focusとenjoy whatever activity they are engaged in nowが等位接続され，themの述部として働く。　**3** _s[_(v')Taking _(o')time off _(adv')[to _(v'')disconnect and _(v'')relax]] _vhelps _o[_(v')promote _(o')kids' creativity and insights]．無生物主語構文。*doing* A helps (to) *do* B「Aすることは，Bするのに役立つ」が文字どおりの意味だが，「Aすることで，Bすることができる」と訳してもよい。
（第2段落）_{adv'}[while _{s''}self-criticism _{v''}leaves _{o''}kids ❶_{c''}anxious, ❷_{c''}[afraid

構文編

35

of failure] and ❸_{c"}[less likely [to _(v''')learn _(adv''')from mistakes]]], _{s'}self-respect _{v'}improves _{o'}[children's ability to *do*]「自己批判が子供を不安で，失敗を恐れ，過ちから学ぶ可能性が低い状態にしてしまうのに対し，自尊心は…する子供の能力を高める」　while節は『対照』を表す。while節で自己批判を行うことが子供に与えるマイナス面の影響を述べ，後続の節で自尊心が及ぼすプラス面の影響を対比的に述べる。　to excel … challenges, to develop new skills, to learn … mistakes という三つのto不定詞句が等位接続され，children's ability の内容を示す。

---

⑬A

訳例

　　自分がすでに他人について学ぶことがないほど賢明であると思っている者は，よいことであれ，偉大なことであれ，何をするにも成功しないだろう。

別訳 自分がすでに非常に賢明なので，もはや他人について学ぶことはないと思う者は，よいことであれ，偉大なことであれ，何をしても成功しないだろう。

解説 _s[He [_{関節}who _{s'} _{v'}thinks _{o'}himself _{c'}[already too wise [to _(v'')learn _(adv'')of others]]], _vwill never succeed _{adv}in _(v')doing _(o')anything [either good or great]].　he who *does*「…する人」は the person who *does* や anyone who *does* に近い意味を持つとされる。古い文学作品に見られるが現代ではほぼ使われない。
　too ～ to *do* は「…するにはあまりにも～だ，あまりに～なので…することができない」（～は形容詞または副詞）。too wise to learn of others は **so** wise **that** he **cannot** learn of others とも表せる。

---

⑬B

訳例

1 古典がすべてではない。2 我々が古典に負うところは極めて大きい。私はそれを過小評価するようなことはない（以下略）。3 しかしそれでも，古典がすべてであるわけではないのだ。

解説 1 **are not everything**「すべてであるわけではない」は部分否定。2 _sI _vam _c[the last [to _(v')undervalue _(o')it]]「私は最もそのことを過小評価しそうにない者である」　*be* [the last (person) [to *do*]]「最も…しそうもない（人），決して…しない（人）」は慣用表現。to *do* は last (person) にかかる形容詞用法の to 不定詞句。to *do* の代わりに関係詞節を用いて同様の内容を表すことができる。例えば，He is [the last person [to _(v')tell _(o')a lie]].「彼は嘘をつく最後の人である→彼は嘘をつくような人間ではない」は He is [the last person [who _{s'} _{v'}will[would] tell _{o'}a lie]]. と表すことができる。関係詞節内には will[would] が現れることに注意。

---

⑭

訳例

1 私たちはただ自分たちのためだけにでなく，いや，主に自分たちのためにでさえなく，環境を大事にするべきである。（中略）2 私たちは将来の世代のために住むのに適した環境を残すという道義的責任を負っているのである。

解説 **1** ₛWe ᵥare to care ₐdᵥfor the environment ₐdᵥ[not [❶only or ❷even mainly] for our own sakes]「私たちは❶ただ自分自身のためだけにでなく，また❷主として自分自身のためにでさえなく，環境を大事にするべきである」 *be to do*はここでは『義務』(=「…すべきである」)を表す。onlyとeven mainlyはorにより等位接続され，for our own sakesを修飾する。notはonlyとeven mainlyのそれぞれに作用する。orはここではevenと共に，直前のonlyを訂正しつつ，より正確な情報として「～, いや…ですら」を表している。 **2** a commitment to *do*「…するという約束」のto不定詞句はcommitmentの内容を示す。

(15) 訳例 **1** 我々は自分の持っている最も大きな恵みを失うまで，めったにそれをありがたいとは思わないというのは悲しい真実である。**2** 健康，自由，若さ——我々は，病気になり，自由を失い，年老いるまで，非常にまれにしかこれらのものに対して，感謝の気持ちを改めて抱いたりはしない。**3** そしてそのようになって初めてそれらがかけがえのないものになるのである。

別訳 (第1文) 悲しい事実であるが，たいていの場合，我々は自分が授かっている最も貴重なものを失ってから初めて，そのありがたみを実感する。

解説 **1** 仮ₛIt ᵥis ᴄa sad truth 真ₛ[節that ₛ'we ₐdᵥ'rarely ᵥ'appreciate ₒ'our greatest blessings ₐdᵥ'[節until ₛ"we ᵥ"lose ₒ"them]]「我々が自分の最大の恵みを，それを失うまでありがたく思うことがめったにないのは悲しい事実である」

Itは形式主語。that節は真主語。rarely ～ until …「…まではめったに～しない」は，「…して初めて～することが多い」と訳してもよい。 **2** [Health, freedom, youth] — 感嘆文ₐdᵥhow infrequently 助動do ₛwe ᵥpause ₐdᵥto ₍ᵥ'₎be ₍ᴄ'₎[grateful [for these]] …!「健康，自由，若さ——どんなにまれにしか我々は一息入れてこうしたものをありがたく思うことがないことか」 **how infrequently do we pause …!** は疑問文の語順を持つが，末位に感嘆符(!)があるので感嘆文と見なす。並置された三つの名詞Health, freedom, youthは本来，(grateful) forの目的語として働く要素。前文のour greatest blessingsの具体例であるhealth, freedom, youthを文頭に移動し，元の位置に代名詞theseを残している。

(16) 訳例 **1** 世の中に対して率直でありなさい。率直さとは正直と勇気の子である。**2** いつでも，自分がしようと思うことを言いなさい，そして自分が正しいことをするつもりであることを当然と思いなさい。**3** 友人が頼み事をするなら，それが筋が通っていれば聞き入れてあげるべきである。もし筋が通っていないなら，なぜ頼みを聞き入れることができないかはっきり言ってやりなさい。どんな種類のあいまいな言葉によっても，相手を不当に扱い，また自分を不当に扱うことになってしまう。

解説 **2** ᵥSay ₒ[関節what ₛ'you ᵥ'mean ₒ'[to ₍ᵥ"₎do ₍ₒ"₎]] ₐdᵥupon every occasion 命令文の構造で，この英文の読み手である筆者の息子への忠告である。and ᵥtake 仮ₒit ᴄfor granted 真ₒ[節(that) ₛ'you ᵥ'mean ₒ'[to ₍ᵥ"₎do

(o")right]」「自分が正しいことをするつもりであることを当然のことと思いなさい」
itは形式目的語で，真目的語は(that) you mean to do right。　**3** セミコロンの前の
If a friend asks a favor, you should grant it, if it is reasonable「友人が頼み事をす
る場合，もしそれが理にかなっているなら，それを聞き入れるべきである」から，if (it
is) not (reasonable), tell him plainly why you cannot (grant it)と補って考える。
　wrong him「相手を不当に扱う」と **wrong yourself**「自分を不当に扱う」とい
う二つの動詞句が等位接続されて，助動詞willの補部として働く。by「〜によって」は
『手段』を表す。

⑰ 訳例 コンピュータは，例えば，事務員が，あるいは数学者でさえもが，仮にできる
として非常に長い時間をかけなければできないであろうことを，あっという間にし
てしまうことができる。

解説 ₛA computer, ₐdv for instance, ᵥcan do ₐdv in seconds ₒ[関節 what 仮s'it
ᵥ'would take ₒ'₁[clerks or even mathematicians] ₒ'₂[a very long time]
(真s'[to (ᵥ")do (ₒ")　　])]　what it would take 〜 a very long time (to *do*)「〜が(…
するのに)非常に長い時間かかるであろうこと」のitは形式主語。真主語のto *do*は(A
computer can doのdoを受ける)自明の要素として省略されている。関係代名詞what
の空所はこのdoの目的語の位置にある。次の2文を比べるとわかりやすい(takeの間
接目的語をthemで代用)。
　　what **it** would **take** them a long time **to do**
　　it would **take** them a long time **to do** [what]
　would takeは仮定法過去としての用法で，「事務員や数学者たちが仮にするとしたな
ら〜だろう」という仮定条件に基づく『事態の推量』を表す。　**if they can do it at
all**「(そもそも) そうした人たちにそれができるとしたならば [できるとしての話だが]」。
what節内で「条件」を示すif節。

> **if 〜 at all**
> at allは基本的に「少しでも」の意を表し，if 〜 at allは「少しでも [そもそも] 〜
> ならば (〜だとして [も])」の意であるが，訳は文脈により一定せず，直訳的に訳
> さないことも多い：
> 　If you do it at all, do it well.「どうせやるならしっかりやれ」

⑱ 訳例 仮に芸術がただ自然の外観を記録したものにすぎないならば，最も緻密に描い
た自然の模写が最も満足のいく芸術作品となるのだろうし，写真撮影が絵画に取っ
て代わるべきときが急速に近づきつつあることになるだろう。

解説 ₐdv[節If ₛ'art ᵥwere ₐdv'merely ᵥ'[a record of the appearances of
nature]], ₛthe closest imitation ᵥwould be ᵤthe most satisfactory work

of art　wereはif節内で「事実に反すること」を述べる仮定法過去。would beは帰結節内で「起こるであろうと想定されること」を述べる仮定法過去。　**and** $_S$**the time** $_V$**would be fast approaching** ｜関節**when** $_S$**photography** $_V$**should replace** $_O$**painting** adv'｜「写真撮影がおそらく絵画に取って代わることになるときが急速に近づいているだろう」　the closest imitation would be the most satisfactory work of artと等位接続される帰結節。would be approachingは「起こるであろうと想定されること」を述べる仮定法過去。直前のthe closest ... artの内容を受けて，その結果起こるであろうと想定される事態を示す。when ... paintingはtimeにかかる関係詞節。

19

訳例　**1** 音の種類，すなわちここでは音楽の種類が重要であることは明らかなようだ。**2** 以下のことは明白なように思えるかもしれない——仕事をしているときにクラシック音楽を聴いている人は異常には全く思えないだろうが，(仕事中に) スラッシュメタルを聴いていれば，それは実に奇妙に思われるだろう。

1 音楽の性質と様式は脳に特定の反応を引き起こす可能性があるが，研究の中にはそれが実際，個人的好みのせいであると示唆するものもある。**2** 自分の好きな音楽は集中力を高め，その一方で好きではない音楽は集中を妨げるのである。

解説　（第1段落）**2** **This**はコロン (:) 以下のsomeone listening ... very strange indeedを指す。　**listening to classical music while they work**はsomeoneを修飾する現在分詞句。このwhileは「…している間」を表す。**wouldn't**は推量を表す。adv｜節**if** $_S$**they** $_V$**were listening** adv**to thrash metal** (adv'｜節**while they work**)｜ $_S$**it** $_V$**would be thought** $_C$**very strange** adv**indeed**　条件節内のwere listeningは起こりそうにないことを示す仮定法過去，帰結節内のwouldは事態の推量を示す仮定法過去。if節内にwhile they workが省略されていると考える。帰結節内のitは，if節の条件が成立した場合の『状況』を指す。文末のindeedは，〈very＋形容詞［副詞］＋indeed〉の構造で，「実に〜」とveryを強める働きをしている。
（第2段落）**1** 文頭のWhile「…ではあるが」は『譲歩』を表す。主節のitはwhile節内のthe nature and style of the music can cause specific responses in the brain「音楽の性質と様式は脳内での特定の反応を引き起こす可能性がある」を指す。　**2** you likeはMusicにかかる接触節。you don't (like) もmusicにかかる接触節。itはfocusを指す。

20

訳例　**1** 私たちは多くのことでグレース・ホッパーの恩恵を受けている。**2** ホッパーは，人々が自分たちの行動を正当化するために，よく『私たちはいつもこのやり方でやってきた』と言うのが嫌いだと説明した。**3** 彼女にとってそのような考え方は立ち向かうべきものだった。**4** この人生哲学の結果として，彼女は多くの重要な変化をもたらした。**5** 最も重要なことは，コンピュータが，そしてスマートフォンのようにコンピュータが内蔵された装置が，より使いやすく，広く利用できることである。**6** もしホッパーが生きていなかったとしたら，私たちの世界がどのような

ものになっていることか誰にもわからない。 **7** ひょっとしたら，スマートフォンは数学者によってしか，しかも男性の数学者によってしか使われていないだろう。

解説 **2** **hated when ...** は，when節を「～が…する（という）こと」を表す名詞節として解釈する。あるいは ᵥhated 仮ₒit 真ₒ[when ...]「～が…するということを嫌った」という形式目的語構文から形式目的語itが削除された構造と見てもよい。when節内のwouldは『過去の習慣的動作』を示す助動詞。 **5** **with computers inside them**「コンピュータが（その）中に入っている」はdevicesを修飾する前置詞句。computersとinside themの間には主語・述語関係（＝「コンピュータがその中にある（状態の）」）が成立している。themはdevicesを指すので，訳出しないほうがよい。 ₛcomputers — ... — ᵥare ᴄ[easier [to ₍ᵥ'₎use ₍ₒ'₎]]は難易構文で，computersはuseの目的語に相当する。 **6** 仮定法過去完了had never livedを含むif節は仮定条件を示す。帰結を示す ₛwho ᵥknows ₒ[疑節what ₛour world ᵥwould be ᴄ[like (   )]]「私たちの世界がどのようなものになっているか誰が知ろう」には，「現在の事態の推量」を表す仮定法過去would be ...「…であるだろう」が用いられている。who knows ...「…を誰が知ろう，…を誰も知らない」は修辞疑問（⇒本冊p.180）。 **7** 前文の仮定条件If Hopper had never livedに対するもう一つの帰結。「現在の事態の推量」を示す仮定法過去could be usedが用いられている。

㉑ 訳例 菜食主義が成人にとって奨励されるべきであるかどうかはともかく，成長期の子供には明らかに不適当なものであり，子供には，野菜を供給源として得られる以上のタンパク質が必要なのである。

解説 **whether or not ...** はここでは『譲歩』の副詞節を導き，「～が…するにせよしないにせよ，～が…であろうとなかろうと」を表す。or notをあとに持っていき，Whether vegetarianism should be advocated for adults or not の形にすることもできる。

---

whether or not ... が名詞節として働く例：

ₛI ᵥdon't know ₒ[whether (or not) she is coming].
「彼女が来るかどうか私は知らない」
＝ I don't know whether she is coming (or not).
ₛ[Whether or not [personal information may leak out from this app]] ᵥis not yet known.
「このアプリから個人情報が漏れることがあるのかどうかは，まだわからない」

---

who ... sources は growing children に関して，関連情報を追加的に述べる非制限用法の関係詞節。

㉒ 訳例 **1** 12月から6月まで，海は一面完全に凍りつき，開水域（開けた広い水域）は

一切見ることができない。**2** かつて数名の宣教師が大胆にも，2月に，40マイル離れたところに住むエスキモー人を訪れた。宣教師らは毛皮に身を包んでいたが，死ぬような目にあった。**3** 彼らのまぶたは凍ってくっつき，それで彼らは絶えずまぶたを引き離さなくてはならず，また頻繁にこすってそれが引っ付くのを防がなくてはならなかった。一方で，彼らの１人は両手が凍って，（膨らんだ）膀胱のように腫れ上がってしまった。

解説　**1** ₛthe sea ᵥis ᴄso completely frozen over ₐᵈᵥ[₍₌₎that ₛ'no open water ᵥ'is to be seen] 〈so＋形容詞（句）・副詞＋that ...〉「とても～なので…」の構文。that節は『結果』を表す。*be to be done* = *can be done*「…されることができる」（通例「…することができる」と訳す。）　**2** ᵥventured, ₐᵈᵥin February, ₒ[to ₍ᵥ'₎visit ₍ₒ'₎[some Esquimaux, [forty miles distant]]]　**forty miles distant**「40マイル離れた」の forty miles は副詞的名詞句で，形容詞 distant を修飾し，「どれだけ離れているか」を示す。　**although wrapped in furs** = although (ₛ'they ᵥ'were) wrapped ₐᵈᵥin furs は副詞節内での〈主語＋be〉の省略。　**3** so that節は主節 Their eyelids froze together に対する『結果』を示す。obliged to の後ろでは二つの動詞句（pull them asunder と (by constantly rubbing) prevent their closing）が等位接続されている。by constantly rubbing は prevent their closing の『手段』を表す前置詞句。　**3** ₐᵈᵥ[₍₌₎while ₛ'one of them ᵥhad ₒhis hands ᴄ'[❶₍ᵥ'₎frozen and ❷₍ᵥ''₎swollen up ₍ₐᵈᵥ''₎like bladders]]　**have *A done*** は「Aが…された状態である」を表す。

㉓ 訳例　**1** 読書の助けを借りて寝つくことを望むなら，思考が迷走して眠れないことを心配し始めることがない程度にはおもしろいが，本を置こうという気持ちにならないほど刺激的ではないものを読みなさい。**2** できる限り長く眠らずにいようと努めなさい。**3** 目が知らないうちに閉じてしまうまで本を読み，それから本を置いて明かりを消しなさい。**4** 眠らないように懸命に努めれば努めるほど，それだけ容易に寝入ってしまう。**5** 懸命に眠ろうとすればするほど，それだけ長い時間眠れなくなる。

解説　**1** ᵥread ₒ[something [❶interesting enough [₍₌₎that ₛ'your mind ᵥ'won't ❶wander and ❷start ₒ'[₍ᵥ''₎worrying ₍ₐᵈᵥ''₎about not sleeping]]], but [❷not so exciting [₍₌₎that ₛ'you ᵥ're not ᴄ'[willing to ₍ᵥ''₎put ₍ₒ''₎the book ₍ₐᵈᵥ''₎down]]]　主節は命令文で，読者への助言である。目的語の something を，二つの形容詞句（= interesting enough that ... sleeping「…ほどおもしろい」と，not so exciting that ... down「…ほど刺激的でない」）が後置修飾する。*A* enough that ...（Aは形容詞・副詞）「～が…するほどA，～が…するに十分A」。not so *A* that ...（Aは形容詞・副詞）「～が…するほどAではない」。　**4** ₐᵈᵥ[従節 The harder ₛ'you ᵥ'try ₐᵈᵥ' ₒ'[to ₍ᵥ''₎stay ₍ᴄ''₎awake]], 主節the easier ₛyou ᵥwill fall ᴄasleep ₐᵈᵥ.「懸命に眠らないように努めれば努めるほど，それだけ容易に寝入ってしまう」　**The harder** は try の後ろの副詞句の位置から移動している。the easier は fall asleep の後ろの副詞句の位置から移動している。　この文と第５文は，〈the＋比較級～，the＋比較級…〉「～であればあるほど，ますます…」の構文。

㉔ 訳例 大学は一般に学問の府と呼ばれており，私たちが知っているような大学の起源は一般に12世紀にまでさかのぼる。

解説 [universities adv[節as s'we v'know o'them]]　asは「（〜が…する）際の，ような」を意味する接続詞で，直前の名詞（句）を限定または修飾する副詞節を導く。直前の名詞（句）を修飾すると言えば関係詞節であるが，上の分析図からわかるようにas節内にuniversitiesを受ける代名詞them があるので，asは接続詞である（as節が関係詞節ならこの位置が空所になっている）。

㉕ 訳例 **1** 人は物事を，あるがままに見るのではなく，物事にこうあってほしいと自分が望むように見るものであり，そうして破滅するのだ。**2** 政治には完全に安全な進路など存在しない。分別は，最も危険でない進路を選ぶことにある。**3** それから，もっと高い水準に進むなら，マキャベリが繰り返し言うように，犯罪は帝国を勝ち取るかもしれないが，栄光を勝ち取ることはないのである。

解説 **1** sMen vwill not look adv at things ❹adv[節as s'they adv'really v'are], but ❺adv[節as s'they v'wish o'them c'[to (v'')be]]―and vare ruined. 「人は物事を，❹（それが）実際にあるようにではなく，❺物事にあってもらいたいと自分が望むように見るものであり，それで破滅する」　not A but B「AではなくB」の相関語句が用いられている。ダッシュのあとのand「それで」は，ダッシュ前の内容により引き起こされる『結果』を表す。　**2** sprudence vconsists in o[(v')choosing (o')the least dangerous ones]　「（政治においては）最も危険でない進路を選ぶことが，分別ある行動である」ことを意味する。A consist in B は「A（通例抽象的な事柄）がBに存在する［基づいている］」ことを表す。　**3** adv[to (v')pass (adv')to a higher plane]「もっと高い水準に進むなら」　if you pass to a higher planeの意味を持つ副詞用法のto不定詞句。　reiterate「…と繰り返し述べる」の目的語として働くthat節の中に，譲歩を表すalthough ... empireの節が挿入されている。

㉖ 訳例 成功の秘けつが何か一つあるとすれば，それは相手の観点をつかみ，自分自身の角度からだけでなく相手の角度からも物事を見る能力に，見いだされる。

解説 adv'[節 If adv'there v'is s'any one secret of success], sit vlies adv[in the ability [to ❶(v')get (o')[the other person's point of view] and ❷(v')see (o')things (adv')[❹from that person's angle as well as　❺from your own]]. 「成功の秘けつは，❶[相手の観点をつかみ]，❷[❺自分自身の角度からだけでなく❹相手の角度からも物事を見る]能力に存在する」　等位接続されたto get ... view と (to) see ... from your own はabilityの内容を示すto不定詞句。A as well as B は「Bだけでなく Aも」を表す。A = from that person's angle，B = from your own (angle)。

42

27

訳例 **■1** ふだんの生活において，我々は自分が与えるよりもはるかに多くのものを人から受けていることや，感謝の気持ちを抱くことによってのみ人生は豊かになるということを，ほとんど悟っていない。**■2** 我々は得てして，他人のおかげをこうむっていることに比べ，自分自身が成就したことの重要性を過大に評価しがちである。

解説 **■1** 第1文は，ₛwe ₐdᵥhardly ᵥrealize **❶**ₒ[₍₎that we … give], and **❷**ₒ[₍₎that it … rich]の構造を持つ。等位接続された二つのthat節はrealizeの目的語として働く。 hardly ᵥrealize ₒ[that ₛ'we ᵥ'receive ₒ'a great deal more ₐdᵥ[than ₛ''we ᵥ''give]]の部分は，自分が他者に与えるよりはるかに多くの社会的恩恵を他者から受けていることを述べる。 ₛ'it ᵥ'is ₒ'[only [with gratitude]] [₍₎that ₛ''life ᵥ''becomes ₒ''rich ₐdᵥ'']「人生が豊かになるのは感謝によってのみである→感謝することによってのみ人生は豊かになる」 it is A that … 型の強調構文で, only with gratitude「感謝をもってのみ」という副詞的前置詞句が強調されている。 **■2** [₍₎what [ₛ''we ᵥ''owe ₒ'' ₐdᵥ''to others]]はwithの目的語として働く。

28

訳例 **■1** 努力を促す大きな刺激は，人生を通して，最初の困難を切り抜けたあとの成功という経験である。**■2** 困難は，落胆を引き起こすほど大きくも，努力を刺激しないほど小さくもあってはならない。**■3** 私たち自身がすることによってこそ，私たちは学ぶのである。

解説 **■1** all through life「人生を通して，一生の間ずっと」は挿入句。allは強意を示す副詞。experience of successは「難事を乗り越えたあとに成功を体験すること」と訳してもよい。 **■2** ₛThe difficulties ᵥmust not be **❶**ₒ[so great ₐdᵥ[₍₎as to ₍ᵥ'₎cause ₍ₒ'₎discouragement]], 等接or **❷**ₒ[so small ₐdᵥ[₍₎as not to ₍ᵥ'₎stimulate ₍ₒ'₎effort]]。「困難は，❶落胆を引き起こすほど大きくも，❷努力を刺激しないほど小さくもあってはならない」 so ~ as to doは「…するほど~」を表す。soの後ろに現れる形容詞・副詞の程度をas to doが具体的に示す。so ~ as not to doは「…しないほど~」を表す。このnotはto doに作用する。 **■3** ₛIt ᵥis ₒ'[by [₍₎what ₛ'we ᵥ'do ₒ' ₐdᵥ'ourselves]] [₍₎that ₛ'we ᵥ'learn ₐdᵥ']。「私たちが学ぶのは，私たち自身がすることによってである」 It is [by A] that … 「~が…するのはAによってである」の構造を持つ強調構文。副詞的前置詞句by Aが強調されているので，通常の訳し方の他に，「Aによってこそ~は…する」のように訳すこともできる。

29

訳例 **■1** 同時に医師たちは，指と手首がこれまでに何もそれらに準備をさせなかった新たな動きのために使われていることから考えて，コンピュータや携帯電話に関連した手のトラブルの大々的な増加に気づいている。**■2** その結果，手自体の筋肉や骨に対する変化が予測されている。**■3** 私たちは，口の構造がナイフとフォークを使い始めたことで変化し，それが私たちのかむ方法を変えたのと同じように，最終的には今とは異なる手を持つことになるのだろう。**■4** ここで身体が技術に対して二次的であることは，今日の製品ブランド戦略にも反映されている。iPadやiPhoneの中

で，大文字で始まるのは使用者である"I"「私」ではなく，むしろpadやphoneのほうである。

解説 **1** adv[節as s'the fingers and wrist v'are being used adv'[for new movements [関節that s"nothing v"has prepared o"them adv"[for (　)]]]] 「指と手首が，これまでに何事もそれらに準備をさせなかった新たな動きのために使われているとき［ので］」　asは接続詞で，「…という現状から，…という事実を考慮して」を表す。new movements that ... forは，パソコンやスマートフォンなどの文字入力動作などのことである。　**2**「（指や手首の新たな動作の）結果として，手の筋肉や骨に変化が生じることが予測される」ことを意味する。　**3** in the same way [関節that s'the structure of the mouth v'has been altered adv'　[by the introduction of knives and forks]] 「口の構造がナイフとフォークを使い始めたことで変化したのと同じ方法で」　thatは関係副詞で，wayにかかる関係詞節を導く。[関節which s'　v'changed o'[the way [関節(in which / that) s"we v"bite adv"]]] 「それは私たちがかむ方法を変えた→このせいで私たちのかむ方法が変わった」　これより前のthe structure ... forksの『結果』を示す非制限用法の関係詞節。節中のwe biteはwayにかかる接触節。副詞的に働く関係詞in whichまたはthatが省略されていると考える。　**4** that節（That ... here）は主語として働く名詞節。A is secondary to Bは「AはBに対して二次的［副次的］である」の意。「AがBに付随して，あるいはBの結果として起こる」ことを含意する。　it is A that ... rather than B「…するのはBというよりむしろAである」の形をとる強調構文。A = the pad and the phone，B = the "I" of the user。iPadやiPhoneというブランド名を例にとり，重視されているのは使用者である人間ではなく機械であることを示す。この文は言葉遊びの一種である。iが指すものに関しては人称代名詞Iの他にも，internet，individual，instruct，inform，inspire，instruction (for education purposes)など多くの解釈がある。

30 訳例 少年のころ，私は自分が政治や文学で熱中していることに無関心などんな人にも敵意を感じないではいられなかった。

解説 adv[As a boy], sI vcould scarcely help o[(v')feeling (c')[hostile to any one [関節who s"　v"was c"[indifferent to the things [関節about which s"'I v"'was c"[enthusiastic (　)] adv"'in politics and literature]]]]. who was indifferent ... in politics and literatureは(any) oneにかかる関係詞節。この節中のabout which I was ... in politics and literatureはthingsにかかる関係詞節。関係詞節の中にもう一つの関係詞節が埋め込まれているという複雑な構造を持つ。

can scarcely help doingは，cannot help doing「…せざるを得ない」のnotの代わりに，準否定語scarcelyを用いた表現である。両者とも意味的に大きな差はない。

構文編

31

訳例 **1** 先進国において，男女差は長い間，少なくとも一つの尺度で女性に有利に働いてきた。その尺度とは平均余命である。**2** 過去100年を通じ，女性は男性より大幅に長生きしてきた。男性にはとりわけ戦争に重工業，それにタバコがより大きな悪影響を及ぼしてきたのである。**3** しかし，この男女差は縮まりつつあり，1950年に始まったイングランドとウェールズにおける平均余命の統計的分析の最新版は，2032年までには，男性が女性と同じくらい長く生きると予想でき，男女とも平均余命が87.5歳になると示唆している。

解説 **2** , [₍関節₎on whom ₛ'[war, heavy industry and cigarettes] — ₐdv'[among other things] — ᵥ'have taken ₀'a heavier toll ₐdv']「彼ら（男性）に，とりわけ戦争や重工業やタバコが，（女性に対してより）もっと大きな損害を与えてきた」先行詞のmenに関して追加関連情報を述べる非制限用法の関係詞節。on whomの空所はhave taken a heavier tollの後ろの位置にある。　**3** this gender gapは前文のThroughout the past 100 years women have significantly outlived menを指す。このように〈this[that]（＋名詞）〉や〈the＋名詞〉は先行する記述内容を指す（⇒本冊p.176）。ᵥsuggests ₀[₍節₎that, ₐdv'[by the year 2032], ₛ'men ᵥ'can expect ₀'[to ₍ᵥ''₎live ₍ₐdv''₎as long ₍ₐdv''₎[as ₛ'''women (ᵥ'''live ₐdv'''x-much long)]], ₐdv'[with (ₛ'')both sexes (ᵥ'')sharing (₀'')an average life expectancy of 87.5 years] 　前置詞byは「〜までに」と『期限』を表す。　**with both sexes sharing an average life expectancy of 87.5 years**は，〈with＋名詞句（both sexes）＋現在分詞句（sharing ...）〉の構造を持ち，『付帯状況』（＝「〜が…している状態で」）を表す。

32

訳例 **1** 我々の大部分の者にとって，健康とは，自分の生まれつきによるものではなく，自分の生き方によって決まるものである。**2** 20歳のときの身体は受け継いだ遺伝子に左右されるが，40歳や60歳，あるいは80歳のときの身体は，自分次第で当然持つことになる身体であり，自身の行いを反映する身体なのである。

解説 **Nature or Nurture?**「生まれか育ちか」の問題を扱った文章である。**1** ₛhealth ᵥwill depend not on Ⓐ₀[₍疑節₎who ₛ'we ᵥ'are ₆'], but on Ⓑ ₀[₍疑節₎how ₛ'we ᵥ'live ₐdv']「健康は我々が何者であるかによってではなく，我々がどう生きるかによって決まるものである」　depend not on A but on B「AによってではなくBによって決まる」の構造を持つ。A＝who we are，B＝how we live。willは『必然性・規則』「（…する）ものだ，決まって（…する）」を表す。**2** ₛ**The body** [₍関節₎(which / that) ₛ'**you** ᵥ'**have** ₀' ₐdv'**at 20**]] ᵥ**depends on** ₀**your genes**「あなたが20歳のとき持っている体はあなたの遺伝子によって決まる」は第1文のdepend on who we areをより具体的に述べる。you have at 20は『接触節』でbodyにかかる。　コンマにより並置されたthe body you deserveとthe body ... behaviorは，the body you have at 40, 60 or 80 isの補語として働く。the body that reflects your behaviorはthe body you deserveの言い換えと考えられる。

45

③ 【訳例】 ■ 図書館の棚に偉大な書物を見つけることほどすばらしい発見はない。 ② 探し回ってそのような書物を見つけることは，読書家には経験できて，他の人々は経験できないすばらしい冒険なのである。

【解説】 ■ There is no greater discovery than to do は「…することほど大きな発見はない」を表す。 ② one of [the great adventures [関節 which s'readers v'have o'] [関節 that s'other people v'do not have o']] 「読者が経験し，他の人々が経験しないすばらしい冒険の一つ」 which readers have が great adventures にかかり，that other people do not have が great adventures which readers have にかかるという構造を持つ。このように二つの関係詞節が，and などにより等位接続されることなく重ねて用いられ，同一の先行詞を制限する構造は「二重限定」と呼ばれる。

There is [nothing [**which** you can do] [**which** I cannot do]].
「君にできることで，私ができないことは何もない」

③ 【訳例】 ■ 言葉を話す才能と系統だった言語は，知られているあらゆる人間の集団の特徴である。 ② 言語を持たない部族はこれまでに発見されたことがなく，これと反対の説はすべて単なる俗説として退けられるかもしれない。

【解説】 ② s**No tribe** v**has ever been found** [関節**which** s' v'**is** c'**without language**] 「言語を持たない部族はこれまでに見いだされたことがない」 which is without language は tribe にかかる関係詞節。has ever been found は『経験』を示す現在完了形で，ever は文頭の No と呼応して「これまで…されたことが（一度も）ない」を表す。 to the contrary 「それとは反対の，そうではないという」は，all statements を修飾する形容詞的前置詞句。つまり「言語を持たない部族が存在するという（説）」を表す。

③ 【訳例】 唯一有効な知識は，よいものを追い求め悪いものを避ける方法を我々に教えてくれる知識である。

【解説】 文の基本構造は s**The only useful knowledge** v**is** c[**that which teaches us …**]で，「唯一の有用な知識は，…を私たちに教えてくれるもの（＝知識）である」の意。 that which teaches us … は what teaches us … と同義。 o'[疑節**how to** ❶[(v")**seek** (o")[関節**what** s''' v'''**is** c**good**]] and ❷[(v")**avoid** (o")[関節**what** s''' v'''**is** c**evil**]] adv'] 「どのようによいものを求め，悪いものを避けるべきか（を教える）」は teaches の直接目的語。間接目的語は直前の us。文脈編例題52（⇒本冊 p.154）にこの続きがある。

36

訳例 ①苦しみは，それが意味を，例えばある犠牲を払うことの意味を見いだした瞬間に，苦しみではなくなってしまう。（中略）②人間の主な関心事は，楽しみを手に入れたり苦痛を避けたりすることではなく，むしろ自分の人生に意味を見いだすことにある。③だからこそ，人は苦しみを経験することさえも喜んでしようとするのである——確かに，その苦しみには意味があるということを条件としてではあるが。

解説 ② s man's main concern v is not c [❹ [to (v')gain (o')pleasure] or ❺ [to (v')avoid (o')pain]] but adv rather c ❻ [to (v')see (o')a meaning (adv')in his life]. 補語が，not [❹ [to do A] or ❺ [to do B]] but rather ❻ [to do C] 「AすることやBすることではなく，むしろCすることである」の構造。 ③ s That v is c [(the reason) [関節 why s'man v' is c' [even ready [to (v'')suffer]] adv' …] meaning]. That is why … は「それが…する理由である→そのようなわけで［だから］…する」。Thatは前文の内容を受け，その結果もたらされることをwhy節で述べている。(⇒本冊p.158) adv' [on the condition, adv' [to be sure], [節 that s''his suffering v'' has o''a meaning]] we are even ready to suffer が成立する条件を示す。that節はconditionの内容を示す同格節。

37

訳例 ①いつも，あらゆる状況で，あらゆる条件下で最善を尽くすと自らに誓うことは，我々がすべての経験の中に価値を見いだし，またすべての経験に価値を付与することを可能にし得る。②何が明らかになっているにせよ，もし我々が自覚的で偏見がないなら，学ぶべきことは常にたくさんあるということに気づくことができる。

解説 ① s [The commitment [of (v')giving (o')our best [❶(adv')at all times, ❷(adv')in all circumstances and ❸(adv')under all conditions]]], v can enable o us c [to ❶[(v')find (o')value (adv')in], and ❷[(v')lend (o')value (adv')to], every experience]. 無生物主語構文で，A can enable B to do「AはBが…するのを可能にし得る」の構造。目的語（B）の位置には「人」を表す代名詞があるので，「Aのおかげで［により］B（人）は…することができ得る」と意訳することができる。every experienceは (find value) in, および (lend value) toの共通の目的語として働く。 ② adv' [関節Whatever s' v'may have unfolded]「何が明らかになる［なった］にせよ」はwh-ever型の譲歩節。may have done「…したかもしれない」は，現時点で完了していると推量される動作を示す。 adv'there v'is adv'always s'[much [to (v'')be learned]] のto be learnedはmuchを修飾する形容詞用法のto不定詞句。

38

訳例 ①70,000～30,000年前の，新しい思考・伝達方法の出現が認知革命を構成する。②何がその革命を引き起こしたか。③私たちにはよくわからない。④最も一般的に信じられている理論は，偶発的な遺伝子の変化がホモサピエンスの脳の内的配線を変え，彼らが先例のない方法で思考し，全く新しいタイプの言語を使って伝達することを可能にしたと主張する。⑤私たちはこれを「知恵の木」突然変異とでも呼ぶのかもしれない。⑥なぜこれはネアンデルタール人のDNAではなくむしろ

ホモサピエンスのDNAに起こったのか。⑦ 私たちにわかる限りでは，これは全くの偶然の問題である。⑧ しかしこの変化の原因より結果を理解するほうがもっと重要である。⑨ この新しいホモサピエンスの言語に関して何がかくも特別であり，私たちが世界を征服することを可能にしたのだろうか。

解説 ① **constitute**は〈SVC〉型動詞で，the Cognitive Revolutionは補語として働く。The appearance of new ways「新しい方法が出現すること」のofは『主格関係』を表す。 ④ **enabling … language**は『結果』を表す分詞構文で，enablingの意味上の主語は先行する主節。using … languageは『手段』を表す分詞構文で，communicateを修飾する。 ⑦ **as far as we can tell**「私たちが言える限りでは，私たちにわかる範囲では」は定形表現。〔類例〕as far as A is concerned「Aに関しては」 ⑨ ₛWhat ᵥwas 𝒸so special ₐdᵥabout the new Sapiens language ₐdᵥ[節that ₛ'it ᵥ'enabled ₒ"us 𝒸'[to ₍ᵥ"₎conquer ₍ₒ"₎the world]]? so special ～ that it enabled …は，「かくも特別～で（それで）…を可能にした」（that節＝『結果』），または「…を可能にするほど特別～で」（that節＝『程度』）のどちらととってもよい。that節内のitはWhatを指す。

39

訳例 　ある人の前ではある人格であり，陰では別の人格であると自信を持って言い切るということ以上に危険な試みはない。

別訳 ある人の前にいるときとその人のいない所とで，全く別人であると請け合うことほど危険な試みはない。

解説 ₐdᵥ[There ᵥis ₛno more dangerous experiment ₐdᵥ[節than ₛ'[that of ₍ᵥ"₎undertaking ₍ₒ"₎[to ₍ᵥ"'₎be ❶[₍𝒸"₎one thing ₍ₐdᵥ"'₎at a man's face], and ❷[₍𝒸"'₎another ₍ₐdᵥ"'₎behind his back]]] ᵥ'is 𝒸'x-much dangerous)]. 「ある人の面前ではある人格であり，陰では別の人格であることを請け合うという試み（はx程度危険であるが，それ）よりもっと危険な試みはない」 there is no more dangerous experiment than A「Aよりもっと危険な試みはない，Aほど危険な試みはない」は，there is a more dangerous experiment than A「Aよりもっと危険な試みがある」の否定文と考える。that (＝ the experiment) of undertaking to be …は「…であると請け合うという試み」。 **to be one thing at a man's face and (to be) another (thing) behind his back**は「ある人の面前では一つのものであり，その人のいない所では別のものである」の意。one thing / another (thing)の対比構造を利用して，他人がいるときといないときでは自分の本質・人格が180度転換することを表す。

40

訳例 「① カロリー制限と運動は，カロリー制限だけ，あるいは運動だけによる同様の減量よりも，心疾患に対する危険因子により大きな改善をもたらすだろうと私たちは信じていました。② しかし，結果はこの理論を裏付けることにはなりませんでした」と研究者たちは述べた。③ 研究結果は，減量自体が主要な予防効果をもたらすこと，そしてその利点がどちらの体重減少法が使われるかにはかかっていないこ

とを示している。

解説 **1** ₛ'calorie restriction and exercise ᵥwould yield ₒ[greater improvements [in risk factors for heart disease]] adv'[節 than 助動"would ₛ"[similar weight loss [from calorie restriction or exercise alone]]]「カロリー制限と運動は，カロリー制限，あるいは運動だけによる似たような体重減少（が，心疾患に対する危険因子のx程度大きな改善をもたらすだろうが，それ）より心疾患に対する危険因子にもっと大きな改善をもたらすだろう」　比較節内には主語・助動詞の倒置が生じている。主語のあとに省略を補って理解する→similar weight loss … alone would (yield x-much great improvements in risk factors for heart disease)。　**3** ₛFindings ᵥindicate ❶ₒ[節that ₛ'[weight loss itself] ᵥprovides ₒ'the major protective effect] and ❷ₒ[節that ₛ'the benefits ᵥdo not depend on ₒ'[疑節which approach to weight loss] ₛ"　　ᵥ"is used]].等位接続された二つのthat節はindicateの目的語として働く。itselfは主語weight lossと同格的に用いられてそれを強調する。　depend on wh- …「…かによって決まる，…かにかかっている」は句動詞depend onが間接疑問文を目的語にとる例。

41A

訳例　この世で大切なことは，自分がどこにいるかということよりも，むしろどの方向に向かって進んでいるかである，ということが私はわかっている。

解説 ₛI ᵥfind ₒ[節(that) ₛ'[the great thing in this world] ᵥ'is not so much ❶c'[疑節where ₛ"we ᵥ"stand adv"], as ❸c'[疑節in what direction ₛ"we ᵥ"are moving adv"]].「この世界で大事なことは，私たちがどこに立っているかというより，私たちがどの方向に向かって動いているかであることを私はわかっている」
　that節内では補語に，not so much A as B「AというよりむしろB」の構造が用いられている。A = where we stand，B = in what direction we are moving。A，Bどちらも間接疑問文である。

41B

訳例 **1** あなたの生き方は，人生があなたにもたらすものによってというよりもむしろ，あなたが人生に対してとる態度によって決まる。また，あなたの身に起こることによってというよりもむしろ，起こることに対するあなたの考え方によって決まるのだ。**2** 環境や境遇は確かに人生を色づけるが，あなたはその色をどのようなものにするかを選ぶ心を与えられているのである。
別訳 （第1文）人の生き方を決定するのは，人生がその人に何をもたらすかではなく，むしろその人が人生に対してとる態度であり，その人の身に何が起こるかではなく，むしろその人の精神が自分の身に起こることを考察する方法なのである。

解説 **1** 受動態is determinedの動作主であるby ～「～によって」は，❶not so much by A as by B，❷not so much by C as by D「❶AによってというよりむしろBによって，❷CによってというよりむしろDによって」の構造を持つ。A = what life brings

49

構文編

to you「人生があなたにもたらすもの，人生があなたに何をもたらすか」，B = the attitude you bring to life「あなたが人生にもたらす態度」，C = what happens to you「あなたの身に起こること，あなたの身に何が起こるか」，D = the way (in which) your mind looks at what happens「あなたの精神が自分の身に起こることを考察するその方法」。　Aの what life brings to you とCの what happens to you は【訳例】のように関係詞節として訳してもよいし，《別訳》のように間接疑問文として訳してもよい。
2 ... **do color life, but** 〜の do は，『強意』用法で，「確かに…だが，しかし〜」を表す。　ₛyou ᵥhave been given ₒ[the mind [to ₍ᵥ₎choose ₍ₒ'₎[疑節what ₛ"the color ᵥ"shall be ₍c"₎]]]　to choose ... be は mind を修飾する形容詞用法の to 不定詞句。

(41C)
【訳例】**1** 実を言えば，旅行が本当に好きな旅行者はほとんどいない。**2** もし旅行者がわざわざ金を出して旅行をするとすれば，それは好奇心からとか，楽しむためとか，美しいものや珍しいものを見たいからとかの理由によるよりも，むしろ一種の俗物根性からである。

【解説】**1** The fact is (that) ... は，「実は…だ」と，既述の内容や一般に思われていることとは反対のことなどを述べるときに用いられることが多い。　few は準否定語で「ほとんど〜ない」。　**2** If they go to the trouble and expense of travelling, it is not so much A, as B. 「旅行者たちが旅行する手間と金をかけるなら，それはAというよりむしろBである」の意。it は if 節の内容を受ける。it 以降は，ₛit ᵥis not so much ₍c₎[❹[from curiosity], ❺[for fun], or ❻[because ₛ'they ᵥ'like ₍ₒ'₎[to ₍ᵥ"₎see ₍ₒ"₎[things beautiful and strange]]], as ₍c₎[out of a kind of snobbery] で，not so much [A, B or C], as D「[AあるいはBあるいはC] というよりむしろD」の構造。

(42)
【訳例】**1** なじみのない物事は，——これは逆説に思えるかもしれないが，それでもやはり事実である——私たちが知りすぎている物事よりもっと理解しやすい。**2** ある出来事が身近であればあるほど，日常的でなじみ深いものであればあるほど，私たちがその出来事を理解する際に，あるいはそれが出来事であることを——それが実際に起こることを——認識する際に私たちが感じる困難はそれだけいっそう大きくなる。**3** 習慣のせいで私たちは自分を取り巻く物事に自動的に反応してしまうのだ。
【別訳】（第1文）なじみのないことは，知りすぎていることよりも理解しやすい。これは逆説的に思えるかもしれないが，それでもやはり事実である。（第3文）習慣のせいで私たちは自分の身の回りのことに無意識的に反応してしまう。

【解説】**1** A is easy[difficult [to do (　　)]]「Aは…するのが易しい [難しい]」という形の難易構文と，比較構文が結合した構造。to understand は easier を修飾する副詞用法の to 不定詞句で，主語 Strange things が understand の目的語に相当する。比較節内の those は things を指す代名詞で，後続の接触節 we know too well がこれにかか

る。　ₛit ᵥmay seem ca paradoxのitはStrange things are easier to understand than those we know too wellを指す。　**2** (adv)[従節c'**The nearer,** c'**the more everyday and familiar** ₛ'**an event** ᵥ**is**, 主節c**the greater** ₛ[**the difficulty**[関節**we find in** *doing …*]] (ᵥis)　〈the＋比較級〜, the＋比較級…〉「〜であればあるほど，ますます…」の構文。主節では，be動詞のisが省略されている。

we find … takes placeは接触節で，直前のdifficultyにかかる。comprehending itとeven realizing … takes placeはorにより等位接続され，inの目的語として働く。that it is an eventとthat it actually takes placeはダッシュを介して並置され，realizingの目的語として働く。　**3** ₛ**Habit** ᵥ**causes** o**us** c[**to** (ᵥ')**react** (adv')**automatically** (adv')[**to the things** [関節**which** ₛ" ᵥ"**surround** o"**us**]]. 「習慣は私たちに，私たちを取り巻く物事に自動的に［無意識的に］反応させる」

無生物主語構文で，目的語の位置に「人」を表す代名詞があるので，「習慣のせいで私たちは自分を取り巻く物事に自動的に反応する」と訳してもよい。

43A

[訳例]　人は自分が失敗者であると感じるので酒を飲むようになり，さらにまた，酒を飲むのでなおさら完全に失敗することもある。

[解説]　[take to drink [because he feels himself to be a failure]] 「自分が失敗者であると感じるがゆえに酒を飲む」と [fail all the more completely [because he drinks]] 「酒を飲むがゆえになおさらいっそう完全に失敗する」という二つの動詞句がand (then)により等位接続され，助動詞mayの補部として働く。　〈(all) the ＋ 比較級 ＋ because [for] …〉「…なのでなおさらいっそう〜」におけるtheは比較級の前で「(…なので) それだけ，かえって」を表す。

I like him **all the more for** his faults.
「彼に欠点があるのでなおさらいっそう好きだ」〔＝ because he has faults〕

43B

[訳例]　**1** アテネの人々はイソップをたたえて大きな像を建て，名誉への道がすべての者に公平に開かれていることを示すために，恒久的な台座の上に，奴隷ではあったが，彼の像を置いた。
　1 立派な服は自尊心にとって本質的なものではない。**2** ある人の服装が粗末で簡素なものであっても，それがその人の従事している仕事に適しているか，その人が手に入れることができるものに見合っていて，できるだけ清潔でさっぱりした状態に保たれているなら，その人は金持ち然とした，あるいは流行に合わせた身なりをしていないからといって，そのことで自分を卑下する理由はさらさらない。

[解説]　(第1段落) though節の中で，〈主語＋be〉が省略されている。　**to show that …** は『結果』または『目的』を示す副詞用法のto不定詞句。　(第2段落) **2** 譲歩節 (Though …plain) と，条件節 (if … possible) が並置されている。though節内のbeは仮定法現在であるが，現在形のisに置き換えることができる。if節内では，it (＝ a person's dress) を共通の主語として，三つの動詞句が [is suited … engaged], or [is as good ... procure], and [is kept ... possible] という形で等位接続されている。

think the less of himself because ...「…なのでそれだけいっそう自分を軽んじる」

訳例 **44**

1 経験によって賢くなる人は，自分が観察する物事について正しく評価し，自身の日常生活の主題を形成しようと懸命に努力する。**2** 私たちが常識と呼ぶものは，たいてい，共通経験が思慮深く改善されたその結果にすぎない。**3** また優れた能力は，忍耐や正確さや用心深さほど，常識を獲得するのに必要でない。**4** ハズリットは，会談する相手となる最も良識的な人は，聡明な実業家や国際人であると考えた。このような人たちは物事のあるべき姿に関するクモの巣状の相違点を長々と語るのではなく，自分が見て知っていることを基に議論する人たちである。

解説 **1** s[The man [(v')made (c')wise (adv')by experience]] vendeavours o[to ❶[(v')judge (adv')correctly (adv')of the things [関節which s"v"come adv"under his observation]]], and ❷[(v')form (o')[the subject of his daily life]]]. made wise by experienceはmanを修飾する過去分詞句。judge ... his observationとform ... his daily lifeが等位接続され，endeavours to の後ろに現れるという構造。**2** s[関節What s'we v'call o' c'common sense] vis, advfor the most part, advbut c[the result of [s'common experience (adv')wisely (v')improved]]. 名詞句common experienceと過去分詞句wisely improvedの間には受動の主語・述語関係が成立している。butは副詞で，onlyと同義。**3** 等接Nor vis sgreat ability c[necessary [to (v')acquire (o')it]], advso much adv[節as s'[❶patience, ❷accuracy, and ❸watchfulness] (v'are c'[x-much necessary [to (v")acquire (o")it]])]. = And great ability is not so much necessary to acquire it as patience, accuracy and watchfulness. 否定要素のNorが頭位に出たので主語・be動詞の倒置が生じる。it = common sense。**4** **to be met with**「会談の相手になる（ことができる）」はmost sensible peopleにかかる形容詞用法のto不定詞句。

who ... ought to beは，先行詞のintelligent men (of business and of the world)に関して付加的情報を述べる非制限用法の関係詞節。instead of spinning cobweb distinctions of what things ought to be「物事のあるべき姿に関するクモの巣状の相違点を長々と語る代わりに」はargue from what they see and know「自分が見て知っていることを基に議論する」に対比される要素。

訳例 **45**

1「結婚は，我々の国家共同体の構成要素であり続ける」とケネディ判事は説明した。**2**「夫婦が互いに支え合うことを誓うように，社会もその夫婦を支えることを約束し，この婚姻を保護し育むために，象徴的な承認と物質的な恩恵とを提供する」

1 一見すると，政府や雇用主から夫婦に提供される物質的恩恵はそれぞれの婚姻を「育む」ためにある，というケネディ判事の主張は，「アメリカ人は，結婚には経済的見返りがあることを知っている」という明白なことを理想論的に言い換えてい

るにすぎないように見える。**2** だがケネディ判事は，手当たり次第に言葉を選んでいるのではない。**3**「育む」よう意図された給付は，結婚するという行為に報いる以上の役割を果たしている。それらの給付は，夫婦に特定の方法で行動することを促しているのだ。

解説 （第1段落）**2** _adv_「節 **Just as** s'**a couple** v'**vows** o'[**to** (v")**support** (o")**each other**]」，_adv_ **so** 助動 **does** s **society** v **pledge** o[**to** (v')**support** (o')**the couple**]「夫婦が互いを支え合うことを誓うのとちょうど同じように，社会もその夫婦を支えることを約束する」 (just) as _A does_, so _B does_ [does _B do_]「Aが…するのと同様に，Bも…する」。ここではsoの後ろで主語・助動詞の倒置が生じている。この倒置は文法的に必要なものではなく，例えば本冊p.172の例文では，Just as we boast of our success, so we boast of our failure.「成功を自慢するのとちょうど同じように，自分の失敗を自慢するものだ」のように，soの後ろで主語・助動詞の倒置は生じていない。 **offering … the union**は，直前のpledge to support the coupleを修飾する分詞構文。『付帯状況』を表す。

（第2段落）**1** 一つ目のthat節はclaimの内容を示す同格節で，**Kennedy's claim that … union**全体が文の主部。_be_ there to _do_は「…するためにそこにある［いる］，…するために存在する」の意。 v**seems** c[**like nothing more than** [an **idealistic way** [of (v')**saying** (o')**something obvious**]]]「明白なことを言う（ための）理想主義的方法でしかないように思える」 〈seem like ＋名詞（句）〉は「〜のように思える」の意。a way of _doing_「…する方法」。 直後のコロン以降はsomething obviousの内容を具体的に説明する。 **3** s[**Benefits** [(v')**designed** (adv')**to "nourish"**]] v**do** o**more** adv[節 **than** (s')**they**) v'**reward** o'[**the act of** (v")**getting** (c")**married**]]「『育む』ように計画された給付は，結婚するという行為に報いる以上にもっと多くのことをする」 比較節内では，主節のBenefits designed to "nourish"を受ける代名詞theyが省略されている。do moreは「もっと大きな役割を果たす」を意味する。

46

訳例 **1** データによると，午前8時から午後1時の間に受けたテストの平均点の差が最も大きかった。**2** 平均点は午前8時が最も高く，時間が経過するにつれて，徐々に低下し，午後1時に最低となった。**3** 注目すべきは，午前10時のあとと正午のあと，つまり休憩のすぐあとの時間に受けたテストの得点がわずかに上昇したことである。**4** この結果はまた，休憩と時間帯が最も成績のよい学生たちよりも，最も成績の悪い学生たちに対してずっと大きな影響を及ぼすことも明らかにした。「**5** この調査結果は重要です。**6** テストを受ける前に休憩を取ることが，特に学生たちの成績がよくない学校では重要であることを示しています」とジーノは言う。

解説 **1** s**The data** v**showed** o[**the biggest difference** [in **average scores** [for **tests** [(v')**taken** (adv')**between 8 a.m. and 1 p.m.**]]]] **showed**の目的語として働く名詞句の構造に注意。 **2** 主語 **The average scores**が，他者との比較においてではなく，「（平均点の）高低」に関して，「ある時点（ここでは8 a.m.）に」最も高いことを示すためにtheの付かないhighestが用いられている。 **slowly** decreasing ... at 1 p.m. は『付帯状況』を示す分詞構文。as the day progressed はその中の挿入節。 **3** _COf note _Vis _Sa slight rise [in the scores [for tests [_(V')taken _(adv')[after 10 a.m. and noon] ― [the times [immediately following a break]]]]]. 〈C（形容詞的前置詞句）＋ V（be動詞）＋ S（名詞句）〉という形の倒置文。the times immediately following a break は after 10 a.m. and noon を説明する要素。 **4** _{S'}[the breaks and time of day] _{V'}affected _{O'}the lowest-performing students _{adv'}much more _{adv'}[_節than (_{S''}they _{V''}affected) _{O''}the highest(-performing students)] 主語として働く名詞句の the は breaks と time of day の両方を制限する。 **6** 動名詞句_{S'}[(_{V''})having (_{O''})breaks (_{adv''})[prior to testing]] は主語として働く。

47

訳例 **1** それゆえ多言語にさらされることはどうやら，子供たちがお互い同士を理解するうえでの基本的技能を得る助けとなるようである。**2** 完全に2言語あるいは多言語を操るようになることは，必ずしもすべての人にとって容易であるとか，可能であるわけではない。しかし，こうした研究において特定された社会的な利点は，必ずしも本人が2言語を操ることから生じるわけではなく，単に多言語使用の環境に住むことから生じるように見える。**3** これは，自分は2言語を操れないが，自分の子供には多言語使用の利点のいくつかを獲得してほしいと願う親にとって朗報の可能性がある。

別訳 （第2文）完全なバイリンガルやマルチリンガルになることは，必ずしもすべての人にとって容易であるとも可能であるとも限らない。しかし，こうした研究において特定された社会的な利点は，単に多言語の環境で生活をしていることから生じていると思われ，必ずしも本人がバイリンガルであることから生じるわけではないようだ。

解説 **2** **Becoming fully bilingual or multilingual**は主語として働く動名詞句。not always「必ずしも…とは限らない」は部分否定を表す。not A (＝easy) or B (＝possible)は「AでもBでもない，AでもなければBでもない」を意味する。 **identified in these studies**は social advantages を修飾する過去分詞句。述部は come from *doing A* and not from *doing B*「Bすることからではなく，Aすることから生じる，Aすることから生じるのであってBすることからではない」の構造を持つ。not necessarily「必ずしも…わけではない」は部分否定。 **3** 二つの関係詞節**who are not bilingual themselves**と**who want ... multilingualism**が等位接続され，parentsにかかる構造。接続詞yet「けれども」は，ここでは先行する関係詞節の内容とは対比的な内容を持つ関係詞節を導く働きをし，「親自身はバイリンガルではない」が，「自分の子供には多言語の恩恵を望む」ことを対照的に示している。 take (some of) the benefits of A「Aの利点（のいくつか）を獲得する」は珍しい連語であるが，take を gain / obtain の意味に解釈する。

48A

[訳例] 私たちがパーキンス盲学校に着いたとたん，私は幼くて目の見えない子供たちと友だちになり始めていた。

[解説] ヘレン・ケラーの自叙伝の一節である。 ₛWe ᵥhad scarcely arrived ₐdᵥat the Perkins Institution for the Blind ₐdᵥ[節when ₛ'I ᵥ'began ₒ'[to (ᵥ'')make (ₒ'')friends (ₐdᵥ'')with the little blind children]]. は，A had scarcely[hardly] *done* when[before] *B did* = A had no sooner *done* than *B did*「Aが…するかしないうちにBが…した，Aが…するとすぐにBは…した」の構造。この構文では否定語が前に出る倒置形式，すなわちScarcely[Hardly] had A *done* when[before] *B did* = No sooner had A *done* than *B did* という形になることが多い。本文は，**Scarcely had** we arrived … **when** I began ... と表すことができる。

48B

[訳例] 学者が考える問題の中には，世間の人々にとっては問題にする価値がほとんどないどころか，答える価値はなおさらほとんどないように思われるものもある。

[解説] ₛ[Some [of the questions [関節that ₛ'scholars ᵥ'ask ₒ']]] ᵥseem to be ₒ[scarcely worth [❶[(ᵥ')asking (ₒ')], ₐdᵥlet alone ❷[(ᵥ')answering (ₒ')]]]. that scholars askはquestionsにかかる関係代名詞節。seem to be 〜は「〜であるように思われる」。be worth *doing*「…する価値がある」の*doing*は，ここではasking, let alone answering。askingもansweringも，意味上の目的語は主部Some ... ask。 … , let alone 〜は「〜は言うまでもなく…」「…，ましてや〜はなおさらだ」。同じ意味を表す句に，not to mention / to say nothing of / not to speak ofがある。

He has no scholarship, **to say nothing of** experience.
「彼には学識がなく，経験などなおさらない」

49

[訳例] 己の欠点を考えてはならない。他人の欠点はなおさらのことである。身近に接するすべての人の中に美点と長所を探し求めなさい。

[解説] still[much] less 〜は，否定文のあとで「まして（なおさら）〜でない」を表す。肯定文のあとで「〜はなおさらである；〜はもとよりである」の意を表すのはstill[much] more 〜である。

He can speak French, **still more** English.
「彼はフランス語が話せるし，英語はもとよりだ」

He **cannot** speak English, **still less** French.
「彼は英語が話せないし，フランス語はなおさらだ」

ₐdᵥ[in every person [関節who ₛ' ᵥ'comes ₐdᵥnear you]] ᵥlook for ₒ[関節what ₛ' ᵥ'is c good and strong]. 「近づいてくるすべての人の中に，優れたところと強いところを探し求めよ」 look for A (in B)「(Bの中に) Aを探し求める」のin Bを文頭に置いた，命令文。

〔訳例〕　どんな仕事でも長い間従事していれば，自分が毎日していることが善悪いずれに貢献しているのかを，誰でも必ず，つくづく考えさせられるようになる。

〔解説〕　cannot[never] 〜 withoutは二つの意味関係を区別する。

① **I never** see him **without quarreling.**

「けんかをすることなしに彼と会うことはない→彼と会えば必ずけんかをする」

〔= I **never** see him **but** I quarrel.／**Whenever** I see him, I quarrel.〕

② You **never** succeed **without working** hard.

「努力しなければ決して成功しない」〔**without**は『条件』を表す〕

〔= You **never** succeed **unless** you work hard.〕

　No man can *do A* without *doing B*「誰も Bせずに Aすることはできない」は，「誰でも Aすれば必ず Bすることができる」と訳してもよい。　　**whether**以降はconsiderの目的語として働く名詞節。節内のwhich he is daily doingはthatにかかる関係詞節。that which = what「（〜が…する）こと」。

文脈編　練習問題51〜70

51

解答 itの表すもの：knowing a foreign language

訳例 　外国語を知っていることの究極的な教育的価値は，そのことによって他の人の心の働きに入り込むことができるということである。

解説 ₛThe ultimate educational value of knowing a foreign language ᵥis ꜀[that ...]．「外国語を知っていることの究極的な教育的価値は…ということである」that節は主語の内容を示す。以下の2文も同様の構造を持つ。

　　ₛThe fact ᵥis ꜀[that he emphasizes the importance of our cooperation].
　　「事実は彼が私たちの協力の重要性を強調しているということである」
　　ₛ[What she bought] ᵥwas ꜀this scarf.
　　「彼女が買ったものはこのスカーフであった」

itはそれより前にある単数扱いの名詞（句）・動詞句・節・文（の連続）を指す。ここでは動名詞句のknowing a foreign languageを指す。it lets you into ...｜「そのことがあなた（＝一般の人）を…に入れる」は「そのことによって（人は）…に入り込むことができる」と訳してもよい。

52A

解答 下線部の表すもの　**(1)** This：黙っていること　**(2)** it：黙っていること
　　　(3) it：さらに議論すること

訳例 ☐ アメリカ人は相手の言っていることに賛成しない場合，多くの人は黙っているものだ。☐ このような沈黙は同意を示すわけではない。たいていそれは，これ以上議論するのは失礼なことだと彼らが考えていることを意味するにすぎない。

解説 〔全体〕　第1文は主題「アメリカ人の多くは異論があるとき黙っている」の提示部。第2文は主題の意味を論じる。
☐ ᵥdisagree ₐₐᵥ[with [関節what ₛ"you ᵥ"are saying ₒ"]]「あなたの言っていることと意見が合わない」　what you are sayingはwithの目的語として働く。☐ 指示代名詞thisは通例，それより前にある単数扱いの名詞（句）・動詞句・節・文（の連続）を指す。ここでは前文の動詞句remain quietを指す。　it only means that ...「それは…を意味するにすぎない，それは単に…を意味するだけである」のitは前文のThisを指す。Thisが指示するのは第1文のremain quietなので，itの指示対象はremain quietということになる。　they consider it impolite to argue further「彼らはさらに議論することを失礼であると見なす」のitは形式目的語で，その内容は真目的語のto argue furtherにより示される。

解答 下線部の表すもの　**(1)** that：価値の創造と保存　**(2)** this：価値の創造と保存

訳例
　人間の主な目的は，（中略）価値を創造し保存することである。つまりそれが我々の文明に意味を与えるものであり，これに携わることが，最終的には，個々の人間の生活に意義を与えるものなのである。

解説　**Man's chief purpose ... is the creation and preservation of values:** は，この文章の主題を表す。後続の文は **the creation and preservation of values** の意義を論じる。the creation and preservation of values の of は『目的格関係』を表す。「価値の創造と（価値の）保存」は「価値を創造し，（価値を）保存すること」（= to create and preserve values）。　**that** は the creation and preservation of values を指す。主語 that「それ（＝価値の創造と保存）」の内容を補語の what 節が補完して示している。　**this** は that を指す。that が指示するのは直前の the creation and preservation of values なので，this の指示対象は the creation and preservation of values ということになる。主語 the participation in this の内容を補語の what 節が補完して示している。

解答 下線部の表すもの　**(1)** that：真の幸せを成就する唯一の方法　**(2)** other：other career

訳例
　真の幸せを手に入れる方法はこの世には一つしかなく，それは自分が一番，魅力を感じる仕事において，持てる限りの才能と熱意を傾けて，自己を表現することである。

解説　**There is only one way in this world to achieve true happiness**「この世には真の幸福を手に入れる唯一の方法がある」　これがこの文章の主題を示す。and 以降は主題を実現するための方法を論じる。to achieve true happiness は one way にかかる形容詞用法の to 不定詞句。There is only one 〜「唯一〜がある」は，ニュアンスに差は出るが「〜は一つしかない」と意味をとってもよい。　**that** は直前の only one way (in this world) to achieve true happiness を指す。〈比較級 + than any other ...〉は「他のどの…よりも〜」を表し，a career [関節 that appeals to you more than any other] は「他のどの職業よりもっと自分の心に訴える職業」である。訳例のように，「一番，魅力を感じる仕事」という意味にもとれる。any other の後ろには通例，可算名詞の単数形が現れるので，ここでは any other の後ろに career を補う。

解答 訳例参照

訳例
　1 私たちが皆，現状に完全に満足しているなら，進歩はないだろう。**2** 私たちが今あるような事態に満足しなくなって初めて，私たちはその事態を改善するために何かがなされなくてはならないと判断する。
　　別訳 （第2文）私たちが今あるような事態を改善するために何かがなされなくては

ならないと判断するのは，その事態に満足していないときのみである。

解説 〔全体〕 第1文は主題の導入部。第2文は主題「現状への不満が事態改善のための努力につながる」の提示部。

1 Were we all completely satisfied with the existing state of affairs = If we were all completely satisfied with ... は，仮定法のwereが主語の前に生じる倒置文で，仮定条件を表す。the existing state of affairsは「今ある事態，現状」を表す。　**there would be no progress**は，仮定条件に対する帰結節で，節内には「事態の推量」を示す仮定法の助動詞would「…だろう」が現れる。　**2** it is only when *A does* that *B does*「Aが…して初めて［やっと］Bは…する」は強調構文で，only when *A does*が強調の焦点。things as they are「今あるような事態［事情］」は，前文のthe existing state of affairsと同じ意味を持つ。　something must be done to *do*は「…するためには何かがなされなくてはならない，…するためには何か策が講じられなくてはならない」を表す。**to improve them**のthemはthings as they areを指す。

55 解答 民主主義が批判を可能にするものであり，公の批判がなければスキャンダルのもみ消しが行われることが必定であること

訳例 **1** 民主主義にはもう一つの長所がある。**2** それは批判を許す。そしてもし批判が公に行われなければ，汚職のもみ消しが行われることになるのは必定である。**3** 私が，その嘘と低俗さにもかかわらず，新聞を信頼するのはそのためであり，議会を信頼するのもそのためである。

解説 〔全体〕 第1文は主題の導入部。第2文前半は主題「民主主義は批判を許す」の提示部。第2文後半は主題から推測される事態，第3文は主題に基づく筆者の社会的信頼を示す。

3 That is why ... = That is the reason why ...「それが…する理由だ，…するのはそのためだ」は，前言を「理由」として，その結果もたらされることをwhy以下で述べる表現。本文のThatは前文のand以下だけでなく，前文全体を指すと考えると，criticismが「民主主義が内包する特質としての批判」であることが明確になる。つまり，新聞や議会は「民主主義が許容する批判」の担い手であるがゆえに，筆者はそれらの存在をよいと思っている，ということである。　**despite all its lies and vulgarity**「ありとあらゆる嘘と低俗さにもかかわらず」は**the Press**の弱点を示す『譲歩』の句。

56 解答 下線部の表すもの　**(1)** it：言論の自由　**(2)** this right：言論の自由という権利　**(3)** its attainment：この（言論の自由という）権利を手に入れること

訳例 **1** 今日，最も文明の進んだ国々では，言論の自由は当然のことと考えられ，極めて簡単なことのように思われる。**2** 我々はそれにすっかり慣れきっているので，それを生得の権利と見なしている。**3** しかしこの権利はごく最近になって初めて獲得されたもので，それの達成に至る過程においておびただしい血が流されてきたのである。

〔解説〕〔全体〕　第1文は主題「言論の自由」の提示部。第2・3文は展開部で，第2文は主題に関する一般的理解，第3文はその理解を覆す歴史的経緯（くつがえ）を示す。

1 **in the most civilized countries**「最も文明の進んだ国々では」　theがなければ「たいていの文明国では」を表す。　s**freedom of speech** v**is taken** c**as a matter of course**「言論の自由は当然のことと考えられている」　take 〜 as a matter of course「〜を当然のことと考える」の受動態の構造を持つ。freedom of speech は free speech とも表現される。アメリカでは合衆国憲法第1修正［修正第1条］で保障された重要な権利である。　**seems a perfectly simple thing**「全くもって単純なことに思われる」　seemの補語に名詞句が用いられている。seems perfectly simple と同義。　**2** 二つのitは，どちらも直前の文中の単数扱いの名詞（句）を指す。　so 〜 that ...「とても〜なので…」（「〜」は形容詞（句）・副詞（句））は，「…ほど〜」と解釈することもできる。that節内の look on A as B「AをBと見なす」は regard A as B と同様の意味を表す。　**3** **this right**はこれより前に述べられた，「権利」の概念を含む名詞句を指す。　**the way to its attainment has lain through lakes of blood**「その達成への道は血の湖を通って敷かれてきた」のits は of this right を指す。has lain through lakes of blood は比喩で，その達成までには多くの人の血が流されてきたことを意味する。「血の湖」はいくつもあり，言論の自由の達成に至る道はそうした幾多の血の湖を通り抜けて今日まで続いている。

(57) 〔解答〕　下線部**(1)**：訳例参照　下線部**(2)** thatの表すもの：the thought

〔訳例〕　**1** 一般の人々に関して言えば，この人たちにとって，あなたが本当に必要とする助言を与えることができるほどにあなたの立場に身を置くことは，困難であることが多い。　**2** (1) あることをする必要に迫られているという事実こそが，そのことを行う最善の方法をよく思いつかせてくれる。　**3** このようなわけで，たとえ何であろうと，あなたがしなければならないことについてのあなた自身の考えのほうが，あなたが助言を求める友人の考えよりも優れていることが多いのである。

〔解説〕〔全体〕　第1文は主題の導入部。第2文は主題「何かをしなければならないという事実がその最善のやり方を示唆する」の提示部。第3文は展開部で，「自分がしなければならないことに対する自分自身の考えのほうが他者の考えより優れている」ことが多いと主張する。

1 so far as A is concerned「Aに関する限りは」＝ as far as A is concerned　**put themselves into your place sufficiently to give the advice that you really need**は「あなたにとって必要な助言を与えるのにちょうどいい程度にあなたの身になる」ことを意味する。sufficiently to do は「…するのに足りるほど」を表す。that you really need はadviceにかかる関係詞節。　**2** **suggests the best way of doing it**「それをする最善の方法を示唆する」　doing it は doing a thing「あることをする」を指す代用表現。　**3** **Your own thought in regard to anything that you have to do**「何事にせよ，あなたがしなければならないことに関するあなた自身の考え（は）」　that you have to do はanythingにかかる関係詞節。　**that of the**

companion whose advice you seek「あなたが助言を求める相手の人のそれ」
that は名詞（句）の反復使用を避けるために用いられる指示代名詞で，ここでは主節の
thought を指す。whose advice you seek は companion にかかる関係詞節。

(58)

解答 下線部：訳例参照

訳例 **1** 言葉が話せるようになる過程は，ありのままの事実として歩くことができる
ようになる過程とは，全く種類の異なるものである。（中略）**2** 歩くことは人間の
生来の，生物学的機能である。**3** 言語はそうではない。（中略）**4** 社会を除去しても，
人が歩くことができるようになる——その人がそもそも生き続けるとしてのことだ
が——と信じる理由は十分にある。**5** しかし，その人が言葉を話すこと，すなわち，
ある特定の社会の伝統的な体系に従って，他人に考えを伝えることができるように
は決してならないだろうということも，全く同様に確かなことである。

別訳（下線部） その人が言葉を話せるようにはならないということは，歩くことが
できるようになるということと，ちょうど同じように確実なことである。

解説 〔全体〕 第1文は主題「言語獲得能力の特異性」の提示部。第2〜5文は主題の
根拠となる例を述べる。
4〈命令文＋and〉はふつう「〜すれば…」という条件文に言い換えられるが，ここで
は文脈から「〜しても…」と『譲歩』の意に訳すのがよい。　**there is every reason
to do** は「…するあらゆる［十分な］理由がある」の意味。he はここでは「人」を指す
（古い表現形式）。　**if, indeed, he survives at all**「もし実際，その人がそもそも
生き残るなら」　「社会から切り離された人間が生存することは不可能だろうが，それ
でももし生き残るなら」を意味する。　**5 it is just as certain that he will never
learn to talk** (as it is (x-much certain) that he will learn to walk) のように省略
要素を補って考える。it は形式主語で，that 節が真主語。第5文は，第4文の there is
every reason to believe that he will learn to walk に加えて，筆者が確信しているこ
とを表す。that is (to say)「すなわち，より正確には」は，前言に対してより正確な内
容に言い換えて示すときの表現。ここでは to talk について，to communicate ideas
according to the traditional system of a particular society と具体的に言い換えて
いる。

(59)

解答 下線部 **(1)**：訳例参照　下線部 **(2)** が説明する対象：a characteristic of the
brain long thought immutable

訳例 **1** (1) コンピュータが変化するにつれて，人間の脳に対する理解も変化してきた。
2 15年前まで，科学者たちは，脳は小児期を過ぎると発達を停止すると考えてい
た。**3** 今では脳の神経回路網は発達し続けると理解している。**4** エーヤル・オフ
ィアが2004年にスタンフォード大学に来て間もなく，彼は大量のマルチタスク処
理が，長年不変と考えられていた脳の一つの特性，すなわち人間は一度に一つの情
報の流れしか処理することができないという特性における変化につながることがあ
るだろうかと疑問に思った。

61

解説 〔全体〕 第1・2文は導入部で，主題に関する経緯を示す。第3文は主題「脳の神経回路網は発達し続ける」の提示部。第4文は主題に関連する具体例を示す。
1 as *A does*, so *B does*「Aが…するにつれて，Bは…する」は相関語句。主節のsoは省略されることもある。本文のように，soのあとは〈助動詞＋主語（＋動詞）〉という倒置が生じることが多い。ここではhas changedのchangedが省略されている。 **2**
3 **Until 15 years ago, scientists thought … childhood. Now they understand that … develop.**「15年前まで科学者は…と考えた。今科学者たちは…と理解している」 前の文が過去の事情を示し，後ろの文が現在の事情を示す。このようにnowが導く文は現在の状況や各学問分野における検証された理論や通説を示すので，主題の提示部となるのが一般的である。 **4** **whether … immutable**は，wonderedの目的語として働くwhether節。**long thought immutable**はcharacteristic of the brainを修飾する過去分詞句。 コロン（:）が導く要素は，コロンの前の句や文の『具体例』，『詳述』，『言い換え』などを示す同格語である。ここではa characteristic of the brain long thought immutableの具体例を示す。

60

解答 下線部の表すもの **(1)** it：形式主語で，あとのfor you to ask yourselves … to good useというto不定詞句が真主語 **(2)** it：pain **(3)** this：苦しみはその利用の仕方を知る者には非常に大きな価値を持つということ

訳例
1 たとえあなたがどんなに健康であるとか幸運であるとしても，誰でも皆多くの苦しみを経験することを覚悟していなければならない。そしてそれを生かすことができないかどうか自問してみることは大切なことである。**2** というのは，苦しみはそれを利用する方法を知っている人には非常に大きな価値を持つからである。**3** いや，それだけではない。大切なことが，苦しみを知らない人によって書かれたためしは今までにないし，今後もないだろう。

解説 〔全体〕 第1文は主題「苦しみの活用」の提示部。第2・3文は主題に対して理由を示す。
1 **No matter how healthy or fortunate you may be**「あなたがいかに健康で幸運であるにせよ」 no matter *wh-*タイプの譲歩節。譲歩節のあとには通例，筆者の主張を表す主節が現れる。本文では**every one of you … pain**と**it is worth while … to good use**が主題として提示されている。**(1)**のitは形式主語で，for you to ask … to good useが真主語。 ₛ*A* ᵥis c[worth [while]]は「Aは時間をかける価値がある」が原義。whileは「時間」を表す名詞でworthの補部として働く。通例worth your whileの形で用いる。 **ask yourselves whether …**は「…かどうか自問する」，**whether you cannot put it to good use**は「それを有効利用することができないかどうか」の意。**(2)**のitはそれより前にある単数扱いの名詞（句）を指す。
2 Forは『理由』を表す接続詞で，前述内容の理由を「というのも」と追加的に添える働きをする。**mind**は「精神」の在りかとしての「人」を意味する。 **3** **more than this must be said**「これ以上のこと［これよりもっと多くのこと］が言われなくてはならない」 thisは直前の文を指す。主語more (than this)の内容は直後のセミコロン

以降に示される。　**nothing great ever was written, or ever will be written, by a man who does not know pain**「苦痛を知らない人によって，偉大なものがこれまでに書かれたことは一度もないし，またこれからも書かれることはないだろう」

61

解答 下線部 **(1)**：訳例参照　下線部 **(2)** の表すもの：学生から尊敬されることを期待するからといって

訳例　**■** アメリカの大学の授業では，(1) 他の国で見られるある種の丁寧な表現よりも，能率的で率直な表現のほうが尊重される。**2** 教授が，自分の行った説明が理解できたかどうか学生に尋ねる場合，学生が率直に「イエス」または「ノー」と答えることを求めている。**3** 教授は学生から敬意を表されることを期待してはいるが，そのために，答えが明らかに「ノー」であるのに学生が「イエス」と答えることを望んだりはしない。**4** また教授は，学生が，理解できないことを認めれば自分は頭がよくないことを示すことになりはしないかと思って「イエス」と答えることを望んでもいないのである。

解説　〔全体〕　第 1 文は主題「アメリカの大学の授業における率直な表現の重視」の提示部。第 2 ～ 4 文は主題に関連する具体例を示す。

■ **a higher value is placed** ^A**[upon efficiency and directness of expression] than** ^B**[on certain forms of politeness that are observed in other countries]** 比較要素は主節の主語a higher valueで，「B（…ある種の丁寧さに対して）より A（表現が能率的で素直であることに対して）のほうにもっと高い価値が置かれる」と訳す。比較節には対照要素のon certain forms of politeness that ... other countriesのみが現れる。that are ... countriesは，certain forms of politenessにかかる関係詞節。politenessのあとにはof expressionが省略されている。**2** ask *A* whether *A does*「Aに（Aが）…するかどうか尋ねる」の構造。**he has given**は explanationにかかる接触節。　**3** **he does not expect them to say 'yes' for that reason when the answer is clearly 'no'**「教授はその理由で，答えが明らかに『ノー』であるとき学生が『イエス』と言うことを期待することはない」for that reasonは前半のhe（ = a professor）expects respect from his studentsを指し，言い換えるならbecause he expects respect from themということ。否定語notはfor that reason「その理由で，そのために」に作用し，「学生から尊敬されたい［されていると感じたい］がために学生に『イエス』を期待するのではない」ことを意味する。notがexpectに作用するなら「教授はその理由で（ = 尊敬されたいので），学生が『イエス』と言うことを期待しない」を表すことになる。　**4** **Nor does he expect ...** = **And** he does **not** expect ..., **either**「彼はまた…も期待しない」　for fear that *A* would *do* = lest *A* (should) *do*「Aが…するのを恐れて，Aが…しないように」。that 節内では通例，仮定法のwould, mightが用いられる。　**acknowledgment of lack of understanding**「（理解不足の承認→）理解の不足を認めること」は，「『ノー』と答えること」だと理解できる。

解答 下線部の表すもの ：人生の目的は人間の幸福だけでなくすべての生命の幸福をどうにかして包含しなくてはならないという考え

訳例 **■1** 人生の目的は人間の幸福だけでなくすべての生命の幸福をどうにかして包含しなくてはならない，という考えが定着しつつある。 **■2** 人類を保存する価値あるものにする特質は，今では以前よりもずっと強く，私たち自身に対してだけでなく地球上の他のすべてのものに対する配慮を伴うと見なされている。 **■3** この意味するところはあいまいかもしれないが，それは，生物と無生物の権利が，無意味で矯正できない対立の中に封じ込められていると理解されるのではなく，原則としてある種の関係に導かれ得るという文脈を実際に与えている。 **■4** この考えはまだ，よりいっそう明確な表現を必要とするが，明らかに進展している。

解説 〔全体〕 第1文は主題「生きることの目的は地球上の全生命の幸福を包含することである」の提示部。第2文は主題の背後にある考え，第3文はその考えが生み出す文脈を示し，第4文は主題に関する課題と現状を示す。
■1 that the aims of life ... humans only は The idea の内容を示す同格節。that of humans の that は the welfare を指す。 **■2** [関節that s' v'make o'humanity c'[worth [(v")preserving (o")]]]「人類を保存するに値するものにする」は special qualities にかかる関係詞節。humanity worth preserving は worth 構文の例で，make の目的語 humanity は preserving の目的語に相当する。 **much more than they used to be** (seen)「それ（＝特別な資質）がかつて見なされていたよりもっとずっと」は挿入句。 **the rest of the planet**「この惑星の残りすべて」は，「地球上に存在する人間以外のもの」を意味する。care for は「～に対する配慮」を表す。 **■3** **Vague though this sense may be**「この趣旨はあいまいであるかもしれないが」 補語の vague が though の前に生じている。Though this sense may be vague と同義。 **it does supply ...** の it は this sense を指す。does は動詞 supply を強調する助動詞。 **within which ... incurable clash** は context にかかる関係詞節。it が生み出す文脈［状況］の中では，「"the claims of the animate and inanimate creation"『生物と無生物それぞれの持つ権利』が，"being perceived as locked in a meaningless, incurable clash"『無意味で矯正できない対立の中に封じ込められていると理解される』という状態にあるのではなく，"be brought into some kind of relation"『ある種の関係に導かれ得る』」ことを伝える。 **■4** **This idea** は前文の主節 it does supply a context ... incurable clash を指す。

解答 下線部の表すもの **(1)** the ones：強固に男性優位の，あるいは文化的に男性的な組織における女性にとっての状況 **(2)** This：女性による女性的な戦略は，男性が女性的な戦略をとる場合と同じような肯定的な評価を受けないこと

訳例 **■1** 最近の研究は，性差に対する予想は強いものの，実際のコミュニケーション行動とリーダーシップ行動における性差がわずかであることを明確にしている。 **■2** 女性にとって依然として大いに問題のある状況は，強固に男性優位の，あるいは文化的に男性的な組織における状況である。 **■3** このように，現実は，女性と男性が異

なる方法でコミュニケーションを行うということではなく，人々が性別を反映する予想を男女にかけるので，男女が異なる方法で評価されるということである。こうした予想はある者には利益になり，別の者には不利になる。**4** 例えば，男性が女性的な戦略を採用することで肯定的な観点から見られるのに対し，女性は同じ（女性的な）戦略に対して同じ（肯定的な）評価を受けることはない。**5** このことは特に職場における感情の表現に関して証明されている。

[解説]〔全体〕 第1文は主題の導入部。第2文は主題「女性にとって困難な状況は男性優位の組織における状況である」の提示部。第3〜5文は展開部で，主題に関連する現実の状況を，具体例を交えて示す。

1 _S**Recent research** _V**makes** _C**clear** _O[**that …**]は，_Vmakes _{仮O}it _Cclear _{真O}[that …]から形式目的語itが省略された構造を持つ。 **2** **ones**は situations を指す。一般に _Sthe *A* … _Vis _C(the) one …「…Aは…もの［人］である」という形のbe動詞文では，one は主語のAを指す。 **3** _S**the reality** _V**is not** _C**❶**[**that women and men communicate differently**] _{等接}**but** _C**❷**[**that they are assessed differently** [**because people impose gendered expectations on them**]]

the reality is の補語として働く二つのthat節が，not that … but that … の形で示されている。but の後ろのthat節内に，because節が含まれている。 **these expectations**は前の節の gendered expectations on them を指す。them は women and men を指す。 **4** **when men are seen in a positive light for adopting feminine strategies**「男性が女性的な戦略を採用することで肯定的な観点から見られるとき［場合］」 『時・場合』を表す副詞節であるが，後続の women will not receive the same evaluation for the same strategies「女性は同じ（女性的な）戦略に対して同じ（肯定的な）評価を受けることはない」との『対比・対照』を表している。 **5** **This**は，前文の women will not receive the same evaluation for the same strategies を指す。女性は男性と同じ戦略を用いても男性と同じように評価されることはないことを示す。

(64) [解答] 下線部 **(1)**：訳例参照　下線部 **(2)** の表す内容：支払い能力を考慮せずに学力優先で入学選考に関する決定を下すこと

[訳例] **1** しかし，貧しい学生は実際に出願しても，高所得家庭の同レベルの学生より入学を許可されることは少なく，あるいは入学しても大学でやっていくのに十分な財政的援助を受けられない。**2** エリート私立大学の中には1年間に6万ドル以上かかるところもある。**3** (1) 5桁とか，場合によっては6桁の額の借金を抱えて卒業することを考えるだけでも，貧しい家庭の多くの学生を公立学校に舞い戻らせてしまう。

1 低所得の学生を入学させる割合が最も高い大学が，学費の支払い能力を問わない。つまり，そうした大学は支払い能力を考慮せずに入学選考を決めるのである。**2** その大学は，大学の学費と学生の家族が支払える金額との差を完全に埋めるのに十分な財政援助を提供している。**3** また，積極的に低所得の学生を募集している。

〔全体〕（第１段落）第１文は主題「貧しい学生の大学における不利益」の提示部。第２・３文は主題の裏付けとなる状況を示す。（第２段落）第１文は第２主題「学生の支払い能力を考慮せずに入学選考を決める大学」の提示部。第２・３文は主題に関する付加的情報を述べる。

（第１段落）**1** when は『譲歩』と解釈したが『時』を表すととってもよい。その場合，「貧しい学生が実際出願するとき，彼らは…」と訳す。do は『強意』の助動詞。 enough ～ to do は「…するに十分な～」を表す。 **3** ₛ**Just thinking about ... debt** ᵥ**sends** ₒ**many students [from poor families]** ꜀₍ᵥ'₎**rushing** ₍ₐ𝒹ᵥ'₎**back** ₍ₐ𝒹ᵥ'₎**to state schools**.の構造。主語が just *doing* である場合，「ただ…するだけで（それが）…」と訳すのがよい。send は「目的語をある状態に追いやる」を意味する。

（第２段落）**1** that enroll ... low-income students は Colleges にかかる関係詞節。全学生数に対する低所得の学生の割合が最も高い大学を意味する。 **which means they make admissions decisions without considering ability to pay**「それはそうした大学が支払い能力を考慮せずに入学選考に関する決定を下すことを意味する」 先行詞 need-blind に関して付加的情報を述べる非制限用法の関係詞節。 **2 They** は前文の Colleges that ... students を指す。the gap between *A* and *B* は「A と B との差」を表す。A = the cost of college, B = [₍関節₎what ₛ**a student's family** ᵥ**can pay** ₒ']「学生の家族が支払うことができるもの，家族にとって支払い可能な金額」。

⑥⑤ 下線部が表すもの **(1)** does so：define cultural capital **(2)** it：cultural capital 下線部 **(3)**：訳例参照

1 文化資本は定義するのが難しいが，どのように定義するにせよ，観光事業は文化資本を保存する上ですでに積極的な役割を果たしている。**2** 一見すると，観光客は受入国が財政的利益のために耐えなくてはならない単なる負担に思えるかもしれない。**3** しかし，受入側には地元の伝統を維持し尊重するという強い動機が与えられる。**4** 私たちのますますグローバル化する世界において，そのことは重要である。私たちの遺産のあまりに多くが，心ない多国籍企業のせいで失われているのである。**5** 地元の伝統を維持し尊重するという動機がなければ消え去ってしまうかもしれない芸術や技術，言語や文化は，観光客が賞賛するように保存されている。**6** ₍₃₎さらに，観光事業で利益を得る地域は，地域の環境を清潔で安全に保つことをなおいっそう重視するのが常であるが，そのことがすべての住民の利益になるのである。

〔全体〕 第１文は主題「文化資本を保存する上での観光事業の肯定的役割」の提示部。第２～６文は展開部で，第２文は主題に対する異論，第３文はその異論に対する反論（＝主題の肯定論），第４・５文はその反論を支持する根拠，第６文は主題に関連する利点を示す。

1 *A* is hard to *do* は「A は…するのが難しい」。however *A does*「A がどのように…するにせよ」は『譲歩』節。does so はそれより前にある動詞句を指す。 **2** ₛ**tourists** ᵥ**might seem to be** ₐ𝒹ᵥ**simply** ꜀**a burden [**₍関節₎**that** ₛ**host countries** ᵥ**must endure** ₒ' ₐ𝒹ᵥ**for financial gain]** 観光事業に対する一般的な反対論。次の

第3文による対比的な主張展開につながる。　**3** 観光事業を推進する動機の説明。前文の反対論を認めつつ，第1文に示された主題を，より具体的な表現で再提示している。**4 that is important:** のコロン（:）のあとは too much of our heritage is being lost to heartless multinational corporations と続く。これは「それが重要である」ことの根拠である。ここから that は「遺産や伝統を守ること」と推測できる。　**5 which might otherwise disappear** は Arts and skills, languages and cultures にかかる関係詞節。節内の otherwise は「遺産や伝統を守ることがなければ」を表す仮定条件（⇒本冊p.186）。might disappear は『事態の推量』を表す仮定法過去。for tourists to admire は『目的』を表す副詞用法の to 不定詞句。　**6 Furthermore** が導くこの文は，第3文に述べられた観光事業の利点に追加される利点を述べる。　**that benefit from tourism** は regions にかかる関係詞節。　**place an added emphasis on *doing*「…することに追加の重点を置く」。(v')keeping (o')their environment (c')clean and safe**「地域の環境を清潔で安全なままに保つ（こと）」　**which benefits all residents**「それはすべての住民の利益になる」は非制限用法の関係詞節。先行詞（regions … clean and safe）が示す事柄の結果を表す。

66

[解答]　下線部 **(1)** This hormone の特徴1点目：子供や10代の若者の正常な成長を促す。　2点目：筋肉量を増やし，子供，10代の若者，大人の細胞と組織を修復する助けとなる。下線部 **(2)** This system の特徴1点目：正常に機能するには十分な睡眠を必要とする。　2点目：異物や有害物質に対して体を守る。

[訳例]　**1** 睡眠はインスリンに対する体の反応方法に影響を及ぼす。インスリンは血糖値を制御するホルモンである。**2** 睡眠不足は正常値より高い血糖値——これが糖尿病の危険性を増大させることもある——につながる可能性がある。**3** 睡眠は健康的な成長と発達の支えとなる。**4** 深い睡眠は体に作用して，子供や10代の若者の正常な発達を促進するホルモンの分泌を誘発する。**5** このホルモンは筋肉量を増大させ，子供や10代の若者や大人の細胞と組織を修復するのを助ける。**6** 体の免疫システムは健全な状態を維持するために睡眠に頼っている。**7** このシステムは異物や有害物質から体を守る。**8** 睡眠不足は体の免疫システムの反応方法を変化させる可能性がある。**9** 例えば，人は睡眠不足になると，一般的な感染症との戦いが難しくなるかもしれない。

[解説]〔全体〕　第1・2文は「睡眠の役割その1：睡眠は血糖値に影響する」，第3〜5文は「睡眠の役割その2：睡眠は成長ホルモンの分泌を促す」，第6〜9文は「睡眠の役割その3：睡眠は免疫システムを正常に機能させる」を述べる。

1 。[関節]**how s'your body v'reacts adv'to insulin adv'**「体がインスリンに反応する方法」　affects の目的語として働く関係詞節。how は the way に相当する先行詞を含む関係副詞。the way (in which) your body reacts to insulin と同義。**the hormone [[関節]that s' v'controls o'your blood glucose (sugar) level]**「血糖値を制御するホルモン」は insulin を説明する同格語。　**2** [関節]**which s' v'may increase o'your risk of diabetes** は，a higher than normal blood sugar level に関して，追加情報を述べる非制限用法の関係詞節。　**4 sDeep sleep vtriggers**

_Othe body _C[to _(V')release _(O')the hormone [関節 that ...]]「深い睡眠は体に作用して，…ホルモンを分泌させる」　trigger *A* to *do* はcause *A* to *do* と同義。　**5**
This hormone は第4文のthe hormone ... teens「子供と10代の若者の正常な発達を促進するホルモン」を指す。つまり，特徴の1点目は関係詞節 that promotes ... teens により示される。特徴の2点目は，第5文のboosts muscle mass と helps repair cells and tissue in children, teens, and adults により示される。　**7** **This system** は第6文のYour immune system を指す。その特徴の1点目は relies on sleep to stay healthy「健全であるために睡眠に頼る」=「system が正常に機能するには十分な睡眠が必要である」により示される。特徴の2点目は第7文のdefends ... substances により示される。　**8** [the way [関節 in which _{S'}your immune system _{V'}responds _{adv'}　　]]「体の免疫システムが反応する方法」はchange の目的語。

67 解答　下線部の表すもの **(1)**：depression　**(2)**：ジョッシュはソーシャルメディアを通じて救われ，また他の人を励ますことができたが，マークは同じような経験ができなかったということ

訳例
　1 一方で，ソーシャルメディアがうつ病や無力感を覚える人々にとって有益であると見なす人もいる。**2** 家族の問題のためにうつ病で苦しんでいた10代の青年ジョッシュを例にとろう。**3** 親友の助言に従って，彼はインスタグラムにアカウントを作り，自分の話をフォロワーたちと共有した。**4** 1日か2日後に，彼の友人や親戚からだけでなくインスタグラムの知らない人からもあふれるほど多くの励ましの言葉や精神的な支えが寄せられた。**5** インスタグラムを通して，彼は自分の病気から回復することができた。**6** 彼はまた，うつ病を抱えていた自分と同じような他の人々に希望のメッセージを伝えることができた。**7** あいにく，このことはマークには当てはまらなかった。彼のフェイスブック上の投稿はネットいじめの攻撃の標的になった。**8** こうしたオンライン嫌がらせの事例のせいで，彼は惨めで憂うつな気分を味わうことになってしまった。

解説　〔全体〕　第1文は主題「ソーシャルメディアはうつ病や無力感を覚える人々にとって有益である」の提示部。第2～8文は展開部で，第2～6文は主題に関して肯定的な具体例を示し，第7・8文は否定的な具体例を示す。
1 **meanwhile** は，この文の前に述べられた事柄とある点で異なる事柄を述べるのに用いられる接続副詞。**who are experiencing depression or hopelessness** は those「人々」にかかる関係詞節。　**2** 命令文で用いられた **take for example** ～は「～を例にとろう，例えば～である」を意味する。take ～ for example という表現もある。　**who was suffering ... problems** はJosh に関して追加的情報を述べる非制限用法の関係詞節。Josh の同格語である a teenager が挿入されている。　**4** **an overflow of ～(s)**「～の氾濫」は「あふれるほど多くの～」を意味する。**not just** **❹**[from his friends and relatives] but also **❺**[from strangers on Instagram] は，words and support を修飾する前置詞句。　**5** **his illness** は第2文に述べられた depression という病気を指す。　**6** **who were experiencing depression** は other people にかかる制限用法の関係詞節。**like him** は挿入句で，

other peopleを修飾する。　**7 Unfortunately, this was not the case for Mark**「残念ながら，これはマークにとっては実情ではなかった→あいにくこのことはマークには当てはまらなかった」　Unfortunatelyは文修飾の副詞で，文全体の内容に対する筆者の『評価・判断』を表す。thisは第2〜6文に述べられたジョッシュの経験を指す。　**whose posts ... attacks**は先行詞Markに関して付加的情報を述べる非制限用法の関係詞節。　**8 A lead B to do**「AはBに…するように仕向ける」の構造を持つ。「Aのせいで Bは…する（ようになる）」のように訳すとよい。

68

解答 下線部の表すもの **(1)**：晴れた日の空を見て，その空の色を「青」と名付けること **(2)**：青と緑を区別すること

訳例 **1** 人間は同じ視覚機能を共通して持つので，私たちは皆，晴れた日に青い空を見る──空が実際は「青」でなくてもである。**2** しかしその視覚的経験に特定の名前を与えないと，脳はその特定の色を「見る」ことはできないかもしれない。

1 色はまた，生まれ育つ文化によって影響を受け，ロシアであれイギリスであれアフリカであれ世界の異なる地域で育つと，色に割り当てる語が実際に見るものを変えてしまう。**2** 例えば，パプアニューギニアのベリンモ部族の成員は青と緑を区別することができない。**3** しかし彼らは両者を区別する方法を教わることができ，その事実が，色の知覚と分類が人間の脳に特有の認知過程により制御された言語依存の範疇（はんちゅう）であることを証明している。

解説 〔全体〕（第1段落）第1文は「色の認識における一般的事実」を示し，第2文は第1主題「色に特定の名前を付けることでその色を識別することができること」を示す。（第2段落）第1文は第2主題「色は文化の影響を受け，色に割り当てられる語が実際に見えるものを変えてしまうこと」を示す。第2・3文は展開部で，主題に関する具体例とそこから導かれる結論を示す。

（第1段落）**2 that visual experience**は，前文の(we all) see a blue sky on a sunny dayを指す。つまり「視覚的経験」とは「例えば晴れた日に空を見ると青く見えること」を意味する。**a specific name**「特定の名前」はここではblue「青」という色を表す語のことである。**that specific color**「その特定の色」はここではblue「青」である。

（第2段落）**1** ₛColor ᵥis also influenced ₐdᵥ[₍関節₎ in which ₛ'we ᵥ'are raised ₐdᵥ']「色はまた，私たちが育てられる文化により影響される」

この具体的内容は，if you grow up ... what you actually seeにより示される。**be it Russia, England, or Africa**は『譲歩』を示す慣用的な倒置文で，be it *A, B* or *C* = whether it be[is] *A, B* or *C*「（それが）Aであろうと，Bであろうと，Cであろうと」の構造。beは仮定法現在。itはここではthe part of the world in which you grow upを意味する。　ₛthe words [₍関節₎ ₛ'you ᵥ'assign ₒ' ₐdᵥ'to colors] ᵥwill alter ₒ[₍関節₎ what ₛ'you ₐdᵥ'actually ᵥ'see ₒ']「自分が色に割り当てる語が，自分が実際に見るもの[色]を変えることになる」　「色を表すために使う語によって，見ているものがどのような色に見えるかが決まる」ことを示す。　**3 do so**は前文のdistinguish between blue and greenを指す。　**demonstrating that ... human** brainsは『結果』を示す分詞構文で，demonstratingの意味上の主語は，they can be taught to do so「彼らが青と緑の区別の仕方を教わることができる（こと）」。**controlled by [cognitive processes [unique to human brains]]**「人間の脳に特有の認知過程により制御された」はlanguage-bound category「言語に束縛された範疇」を修飾する過去分詞句。

69

[解答] 下線部の表すもの：**(1)** irony　下線部 **(2)** に省略された語句：know what that word means　下線部 **(3)**：訳例参照

[訳例]
1 その晩遅くに，ベッドに入って体を丸め，私はラヒム・カーンの手紙を何度も読み返した。**2** その手紙にはこう書かれていた。

1 アミールさん

私はあなたの小説を非常に楽しみました。**2** 何と，神はあなたに特別な才能をお授けになった。**3** その才能を磨くのはもはやあなたの義務です。なぜなら神から授かった才能を無駄にする人は愚か者だからです。**4** あなたは正しい文法と興味深い文体を駆使してあなたの小説を書きました。**5** しかし，あなたの小説で最も印象的なのは，皮肉が使われているということです。**6** あなたはその語が何を意味するかすらわからないかもしれません。**7** でもいつかわかることでしょう。**8** それは一部の作家たちが自分の職業人生を通して手を延ばしはするが，決して得られないものなのです。**9** あなたは最初の小説でそれを手に入れたのです。

1 アミールさん，私の門戸はあなたに開かれていますし，これからもいつも開かれています。**2** (3) 私はあなたが語る話なら何でも聞くつもりです。**3** ブラボー。

あなたの友人，ラヒム

[解説]〔全体〕　第1段落第1・2文は手紙の導入部。第2段落は手紙の内容を示す。手紙の中で，書き手のRahimはAmirの書いた小説を評価している。特に第5・8文からわかるように，Amirが皮肉という技巧を会得していることを高く評価している。

（第1段落）**1** **curled up in bed**「ベッドに入って体を丸めて」は主語Iの状態を示す過去分詞句。　**2** **It read like this:**「その手紙には次のように書かれていた」　ItはRahim Khan's noteを指す。thisは次の段落の内容を指す。readは自動詞で「（文書が）書かれている，書いてある」を意味する。

（第2段落）**3** **It is now your duty to hone that talent**「その才能を磨くことは今やあなたの義務である」　Itは形式主語で，真主語はto hone that talent。　**5** **But** s[**the most impressive thing about your story**] v**is** c[**that it has irony**]. 主語に欠けている内容を補語が補完し指定するという構造を持つ。補語であるthat節内のitはyour storyを指す。これが手紙の主眼点で，RahimがAmirに最も伝えたいことである。　**6** s**You** v**may not even know** o[疑節 what s**that word** v**means** o'　].「あなたはその語が何を意味するか知らないかもしれない」　what that word meansはknowの目的語として働く間接疑問文。whatを，先行詞を含む関係代名詞ととれば，「その語が意味すること」と解することも可能。that wordは前文のironyを指す。　**7** **you will someday**は，前文を参照してwillの後ろに動詞句を補う。前文と合わせて，You may not … But you will …「あなたは…ないかもしれないが，しか

し…だろう」という『譲歩』の文脈を理解する。　**8** **It**はironyを指す。補語は

‖something [_{関節}that _Ssome writers **❶**[_vreach _{adv}for ▢ _{adv}their entire careers] and **❷**[_{adv}never _vattain _O▢]]‖の構造。関係詞thatは節内で(reach) forとattainの共通の目的語として働く。their entire careersはthroughout their entire careersを意味する副詞的要素。

（第3段落）**1** **open to you**は，等位接続されたisとalways will beの共通の補語として働く。　**2** **I shall hear** _O‖any story [_{関節}(which / that) _Syou _vhave _O'[▢ [to _(v'')tell _(O'')▢]]]‖.「私はあなたが語るべく持っているどんな話も聞くつもりだ」　you have to tellはany storyを後置修飾する接触節。to tellは形容詞用法のto不定詞で，haveの意味上の目的語でもあるany storyを修飾している。have a story to tellを元に考えるとよい。構文編例題35（本冊p.98）も参照。

70

解答 下線部 **(1)**：訳例参照　波線部 **(2)**：いずれも当時は不可能に思われた飛行に対し，成功の見込みはないと判断して高額の賞金を申し出ることにより，デイリー・メール紙の賞金の申し出を同じ趣旨のものとしてやゆすること

下線部 **(3)** のdid soが表す内容：ブレリオが1909年にイギリス海峡を飛行したこと

訳例 **1** ₍₁₎ 飛行機産業の歴史におけるほど，デイリー・メール紙の影響が大きかったところはない。**2** 同紙は，ライト兄弟が1903年に最初の動力飛行に成功する前から，その重要性を即座に認識していた。**3** 急速な進歩を促すため，1910年，デイリー・メール紙はロンドンからマンチェスターまで1日で飛行した最初の人物に1万ポンドの賞金を申し出た。**4** ライバル紙の一つは，1週間で火星に飛行し戻った最初の人物に同じ金額を約束して，デイリー・メール紙を嘲笑した。**5** 別のライバル紙は，ロンドンから5マイル飛行して戻った人に1,000万ポンドの賞金を申し出た―― 一方の申し出はもう一方の申し出と同じように確実である，とその新聞は断言した。

1 しかしノースクリフ卿による初期段階の飛行技術に対する献身は広範囲に及ぶ成果をもたらし，飛行機産業における初期の画期的な出来事の大半は，デイリー・メール紙の挑戦に直接反応する形で打ち立てられた。**2** ブレリオが1909年にイギリス海峡を飛行したとき，彼はデイリー・メール紙の賞金を獲得するためにそうしたのである。**3** オールコックとブラウンが10年後に大西洋を横断したとき，それはまたもう一つの賞金を獲得するためであった。

別訳 （第1段落第1文）デイリー・メール紙の影響は飛行機産業の歴史において最も大きかった。

解説 〔全体〕（第1段落）第1文は主題「飛行機産業の歴史におけるデイリー・メール紙の影響」の提示部。第2〜5文は主題に関連する歴史的経緯を述べる展開部。（第2段落）第1文は第2主題「飛行技術発展のための挑戦と成果」の提示部。第2・3文は主題に関連する歴史的経緯を述べる展開部。

（第1段落）**1** **Nowhere has the Mail's influence been greater than in the history of airplane industry.**「デイリー・メール紙の影響が飛行機産業の歴史における以上に大きかったところはない→デイリー・メール紙の影響は飛行機産業の歴史にお

いて最も大きかった」　否定語nowhere「どこにも…ない」が文頭に出たことで主語・助動詞の倒置が生じている。　**2** **It instantly recognized its importance**のItはthe Mailを, itsはairplane industryを指す。　**3** itはthe Mailを指す。　**to fly … in a day**はfirst personにかかる形容詞用法のto不定詞句。　**4** itはthe Mailを指す。the same amountはデイリー・メール紙の賞金と「同額」の1万ポンドを意味する。　**5** **Another = Another rival journal**。**who flew five miles from London and back**はanyoneにかかる関係詞節。　**one offer is as safe as the other, it declared**のitはAnother (rival journal)を指す。one offer「一方の申し出」は, the other (offer)「他方の申し出」と相関的に用いられる要素。ここではOne rival journalの申し出とAnother (rival journal)の申し出のうち, どちらか一方がone offer, もう一方がthe other (offer)により示されている。

（第2段落）**1** **the Mail's challenges**は, 後述される航空史に残る偉業を生み出す契機となった, デイリー・メール紙による賞金の提供を意味する。　**2** **did so**はflew the Channelを指す。　**3** itはAlcock and Brown crossed the Atlanticを指す。**yet another**の後ろにDaily Mail prizeが省略されている。

Obunsha

学ぶ人は、
変えて
ゆく人だ。

目の前にある問題はもちろん、

人生の問いや、

社会の課題を自ら見つけ、

挑み続けるために、人は学ぶ。

「学び」で、

少しずつ世界は変えてゆける。

いつでも、どこでも、誰でも、

学ぶことができる世の中へ。

旺文社

基礎
英文
問題精講

4訂版

中原道喜 著
宇佐美光昭 補訂

旺文社

はしがき

Without haste, but without rest. — J. W. Goethe
急がずに，だが休まずに — ゲーテ

　入試で要求される英語力の中で，最も重視され，また，学び方しだいで大きな差が
つきやすいのは読解力である。それは，これがいろいろな要素—単語も文法も常識も
思考力も表現力も—すべてが融合された，総合的な力だからである。

　単語だけいくら覚えても英語が読めるようにはならない。文法に精通してもそれだ
けで解釈が正しくできるわけではない。読んだ英文の量も，その質いかんにより，読
解力の伸びに比例はしない。

　限られた時間との競争において，スタートから，なるべく安易に手っとり早くとい
う気持ちに支配されがちであるが，基本が不十分であれば，あとの向上は望めない。結
局は，停滞と焦りの悪循環に，自信を失ってしまう。順調な進歩は，しっかりした基
礎によってのみ保証され，豊かな実りは，着実な努力の積み重ねによってのみ約束さ
れる。

　本書は，この不変の原則に基づき，入試のための本格的な勉強を志す人々のために，
総合的な読解力養成の確かな学習法を具体化したものである。主な特長は「本書の利
用法」に記すが，現在に至る長年の入試から選ばれた典型文や頻出問題を材料とし，基
礎から応用へ，段階的・系統的に，効率の高い学習ができるように編まれている。

　英語はだれでもかならずマスターできる。大切なのは，これまでの到達点ではない。
今からの，目標を目指す，着実な歩みである。本書により，自信をもって，一歩一歩，
この歩みを進めていただきたい。

　最後に，刊行にあたりいろいろな面でかけがえのないご協力をいただいたすべての
方々に，心から御礼申し上げます。

2004年 秋
中原道喜

中原道喜 なかはら・みちよし
元開成高校教諭。長年にわたる経験にもとづく的確な指導と，入念な著作に
は定評があり，広く信頼された。主な著書に『基礎英文法問題精講［3訂版］』
『基礎英語長文問題精講［改訂版］』『英語長文問題精講［新装版］』（以上旺文
社刊）など。『英文標準問題精講［新装5訂版］』『英文法標準問題精講［新装
4訂版］』（原仙作著　旺文社刊）補訂。2015年没。

改訂版の序

　旧版の著者である中原先生が,「"名著"とは,多くの人びとに薦められて年ごとに新たな生命を膨らませ続ける書物であろう」と述べておられるとおり,旧版に収められた数多くの珠玉の英文は日本の若い読者の頭の中に,英米の思想や論理に対する知的好奇心を掻き立てたことに疑いはない。若い読者は西洋思想の粋とも呼ぶべきものに触れ,ある時には共感し,またある時には多少の違和感を覚えつつ,作者の言わんとすることを何とかつかもうとするうちに,自然と西洋的思想を受け入れたことだろう。

　昨今の入試には現代のジャーナリスト,知識人,作家が著した,世界の情勢を伝える英文が多用されている。この現状を踏まえ,今回の版では,若い読者に英語を通して現在の世界の情勢を知ってもらうべく,旧版の英文の一部を現代の著者の手になる英文に差し替えた。これらの英文は,政治,経済,法律,社会,産業を始め,自然,環境,科学,技術,医療など各分野における近年の事情や最新の研究成果を私たちに教えてくれるものであり,入試対策として精読するに値する。確かに旧版の英文に比べれば格調は劣るかもしれないが,その内容は若い読者の精神的なグローバル化を助けるに十分なものである。

　さらに本改訂版を現代の「精講」の名に恥じないものにするべく,構文編・文脈編の練習問題すべてに詳しい解説を付け,文脈編では文章の論理構成を示す簡潔な説明を加え,応用問題編には多様な設問形式を採用した。また構文編の例題に関しては,英文全体の構造分析をs/v/o/c/advなどの機能標識を用いて示した。

　ぜひ皆さんには,中原先生が選ばれた心に訴える名文と入試に頻出する現代の情報伝達型の英文の両方をじっくり味わうと同時に,英文の文法的構造と論理構成をつかみ,設問の解法を体得していただきたく願っている。

　最後に,今回の改訂に当たりご尽力いただいたすべての関係者の方々にお礼申し上げる。

2021年 春

宇佐美光昭

宇佐美光昭 うさみ・みつあき
元 河合塾札幌校・國學院大短大部講師。早稲田大学文学部英文学科卒業。同大学院文学専攻科・アイスランド大学文学部・ロンドン大学ユニバーシティーコレッジ北欧学科などで,英詩・古英語・北欧学・音声学を学ぶ。『全国大学入試問題正解』の校閲・解答執筆を長年にわたり担当。『英文で覚える 英単語ターゲットR 英単語ターゲット1900レベル 改訂版』著者。

目次

文法編

構文編

5

文脈編

応用問題編

編集協力：株式会社メディアビーコン／宮下卓也　校正・校閲：Jason A. Chau／大河恭子／笠井喜生
／町田智之／大河内さほ　組版：日新印刷株式会社　装幀・本文デザイン：相馬敬徳（Rafters）　ナレー
ション：Ann Slater／Ryan Drees 音声収録・編集：ユニバ合同会社　Web サイト：牧野剛士　編集担
当：須永亜希子

本書の特長と使い方

　本書は，入試英文の読解に必要な知識と運用力を習得するための自学書です。英文の内容を正しく理解するために必要な重要事項を学ぶ『文法編』,『構文編』,『文脈編』,仕上げとして実践的な読解力を測る『応用問題編』の4編で構成されています。核となる『構文編』と『文脈編』においては，旧版の『基礎英文問題精講［3訂版］』のポイントを最大限に引き継ぎながら，それらを最新の入試傾向に対応するものとなるように改良を加えました。

文法編

　英文理解の基本となる「品詞」と「節をつくる要素」,また頻出構文の「仮定法」と「比較」について基礎事項を解説しています。英文のみならず解説を理解するうえでも必要な知識ですから,『構文編』の学習の前に一読しておくとよいでしょう。なお,一部は『構文編』の精講で取り上げるものと重なります。

構文編

例題1〜50

　基本事項から段階的に入試対応の重要文法・構文を学ぶ構成になっています。

本冊

別冊

語句	初出・再出にかかわらずできる限り語句を取り上げ，英文中での意味を示し，アクセントや発音の要注意語，英米用法の違いなども示します。
精講	英文解釈の重要事項を取り上げ，理解の助けになる例文や補足を加えながら詳しく解説します。
研究	初出・再出にかかわらず重要文法・構文を含む部分をできる限り取り上げて解説します。関連して学んでおきたい事項は「コラム」として示しています。

訳例 原則として英文との対応関係がわかりやすい訳としていますが，日本語として自然な流れや表現にしているところもあります。研究の英文訳も参考にしてください。また，訳し方のバリエーションとして適宜，別訳を付けてあります。

英文の分析（別冊） 英文の主構造や句・節の把握，また句・節内の関係を把握する助けとして，別冊に英文の構造分析を掲載してあります。

練習問題 1〜50

例題で学ぶ「精講」からさらに頻出・重要事項を含んだ50問（A・Bなどバリエーションもある）を復習します。本冊に問題英文と「語句」を掲載し，別冊にはすべての英文について訳と解説が用意されています。

本冊　　　　　　　　　　　　　　　　　　　　**別冊**

文脈編

例題 51〜70

指示語や承前語句など，文と文のつながりを把握するうえでの重要事項を学びます。各英文に付された問いを解き，英文を解釈してから，「精講」，「研究」および「解答」を確認するようにしましょう。

「語句」，「精講」，「研究」，「訳例」の方針は，構文編の例題と同じです。

練習問題 51〜70

例題で学ぶ「精講」からさらに頻出・重要事項を含んだ20問（A・Bなどバリエーションもある）を復習します。構文編の練習問題と同様に，本冊に問題英文と「語句」を掲載し，別冊にはすべての英文について訳と解答と解説が用意されています。

応用問題編

問題71〜90

　本書の仕上げに，入試英語長文問題への橋渡しとなる読解問題20題を掲載しています。英文は段階的に長くなり，設問は和訳問題，選択問題，要約問題など最新の入試傾向を反映した設問となっています。設問の解説は，問題のあとに掲載されています。

本書に掲載の英文について

　本書に掲載の英文は，中原道喜先生が長年にわたる入試問題研究によって選ばれた英文をできる限り引き継いでおります。一部の英文では，現在の社会通念に照らして不適切な表現が含まれる場合がありますが，時代的背景と作品の価値を考慮のうえ，そのままとしました。ご理解いただきますようお願いいたします。

本書で使用する記号

S……主語　　**V**……述語動詞　　**O**……目的語
C……補語　　**adv**……副詞
(S), (V), (O), (C), (adv)
……(to)不定詞句，動名詞句，分詞句内の各要素の機能を示す
S′, S″, S‴の「′」……節や句の階層を示す
真S……真主語　　**仮S**……仮[形式]主語
青色……主節の要素
黒色……従属節や句のなかの要素
[　][　]……節または句のかたまり
節……節のかたまり（原則として従属節）
等接……等位接続詞
関節……関係詞節
疑節……疑問詞節
❶, ❷, ❸……並列関係にある要素
A, B／**Ⓐ, Ⓑ**……相関関係にある要素
▨▨▨……英文中で省略されている要素
└━＝━┘……同格関係または非制限用法の関係詞節と
　　　　　先行詞
to *do*……to不定詞
doing……現在分詞・動名詞
done……過去分詞
do……原形動詞
be……be動詞
米……アメリカ式英語　　英……イギリス式英語
cf.……参照　　⇔……反意語（句）

音声について

　本書に収録されたすべての問題音声を無料でご利用いただけます。音声は，専用ウェブサイト・スマートフォンアプリで聞くことができます。

ウェブサイトで聞く方法

①パソコンからインターネットで専用サイトにアクセス

　（右上のQRコードからもアクセスできます）

https://www.obunsha.co.jp/service/kisoeigo/

②『基礎英文問題精講［4訂版］』をクリック

③パスワード「**eibun04**」をすべて半角英数字で入力して，音声ファイルをダウンロード（またはウェブ上で再生）

注意

▶ ダウンロードについて：音声ファイルはMP3形式です。ZIP形式で圧縮されていますので，解凍（展開）して，MP3を再生できるデジタルオーディオプレーヤーなどでご活用ください。解凍（展開）せずに利用されると，ご使用の機器やソフトウェアにファイルが認識されないことがあります。スマートフォンやタブレットでは音声をダウンロードできません。デジタルオーディオプレーヤーなどの機器への音声ファイルの転送方法は，各製品の取り扱い説明書などをご覧ください。

▶ 音声を再生する際の通信料にご注意ください。

▶ ご使用機器，音声再生ソフトなどに関する技術的なご質問は，ハードメーカーもしくはソフトメーカーにお願いします。

▶ 本サービスは予告なく終了することがあります。

スマートフォンアプリで聞く方法

　音声をスマートフォンアプリ「英語の友」で聞くことができます。「英語の友」で検索するか，右下のQRコードからアクセスしてください。パスワードを求められたら，上と同じパスワードを入力してください。

音声ファイルについて

　音声の番号は「034811_1_01」のように示しています。

構文編例題1〜50	**034811_1_01**（〜50）
練習問題1〜50	**034811_2_01**（〜50）
文脈編例題51〜70	**034811_1_51**（〜70）
練習問題51〜70	**034811_2_51**（〜70）
応用問題編71〜90	**034811_1_71**（〜90）

★練習問題でA，Bの区別は034811_2_01Aとして示す。

文法編

本編では，構文編・文脈編・応用問題編の解説を十分に理解するために，「品詞」について詳しく説明し，また文法の基礎を整理する。

特に「品詞」と「文の要素」（主語S・動詞V・目的語O・補語C）については，構文編の解説を読むにあたっては必須の知識であるから抜けのないように確認しておきたい。

品詞はふつう，名詞・代名詞・動詞・助動詞・形容詞・副詞・前置詞・接続詞・冠詞（とその仲間）・間投詞に区別される。ここでは，主要な品詞の働きについて説明する。

1 名詞と代名詞

① 名詞

名詞は，**人・動物・物・事（柄）**（freedom「自由」，reality「現実」）など，有形無形のすべてのものの「名」を表す語。

1. 文中での働き

主語（S）・目的語（O）・補語（C）・前置詞の目的語になる。

$_S$I $_V$like $_O$the red flowers.　　　　　　「私はその赤い花が好きだ」

$_S$He $_V$found $_O$a letter $_{adv}$on the desk.　　「彼は机の上に一通の手紙を見つけた」

▶名詞句 the desk は前置詞 on の目的語である。on the desk で副詞の働き。

$_S$These people $_V$are $_C$high school students.「この人たちは高校生だ」

2. 冠詞と可算名詞・不可算名詞

冠詞には不定冠詞（**a, an**）と定冠詞（**the**）がある。両者とも名詞の前に置かれて名詞句という語のまとまりを作る。なお上の一つ目の例文のように，名詞の前に修飾語句がある場合には，冠詞はさらにその前に置かれる。

a, an は二つ目の例文のように，単数の可算名詞とともに用いられ，the は単数・複数の可算名詞および不可算名詞（news, water など）のいずれとも共に用いられる。

Mary doesn't have **a** car.「メアリーは車を持っていない」

▶ a car は「車」の概念を持つものを意味し，特定の車を示していない。

The coat she bought yesterday suits her well.

「彼女が昨日買ったコートは彼女によく似合っている」

▶ the coat は特定のコートを示している。

② 代名詞

代名詞には，人や物事を表す人称代名詞の他にも，**this**，**that** などの指示代名詞，**one**，**someone**，**something**，**anyone**，**anything**，**nobody**（ = **no one**），**nothing**，**none** などの不定代名詞，**who**，**what**，**which** などの疑問代名詞がある。

She placed **it** on the shelf.   「彼女は棚の上にそれを置いた」

"**Who** joined the tour?" "**Nobody**."   「誰がツアーに参加したの」「誰もしなかったよ」

2　動詞と時制

動詞とは人・動物・物・事（柄）の**動作・状態・存在**などを，**時間的な経過の中で**とらえて表現する語。文中では**「述語」**の働きをする。たいていの動詞は自動詞と他動詞の用法を両方備えている。また動詞は現在形(⇒ p.40)・過去形(⇒ p.42)などの**『時制』**を表す。未来時制は〈will ＋動詞の原形〉，〈*be* going to ＋動詞の原形〉など〈助動詞（に準じる要素）＋動詞の原形〉の形で示される。また完了形は〈have＋動詞の過去分詞〉の形で示されるが，これに関しては 15 ページの「③完了形の用法と表す意味」を参照のこと。

①自動詞と他動詞

1. 自動詞

sit「座る」，stand「立つ」など，**目的語として働く名詞（句）を必要としない**動詞（第 1 文型の動詞）。また，**be**「…である」，**become**「…になる」，**seem**「…のように見える, 思える」，**remain**「…なままである」など，**補語（C）を伴う**動詞（第 2 文型の動詞）。

2. 他動詞

have「〜を持っている」，eat「〜を食べる」，know「〜を知っている」，understand「〜を理解する」など，他者に働きかけて作用を及ぼす意味を持ち，**目的語（O）として働く名詞句（相当句）を必要とする**動詞（第 3・4・5 文型の動詞）。

②動詞句のパターン「文型」

第1文型〈SV〉：目的語がなく，前置詞句や副詞が現れることが多い。**there 構文
も第1文型。**（⇒ p.37）

ₛHe ᵥwent ₐdᵥto Lisbon ₐdᵥlast month. 「彼は先月リスボンに行った」

ₐdᵥThere ᵥis ₛan oil painting ₐdᵥon the wall. 「壁に油絵が掛かっている」

第2文型〈SVC〉：補語（**C**）となる形容詞（句）や名詞（句・節）を伴う。前置詞
句や副詞節が補語として現れる場合もある。（⇒ p.32,34）

ₛShe ᵥis ₒa high school student. 「彼女は高校生だ」

ₛI ᵥfeel ₒhappy. 「私は幸せだ」

第3文型〈SVO〉：目的語（**O**）となる名詞（句・節）を伴う。目的語の後ろに副詞
的要素が現れることが多い。（⇒ p.30）

ₛMy brother ᵥdrinks ₒcoffee ₐdᵥalmost every day.
「私の兄はほとんど毎日コーヒーを飲む」

第4文型〈SVOO〉：二重目的語をとる動詞で，「人（に）」と「物（を）」を表す二
つの目的語を伴う。本書では「人（に）」を表す目的語を **o1**,「物
（を）」を表す目的語を **o2** と標示している。（⇒ p.38）

ₛHe ᵥgave ₒ₁his son ₒ₂a Swiss watch.
「彼は息子にスイス製の時計を与えた」

第5文型〈SVOC〉：目的語（**O**）と補語（**C**）を伴う。補語の形はさまざまだが，
目的語と補語の間には主語・述語関係が成立している。（⇒ p.34）

ₛThey ᵥcall ₒher ₒBeth. 「彼らは彼女をベスと呼ぶ」

ₛShe ᵥkeeps ₒher room ₒtidy. 「彼女は自分の部屋が片づいているようにしている」

ₛI ᵥregard ₒthe offer ₒas a good thing. 「私はその申し出がよいものだと見ている」

ₛWhat ᵥmade ₒyou ₒcome here? ［made は使役動詞］
「何があなたをここに来るようにしたの→どうしてあなたはここに来たの」

ₛI ᵥsaw ₒa girl ₒdance[dancing]. 「私は少女が踊る［踊っている］のを見た」

ₛI ᵥheard ₒmy name ₒcalled. 「私は名前を呼ばれるのを聞いた」

▶ **see**, **watch**「見る」，**hear**「聞く」，**feel**「感じる」，**notice**, **perceive**「気づく」
など「目的語（O）が…するのを見る［聞く／感じる］」を表す動詞は**知覚動詞**と呼ばれる。

③完了形の用法と表す意味

完了形は述語動詞が〈**have *done***（ = have + 過去分詞）〉の形をとる。
have[has] *done* は**現在完了形**，**had** *done* は**過去完了形**，未来形 **will have** *done*
は**未来完了**である。主に次の四つの意味を表す。

1. 完了：基準時から見て直前の過去において完了した行為

I **have** just **finished** it. 「私はちょうどそれを終えたところだ」

2. 結果：基準時における，過去の行為・経験の結果

What **has become** of Jack?「ジャックに何が起こったのか」 〔現在完了形〕

▶この文を発話するときが基準時となる。

She **had left** when I arrived. 〔過去完了形〕

　「私が到着したときには彼女は立ち去っていた」

　▶過去の時点（when I arrived）が基準時となる。

3. 継続：過去に始まり基準時まで継続している行為・状態

I **have known** him for years.「私は何年も前から彼とは知り合いだ」

4. 経験：過去において完結した行為や事柄で，基準時においてなお経験や知識として残っているもの

I **have seen** the movie twice.「私は2度その映画を見たことがある」

She said that she **had visited** Windsor Castle.

　「彼女はウィンザー城を訪れたことがあると言った」

3　助動詞

　助動詞は，〈**助動詞 + 動詞の原形**〉で動詞（句）が表す動作・行為・状態に対する『**話し手の態度や判断**』などを示す。また『**時制**』などを明示するための語でもある。

①助動詞の種類と意味

☐ **can**「（…することが）**できる**；（…する）**可能性がある**」

☐ **could**「（…することが）**できた**；（…する）**可能性があった**」 〔過去の可能；可能性〕

　　　　　「（…することが）**できるだろう**；（…する）**可能性がある**」〔推量〕

☐ **may**「（…する）**かもしれない**」 〔推量〕／「（…し）**てもいい**」〔許可〕

☐ **might**「（…する）**かもしれない**」〔推量〕

☐ **must**「（…し）**なければならない**」〔義務・強制〕／「（…）**に違いない**」〔推量〕

☐ **will**「（…する）**だろう**」 〔推量〕／「（…する）**つもりである**」 〔意志〕

☐ **would**「（…する）**だろう**」〔推量〕／「（…し）**たものである**」 〔過去の習慣〕

　（**would not** の形で）「（どうしても）**…しようとしなかった**」 〔過去の拒絶〕

☐ **shall**「(1人称の主語に対して)（…する）**だろう**」 〔推量〕

　　　　　「(2・3人称の主語に対して)（…する）**べきである**」 〔義務・強制〕

　　　　　（Shall I[we] …? の形で）「（…し）**ましょうか**」 〔提案〕

☐ **should**「（…する）**べきである**」〔義務・奨励〕／「（…する）**はずである**」〔当然・確信〕

☐ **ought to**「（…する）**べきである**」〔義務〕／「（…する）**はずである**」〔推量〕

　▶否定形は **ought not (to)** *do*「（…する）**べきでない**，**…してはならない**」

☐ **need**（否定文・疑問文で）「（…する）**必要がある**」

☐ **dare**（通例否定文で）「**あえて**（…する），**思い切って**（…する）」

16

- [ ] **used to**「(…し) たものである，よく (…し) た」(⇒ p.50) 〔過去の習慣〕
- [ ] **do [does / did]** ▶疑問文・否定文・倒置文を作る。動詞を強調する。

②助動詞に準じる語句の種類と意味

助動詞に似た働きをする語句があり，これらも『話し手の態度や判断』などを表す。

- [ ] *be* **able to** (*do*)　　　「(…する) ことができる」
- [ ] *be* **about to** (*do*)　　「(今にも (…) し) ようとしている」
- [ ] *be* **apt to** (*do*)　　　「(…し) がちである」
- [ ] *be* **bound to** (*do*)　　「必ず (…する)」
- [ ] *be* **going to** (*do*)　　「(…する) だろう，ことになっている，つもりである」
- [ ] *be* **likely to** (*do*)　　「(…し) そうである，(…する) 可能性が高い」
- [ ] *be* **supposed to** (*do*)　「(…する) ことになっている，はずである」
- [ ] *be* **willing to** (*do*)　　「(…する) のをいとわない」
- [ ] *be* **to** (*do*)　　　　　「(…する) ことになっている，べきである」(⇒ p.70)
- [ ] **had better** (*do*)　　　「(…する) ほうがよい，べきである」
- [ ] **happen to** (*do*)　　　「たまたま (…する)」
- [ ] **come[get] to** (*do*)　　「(…する) ようになる」
- [ ] **fail to** (*do*)　　　　　「(…し) 損なう，(…する) ことができない」
- [ ] **have to** (*do*)　　　　　「(…し) なくてはならない」
- [ ] **manage to** (*do*)　　　「どうにか (…する)」
- [ ] **seem[appear] to** (*do*)　「(…する) ように見える，ように思える」
- [ ] **tend to** (*do*)　　　　　「(…する) 傾向がある」
- [ ] **turn out to** (be 〜)　　「(〜である) ことが判明する」

ₛYou ᵥwill **be able to** swim ₐdᵥ soon.　「君はすぐに泳ぐことができるようになるだろう」

ₛHe ᵥ**seemed to** have ₒa fever.　「彼は熱があるように見えた」

ₛI ᵥ**had to** go ₐdᵥ home ₐdᵥ because of the lightning.
「私は雷のために家に帰らなければならなかった」

③助動詞 + have done の種類と意味

完了形と組み合わさると「過去の事態」について『話し手の態度や判断』などを表す (⇒ p.48)。

- [ ] **cannot[couldn't] have** *done*「…したはずがない」
- [ ] **could have** *done*　　　「…することができただろう，…した可能性がある」
- [ ] **may[might] have** *done*「…したかもしれない」
- [ ] **must have** *done*　　　「…したに違いない」
- [ ] **would have** *done*　　　「…しただろう (に)」

▶ **will** have *done*「…して（しまって）**いるだろう**」は未来完了。

☐ **should** have *done*　　　「…**するべきだった**（のに），…**したはずである**」

☐ **ought to** have *done*　　「…**するべきだった**（のに），…**したはずである**」

☐ **shouldn't** have *done* / **ought not to** have *done*
　　　「…**するべきでなかった**，…**しなくてよかった**（のに）」

☐ **needn't** have *done*　　　「…**する必要がなかったのに**（してしまった）」
　　（≒ **didn't need** to *do*「…する必要がなかった」）

She **cannot** have read the article.「彼女はあの記事を読んだはずがない」

He **must** have met her before.　　「彼は前に彼女に会っていたに違いない」

You **should** have seen the movie.「君はあの映画を見るべきだった」

I **shouldn't** have lost my temper.「私は癇癪を起こすべきではなかった」

You **needn't** have hurried.　　　「君は急ぐ必要はなかったのに」

4　形容詞

　形容詞とは，**名詞の性質や状態などを表す語**。英語では **big**「大きい」，**beautiful**「美しい」，**happy**「幸せな」などの本来の形容詞に加え，**interesting**「興味深い」，**surprised**「驚いた」のような，**現在分詞や過去分詞から派生した分詞形容詞**も，現在では形容詞として分類される。以下の二つの働きがある。

①名詞を修飾する〔限定用法〕

　a **tall** tree「背の高い木」　　　an **interesting** book「おもしろい本」

②補語となり名詞の状態を示す〔叙述用法〕

　ₛThe man ᵥis ꜀**honest**.「その男性は正直である」

　ₛI ᵥfound ₒthe book ꜀**interesting**.「私はその本がおもしろいのに気づいた」

　形容詞は後ろに**前置詞句・to 不定詞句・that 節・*wh-* 節**（what / which / who / when / where / how / why / whether）を伴うことがあり，これらの要素は形容詞と一緒になって形容詞の意味を充足させる。本書では形容詞の「**補部**」と呼ぶ。

　ₛShe ᵥis ꜀⌈**worried** [about her mother's health]⌋.
　　　「彼女は母親の健康のことを心配している」

　ₛHe ᵥis ꜀⌈**eager** [to buy a new PC]⌋.　「彼は新しいパソコンを買いたがっている」

　ₛI ᵥam ꜀⌈**sure** [that the singer will achieve more popularity]⌋.
　　　「この歌手はもっと人気が出ると私は確信している」

　ₛI ᵥam ꜀⌈**doubtful** [whether he will win a Grand Prix race]⌋.
　　　「私は彼がグランプリを取るかどうかを疑っている」

5 　副詞

　副詞は，動詞（句）や文（＝主語＋述語）などを修飾して『**時間**』『**場所**』『**方法**』『**様態**』『**頻度・程度**』などを表す。本書では adverb の頭文字をとって **adv** と表記。

①動詞句を修飾する

ₛI ᵥmet ₒher ₐdᵥ**there** ₐdᵥ**yesterday**.「昨日そこで彼女に会った」

▶ there は副詞で『場所』，yesterday は副詞で『時間』を表す。

ₛI ᵥdon't **often** eat ₐdᵥ**much**. 「私はほとんど大食いはしない」

▶ often は副詞で『頻度』，much は副詞で『程度』を表す。

②形容詞や他の副詞を修飾する

ₐdᵥ<u>**very**</u> 形容詞<u>exciting</u>「とても刺激的な」

ₐdᵥ<u>**quite**</u> ₐdᵥ<u>often</u> 　「かなり頻繁に」　▶ quite が often を修飾する。

③文の内容についての評価・判断や文の述べ方を表す（文（修飾）副詞）

ₐdᵥ**Naturally**, ₛshe ᵥpassed ₒthe exam.

「当然のことながら，彼女は試験に合格した」

ₐdᵥ**Obviously**, ₛwe ᵥare going to need ₒ⌊to raise more funds⌋.

「明らかに，私たちはもっと資金を集める必要が出てくるだろう」

ₐdᵥ**Strictly**, ₛ<u>the logic of his argument</u> ᵥis ₒ<u>a bit flawed</u>.

「厳密に言うと，彼の主張の論理はちょっと欠点がある」

▶文の述べ方・話し方を表す。

なお本書では，副詞的に働く前置詞句も adv と表記している。

ₛI ᵥwas provided ₐdᵥ⌊**with an opportunity** [to ₍ᵥ'₎<u>express</u> ₍ₒ'₎<u>my opinion</u>]⌋.

「私は自分の意見を表明する機会を与えられた」

6 　前置詞

　前置詞は，at，in，on，to のように，後ろに**名詞（句）・代名詞・動名詞（句）**などを伴って，前置詞句という語のまとまりを作る。この語のまとまりには以下の二つの働きがある。

①名詞（句）を修飾する〔形容詞用法〕

She is a student 前置詞句**at** ABC University.

「彼女は ABC 大学の学生である」

② 動詞（句）や文を修飾する〔副詞用法〕

前置詞句 **In Japan** ₛmany young husbands ᵥhelp ₒtheir wives 前置詞句 **with their housework.**

「日本では多くの若い夫が妻の家事を手伝う」

▶ In Japan は文を，with their housework は動詞句 help their wives を修飾する。

7　接続詞

接続詞とは語・句・文（＝主語＋述語）・節を接続する語である。以下の二つの働きがある。

① 等位接続詞

文法的・意味的に等しい価値を持つ二つ以上の要素を，*A* **and**〔**or / but**〕*B* などの形でつなげる。A，B などの要素は**語・句・文・節のいずれ**でもよい。

② 従属【従位】接続詞

後ろに文（＝主語＋述語）を伴って従属節（従節）を作る。主節に対して副詞的に働くものがほとんどだが，that や whether が導く節は名詞節にも副詞節にもなる（⇒ p.58）。

1. 副詞節

〔**If** ₛ'it ᵥ'is ᴄ'warm ₐdᵥ'tomorrow〕, we'll have a barbecue.

「〔明日暖かければ〕，バーベキューをするつもりだ」

▶主節を修飾する。

ₛThe singer ᵥis ᴄso popular ₐdᵥ〔**that** ₛ'even small children ᵥ'know ₒ'her songs〕.

「その歌手は，〔小さな子供でも彼女の歌を知っているほど〕人気がある」

▶形容詞句 so popular を修飾する。

2. 名詞節

文中で**主語・他動詞の目的語・be 動詞の補語・真主語・真目的語・同格**などの働きをする。例えば，名詞節を代表する that 節は，**think**「思う」，**know**「知っている」，**believe**「信じる，思う」，**say**「言う」，**argue[claim]**「主張する」，**assume**「仮定する」などの目的語として働く（that の用法⇒ p.66）。

ₛI ᵥknow ₒ〔**that** ₛ'she ᵥ'likes ₒ'walking〕.

「〔彼女がウォーキングが好きなこと〕を僕は知っている」

▶ that 節は know の目的語として働く名詞節。

ₛWe ᵥmade ₒ〔the suggestion〔**that** ₛ'she ᵥ'should be ᴄ'a leader〕〕.

「私たちは〔彼女がリーダーになるべきだという〕提案をした」

▶ that 節は先行する名詞句の内容を示す同格節。

wh- 節（＝疑問詞節）も名詞節として働くことが多い。

ₛI ᵥdon't know ₒ[**what** ₛ'she ᵥ'said ₒ' adv'at the meeting].

「⎡彼女が会議で何と言ったか⎤私は知らない」

▶ what 節は know の目的語として働く名詞節。

8　to 不定詞・動名詞・分詞

　to 不定詞・動名詞・分詞は，「文のようなもの」という性格を共通して持つ。文中で to *do* や *doing* を見つけたら，「（～が）…する」，という文のような意味が表されていると考え，それを文全体の解釈に生かすことが大切である。

It is only natural 真ₛ[for ₍ₛ'₎her to ₍ᵥ'₎**worry** ₍adv'₎about her son].

「彼女が息子のことを**心配する**のはしごく当然である」　　　　　［to 不定詞句は真主語］

She complained adv[about [₍ₛ'₎her daughter's ₍ᵥ'₎**coming** ₍adv'₎home ₍adv'₎late ₍adv'₎every night]].

「彼女は娘が毎晩遅くに**帰宅する**と不満をもらした」　　　　　［動名詞句は前置詞の目的語］

I saw ₒthe girl c[₍ᵥ'₎**playing** ₍ₒ'₎the violin].　　　　　　　　　　　［分詞句は目的格補語］

「私は，その少女がバイオリンを弾いているのを見た」

① to 不定詞

　文のどこに現れるかで**名詞用法，形容詞用法，副詞用法**の三つに分類される。

1. 名詞用法：文中で**主語・目的語・補語・真主語・真目的語**になる。

ₛShe ᵥwants ₒ[to ₍ᵥ'₎discuss ₍ₒ'₎the matter ₍adv'₎with her classmates].

「彼女はクラスメートとその問題を議論することを望んでいる」

仮ₛIt ᵥseems c impossible 真ₛ[for ₍ₛ'₎her to ₍ᵥ'₎solve ₍ₒ'₎the problem].

「⎡彼女がその問題を解くこと⎤は不可能に思える」

ₛ[All he could do] ᵥwas c[to ₍ᵥ'₎cry]．「彼にできることは泣くことだけだった」

2. 形容詞用法：**名詞句を修飾**する。

ₛI ᵥhave ₒa lot of work [to ₍ᵥ'₎do].　　「私はしなくてはならない仕事がたくさんある」

3. 副詞用法：動詞句の右側に現れ，『**目的**』（…するために（は），…するように）『**結果**』（…する，…した），『**感情の原因**』（…して），『**判断の根拠**』（…するとは，…するなんて）。

ₛHe ᵥvisited ₒher house adv[to ₍ᵥ'₎see ₍ₒ'₎her new car].　　　　　　　　　［目的］

「彼は彼女の新車を見るために彼女の家を訪れた」

ₛHe ᵥwas c surprised adv[to ₍ᵥ'₎see ₍ₒ'₎her new car].　　　　　　　　［感情の原因］

「彼は彼女の新車を見て驚いた」

ₛShe ᵥis c really kind adv[to ₍ᵥ'₎help ₍ₒ'₎us].　　　　　　　　　　　　［判断の根拠］

「私たちを助けてくれるなんて彼女は本当に親切だ」

_sShe _vwoke _{adv}one morning _{adv}[to _(v')find _(o')[that she was totally alone]].

「彼女はある朝目が覚めてひとりぼっちだと気づいた」　　　　　　　　　　　〔結果〕

② 動名詞

名詞用法のみ。文中で**主語・目的語・補語・真主語・前置詞の目的語**になる（⇒ p.54）。

_s**Seeing** _vis _c**believing.**「見ることは信じることである＝百聞は一見に如かず」

▶ Seeing は主語として，believing は補語として働く。

_sYou _vshould avoid _o[_(v')**eating** _(o')too much sugar].

「糖分の摂りすぎは避けるべきだ」

▶動名詞句 eating too much sugar は avoid の目的語として働く。

_sShe _vmade _ohim _claugh _{adv}by [_(v')**making** _(o')a funny face]].

「彼女は，変な顔をして彼を笑わせた」

▶動名詞句 making a funny face は前置詞 by の目的語。

③ 分詞

1. 形容詞用法

名詞（句）を修飾する。分詞句が修飾する名詞句は必ず**分詞の意味上の主語**である。分詞句はまた〈SVC〉や〈SVOC〉の補語（C）として働く。

_sWe _vhave to solve _o[the problems [_(v')**facing** _(o')us]].

「私たちは，私たちに立ちはだかる問題を解決しなくてはならない」

▶分詞句は意味上の主語 problems にかかる。

_sI _vheard _obirds _c**singing.**　　　　　「鳥たちが歌うのを聞いた」

_sI _vmust have _omy PC _c**repaired.**「パソコンを修理してもらわなければならない」

2. 副詞用法『分詞構文』

文や動詞（句）を修飾する。「…する［される］**とき**」，「…する［される］**ので**」，「…する［される］**なら**」，「…**し（て）**」などを意味する。

{adv}[(v')**Arriving** _(adv')at the station], she found that her train had left.

「駅に着いたとき，彼女は自分の乗る列車が行ってしまったことに気づいた」

{adv}[(v')**Lying** _(adv')in bed], he listened to his favorite song.

「ベッドに横になって，彼は大好きな歌を聞いた」

They came late, _{adv}[_(v')**causing** _(o'1)me _(o'2)much trouble].

「彼らは遅れてやって来て，それで私はひどいごたごたに巻き込まれた」

▶ causing の意味上の主語は They came late。

9　疑問詞節

疑問詞節は〈疑問詞（を含む句）＋文（＝主語＋述語）〉の形で**名詞的に働き**，文中でそれ自体が**主語（S）・目的語（O）・補語（C）・前置詞の目的語**などになる。間接疑問文ともいう。節内の文の形はふつうの節とは異なり，疑問詞（を含む句）は必ず節の頭に現れ，節内におけるその本来の位置は空所になっている。節内の語順は平叙文の語順と同じである。

$_S$I $_V$don't know $_O$｜$_{疑節}$**what** $_{S'}$she $_{V'}$bought $_{O'}$　　$_{adv'}$at that store｜.
「私は彼女があの店で何を買ったかを知らない」

▶疑問詞節内では動詞 bought の目的語がなく（＝空所になっている），節の頭にある疑問詞 what が bought の目的語にあたる。

$_S$I $_V$can't tell $_O$｜$_{疑節}$**which team** $_{S'}$　　$_{V'}$will win｜.
「どちらのチームが勝つか私にはわからない」

▶節の頭にある which team は，動詞 will win の主語になる。

Do $_S$you $_V$know $_O$｜$_{疑節}$**where** $_{S'}$she $_{V'}$bought $_{O'}$the bag $_{adv'}$　　｜?
「あなたは彼女がどこでそのバッグを買ったのか知っていますか」

▶節の頭にある where は，「どこで［に］」を表す疑問副詞。副詞的に働く疑問詞なので，疑問詞節内の副詞 (adv') の位置（たいていは動詞句のあと）に戻して訳出を考えるとよい。「〈彼女がどこでそのバッグを買ったか〉をあなたは知っていますか」となる。

10　関係詞節

制限［限定］用法の関係詞節は文中の**名詞（句）を修飾する形容詞**的要素として働く。制限［限定］用法の関係詞節が形容詞節と呼ばれるのはこの理由による。その構造は疑問詞節の構造と同じで，関係詞（を含む句）が必ず節の頭に現れ，節内におけるその本来の位置は空所になっている。関係詞節を導く関係詞には，**関係代名詞と関係副詞**がある。

①**制限［限定］用法**　先行する**名詞句（先行詞）**にかかる。

1. 関係代名詞

$_S$I $_V$need $_O$｜a tutor ［$_{関代節}$**who** $_{S'}$　　$_{V'}$can teach $_{O'}$math］｜.
「私には数学を教えられる家庭教師が必要だ」

▶関係詞節は tutor を修飾している。関係詞 who は節内で他動詞 teach の主語として働く。

$_S$｜The woman ［$_{関代節}$**who** $_{S'}$you $_{V'}$mentioned $_{O'}$　　］］ $_V$is $_C$our new teacher.
「君が話題にした女性は僕たちの新しい先生だ」

▶関係詞節は woman を修飾している。関係詞 who は節内で他動詞 mentioned の目的

語として働いている。目的語として働く who には whom という語形もあるが，前置詞の直後に現れる場合を除いて，現代英語での使用頻度は低い。

_SHe _Vis _{adv}no longer _C[_{関代節}what _{S'}he _Vused to be _{C'}　　]．
「彼はもはや昔の彼［彼が昔あったもの］ではない」

▶先行詞を含む関係詞 what が導く節が文の補語として働く。関係詞 what は節内で補語の働きをする。

2. 関係副詞

関係副詞は関係詞節内で副詞的に働く要素で，**where**，**when**，**how**，**why** などがある。when や why の代わりに用いられる **that** も関係副詞の一つである。関係副詞の空所は節内の動詞句の後ろにあることが多い。

_SThis _Vis _C[the pharmacy [_{関係詞節}**where** _{S'}I _Vbought _{O'}the medicine _{adv'}　　]]．
「ここが，私がその薬を買った薬局です」

▶関係詞節は pharmacy にかかる。関係詞 where の空所（＝ _{adv'}　）は節内で『場所』を示す副詞的な要素として働く。where の代わりに in which も使える。

_SShe _Vis _Cinterested [in the days [_{関係副詞節}**when** _{S'}great paintings _Vwere produced _{adv'}　　]]．　「彼女は偉大な絵画が生み出された時代に興味がある」

▶関係副詞は days にかかる。関係詞 when の空所（＝ _{adv'}　）は節内で『時』を示す副詞的要素として働く。when は省略可。when の代わりに that も使える。

_SI _Vlike _O[the way [_{関係副詞節}(in which) _{S'}she _Vspeaks _{adv'}　　]]．
「私は彼女の話し方が好きだ」

▶関係詞 in which は省略可能で，その空所（＝ _{adv'}　）は節内で『方法』を示す副詞的な要素として働く。in which の代わりに that も使える。

Do _Syou _Vknow _O[the reason [_{関係副詞節}**why** _{S'}he _Vturned down _{O'}our offer _{adv'}　　]]?
「彼が私たちの申し出を断った理由を知っているかい」

▶関係詞 why の空所（＝ _{adv'}　）は節内で『理由』を表す副詞的な要素として働く。why は省略可。why の代わりに that も使える。

②非制限［継続］用法

通例コンマに導かれる関係詞節は，**前文の内容や先行する名詞**に関して，**情報や説明を付け加える働きをする**ので，**非制限［継続］用法**と呼ばれる。このタイプの関係詞節を導く関係詞としては，who や which などの**関係代名詞**と when や where などの**関係副詞**がある。

He remained silent, [_{関代節}**which** _{S'}　　_Vmade _{O'}her _{C'}angry]．
「彼は黙っていたが，それが彼女を怒らせた」　▶前文に補足説明を加える。

Our teacher, [_{関代節}**who** _{S'}　　_Vis _{C'}a great movie fan], often talks about French films.

「私たちの先生はたいへんな映画好きで，よくフランス映画の話をする」

▶先行詞に補足的な説明を加えることもある。

He likes <u>the library</u>, [関副節 **where** _{s'}he _{v'}can read _{adv'} _{adv'}all the day _{adv'}for free].

「彼は図書館が好きだ。そこでは一日中，無料で読書ができる」

▶先行詞が場所を示す名詞句なので，「そこは，そこでは」を添えて関係詞節の訳を続ける。
where に続く節内では，関係副詞 where の空所（＝ _{adv'}）は can read の後ろにあり，
『場所』を示す副詞的な要素として働く。

11 仮定法

法は，話し手の心理や態度を表す動詞の形のことである。事実を述べる（直説法），
要求を述べる（命令法）の他に**仮定法**がある。**仮定法**は条件節内で『**事実と反するこ
と，起こりえないこと**』を表す〈動詞の過去形／過去完了形〉と，帰結節内で『**事態
の推量**』を表す〈助動詞の過去形＋ *do*[have *done*]〉の 2 種類からなる（⇒ p.62）。

①仮定法過去

現在の事実に反すること，または起こる可能性の低いことを述べる場合に使う。仮
定条件節は通例，〈if ＋動詞の過去形〉で「…するなら，…したら」を表す。帰結節は〈助
動詞の過去形＋ *do*〉で**現在・未来の事態の推量「…するだろう」**を表す。

If I **had** an oven, I **could make** cookies.

「（私にはオーブンがないが，でも）オーブンがあればクッキーを作れるだろうに」

②仮定法過去完了

仮定条件節は通例〈if ＋動詞の過去完了形〉で，「…したなら」を表す。帰結節は
〈助動詞の過去形＋ have *done*〉で**過去の事態・完了した事態の推量「…しただろう」**
を表す。

If I **had read** the book, I **might have answered** the question.

「（私はその本を読んでいなかったが，でも）その本を読んでいたならばその質問に答えたか
もしれない」

③ should, were to を使った仮定法

条件節中に should や were to を使うと，「**万一［仮に］…するなら［…したら］**」
を表す（were to は「実現の可能性がある仮定」も含む）。帰結節は〈助動詞の過去
形＋ *do*〉「**…するだろう**」などが現れる。〈if ＋ should〉に対する帰結節には，〈助
動詞の過去形＋ *do*〉の他に，〈will ＋ *do*〉や〈命令文〉が用いられることがある。

If he **should find** out the truth, he **would** get angry.

「（彼が事実を発見することはまずないだろうが，でも）万一事実を知るなら，彼は怒るだろう」

④仮定法現在

次の条件を満たす that 節内では，動詞の原形（仮定法現在）または should *do* が用いられる。仮定法現在では，主語の人称・単複にかかわらず常に原形となる。

1. 提案・勧告・命令・要求・決意などを表す動詞の目的語として働く that 節

He suggested that the game **be[should be]** put off.

「彼はその試合が延期されるよう提案した」

2. It is necessary [essential / vital / important / advisable など] + that 節

「〜が…するのが必要である［肝要である／不可欠である／重要である／望ましい］」

It is essential that he **do[should do]** it himself.

「彼が自分でそうするのが肝要である」

3. suggestion[proposal / demand / decision] などの内容を示す同格の that 節

「〜が…する（べきだ）という提案［提議／要求／決定］」

The proposal that taxes **be[should be]** reduced was approved.

「税金が削減されるべきだという提議が承認された」

⑤仮定法を用いる慣用表現

It is (about[high]) time you **went** to bed. 「（そろそろ［とっくに]）寝る時間だぞ」

Don't come and see me today. I'd rather you **came** tomorrow.

「今日は遊びに来ないで。明日来てほしいです」

I wish I **could live** in Okinawa. 「沖縄に住めるといいなあ」

I wish I **had bought** those rain boots. 「あのレインブーツを買っておけばよかった」

She behaved as if she **wasn't** afraid of anything.

「彼女は何も恐れていないかのように振る舞った」

12 | 比較

比較の基本は，AとBを『両者が共通に持つ性質』で比べることである。例えば，「この記事は昨日の記事よりおもしろい」は，「この記事」と「昨日の記事」が「おもしろさ」という『共通の性質』で比較され，「この記事」のほうが「おもしろさ」の程度が大きいことを表している。

また，比較されるAとBは**文法的・意味的に等しい**。例えばAが「人」を表す名詞」ならBも「人」を表す名詞，Aが動詞であればBも動詞である。

そして，AとBの『両者が共通に持つ性質』は，as，so，-er，more，less を含む語句で示される。

^AThis article is **more interesting** than ^Byesterday's article.

　「この記事は昨日の記事よりおもしろい」

　▶ A のほうが B よりもっとおもしろい➡ more「もっと」

^AThis article is **as interesting** as ^Byesterday's article.

　「この記事は昨日の記事と同じくらいおもしろい」

　▶ A が B と同じくらいおもしろい➡ as「同じくらい」

複雑な比較構文を読み解くために

　最初の例文にある than や二番目の例文の二つ目の as を本書では接続詞と見ている。接続詞は節を導くが，比較構文の than や as の導く節内では，比較されている要素以外の文の要素は省略されることが多い。比較される A, B が「共通に持つ性質」を示す要素は，必ず省略される。本書ではこの省略された「共通の性質」を x-much ～「x 程度に～」という記号を用いて示し，than 節や as 節の構造を明らかにするように努めている。

^AThis article is **more interesting** |than ^Byesterday's article (is x-much interesting)|.

　「この記事は昨日の記事（が x 程度おもしろいが，それ）よりもっとおもしろい」

　▶ than の後ろで，be 動詞とその補語が消えている。be 動詞の補語の位置には「昨日の記事のおもしろさ」を示す x-much interesting「x 程度おもしろい」が入る。

^AJapan has **fewer** lawyers |than ^BU.S. law schools produce (x-much many lawyers)| in one year.

　「日本には，アメリカの法科大学院が一年間に（x 程度多くの弁護士を）輩出する（が，それ）よりもっと少ない数の弁護士しかいない」

　▶消えた要素は他動詞 produce の目的語。fewer lawyers と比べられる x-much many lawyers「x 程度多くの弁護士」である。

よく用いられる比較の表現

1. as ～ as any A

Jack is **as bright as any** student in his class.

　「ジャックは彼のクラスのどの生徒とも同じくらい利発である

　　→ジャックは彼のクラスのどの生徒にも劣らず利発である」

　as ～ as any A「どの A にも劣らず～」はふつう，最上級と同等の意味を表す。ただし，「最も～である」とは言い切らず，婉曲的に「誰［何］にも負けず［劣らず］～である」と述べるための構文である。例えば次の英文を見てみよう。

Foreign cultural influences have made Japan culturally **as international as any** nation in the world.

　直訳「外国からの文化的影響は，日本を文化的には世界のどの国と比べても同じくらい国際的にした」

意訳「外国からの文化的影響は，日本を文化的には世界のどの国にも劣らず国際的にした」

2.「最も〜」「一番〜」

次の英文はすべて「中国は世界で最も人口が多い」を表す。

China is **the most populous nation** (of all) in the world.

China is **the most populous of all** the nations in the world.

China is **the world's most populous** nation.

China has **the largest population** in the world.

▶ of all, of all the nations は比較されるすべての人・物・事柄の集合で，「すべての国の中で」を表す。

「〜は世界で二番目に最も人口が多い」を表すなら，**most**，**largest** の前に **second** を加えればよい。また，「〜は世界で最も人口が少ない」を表すなら，most を least に変える。

3.「最も〜なうちの1人［一つ］」

〈one of the most 〜＋複数名詞〉や，〈one of the ＋最上級＋複数名詞〉は，「最も〜な…の1人［一つ］」を意味し，**ある人や物が「トップグループの中に入っている」** ことを示す。

She is **one of the best** skaters in the world.

「彼女は世界で最も優れたスケーターの1人である」

Population decline is **one of the most serious** issues in Japan.

「人口減少は日本で最も深刻な問題の一つである」

4. 他者との比較を含まない最上級の表現

This lake **is deepest** at point X. 「この湖は X 点が一番深い」

She **is happiest** when she cooks.「彼女は料理をするときが一番幸せだ」

▶ある物や人が他者との比較を含まずに，ある場所やある場合において「最も〜である」ことを示すときには最上級に the を付けない。

5. その他の慣用表現

A as well as *B*「B だけでなく A も」

She plays ᴬthe violin **as well as** ᴮthe piano.

「彼女はピアノだけでなくバイオリンも弾く」

as 〜 as possible / as 〜 as one can「できるだけ〜」

I don't know whether or not I'll pass, but I'll try **as hard as I can**.

「合格できるかどうかわからないが，できるだけ懸命に努力するつもりだ」

no longer / not … any longer「もはや…ない」〔主に時間的な意味で〕

We **no longer** need that machine.「私たちはもはやこの機械は必要がない」

no more / not … any more「もはや…ない」〔主に量・程度について〕

I can't eat **any more** food.「もうこれ以上は食べられない」

構文編

構文編例題 1～50

　入試英文読解に必要な文法・構文の知識や運用力がしっかり
身につくような英文であり，かつ英文解釈のための応用力・思
考力・表現力の養成に効果的な密度の高い文章を精選した。

　英文の言わんとするところを理解するためには，文法・構文
の知識のみならず，いわゆる常識や一般的な思考力が素地とし
て求められるし，自分の言葉に置き換える際には国語的な表現
力がなければならない。

　自分の和訳をまとめたうえで「訳例」と照合し，また解説を
読んで内容に対する理解を深めていただきたい。

構文編例題の英文分析　⇒別冊参照

　英文の文構造は別冊にて解説をした。文の主構造や，句や節
の把握，等位接続されている要素などはここで確認してほしい。

構文編練習問題1～50

　例題1～50の「精講」で取り上げたなかから頻出・重要事項
について，練習問題を50問出題した。各英文の語句はできるだ
け「語句」に取り上げているから，それらをヒントにして自力
で解答（訳）を考えてほしい。

構文編練習問題1～50の訳例・解説　⇒別冊参照

　練習問題すべてについて別冊に詳しい解説を付けた。「訳例」
と照合するだけでなく解説内容と自分の理解を照らし合わせな
がら読んでほしい。

1 In Japan, tattoos **are associated** with organized crime groups, and many public institutions **refuse** people who have them as a way to keep gangsters out. **2** Most Japanese onsen operators are apparently unaware of the role of tattoos in some cultures. … **3** In 2013, the issue **gained** a lot of media attention after a Maori woman **was not allowed** to enter a public bath in Hokkaido because of her traditional face tattoos.

(甲南大)

語句 **1** tattoo「入れ墨」associate *A* with *B*「AをBと関連づける，AでBを連想する」organized crime group「組織犯罪集団」(organized圏「組織化された」) institution「施設；機関」refuse「を断る，を拒絶する」keep 〜 out「〜を締め出す」**2** onsen operator「温泉業者［経営者］」apparently「どうやら…らしい」*be* unaware of「〜に気づいていない」role「役割」**3** issue「問題」gain「を得る」media attention「メディアの注目」Maori「マオリ人の」allow *A* to *do*「Aが…するのを許す」traditional「伝統的な」

精講 ① SVO（第3文型）

〈SVO〉の述部は，通例〈他動詞＋名詞（句）〉の構造である。他動詞とは**後ろの名詞（句）に「を［に］」の役割を与える**動詞である。「を［に］」の役割を与えられた名詞（句）は**目的語**と呼ばれる。本書では，他動詞は「を［に］…する」の形で示す。

ₛmany public institutions ᵥrefuse ₒpeople who have them(= tattoos)
　「多くの公的施設は入れ墨をしている人々を拒絶する」

▶ refuseが他動詞，people who have them が目的語。

ₛthe issue ᵥgained ₒa lot of media attention
　「この問題は大いにメディアの注目を集めた」

▶ gainedが他動詞，a lot of media attention が目的語。

SVOの受動態

〈SVO〉の受動態では，Vが〈be＋過去分詞〉の形をとり，Oの名詞（句）は〈be＋過去分詞〉の前に移動して主語の働き（＝「〜は，〜が」）を得る。受動態助動詞beは対応する**能動態の文の時制，受動態の文の主語の人称・数に一致**する形をとる。

能動態：ₛpeople ᵥassociate ₒtattoos with organized crime groups
受動態：ₛtattoos ᵥare associated with organized crime groups
能動態：ₛthey ᵥdid not allow ₒa Maori woman [to enter a public bath]
受動態：ₛa Maori woman ᵥwas not allowed [to enter a public bath]

研究

1 _stattoos _vare associated with organized crime groups
_speople _vassociate _otattoos with organized crime groups「人々は入れ墨を組織犯罪集団と関連づける」に対応する受動態の文。「入れ墨を組織犯罪集団と関連づける」のが誰なのか特定されないので, 通例by ～で示される「動作主」はここでは表示されない。

1 refuse people [who have them] 「入れ墨をしている人々を拒絶する」 目的語はpeople who have themで, who have them は people にかかる関係詞節。 them は「それら, それ」と訳してもよいし, それが指示するものを明示する形で「入れ墨」と訳してもよい。

1 as a way [to keep gangsters out] 「暴力団員を締め出す方法として」 to keep gangsters out は way にかかる形容詞用法の to 不定詞句。

2 are apparently unaware [of the role of tattoos [in some cultures]]
「どうやら, 一部の文化における入れ墨の役割に気づいていないようである」 Most Japanese onsen operators are の補語である unaware [of the role of tattoos in some cultures] は〈形容詞＋前置詞句〉の構造を持つ。このタイプの形容詞は他に, *be* aware of「～に気づいている」, *be* independent of「～から独立した」, *be* worried about「～を心配している」などがある。

　apparently は「どうやら, 見聞きしたところでは」の意。形容詞 apparent は「①明らかな, ②一見…らしい」の二つの意味があるが, 副詞 apparently は②に対応する意味のみを表す。「明らかに」を意味する副詞は clearly や obviously である。

3 _{s'}a Maori woman _{v'}was not allowed [to enter a public bath in Hokkaido] 「マオリ人の女性は北海道の公衆浴場に入ることを許されなかった」 _sthey _vdid not allow _oa Maori woman [to enter a public bath in Hokkaido] に対応する受動態の文。they は公衆浴場の規則を作った当局くらいの意味。この受動態の文では, 目的語の a Maori woman が主語の位置に移動し, to enter a public bath in Hokkaido は元の位置にとどまっている。

訳例 **1** 日本で入れ墨は組織犯罪集団と関連づけられ, 多くの公的施設が暴力団員を締め出す方法として, 入れ墨をしている人々を拒絶する。 **2** 日本のたいていの温泉経営者はどうやら, 一部の文化における入れ墨の役割に気づいていないようである。（中略） **3** 2013年にこの問題が大いにメディアの注目を集めたのは, マオリ人の女性が伝統的な顔の入れ墨のせいで, 北海道の公衆浴場に入ることを許されなかったあとのことである。

参考 Maori people：マオリ族はニュージーランドの先住民。女性は顎など顔に入れ墨をする伝統的な習慣がある。

■ Respect your rhythms. ■ If you want more output from a machine or a computer, you just run it for more hours, and it's tempting to assume that humans **are** the same. ■ But in fact, we're creatures of rhythm: two hours of intense work, when you're at your most focused and refreshed, can **be** vastly more productive than six hours when you're feeling tired.　（日本女子大）

語句　■ respect「を尊重する，を大切に思う」rhythm「リズム，律動」■ óutput「産出（量）」run「を動かす，を作動させる」tempting 形「魅力的な，気持ちをそそる」assume that …「当然…と思う，…と想定する」■ creature「生き物」intense「懸命な，集中した」at ～'s ＋最上級「最も～な状態で」focused 形「集中した」refreshed 形「爽快な（気分で）」vastly「大いに，はるかに」productive「生産性の高い」

精講 2　*be*＋C

be「…である」は〈SVC〉（第2文型）を代表する動詞。be動詞の後ろには**形容詞（句）・名詞（句）**だけでなく**前置詞句・to不定詞句・that節**など種々の要素が現れる。

　ₛThe plan ᵥis ｃ⌊to ask for donations⌋.　　　　　　　　　〔to不定詞句〕
　　「計画は，寄付を募るというものだ」

　ₛThe fact ᵥis ｃ⌊that he likes fishing⌋.
　　「事実は彼が釣りを好むということである」　　　　　　　　　〔that節〕

本文第2文it's ｃtempting ⌊to assume that humans **are** ｃthe same⌋「人間も同じであると想定することは心をそそるものである」で，-'s(=is)の後ろは形容詞のtempting，areの後ろは形容詞句のthe same。it's tempting to *do* は「…してみたい気持ちになる」と訳されることが多い。第3文のbeの後ろは次のようになっている。

　we're ｃcreatures of rhythm「我々はリズムの生き物である」　　〔名詞句〕
　you're ｃat your most focused and refreshed　　　　　　　〔前置詞句〕
　　「あなたは最も精神を集中し，爽快な気分でいる」

　two hours of intense work ... can **be** ｃvastly more productive〔形容詞句〕
　　「懸命に働く2時間は，…はるかにもっと生産的であり得る」

なお，第3文末の関係副詞whenが導く節中におけるyou're feelingの're(=are)は進行形を形成する助動詞。feelingは，後ろに形容詞（句）を伴って〈feel＋C〉の形をとり，「…と感じる」を表す。

　become「…になる」も〈SVC〉の構造を持ち，後ろに形容詞（句）・名詞（句）を伴う。

After four years of training, she **became** _Ca helicopter pilot. 〔名詞句〕

「4年の訓練のあと，彼女はヘリコプターの操縦士になった」

研究

② **If you want more output from a machine or a computer**
if節は条件を示す副詞節。

② **you just** _V**run** _O**it for more hours**　「もっと多くの時間，それを動かせばいい」〈SVO〉の構造。他動詞のrunは「(機械など)を動かす」。itはa machine or a computerを指す。文字どおり，機械は稼働すればするほど生産量が増えるという当然のことを述べているが，第3文のコロン(:)以下にある，「人間」の場合と対比させるための記述である。

② **it's tempting to assume that humans are the same**　「人間も同じであると想定することは心をそそるものである」　形式主語(仮主語)構文である。〈it is + 形容詞 + to *do*〉や〈it is + 形容詞 + that ...〉の形をとることが多い。(⇒ p.56, 62)

　　_{仮S}It is apparent _{真S}⌊that she is musically gifted⌋.

　　　「彼女が，音楽的才能があることは明らかである」

③ **But in fact, we're creatures of rhythm :**
in fact「実際(は)，実は」には，①前述の内容に情報を追加する働き，②前述の内容を訂正したり，対立したりする事実を強意的に述べる働き，の大きく二つがある。②はよくbutと共に用いられ，本文はこれに当たる。「人間も同じであると思いたくなる」という固定観念に対し，「ところが実際，人間は…」と，筆者が事実と考えている内容を強意的に展開している。

　　コロン(:)は，先行する文や句を説明したり，言い換えたりする文や句を導くのに用いられる。ここではコロンに続くtwo hours of intense work ... you're feeling tiredはwe're creatures of rhythmの具体的内容を説明している。

③ **when you're at your most focused and refreshed**　「(そのとき)あなたは最も精神を集中し爽快な気分である」　two hours of intense work「懸命な労働を行っている2時間」に関して，付加的情報を述べる非制限用法の関係副詞節。

③ **two hours of intense work, ... can be vastly more productive than six hours when you're feeling tired** (is x-much productive)「懸命に働く2時間は，…疲れていると感じている6時間(の労働)(がx程度生産的であるが，それ)よりはるかにもっと生産的である」　比較節内での省略(ここではis x-much productive)を補って読む。比較の対象は，two hours of intense workとsix hours when you're feeling tiredである。x-muchについては文法編27ページ参照。

訳例　**①** 自分のリズムを大切にしよう。　**②** 機械やコンピュータからより大きな産出を得たいのなら，より長い時間とにかくそれを稼働させればよく，人間も同様だと当然思いたくなる。　**③** しかし実際には，我々はリズムの生き物なのだ。懸命に働く2時間は自分が最も精神を集中し爽快な気分であるときであり，それは自分が疲れていると感じている6時間よりはるかにもっと生産的であり得る。

3

1 ... parents are most likely to be Digital Immigrants and their children Digital Natives. **2** The former are still learning the enormous potential of these technologies in adulthood, while the latter have known nothing else. **3** This cultural divide often **makes it hard** for parents to know how best to approach situations that they intuitively **perceive to be a problem**, such as seemingly excessive time spent on computer-based activities; meanwhile children may **feel misunderstood and impatient** with views they **regard as inappropriate and outdated** for present-day life.　　(慶應大)

語句　　**1** *be* likely to *do*「…しそうである，…する可能性が高い」**digital immigrant**「デジタル移民（＝デジタル技術の普及前に生まれ育ち，デジタル機器の扱いに不慣れな人）」**digital native**「デジタルネイティブ（＝デジタル技術の普及後に生まれ育ち，コンピュータやインターネットの扱いに慣れている人）」　**2** **the former**「前者」**enormous**「非常に大きい，途方もない」**poténtial** 图「可能性」**adulthood**「成人期」**while** 腰「（主節のあとで）一方…，(主節の前で) …一方で」**the latter**「後者」**nothing else**「他のこと［物］は何も…ない」　**3** **divide** 图「相違，隔たり」**how best to *do***「どのように…すれば一番よいか，…する最善の方法」**approach**「に取りかかる；に接近する」**intúitively**「直観的に」**perceive *A* to be *B***「*A* が *B* であると悟る」**seemingly**「見た目には，うわべは」**excessive**「多すぎる，過度の」**computer-based**「コンピュータを基にした［使った］」**meanwhile** 副「一方」**misunderstood** 形「誤解された」**impatient with**「〜にいらいらして」**view**「見解，考え」**regard *A* as *B***「*A* を *B* と見なす」**inappropriate**「不適当な，不似合いの」**outdated**「時代遅れの」**present-day** 形「現代の，今日の」

精講 ③ feel＋C（第2文型）

〈SVC〉（第2文型）を形成する動詞のうち be「…である」と become「…になる」は後ろに補語として形容詞（句）・名詞（句）が現れるが（⇒p.32），**seem**「…に思える」，**remain**「…のままである」，**feel**「…と感じる」，**get**「…になる」などは，主として**形容詞（句）**が後ろに現れ補語の働きをする。

　₅children ᵥmay **feel** ₍[misunderstood and impatient with views ...]

「子供たちは(自分が)誤解されていると感じ，…見解に我慢ならないと感じるかもしれない」

▶ misunderstood と impatient (with views ...) という二つの形容詞（句）が等位接続されて，feel の補語として働く。

精講 ④ make＋O＋C（第5文型）

makeのような〈SVOC〉（第5文型）を形成する動詞では，目的語Oと補語Cの

間に主語・述語関係（＝「～が…である，～が…する［される］」）が成立する。

    This cultural divide often **makes it hard** …   「それが困難だ」

  … they intuitively **perceive (situations) to be a problem**, …

                              「(状況)が問題である」

  … they **regard (views) as inappropriate and outdated** for present-day life.   「(見解)が現代生活にとって不適切で時代遅れだ」

〈SVOC〉はCの形により二つのタイプに分けられる。

  ①**(as [to be] +)形容詞（句）・名詞（句）が現れるタイプ：「AがBである」**

    □find *A* (to be) *B*「AをBと思う」   □make *A B*「AをBにする」

    □regard *A* as *B* 「AをBと見なす」   □call *A B*   「AをBと呼ぶ」

  ②**(to) *do / doing / done* が現れるタイプ：「Aが…する［している／される］」**

    □make *A do*「Aに…させる」   □let *A do*「Aに…させておく」

    □help *A* (to) *do*「Aが…するのを助ける」 □have *A do*[*done*]「Aに…させる［A を…される［してもらう］]」(⇒p.36) □get *A* to *do*[*done*]「Aに…させる［Aを…してもらう］」 □see[hear] *A do*[*doing / done*]「Aが…する［…している／…される］のを見る［聞く］」(文法編⇒p.15)

研究 **②** **The former are still learning …, while the latter have known nothing else.** 「前者は依然として…を学習していて，一方後者は他のことは何もわかっていない」 while は『対比・対照』を表す接続詞で，ここでは先行する文（＝主節）の中で，the former（＝ Digital Immigrants）に関する説明を述べ，節内では対比的に the latter（＝ Digital Natives）に関する説明を述べる。

③ **This cultural divide … on computer-based activities; meanwhile children may feel … for present-day life.**

セミコロン（;）は主要な節と節を分けたり，例を列挙したりするのに用いられる。ここでは後ろに meanwhile「一方では；そうこうしているときに」があることからわかるように，二つの文を対比的に提示するのに用いられている。

③ **such as seemingly excessive time [spent on computer-based activities]** 「例えば，コンピュータ中心の活動に費やされる一見多すぎる時間のような」全体でコンマの前にある situations の例を示す要素。過去分詞句 spent on ～ は time を後置修飾している。spend *A* on *B* で「A（時間）を B に費やす」。

訳例 **①** 親はデジタル移民で，その子供たちはデジタルネイティブ世代である可能性が非常に高い。**②** 前者は大人になってもいまだにこうした科学技術の途方もない可能性を学んでいるが，一方で後者はデジタル以外のことは何もわかっていない。**③** この文化的な隔たりがあるために，コンピュータを使った活動に費やす時間が多すぎると思われることなど，直観的に問題だとわかる状況に親はどう対処するのが最善なのかがわかりにくい場合がよくある。一方で，子供は自分が誤解されていると感じ，現代生活にはふさわしくなく時代遅れだと自分が見なす見解にいら立ちを感じるかもしれない。

4

■ Then again, perhaps the Digital Native doesn't actually **exist** after all. ② Neil Selwyn, of the Institute of Education in London, argues that the current generation is actually no different from preceding ones: young people are not hardwired to have unprecedented brains. ③ Rather, many young people are using technology in a far more sporadic, passive, solitary and, above all, unspectacular way than the hype of the blogosphere and zealous proponents of cyberculture might **have us believe**.

(慶應大)

語句　■ **then again**「そしてまた，さらに（言えば）：後続の文でいっそう重要な情報が示される」 **actually**「実際は，本当は」**exist**「存在する」**after all**「（予想に反したことを言う際に）結局（は）」 ② **institute**「研究機関，学会」**argue that ...**「…と主張する」**current**「現在の」 **generation**「世代」**be no different from**「～と少しも変わらない」**preceding**「前の，先立つ」 **be hardwired to do**「…するように遺伝的に決定されている」（**hardwired**「生まれつきの，本来備わっている」）**unprécedented**「前例のない」 ③ **rather**「それどころか」**in a ～ way**「～な方法で」**sporadic**「散発的な」**passive**「受動的な，消極的な」**solitary**「ひとり（だけ）の，ひとりで行う」**above all**「とりわけ（後続の要素が最も重要であることを示す）」**unspectacular**「ぱっとしない，見栄えのしない」**hype**「誇大宣伝」**blogosphere** [blá:gəsfiər]「ブログ界，ブログ圏」**zealous**「熱心な，熱狂的な」**proponent**「支持者」**cyberculture**「サイバーカルチャー，電脳文化」

精講 ⑤ have *A do*：have *A done*（第5文型）

　have *A do* は「Aに…させる／Aが…するようにする」（*A* と *do* の間に能動の主語・述語関係），have *A done* は「Aを…される／Aを…してもらう」（*A* と *done* の間に受動の主語・述語関係）という基本的な意味を持つ。〈SVOC〉の文を作るので例題3における make, perceive, regard の仲間である。

　ₛShe ᵥ**had** ₒher students ꜀attend the special lecture.
　　「彼女は自分の学生たちを特別講義に出席させた」
　▶had の後ろは「学生たちが出席する」という能動の主語・述語関係。

　ᵥDo to others as ₛ'you ᵥ'would **have** ₒ'others ꜀'do to you.
　　「自分が人にしてもらいたいと思うように人にもせよ」
　▶have の後ろは「他人があなたにする」という能動の主語・述語関係。

　ₛI ᵥ**had** ₒmy watch ꜀repaired at a watch store.
　　「私は時計店で時計を修理してもらった」
　▶had の後ろは「時計が修理される」という受動の主語・述語関係。

_SI _V**had** _Omy watch _Cstolen.「私は時計を盗まれた」

▶このhadは「…ような目にあった」を表す。hadの後ろは「時計が盗まれる」という受動の主語・述語関係。

精講 ⑥ **S V（第1文型）**

exist「存在する」やstand「立っている，立ち上がる」は，後ろに名詞（句）や形容詞（句）を伴わずに単独で充足した意味を表す。通例，後ろに位置や方向などを示す前置詞句・副詞（句）が現れる。例えば，**sit** on[in] a chair「椅子に座る」，**stand** over there「あそこに立っている」，**go** to the park「公園に行く」，**come** here [to our place]「ここに［私たちの家に］来る」などである。このほか**There** is a note on the table.「テーブルの上にメモ書きがある」も〈SV〉の用例である。Thereは副詞で，a noteが主語。isは「存在する，ある［いる］」を表す。

本文のperhaps the Digital Native doesn't actually **exist** after all「おそらくデジタルネイティブは結局のところ実際には存在しないのだろう」の，existの後ろには名詞（句）や形容詞（句）がない。after allは副詞的前置詞句。

研究

■ doesn't actually exist after all「実際には存在しないだろう」　否定語n'tはactuallyに作用し「実際には…ない」を表す。よって，「デジタルネイティブは『理論上は存在する』かもしれないが，『実際［現実］には存在しない』」を意味する。

② the current generation is actually no different from preceding ones「現在の世代は実際，以前の世代と何も変わらない」〈be no ＋形容詞〉は「少しも…ない」を表す。onesはgenerationsを指す。actuallyは，「何も変わらない」という状況を厳然たる事実として強調している。

③ Rather, many young people are using technology in a far more sporadic, passive, solitary and, above all, unspectacular way than ...「それどころか，多くの若者は…よりはるかにもっと散発的で，消極的で，ひとりだけで，そしてとりわけ，さえない方法で科学技術を使っている」　このratherは，前文に対してより正確な情報を付加する働き。in a far more 〜 way「はるかにもっと〜な方法で」は『様態』を示す副詞的前置詞句で，句内では等位接続された四つの形容詞sporadic, passive, solitary, unspectacularがfar moreに限定され，wayを修飾する。

訳例

■ そしてまた，おそらくデジタルネイティブは結局，実際には存在しないのだろう。**②** ロンドンの教育研究所に所属するニール・セルウィンは次のように主張している。現世代は実際には前の世代と何ら変わりがない。若者は，生まれつき前例のない脳を持つように遺伝的に決定されてはいないのだと。**③** それどころか，多くの若者は，ブログ界の誇大宣伝やサイバーカルチャーの熱烈な支持者が我々に信じ込ませるかもしれないよりもはるかにもっと散発的で，消極的で，ひとりだけで，そしてとりわけ，さえない方法で科学技術を使っているのである。

5

① Screams are unmistakable, universally recognizable as distress calls.　② A new study has found that all human screams are made in a particular way.　③ "We **asked ourselves what makes a scream a scream**," said a researcher.　④ "It isn't that it is always loud, high-pitched or shrill."

(慶應大)

語句　① scream「悲鳴, 金切り声」unmistakable「間違えようのない, 紛れもない」universally「普遍的に, 万人に」recognizable as ～「～と識別できる, ～と認識できる」distress call「遭難信号, 遭難呼び出し」(「非常事態を知らせる合図」の意) ② particular「特定の」③ ask *oneself* *wh-*節「…かと自問する」make *A B*「A を B にする」researcher「研究者」④ loud「(音などが) 大きい」high-pitched「甲高い, 調子の高い」shrill 形「甲高い, けたたましい」

精講 7 give *A B*（第4文型）

〈SVOO〉（第4文型）の動詞は, give *A B*「A に B を与える」や ask *A B*「A に B を尋ねる」のように, 後ろに**二つの名詞（句）**を伴う。**A は通例「人」を示す名詞（句）・代名詞で間接目的語**と呼ばれ, **B は通例「物・事」を示す名詞（句）・名詞節で直接目的語**と呼ばれる。本書では間接目的語を O1, 直接目的語を O2 と表記する。

ₛWe ᵥ**asked** ₒ₁ourselves ₒ₂[what makes a scream a scream].

「私たちは何が悲鳴を悲鳴にしているかと自分に問うた」

▶ asked の後ろに, 間接目的語として働く再帰代名詞 ourselves, 直接目的語として働く疑問詞節（＝間接疑問文）what makes a scream a scream が続く。

間接目的語の to *A* や for *A* の形への書き換え

① **give「与える」show「示す」teach「教える」などでは <u>to</u> を用いる。**

He gave me a digital dictionary.

⇒ He gave a digital dictionary **to me**.

「彼は私に電子辞書をくれた」⇒「彼は電子辞書を私にくれた」

② **buy「買う［買ってやる］」make「作る［作ってやる］」find「見つける［見つけてやる］」などでは <u>for</u> を用いる。**

She bought her husband a pen.

⇒ She bought a pen **for her husband**.

「彼女は夫にペンを買っ（てあげ）た」⇒「彼女はペンを夫に買っ（てあげ）た」

③ **ask「尋ねる」では <u>of</u> を用いる。**

The teacher asked us a question.

⇒ The teacher asked a question **of us**.

「先生は私たちに質問をした」⇒「先生は質問を私たちにした」

SVOOの受動態

$_S$He $_V$gave $_{O1}$me $_{O2}$this book.「彼は私にこの本をくれた」

⇒ I was given this book by him.「私は彼によってこの本を与えられた」

▶間接目的語meが主語の位置に移動。

⇒ This book was given to me by him.

「この本は彼によって私に与えられた」

▶直接目的語が主語の位置に移動する場合,間接目的語はto[for] Aの形をとる。

研究

1 **Screams are unmistakable, universally recognizable as distress calls**. 「悲鳴は間違えようがなく,普遍的に「遭難信号」として識別できるものである」 コンマを介して並置されたunmistakableとuniversally recognizable as distress callsはScreams areの補語。

2 **all human screams are made in a particular way** 「人間の悲鳴はすべてある特定の方法で発せられる」 このmakeは「を引き起こす,を生じさせる」を意味する。make a noise「物音を立てる」におけるmakeと同じものである。screamと連語を形成する最も一般的な語はgiveで,give a screamは「悲鳴を上げる」。

3 **what $_V$makes $_{O}$a scream $_{C}$a scream** 直訳すると「何が悲鳴を悲鳴にするか」だが,「どんな特徴によって悲鳴は悲鳴として認識されるか」の意。この疑問詞が導く節はaskedの直接目的語。makeはここでは〈SVOC〉を形成する動詞。

4 $_S$**It** $_V$**isn't** $_C$[**that it is always loud, high-pitched or shrill**]. 「それは悲鳴がいつも大声だとか,甲高いとか,けたたましいというわけではない」 it is not that ...「それは…ということではない」のitは前文の内容を指す。「前文の内容はthat節の内容のように説明されるものではない」ことを意味する。that節内のitは,前文のa screamを指す。なおこの文はA is that ...「Aは…である」という形の文で,that節がAの内容を具体的・補完的に示す。類似の構造を持つものとしては,the problem is that ...「問題は…ということである」, the fact is that ...「事実は…ということである」などがある。

$_S$The fact $_V$was $_C$[(that) they were thinking of postponing the event].

「事実は,彼らが行事の延期を考えているということであった」

▶factに欠けている「具体的内容」をthat節が補い,指定している。

訳例 **1** 悲鳴は間違えようがなく,誰にでも「遭難信号」として認識できる。**2** 新しい研究では,人間の悲鳴がすべてある特定の方法で発せられることがわかった。**3** 「私たちは何が悲鳴を悲鳴たらしめるのか[どうして悲鳴は悲鳴となるのか]自問しました」と研究者は語った。**4** 「と言っても,悲鳴がいつも大声だとか,甲高いとか,けたたましいというわけではありません」。

■ People who **live** through life-threatening situations sometimes **describe** a calming presence or guiding voice that **helps** them survive. ■ People have described this experience as an "imaginary shadow person." ■ It **is** also known as the "Third Man" syndrome. ... ■ Several conditions seem to produce Third Man experiences. ... ■ For example, an explorer can be affected mentally after days of walking through the snowy environment of Antarctica. ■ The terrible winds and never-ending whiteness may lead many polar explorers to have visions of other people.

(龍谷大)

語句 ■ **live through**「～を切り抜ける，～を生き抜く」**life-threatening**「生命を脅かす，命にかかわる」**situation**「状況」**describe**「について述べる，を描写する」**calming** 形「落ち着かせる」**presence**「存在（者）」**guiding** 形「指針となる，導き［指導］の」**survive**「生き残る」■ **describe A as B**「AをBと表現する［称する］」**imaginary**「想像上の」■ **the "Third Man" syndrome**「サードマン症候群［現象］」■ **condition**「（複数形で）状況，事情」**produce**「を引き起こす」■ **explorer**「探検家」**affect**「に影響する」**mentally**「精神的に」**after days of *doing***「何日も…したあと（で）」**environment**「（自然）環境」**Antarctica**「南極大陸」■ **terrible**「すさまじい，ものすごい」**never-ending**「果てしない」**whiteness**「白さ，白色」**lead A to *do***「Aに…するよう仕向ける」**polar**「極地の」**vision**「幻影」

精講 ⑧ 現在形

動詞・助動詞の現在形は『**現在の状態**』，『**習慣的動作**』，『**一般的事実**』などを述べるのに用いられる。

本文第1文 People who **live** through life-threatening situations sometimes **describe** a calming presence or guiding voice that **helps** them survive.「生命を脅かす状況を切り抜ける人は自分が生き残る助けとなる心を落ち着かせる存在や導きとなる声について述べることがある」の live, describe, helps は『一般的事実』を述べる現在形。live と helps には経験の要素が加わるので，「切り抜けた」「（…する）助けとなった」のように完了形の訳を当てはめることもできる。第3文 It **is** also known ... も一般的事実を述べる。動詞の現在形は，頻度の副詞（**always**, **usually**, **often**, **sometimes** など）と一緒に用いられると，『習慣的動作』を表すのが一般であるが，第1文の People ... sometimes describe ... のように主語が不特定多数の人を意味する名詞（句）だと，「人々は時々…する」は実質的には「…する人もいる，…する人が時々出てくる」を意味することになる。よってこのような環境での動詞の

現在形は『一般的事実』を述べると解釈される。

時間を超越した真理や社会通念も現在形で示される。

She **jogs** every morning.「彼女は毎朝ジョギングをする」 〔習慣的動作〕

Scientists found that light **behaves** strangely around a black hole.

「光がブラックホールの近くで奇妙な振る舞いをすることを科学者は発見した」 〔真理〕

Buddhists **hate** killing animals.「仏教徒は殺生を嫌う」 〔社会通念〕

研究 **2** People have described ᴬthis experience as ᴮan "imaginary shadow person." 「人々はこの経験を『想像上の影の人』と述べている」

have describedは現在完了形で, 過去から現時点まで継続的に述べられていることを表す (文法編⇒p.16)。describe A as Bは「AをBと表現する [称する]」の表現で, このパターンには以下のものがある。

□regard A as B「AをBと見なす」

□refer to A as B「AをBと呼ぶ [言う]」(A is referred to as B「AはBと呼ばれる」もある)

□think of A as B「AをBと思う [見なす]」

4 Several conditions seem to produce Third Man experiences.

seem to (do)は「(…する) ように思える」を表し, 後ろに動詞の原形を伴う。

□seem to be ～「～のようだ」 □seem to have done「…したように思える」

□seem to be done「…されるように思える」

5 after days of walking through the snowy environment of Antarctica 「南極の雪に覆われた環境を数日歩き通したあとで」 このwalkingは動名詞。days of doing「数日…する (こと)」。

6 ᵥmay lead ₒmany polar explorers ᴄto have visions of other people

lead O to do「Oを…するようにさせる [仕向ける]」は,「Oを…する方向に導く」が原義。「主語Sによって Oは…する (ことになる)」のように, 主語Sを『原因』, 目的語Oがto doの動作を結果的に行うと解釈すると, 理解しやすくなる。

訳例 **1** 生命を脅かす状況を切り抜ける人々は, 自分たちが生き残る助けとなる心を落ち着かせる存在や導きの声について述べることがよくある。**2** こうした経験は「想像上の影の人」と描写されている。**3** それはまた「サードマン」症候群として知られている。(中略) **4** いくつかの状況がサードマン経験を引き起こしているようだ。(中略) **5** 例えば, 探検家は南極の雪に覆われた環境を何日も歩き通したあと, 精神面で影響を受ける可能性がある。**6** 猛烈な風と果てしない白一色のせいで, 多くの極地探検家は他人の幻影を見ることがあるのかもしれない。

構文編

41

1 Locations **associated** with famous assassinations, murders or tragic accidents attract tourists. **2** In London, for instance, one can join tours that trace the brutal murders **committed** by the notorious Victorian serial killer Jack the Ripper. **3** The spots where John F. Kennedy, Martin Luther King and John Lennon **were killed** are marked by commemorative plaques or informal memorials. **4** The houses or streets where celebrities such as Princess Diana **met** tragic or violent ends often become sacred places for their fans, as do their graves.

（北海道大）

語句　**1** location「場所；位置」(*be*) associated with「～と関連づけられる」assassination「暗殺」murder「殺人」tragic「悲惨な，痛ましい」accident「事故」attract「を引き寄せる」**2** for instance「例えば」join「に加わる，に参加する」trace「の足跡をたどる，をさかのぼって探る」brutal「残酷な」commit「(罪など) を犯す」notorious「悪名高い」Victorian「ビクトリア朝の」serial killer「連続殺人犯」**3** spot「場所，地点」mark「に印 [記号など] をつける」commemorative「記念の」plaque「飾り板」informal「略式の，非公式の」memorial「記念物，記念碑」**4** celebrity「有名人」such as「～のような，例えば～」(先行する要素の例を示す) meet a violent end「非業の最期を遂げる」(violent「暴力による」) sacred「聖なる，かけがえのない」grave「墓」

精講 ⑨ 過去形と過去分詞の識別

名詞 (句)・代名詞の後ろに現れる V-ed は，過去形と過去分詞形が同じ形の他動詞の場合，過去形か過去分詞形かを区別しなければならない。V-ed の後ろにその動詞の目的語があれば過去形，なければ過去分詞形と判断する。

① ₛThe mutation of the virus ᵥ**allowed** ₒit to enter human cells.
　　「そのウイルスの突然変異はそれがヒトの細胞に入るのを可能にした」

② ₛ[Those [**allowed** to enter the room]] ᵥreceived ₒa warm welcome.
　　「部屋に入ることを許された人々は温かい歓迎を受けた」

　▶①の allowed は後ろに it があるので「過去形」であり，②の allowed は後ろに目的語として働く名詞 (句) がないので「過去分詞形」である。allowed to enter the room は過去分詞句で，Those (people) を修飾する。

　本文第 1 文 ₛ[Locations [**associated** with famous assassinations, murders or tragic accidents]] ᵥattract ₒtourists.「有名な暗殺，殺人，あるいは悲惨な事件に関連する場所は観光客を引きつける」の associated ... accidents は Locations を

修飾する過去分詞句。文の述語動詞は attract。

第2文 one can join tours [that ᵥtrace ₒthe brutal murders [**committed** by the notorious Victorian serial killer Jack the Ripper]]「人はビクトリア朝の悪名高き連続殺人犯である切り裂きジャックが犯した残虐な殺人の足跡をたどるツアーに参加することができる」で、関係代名詞節内の committed by ... Jack the Ripper は the brutal murders を修飾する過去分詞句。

第3文 ₛ[The spots [where ₛ·John F. Kennedy, Martin Luther King and John Lennon ᵥ**were killed**]] ᵥare marked by ...「ジョン・F・ケネディやマーティン・ルーサー・キングやジョン・レノンが殺された場所は、…によって目印が付けられている」の where は関係副詞で、節内の動詞は、過去の受動態 were killed。これは節内の主語3人がそれぞれある場所で「殺害された」という過去の事実・出来事を表している。受動態 are marked は文の述語動詞で、現在の状態を表している。

第4文 ₛThe houses or streets [where ₛ·celebrities such as Princess Diana ᵥ**met** ₒtragic or violent ends] often ᵥbecome ...「ダイアナ妃のような有名人が悲劇的な、あるいは、非業の最期を遂げた家や通りはたびたび…となる」の関係副詞節内の動詞 met は過去形で事実・出来事を表している。become はこの文全体の述語動詞で、often を伴って現在頻繁に繰り返し生じていることを表す。

研究 ▨ **In London, for instance, one can join tours ...**「例えばロンドンでは、人は…ツアーに参加することができる」 one は不定代名詞で、「（総称的に、話者も含む）人、誰でも」を指す。堅い表現で、日常的には you が用いられる。和訳のときは日本語にしないことが多い。

▨ **The houses or streets ... often become sacred places for their fans, [as ᵥdo ₛ·their graves].**

「…家や通りはたびたび、そうした有名人たちのファンにとっての聖地になるが、それはそうした有名人たちの墓がファンにとっての聖地になるのと同じである」の意。『様態』を示す as 節の中で、主語 their graves と代動詞 do(= become sacred places for their fans)の倒置が起こっている（代動詞については ⇒p.170）。as 節内の their は、直前の their fans と同じく、celebrities を指す。

この第4文と第2・3文はすべて、第1文の「悲劇的な場所は観光地になる」という文に対して具体的な例を挙げて示す役割。

訳例 ▨ 有名な暗殺、殺人、あるいは悲惨な事件に関連する場所は観光客を引きつける。▨ 例えばロンドンでは、ビクトリア朝の悪名高き連続殺人犯、切り裂きジャックが犯した残虐な殺人の足跡をたどるツアーに参加することができる。▨ ジョン・F・ケネディ、マーティン・ルーサー・キング、ジョン・レノンが殺害された場所には、記念プレートや非公式の記念物で目印が付けられている。▨ ダイアナ妃のような有名人が悲劇的な、あるいは非業の最期を遂げた家や通りは、ファンにとっての聖地となることが多い。そうした人物の墓所がそうであるように。

1 A recent government survey found only 1.23 percent of male company employees took child-care leave, down from 1.56 percent the previous year. **2** "It seems that Japanese men are rarely told that it's important for a man to create a family that can enjoy life together," an expert on child-care issues said. **3** "They are told to value their families, but they **are made to think** the most important thing they can do for the family is to work and bring home money." **4** With such pressure making it difficult to leave work early or avoid doing overtime in order to help with the kids and housework, taking child-care leave is a serious decision.

(福井県立大)

語句 **1** survey「調査」male「男性の」employee「被雇用者，従業員」(⇔ employer「雇用者，雇い主」) child-care leave「育児休暇」(leave 图 休暇) previous「以前の」(⇔ following「次の」／ later「あとの」) **2** rarely「めったに…ない」create「を作り出す」issue「問題」**3** value「を尊重する，を重んじる」bring *A B*「A に B をもたらす」**4** pressure「(社会的) 圧力，重圧」leave「を (立ち) 去る，を出る」avoid *doing*「…することを避ける」do overtime「残業する」help with「～を手伝う」housework「家事」serious「重大な」decision「決定」

精講 (10) ＳＶＯＣの受動態

〈SVOC〉の受動態の文では，目的語 O が主語の位置に現れ，**補語 C は，原則として元の位置にそのままの形で留まる**。

能動態：sWe vregard othe statistics cas inaccurate. 〔C は as + 形容詞〕
受動態：sThe statistics vare regarded cas inaccurate by us.
　　　　「その統計は私たちに不正確だと見なされている」

能動態：sI vsaw othe couple cdancing. 〔C は現在分詞〕
受動態：sThe couple vwas seen cdancing by me.
　　　　「そのカップルは私に踊っているのを見られた」

ただし使役動詞の make，知覚動詞の see や hear などに関しては，補語の形は能動態では原形不定詞で，受動態では to 不定詞になる。

能動態：sHe vmade ous cfollow the rules. 〔C は原形不定詞〕
受動態：sWe vwere made cto follow the rules by him.
　　　　「私たちは彼に規則に従うように強いられた」

本文の they are made **to think** …「日本の男性は…と考えるように仕向けられ

ている」は，$_s$people $_v$make $_o$them $_c$**think** …「世の中の人々が日本の男性に…と考えるように仕向ける」の受動態。

研究

■ down from 1.56 percent the previous year 「前年の（男性会社員の育児休暇取得率の）1.56%から減少して」 直前の only 1.23 percent of male company employees took child-care leave「男性会社員の1.23%しか育児休暇を取らなかった」を補足的に説明する副詞句。

② Japanese men are rarely told that ... を能動態で表すなら，$_s$they rarely $_v$tell $_{o1}$Japanese men $_{o2}$[that …]「人々は日本の男性に…と言うことはめったにない」。間接目的語Japanese men（o1）が話題の焦点として主語の位置に現れ，動作・行為を受けることを表している。第3文の $_s$They $_v$are told |to $_{(v')}$value $_{(o')}$their families|「日本の男性は自分の家族を尊重するように言われる」は $_s$People $_v$tell $_o$them |to $_{(v')}$value $_{(o')}$their families| の受動態。

② it's important [for $_{(s''')}$a man to $_{(v''')}$create $_{(o''')}$[a family that can enjoy life together]] 「共に生活を楽しむことができる家族を男性が作り出すことは重要である」 真主語はfor a man to create ... together，(for) a man は(to) create の意味上の主語である（⇒p.56）。

③ to $_{(v')}$think $_{(o')}$[(that) $_{s''}$the most important thing [(that) they can do for the family] $_{v''}$is $_{c''}$[to work and bring home money]] 「自分が家族のためにすることができる最も重要なことは，働いて家にお金を持ってくることであると考える」 the most ... money はthinkの目的語として働くthat節。they can do for the family は the most important thing にかかる関係代名詞節。

④ With such pressure making it difficult [to ❶**leave work early** or ❷**avoid doing overtime** $_{(adv'')}$[in order to help with the kids and housework]] 「こうした圧力が，子供の世話や家事を手伝うために ❶早めに職場を出る，あるいは❷残業するのを避けることを難しくしている状況で」 付帯状況を示すwith *A doing*は「Aが…している状態で」を表す。make it difficult to *do*「…することを難しくする」は形式目的語構文。such pressureは第2・3文の内容をまとめた語句（⇒p.176）。

訳例 ■ 最近の政府の調査で，男性会社員の1.23%しか育児休暇を取らなかったことがわかったが，これは前年の1.56%からの減少であった。② 「日本の男性は，共に人生を楽しめる家庭を男性が築くことは重要であるとは，めったに言われないようです」と育児問題の専門家は述べた。③ 「日本の男性は自分の家族を尊重するようにと言われますが，自分が家族のためにできる最も重要なことは，働いて家にお金を持ち帰ることだと考えるように仕向けられているのです」 ④ こうした（社会的）圧力が，子供の世話や家事を手伝うために，早めに退社するとか残業を避けることを難しくしており，育児休暇を取ることは重大な決断となっている。

1 Beethoven **would** often shout because he needed others to shout back or he **couldn't** hear what was being said, which made many people think he was angry with them and was trying to start a fight. **2** For these reasons, Beethoven moved house a lot. **3** In one room he rented in Vienna, he knocked a hole in the wall with a hammer so that he **could** see the nearby forest, which upset his landlord. **4** Even though his rooms and clothing were usually messy, he **used to** wash himself all the time and sang loudly while doing so.

(成蹊大)

語句 **1** shout「怒鳴る, 大声で言う」shout back「怒鳴り返す」*be* angry with「～に対して怒った」fight「けんか」**2** move house「引っ越す」**3** rent「を賃借する」Vienna「ウィーン」knock a hole in「～にたたいて穴を開ける」so that ...「(節内に can / could がある場合) …することができるように」upset「を動揺させる, を慌てさせる」landlord「家主」**4** even though ...「たとえ…であるにしても」clothing「(集合的に) 衣類, 衣服」messy「汚い, 散らかった」wash *oneself*「体を洗う」all the time「しょっちゅう」loudly「大声で」

精講 **11** 助動詞

can, could, may, might, will, would のような助動詞は**話し手の判断や時制・法（直説法・仮定法）**を表す。その後ろには動詞や他の助動詞の原形が現れる。なお助動詞に近い働きをする *be* to / *be* likely to / have to / seem to などに注意（文法編⇒ p.17）。

would：本文第 1 文の Beethoven **would** often shout「ベートーベンはよく怒鳴ったものである」の would *do*「…したものだ」は, 過去の（通例不定期的な）『習慣的動作』を表す。この文のように often を伴うこともある。would は他に「(…する)だろう」『推量』や,「(would you *do*? の形で) …していただけますか」『丁寧な依頼・提案』などを表す。

You **wouldn't** know that he has a genuine Picasso.　　　〔推量〕
「彼が本物のピカソの作品を持っていることなど君にはわからないだろう」

could：　第 1 文の he **couldn't** hear what was being said「彼は何を言われているのか聞き取れなかった」の couldn't *do* は過去において『能力』がなかったことを表す。第 3 文の so that he **could** see the nearby forest「彼が近くの森を見ることができるように」の could *do* は過去において『能力』があったことを表す。主節に現れる場合は通例「…することができた」と訳すが, ここでは目的を表す副詞節 so that ... の中にあるので「…することができる」と訳す。could は他に「(…する) 可

46

能性があった［ある］」という意味も持つ。

His business model **could** help save our company from the recession.
「彼のビジネスモデルはわが社を不況から救う助けとなる可能性がある」

第 4 文の he **used to** wash himself「彼はよく体を洗ったものである」の used to *do*[be]「よく…したものだ［かつては…であった］」は，過去における『習慣的動作や状態』を表す（⇒ p.50）。前述の would と異なり，「現在はもうそうしない，そうではない」ことを含意し，また状態動詞を伴って「過去の状態」を表すことができる。

研究

1 because s'he v'needed o'others c'to shout back or s'he v'couldn't hear o'[what was being said]「なぜなら彼は他人に怒鳴り返してもらう必要があった，あるいは彼は何を言われているか聞こえなかったから」 need *A* to *do*「Aに…してもらう必要がある」は〈SVOC〉の構造を持つ。because節内は理由の内容を表す二つの文が or により等位接続されている。関係詞節内の was being said は受動進行形「…されている」の形。

1 , which v'made o'many people c'[(v'')think (o'')[(that) he **❶**was angry with them and **❷**was trying to start a fight]]「そのことが多くの人々に，**❶**彼が人々に腹を立てていて**❷**けんかを始めようとしていると思わせた」 コンマ前の内容（ベートーベンがよく怒鳴ったこと）を先行詞として，その『結果』を示す非制限用法の関係代名詞節。節内の made many people think (that) …「多くの人々に…と思わせた」は〈SVOC〉の構造を持つ。think の目的語である that 節内では，二つの動詞句が and により等位接続されている。第 3 文の which upset his landlord も同じく『結果』を表す非制限用法の関係代名詞節。

3 In one room [(which/that) he rented in Vienna]「彼がウィーンで賃借したある部屋で」 he rented in Vienna のように，関係詞節内の文が関係詞を介さずに直接先行詞の後ろに現れる構造は接触節（⇒ p.90）と呼ばれる。

4 he used to wash himself … and sang loudly while (he was) doing so 「彼は…体を洗ったし，またそうしながら大声で歌った」 while doing so のように接続詞の後ろに分詞句が現れる場合は，〈主語 + be動詞〉を補って考える。doing so は前方の動詞句（ここでは wash(ing) himself）を指している。

訳例 **1** ベートーベンは相手に大声で言い返してもらう必要があったり，何を言われているのか聞き取れなかったりしたせいで，よく大きな声を上げていたものだ。このせいで多くの人々がベートーベンは自分たちに腹を立てていて，けんかを始めようとしていると思った。**2** こうした理由で，ベートーベンは何度も引っ越しをした。**3** 彼がウィーンで借りたある部屋で，彼は近くの森を見ることができるようにとハンマーでたたいて壁に穴を開けたのだが，これが家主を慌てさせた。**4** 彼の部屋や衣服はいつも散らかり，汚れていたものの，彼はしょっちゅう体を洗っていたし，そうしながら大声で歌を歌ったものだ。

47

10

1 Darts **may have begun** as military training, but it **seems to have been** a type of training which soldiers took pride in and enjoyed.　**2** They **may have continued** their practice during their free time, perhaps over drinks, **using** smaller projectiles for the sake of safety.　**3** Gambling on each other's abilities **seems to have evolved** naturally along with the rules of the game itself.

(獨協大)

語句　**1** darts「ダーツ, 投げ矢遊び」military「軍（隊）の」a type of「〜の一種」take pride in「〜に誇りを持つ」**2** continue「を続ける」practice「練習」over drinks「アルコール飲料を飲みながら」projectile「（武器からの）発射体, 投射体」for the sake of「〜（の利益）のために」(= for 〜's sake) safety「安全」**3** gamble on「〜に賭ける」ability「能力」evolve「発展［発達］する」naturally「自然に」along with「〜と一緒に」

精講 12　助動詞+have done

〈助動詞 + have *done*〉は, **過去の出来事・状態や完了した出来事・状態**に対する話し手・書き手の『**推量・判断**』を表す（文法編⇒p.17）。

本文第1文のDarts **may have begun** as military training「ダーツは軍事訓練として始まったのかもしれない」は, 過去の出来事に対する筆者の推量を表す。第2文のThey **may have continued** ... も同じ。

さらに, seem toを含む第1文後半のit **seems to have been** a type of training ...「それは…訓練の一種であったように思える」は, 過去の状態に対する筆者の推量を表す。seem toは助動詞的要素で,「…するように思える」を意味する。第3文のGambling on each other's abilities **seems to have evolved** も同じ。seem to *do*「…するように思える」(⇒p.41) は, 現在の動作・状態に対する話し手・書き手の推量を表す。seem to have *done*「…したように思える」は, 過去の動作・状態に対する話し手・書き手の判断を表す。

精講 13　分詞構文

分詞構文は, **文中で副詞的に働く**分詞句である。通例, ***doing / done / having done*** の形で, 主節の前, 主語の後ろ, 動詞句の後ろ, 主節の後ろに現れる。分詞の主語を明示する場合は〈名詞（句）［代名詞］ + *doing / done*〉の形をとる。意味としては『**時**』,『**理由**』,『**付帯状況**』,『**結果（または主節に続いて起きる事柄）**』,『**手段・方法**』などを表す。

Denied the chance to play an active part, she left the team. 〔理由を表す〕

「活躍する機会を与えられなかったので，彼女はチームを脱退した」

He did not say a word, **making** her all the more angry. 〔結果を表す〕

「彼は一言も言わなかったが，そのことが彼女をかえってもっと怒らせた」

▶ making の意味上の主語は主節の He did not say a word。ₛHe ᵥdid not say ₒa word, ₐdᵥ **(s')** (it) (v')making (o')her (c')all the more angry]。ということ。

本文第2文の **using** smaller projectiles for the sake of safety は『付帯状況』を示す分詞構文。using の意味上の主語は先行する文の主語の They (=soldiers) であり，using ... safety は先行する動詞句（ここでは may have continued their practice）を修飾する。主節の後ろに現れる分詞構文は，①分詞の意味上の主語が**主節の主語**と一致する場合は『付帯状況』を表し，②分詞の意味上の主語が**主節の内容**と一致する場合は『結果』を表す。②の分詞には making / causing / leaving などがよく用いられる（上述の例文二つ目参照）。

研究

1 **Darts may have begun as military training, but ...** 「ダーツは軍事訓練として始まったかもしれないが…」 may *do* [may have *done*], but ...「…する［した］かもしれないが，…」は，『譲歩』の構造。but 以下で筆者の意見や判断が示されるのが一般的である。

1 **a type of training [which ₛsoldiers ᵥtook pride in ₒ' and ᵥenjoyed ₒ']** 「兵士たちが誇りに思い楽しんだ訓練の一種」 which は目的格の関係代名詞で，took pride in と enjoyed の共通の目的語。

3 **Gambling on each other's abilities seems to have evolved naturally along with the rules of the game itself** 「互いの能力に賭けることはゲーム自体の規則とともに，自然に発達したように思える」 Gambling on each other's abilities は主語として働く動名詞句（⇒ p.128）。gamble on「～に賭ける」は句動詞。itself は the game を受ける再帰代名詞（⇒ p.78）で，the game を強調している。

訳例 **1** ダーツは軍事訓練として始まったのかもしれないが，それは兵士たちが誇りを持って楽しむ訓練の一種であったようだ。**2** 彼らは自由時間中に，ことによるとお酒でも飲みながら，安全のためにより小型の投射物を使って，自分たちの練習を続けていたのかもしれない。**3** 互いの能力に賭けることは，ゲーム自体の規則とともに自然に発達してきたようだ。

11

■ Traditionally, listening was viewed as a passive process, in which our ears were receivers into which information was poured, and **all the listener had to do was** passively **register** the message. ■Today we recognize that listening is an 'active' process, and that good listeners are just as active when listening as speakers are when speaking.

■Active listening is also an interpretive process. ■Listening **used to be thought of as** the exact decoding of the message. ■In fact, listening involves subtle interpretation.

(福島大)

語句 （第1段落）■ **traditionally**「伝統的に，従来」**view** *A* **as** *B*「AをBと見なす」**passive** 「受動的な」**process**「過程；手順」**receiver**「受信機」**pour** *A* **into** *B*「AをBに注ぎ［流し］込む」**régister**「を記録する」■ **recognize that ...**「…ことを認める，…を認識する」**active** 「能動的な」（第2段落）■ **intérpretive**（= **intérpretative**）「説明的な，解釈的な」■ **think of** *A* **as** *B*「AをBと見なす」**exact**「正確な」**decoding**「（暗号文などの）解読」（**decode**「を解読する」）■ **in fact**「実際は」**involve**「を伴う，を含む」**subtle** [sʌ́tl]「微妙な；繊細な」**interpretation** 「解釈」

精講 14 All you have to do is (to) *do*

「あなたがしなければならないすべてのことは…することである」が文字どおりの意味だが，「あなたは…しさえすればよい」と解釈してもよい。補語である to *do* の**to は省略**され原形不定詞の場合もある。この表現は，You only have to *do* または You have only to *do* でも表せる。

All you have to do to get a good seat **is (to) arrive** early.
You only have to [have only to] arrive early to get a good seat.
　「よい席を取るためになすべきすべては早く到着することだ→よい席を取るには早く到着しさえすればよい」

本文第1段落第1文の ₛ[**all** [**the listener had to do**]] ᵥ**was** ᴄ[**passively register** the message] の register は原形不定詞（= to なし不定詞）で，補語の核を成す。「聞き手がしなければならなかったすべては，メッセージを受動的に記録することであった」の意。

精講 15 used to *do*

助動詞の一つである used to は後ろに動詞の原形を伴い，①**過去の習慣的動作**「か

つて（よく）…した（ものだ）」や，②**過去の状態**「（昔は）…であった」を表す。「現在ではそうしない［そうではない］」ことを含意する。

① He **used to** go to classical concerts.

「彼はよくクラシック音楽のコンサートに行った」

He does not eat as much meat as he **used to**.

「彼は昔ほどたくさん肉を食べない」

② She is not what she **used to** be.「彼女は昔の彼女ではない」

▶ what she used to be は「彼女が昔それであったもの→昔の彼女」を表す。

本文第2段落第2文は Listening **used to be thought of as** the exact decoding of the message.「聞くことはかつてメッセージの正確な解読と見なされていた」。used to be *done*「かつて…されたものだ」という〈used to ＋受動態〉の構造。紛らわしい表現に *be* used to *do*「…するのに使われる」(*be* used[juːzd] は受動態)，*be*[get] used to *doing*「…するのに慣れている［慣れる］」(used[juːst] は形容詞）がある。

This piece of information can be used to write a paper.

「この情報は論文を書くのに使える」

I am used to dealing with difficult customers.

「私は気難しい顧客を扱うのに慣れている」

研究　（第1段落）**1** **a passive process, [in which our ears were receivers [into which information was poured]]**

コンマに続く in which 以降は，先行詞の a passive process「一連の受動的な行為」に関して，「そこでは私たちの耳は情報が注ぎ込まれる受信機であった」という付加的情報を述べる非制限用法の関係詞節（⇒p.88）。節内の into which information was poured は receivers にかかる制限用法の関係詞節。

2 **that good listeners are just as active when** (they are) **listening [as speakers are** (x-much active) **when** (they are) **speaking]**「優れた聞き手は（自分が）聞いているとき，話し手が（自分が）話しているとき (x程度能動的であるが，それ) とちょうど同じくらい能動的であること」　recognize の目的語として働く that 節。節内では，聞き手が聞いているときに能動的である度合いが，話し手が話しているときに能動的である度合いと同じであることが述べられる。

訳例　**1** 従来，聞くことは一連の受動的な行為と見なされていた。この過程において耳とは情報が注ぎ込まれる受信機であり，聞き手がしなければならないのはただメッセージを受動的に記録することだけであった。**2** 今日我々は，聞くことが一連の「能動的な」行為であり，優れた聞き手は聞いているときに話しているときの話し手側とちょうど同じように能動的である，ということを認識している。

1 能動的に聞くことはまた解釈を伴う一連の行為でもある。**2** 聞くことは，かつてはメッセージを正確に解読することだと見なされていた。**3** ところが実際には，聞くことにはわずかだが解釈が伴うのである。

12

1 If you find yourself **bored** by a book that well-**informed** people regard as important and readable, be honest with yourself and confess that probably the difficulty is not in the book but in you.　　**2** Often a book which now seems dull or difficult will prove easy to grasp and **fascinating** to read when you are more mature intellectually.

(関西大)

語句　**1** bored「退屈した」well-**informed**「知識のある，造詣の深い」regard *A* as *B*「A を B と見なす」readable「おもしろく読める」*be* honest with「～に対して正直である」difficulty「困ったこと，問題」**2** dull「退屈な，つまらない」grasp「を理解する」(＝ understand) fáscinating「非常に興味深い」matúre「成熟した」intelléctually「知的に」

精講 16 現在分詞：過去分詞

他動詞の**現在分詞**は『**能動**』，**過去分詞**は『**受動**』的意味を表す。

I found the book **boring**.　　　　　　　〔能動的意味：本が人を退屈させる〕
　「私はその本が退屈だとわかった」

I found myself **bored** by the book.　〔受動的意味：人が本に退屈させられる〕
　「私は自分がその本に退屈させられている [退屈している] のがわかった」

本文第 1 文 if 節中の 〜s'you 〜v find 〜o'yourself 〜c'**bored** by a book は「あなたは自分が本に退屈させられているのがわかる」，第 2 文 〜sa book … 〜vwill prove 〜c⌊easy to grasp⌋ and 〜c⌊**fascinating** to read⌋は「…本が理解しやすく，読んで魅力的であることがわかるだろう」。

なお，動詞的性質を失った分詞の多くは，①名詞を前から修飾する，②seem …「…に思える」など〈SVC〉型動詞の補語となる，③very に修飾される，④比較級（more …）を持つ，⑤形容詞と等位接続される（本文の easy … and fascinating …），など形容詞的な性質を持つので，形容詞として分類される。

　This roller coaster seems more **exciting** than that one.
　　「このジェットコースターのほうがあれよりもおもしろそうだ」

こうした分詞由来の形容詞が表す意味は，元の動詞の意味から推測することができる。本文第 1 文の well-**informed** は「十分に情報を与えられた」→「情報に通じている，知識のある」，第 2 文の **fascinating** は「（人を）引きつけるような」→「非常に興味深い」の意味となる。

分詞形容詞の例

- □amusing「滑稽な」 : amused「おもしろがる」
- □puzzling「困惑させる」 : puzzled「困惑した」
- □frightening「ぞっとさせる」 : frightened「おびえた」
- □worrying「悩ませる」 : worried「心配した」
- □confusing「混乱させる」 : confused「混乱した」

研究

1 a book [that ₛ'''well-informed people ᵥ'''regard ₒ''' ᴄ'''as important]

「造詣の深い人々が重要であると見なす本」という意味。

「人々は彼を天才と思って［見なして］いる」は次のように表される。

People **regard** him **as** a genius.

People **consider** him (to be) a genius.

1 be honest with yourself and confess that ...

「自分自身に対して正直になり，そして…と認めなさい」が直訳。「正直に…である ことを認めなさい」ぐらいで意味をとるとよい。

1 the difficulty is not ᴬin the book but ᴮin you 「問題は本ではなくあなたにあ る／問題なのは本ではなく自分のほうだ」

= the difficulty is in you, and not in the book（⇒ p.74）

2 ₛ a book [which now seems dull or difficult] ᵥwill prove ᴄ[easy to grasp] and ᴄ[fascinating to read] [when you are more mature intellectually] 「今は退屈で，難しく思える本も，自分がもっと知的に成熟したときには， 理解しやすく，読んで非常に興味深いことがわかるだろう」 prove の補語が等位接続され ている。この補語は，両方とも難易構文の構造〈難易・（不）快を表す形容詞 + to do〉の構造を持つ（⇒ p.60）。to do の do は他動詞で目的語を伴わない。通例，主語 がその目的語に相当する。ここでは，主語の a book which now seems dull or difficult が grasp と read の目的語に相当する。

訳例 **1** 識者が重要で興味深いと考える本に，自分が退屈だと感じたならば，たぶん問題は本 のほうではなく，自分にあるのだろうということを正直に認めなさい。 **2** 今はつまらな く，難しいと思える本でも，自分がもっと知的に成長すると，楽に理解でき，非常に楽 しく読めるようになることがよくあるのだ。

13

1 A deeper problem, however, is that the big bottleneck in **reading** isn't perception (**seeing** the words) but language processing (**assembling** strings of words into meanings). **2** Have you ever tried **listening** to an audio **recording** with the speaking rate dialed way up? **3** **Doubling** the speed, in our experience, leaves individual words perfectly identifiable — but makes **it** just about impossible **to follow the meaning**. **4** The same phenomenon occurs with written text.

(早稲田大)

語句 **1** bottleneck「障害」perception「知覚, 認識」processing「処理」assemble *A* into *B*「*A* を組み立てて *B* にする」a string of「一続きの〜, 一連の〜」(string「一続き」) **2** try *doing*「試しに…してみる」audio recording「音声記録［録音］」rate「速度」dial up「(音・熱・程度など) を上げる」way **副**「ずっと, はるかに」**3** double「を 2 倍にする」leave *A B*「*A* を *B* (の状態) のままにしておく」individual「個々の」identifiable「識別できる」just about「ほぼ, 大体」follow「を追う, を理解する」**4** phenomenon「現象」occur「起こる, 生じる」(written) text「文書」

精講 17 動名詞

　動詞が「目的語・補語をとる, 副詞的要素に修飾される, 主語を伴う」などの動詞的な機能を維持したまま -ing 形になり,「…すること」という文法的意味を持つのは動詞的動名詞である。ふつうは動名詞と呼ばれる。動名詞 (句) は文の主語や補語, また動詞や前置詞の目的語として働く。

　Some critics talk about [(s')the initial response (v')**being** (c')slow].
　　「批評家の中には初期対応が遅かったことについて語る者もいる」
　▶動名詞句は前置詞 about の目的語として働く。

　本文第 2 文の v tried 。(v')**listening** (adv')to an audio recording「録音音声を試しに聞いてみた」の listening to … は tried の目的語として働く。

　次に動名詞の動詞的な機能に着目すると, 第 3 文の **Doubling** は the speed を目的語とする (Doubling the speed という動名詞句全体は文の主語として働く)。第 1 文の (v'')**seeing** (o'')the words「語が目に入ること」(perception の内容を示す), (v'')**assembling** (o'')strings of words into meanings「一続きの語句を意味へと組み立てること」(language processing の内容を示す) も動名詞が目的語を伴う例である。

　名詞的動名詞：第 1 文の **reading** と第 2 文の **recording** は, ここではそれぞれ「読書」や「録音」を意味する名詞である。動詞が単独で -ing 形になり名詞の意味を持つ

と，名詞的動名詞と呼ばれる。名詞的動名詞はふつうの名詞と同じ働きをする。

なお第2文のspeaking rate の speaking は「話している」の意味で名詞 rate を修飾する現在分詞である。

精講 18 形式目的語

形式主語 (⇒ p.62) の場合と同様に，**it を形式上の目的語**として置き，その内容を表す句や節（=『真目的語』）をあとに示す形をとることがある。

本文第3文の Doubling the speed ... $_V$makes $_{仮O}$**it** $_C$just about impossible $_{真O}$**to follow the meaning**.「速度を2倍にすることは…意味を理解することをほぼ不可能にする」は it が形式目的語で，to follow the meaning が真目的語。このように形式目的語は①〈SVOC〉や②〈SVO + adv〉の構造で一般的に用いられる。(adv = adverb「副詞」)。

　① $_S$I $_V$make $_O$**it** $_C$a rule |**to** side with the weaker party|.
　　「私は弱い側に味方することにしている」

　② $_S$I $_V$took $_O$**it** $_{adv}$lightly |**that** he had some trouble with his friends|.
　　「私は彼がずっと，友人との問題を抱えていたことを軽く考えていた」

研究

■ **A deeper problem, however, is that ...**　「しかしもっと深刻な問題は…ということである」　A deeper problem の内容が that 節により示される (⇒ p.39)。

■ **the big bottleneck in reading isn't perception ... but language processing**　「読書における大きな障害は，認知ではなく言語処理である」　not *A* but *B*「A ではなく B」(⇒ p.74)。

■ **with the speaking rate dialed way up**　「話す速度が大幅に上げられた状態で」〈with + 名詞（句）+ 過去分詞〉で，「～が…された［る］状態で」。一般に『付帯状況』と呼ばれるこの構造・意味では，〈with + 名詞（句）〉のあとに分詞（句），形容詞（句），副詞（句），前置詞句などが続く (⇒ p.108)。

■ **occurs with written text**　「文書に関して起こる」　この with は『関連』の意味を表す。

訳例

■ しかしもっと深刻な問題は，読書における大きな障害が認知（語句が目に入ること）ではなく言語処理（一連の語句から意味を構築すること）であるということだ。■ 皆さんはこれまでに録音された音声を，話す速度を大幅に上げた状態で聞いてみたことはあるだろうか。■ 速度を2倍にしても，経験によると個々の語は完全に識別できる状態のままではあるが，これだと意味を理解することはほぼ不可能になる。■ 同じ現象は文書でも起こる。

14

1 The habit of reading poetry should be acquired when people are young. **2** What we acquire and learn to love when we are young stands by us through life. **3** **It** has been difficult in all ages **for** people who are past middle life **to** appreciate the genius of new poets who have arisen in their lifetime.

(関西大)

語句 **1** **habit**「習慣」 **poetry**「(集合的に) 詩」 **acquire**「を習得する，を身につける」 **2** **stand by**「～を支持する，～に味方する」 **3** **age**「時代」 **past** 前「を過ぎて，を越えて」 **appréciate**「を正当に評価する，を鑑賞する」 **genius**「天才，才能」 **poet**「詩人」 **arisen** [ərízən] (< **arise** (起こる，生じる)) **in ～'s lifetime**「～の生きている間に，～の生涯で」

精講 19 It ... for A to do

it は『形式主語』(仮主語) で，to 不定詞句が『真主語』としてその内容を表す。for A は to 不定詞句の意味上の主語 (= to 不定詞句が示す動作をする人・物) を示す。to 不定詞句の主語を明示する必要がない場合は，for A は現れない。

仮S**It** V is C **necessary** 真S [**for** (s')**students** **to** (v')think for themselves].

「学生が自分で考えることが必要である→学生は自分で考えなければならない」

▶ for A to do は文の主語になるから名詞用法である。

本文の**It** has been <u>difficult</u> in all ages **for** people ... **to** appreciate ...「…人々には，…を正しく評価することが，いつの時代においても<u>困難なことであった</u>」は it is **difficult**[**dangerous** / **easy** / **hard** / **impossible** / **possible** など] for A to do の構造を持つ (⇒ p.60)。この構文は it is ～ that ... に書き換えられない。

> 補足 it is necessary[essential / vital] for A to do「Aが…することが必要で [不可欠で／極めて重要で] ある」は that 節でも表せる。この場合 that 節内には should do または仮定法現在 (= 原形と同一形) が現れる。
>
> 仮S**It** V is C necessary 真S [**that** s'students v'should think for themselves].
>
> 〔that 節は It の内容を示す名詞節〕

---

to不定詞の用法

① 名詞用法，② 形容詞用法，③ 副詞用法がある。

① It's absolutely necessary for him to stop staying up late.

= For him to stop staying up late is absolutely necessary.

「彼は夜更かしをやめることが絶対に必要だ」

② She's a good example for you to follow.

「彼女は君が見習うべきよい手本だ」　　　　　　　　　〔名詞example を修飾〕

③ I stood aside for the lady to pass.

「その婦人が通れるようにわきに寄った」

〔動詞句 stood aside を修飾し『目的』を表す〕

研究

■ **The habit of reading poetry**「詩を読む（という）習慣」　*A of B* (*doing*)が「B（…する）というA」を表す場合, of は『同格』を示す。この構造では，B (*doing*)がAの内容を表すことになる。

■ **should be acquired**

should *do* は「…したほうがよい『提案』，…するべきである『義務』，…するはずである『当然の推量』」を表す。どの意味になるかは文脈から判断する。

　Judging from the time he left the office, he should be home by now.

「彼が事務所を出た時間から判断して，彼は今頃家に着いているはずだ」

（× 「家に着いているべきである」）

② **What** ₛ'**we** ᵥ'ᴬ**acquire and** ᵥ'ᴮ**learn to love** ₒ' **when we are young**

「我々が若いときに身につけ大好きになるもの」　*A* and[or] *B* の形は等位接続と呼ばれる。AとBは，Aが名詞ならBも名詞，Aが形容詞ならBも形容詞，Aが文ならBも文など，文法的に等しい価値を持つ要素である。本文は動詞のacquire と動詞の learn to love が and により等位接続され，関係代名詞what（の空所）を共通の目的語とする構造である。what は先行詞を含む関係代名詞「（…する）こと［もの］」（⇒p.95）。when we are young は acquire (what) と learn to love (what) の両方にかかる副詞節である。以下は when 節が remembered だけにかかる例。

　what I had forgotten and suddenly remembered [when she mentioned it]

「私が忘れていて，彼女が言及したとき突然思い出したこと」

③ (ₛ')**people [who** ₛ"　　ᵥ"**are** c"**past middle life]**

who 節内の文の主語が空所になっている。訳す際は，関係詞節内の文を，空所部分を抜いて訳し，その後に先行詞の訳を続ける。ここは「（…）中年を過ぎている人々」となる。後半の new poets [who ₛ"　ᵥ"have arisen ₐdᵥin their lifetime]「彼らの生涯において世に現れた新たな詩人」も同様の構造を持つ。

訳例　**■** 詩を読む習慣は若いころに身につけるべきである。**②** 若いときに身につけ愛するようになったことは，生涯を通じて身を助けてくれる。**③** 人生の半ばを過ぎた人々には，自分たちが生まれてから世に現れた新たな詩人の優れた才能を正しく評価することが，いつの時代においても困難なことであった。

$\mathit{15}$

1 Therefore, an effective story always leaves room for the person who is consuming it. **2** There has to be **enough** detail **to make** the narrative compelling, but not so much that it leaves out the audience. **3** Effective fiction stories, music, and art leave room for readers, listeners, and viewers to fill in the gaps with their imagination.　**4** **Whether you know it** consciously **or not,** you're influencing others in every one of your interactions.

（聖心女子大）

語句　**1** effective「効果的な」leave A for B「AをBに残す」room「余地，機会」consume「を消費する」**2** detail「細部，細かな点」（ここでは不可算名詞）narrative「物語，話」compelling「説得力のある，納得のいく」leave out[leave ～ out]「～を除外する；～を無視する」**3** fiction story「作りごとの話，小説」viewer「見る人，鑑賞者」fill in A with B「AをBでふさぐ[埋める]」gap「隔たり；隙間」imagination「想像（力）」**4** consciously「意識して，自覚して」influence「に影響を及ぼす」every one of「～の中の誰もかれも，どれもこれも皆」interaction「相互作用，やり取り」

精講 **20** enough＋名詞＋to do // 形容詞・副詞＋enough to do

『程度』を表し，「…するのに十分，…するほど，…できるだけ」の意。

本文第2文There has to be **enough** detail **to make** the narrative compelling のenoughは形容詞で，不可算名詞のdetailを修飾する。

　I've read through **enough** <u>books</u> **to** write the report.

　　「私はそのレポートを書くのに十分な書物を読み通した」

　▶形容詞のenoughが修飾するのは可算名詞の複数形か不可算名詞。

一方，副詞のenoughは形容詞や副詞の後ろに現れて，それを修飾する。

　This book is <u>easy</u> **enough** for children **to** read.

　　「この本は子供でも読めるほど易しい→この本は十分易しいので子供でも読める」

　▶この文はThis book is **so** easy **that** children **can** read it. と表すことができる。

次の同意表現も確認しておく。

　He was <u>kind</u> **enough to** help me.「彼は親切にも私を手伝ってくれた」

　≒ He was **so** kind **as to** help me.　≒ He had the kindness **to** help me.

精講 **21** whether A does or not

whether A *does* or not は，①名詞節「Aが…するかどうか」の場合と，②副詞節

「Aが…するにせよ，しないにせよ」の場合がある。

① （真）主語や補語の位置，動詞・前置詞の目的語の位置では名詞節。

I don't know **whether** you like her **or not**.　〔動詞の目的語になる名詞節〕

「君が彼女を好きかどうかを私は知らない」

Whether you like her **or not** does not matter. 〔主語になる名詞節〕

「君が彼女を好きかどうかは問題ではない」

It doesn't matter **whether** you know it consciously **or not**.

「あなたが意識してそのことを知っているかどうかは重要ではない」

〔真主語として働く名詞節〕

▶いずれも or not は省略可。whether or not *A does* の形にすることもできる。

②主節の前後では副詞節。

Whether you like her **or not**, you should marry her.

「君が彼女を好きであろうとなかろうと，彼女と結婚するべきだ」

▶副詞的に働く whether 節は必ず or not を伴う。

補足　or の後ろに not 以外の要素が現れることがある。

Whether she wins or loses, she says she will retire from active competition.

「勝っても負けても，彼女は現役から引退すると言っている」

本文第4文 **Whether you know it** consciously **or not** (know it)，「あなたが意識して知っているにせよ，いないにせよ」は，主節 you're influencing ... の前にあるので副詞節である。know it の it はそれ自体より後ろに現れる要素を指す代名詞で，主節の you're influencing others in every one of your interactions の内容を指す。このタイプの it は通例訳出しない。

研究

2 **but** (there does) **not** (have to be) **so much** (detail) [**that it leaves out the audience**] 「それ（物語）は鑑賞者を締め出すほど多くの細部がある必要はない」　not so much that *A does*「Aが…するほど多くではない」における that 節は程度を表す副詞節。直前の文の構造を参照して，削除された要素を復元する。it は but 前の the narrative を指す。

3 for readers, listeners, and viewers to fill in the gaps with their imagination は room の内容を示す to 不定詞句。room for *A* to *do* は「Aが…する余地」を表す。

訳例

1 それゆえ，効果的な話はこれを消費する人に余地を常に残している。**2** 物語を納得のいくものにするには細かな点が十分になくてはならないが，鑑賞者を締め出すほどにではない。**3** 効果的な小説や音楽，そして美術とは，読者や聞き手，そしてそれを見る人が自分の創造力を使ってその隙間を埋める余地を残している。**4** あなたが意識して知っているにせよ，いないにせよ，あなたは他者との相互作用のどの一つにおいても他者に影響を及ぼしている。

16

1 Japanese literature, in spite of its beauty and richness and immediate charm, is as yet inadequately known in the West. … **2** The reasons for this neglect **are not hard to discover**. **3** The intricacies of the Japanese language **prevent all but** a handful of foreigners **from approaching** the literature in the original.

(大阪薬大)

語句 **1** literature「文学」 immediate「直接の；直観的な」 charm「魅力」 as yet「まだ，今までのところ」 inadequately「不十分に」 **2** negléct「無視，軽視」 **3** intricacy「複雑さ」 prevént「を妨げる」 a handful of「一握りの〜，少数の〜」 approach「に近づく」 the original「原語，原文」

精講 22 難易構文（tough構文）

A is **hard[difficult / easy / impossible / pleasant]** to *do*「Aは…するのが難しい［困難である／易しい／不可能である／楽しい］」のように，難易や快・不快を表す形容詞が to *do* を伴って補語の位置に現れる構文。to不定詞句内の *do* の位置には，① 他動詞，② figure out, look up toのような他動詞扱いの句動詞，③〈自動詞＋前置詞〉のいずれかが現れるがその目的語は明示されず，**主語Aがその目的語に相当**する。

本文第2文は The reasons for this neglect **are not hard to discover.**「この軽視に対する理由は見つけるのが困難ではない」が直訳。（this neglectは前文の内容を受ける承前名詞（⇒p.176））。The reasons for this neglectはdiscoverの目的語に相当する。

難易構文は第5文型にも用いられる。下の文では目的語の the problem が他動詞扱いのsolveの目的語に相当する。

₅She ᵥfound ₀the problem ₍ᵢmpossible [to ₍ᵥ'₎solve ₍ₒ'₎]．

「彼女はその問題は解くのが不可能だと思った」

精講 23 prevent *A* from *doing* // 無生物主語

「Aが…するのを妨げる（防ぐ）」の意を表し，無生物主語であることが多い。目的語である「人」を主語にした書き換えや訳し方がよく行われる。

Illness **prevented** him **from** attending the party.

≒ **As[Because]** he was ill, he could not attend the party.

≒ He couldn't attend the party **on account of[because of]** illness.

「病気が，彼がパーティーに出席するのを妨げた→病気のために彼はパーティーに出席でき

なかった」

無生物 主語の 構文例	☐ *A* keep[stop] *B* from *doing*	「AはBが…するのを妨げる［防ぐ］，*A*の せいで*B*は…することができない」
	☐ *A* make *B* do	「AはBに…させる，AのせいでBは…する」
	☐ *A* enable *B* to *do*	「AはBが…するのを可能にする，AのおかげでBはす ることができる」
	☐ *A* lead *B* to *do*	「AはBに…するよう仕向ける，AのせいでBは…する ようになる［…する気になる］」

第3文 ₛThe intricacies of the Japanese language ᵥ**prevent** ₒall but a handful of foreigners ₐdᵥ[**from** approach**ing** the literature in the original]. は，主語を『原因・理由』と見て「～のせいで」と訳し，「（目的語）は…することができない」とまとめる。「日本語が複雑なせいで，一握りの外国人を除くすべての外国人は原語でその文学に接することができない」の意。

精講 ㉔ all but ～ // nothing but ～

このbutは**「～を除いて（= except）」**の意の前置詞用法である。本文のallの他に，no, any, everyなどを含む語（句）のあとによく用いられる。

All but <u>you</u> are wrong.　「君以外は皆，間違っている」

I know **nothing but** <u>this</u>.「私はこれ以外は何も知らない」

= I know **only** this.　「私はこれしか知らない」

補足　　ただし，all but ～は「ほとんど～，～も同然」の意でも用いられる。

I am **all but** ready.「準備はほぼできている」〔= almost〕

研究

■ **Japanese literature, … , is as yet inadequately known in the West.** 「日本文学は…，まだ西洋では不十分にしか知られていない」 as yetは否定文や否定の環境で用いられ「今までのところ（…ない）」を表す。ここではinadequatelyが「十分でない」という否定の環境を作っている。

訳例

■日本文学は，その美しさと豊かさと直接的な魅力にもかかわらず，西欧ではまだ不十分にしか知られていない。（中略）■ このように軽視されている理由を見つけるのは難しくはない。■ 日本語の複雑さが，一握りの外国人を除いてすべての外国人が，原語で日本文学に近づくのを妨げているのである。

別訳　■ 日本文学は，美しく豊かで直接的な魅力があるが，西欧ではまだ十分に知られていない。■ このように西欧で読まれていない理由は容易にたどり着ける。■ 日本語が複雑なために，外国人は，一握りの人々以外は皆，原文で日本文学に接することができないのである。

17

1 I have often thought **it would** be a blessing **if** each human being **were** stricken blind and deaf for a few days at some time during his early adult life. **2** Darkness **would** make him more appreciative of sight; silence **would** teach him the joys of sound.

(*Three Days to See* by Hellen Keller, January 1933 Atlantic)

(城西大)

語句　**1** blessing「祝福, 恵み」**human being**「人間」*be* **stricken** ...「急に…になる」**blind***「目が見えない」**deaf**** [def]「耳が聞こえない」(現在では ***visually impaired**, ****hearing impaired** とすることが推奨される) **2** darkness「暗闇」**appreciative of**「～の真の価値 (ありがたさ) がわかる」**sight**「視力；視界；景色」**silence**「静寂, 無音 (状態)」**joy**「喜び」

精講 ㉕ **it** の用法〔形式主語〕

　形式主語の it は，**to 不定詞句**や **that 節**を『真主語』とする場合が多いが，**動名詞句**や，**疑問詞 / whether / if が導く節**が『真主語』になることもある。

It is a sin **to steal** even a pin.　「ピン1本でも盗むのは罪だ」

It happened **that** he was ill.　「たまたま彼は病気だった」

It's no use try**ing** again.　「もう一度やってみても無駄だ」

It doesn't matter **what** you did.「君が何をしたかは問題ではない」

It'll be a pity **if** he fails.　「彼がしくじったら気の毒だ」

　本文第1文の **it** would be a blessing **if** each human being were stricken blind and deaf「人がそれぞれ, 仮に目が見えず, 耳が聞こえなくなったとしたら, (それは) 祝福すべきことであろう」の it は形式主語で if 節が真主語。この if 節は『条件』を示す副詞節なので, it を「if 節の条件が成立する場合の状況」を示す代名詞と見なすこともできる。

精講 ㉖ 仮定法

　仮定法過去は主に if 節に用いられ, 「現在の事実に反すること, 実際にはほとんど起こる可能性のないこと」を述べる。仮定法過去の語形は, be 動詞は was / were, その他の動詞は過去形と同一である。本文第1文は仮定法過去の文である。仮定法過去完了も主に if 節に用いられ, 「過去の事実に反すること」を述べる。語形は過去完了形と同一である。帰結を表す主節には **would[could / might]** *do* や **would[could / might] have** *done* など事態の推量を表す助動詞句が現れる。

〔現在の事態・未来の事態の推量〕

☐ would *do*「…するだろう」

☐ could *do*「…することができるだろう；…する可能性がある」

☐ might *do*「…するかもしれない」

〔過去の事態・完了した事態の推量〕

☐ would have *done*「…しただろう」

☐ could have *done*「…することができただろう；…した可能性がある」

☐ might have *done*「…したかもしれない」

If he **knows** the truth, he **will tell** us.　　　　　　　〔直説法現在〕

　「(知っているかいないかわからないが) もし彼が真相を知っていれば我々に話すだろう」

If he **knew** the truth, he **would** tell us.　　　　　　　〔仮定法過去〕

　「(彼は真相を知らないが) (仮に) 彼が真相を知っていたなら我々に話すだろうに」

　第2文のDarkness **would** make him more appreciative of sight; silence **would** teach him the joys of sound.「暗闇は，目が見えることをその人にいっそうしみじみと感じさせるだろうし，静寂はその人に音の喜びを教えてくれるだろう」は，前の文の「仮に〜するとしたら」という仮定を受けているので，wouldという仮定法過去が用いられている。セミコロン（；）の前でblindになった場合の事態の推量が，セミコロンのあとでdeafになった場合の事態の推量が示される。二つのhimはいずれもeach human beingを指す。古い文献では，男女の区別がつかない「人」を表す名詞の単数形を示すのにhe／his／himが用いられた。

条件節と帰結節の時制(現在／過去)・法制（直説法／仮定法）の一致

① If I **get** rich, I **will** buy it.

　「金持ちになったらそれを買おう」

② If I **got** rich, I **would** buy it.

　「仮に金持ちになったらそれを買うのだが」

　①は可能性が五分五分のようなことについて「〜するなら」という条件を述べる場合なので，条件節は動詞の現在形，帰結節は助動詞の現在形will *do* を用いる。

　②は実現の可能性がない（またはほとんどない）ことについて「仮に〜するなら」という仮定を述べる場合で，条件節に仮定法過去を用い，帰結節に助動詞の仮定法過去would *do* を用いる。

訳例　**1** 私は，誰もが若いころのいつか，2，3日の間は目が見えず耳が聞こえなくなれば，祝福すべきことであろうと思ったことがよくある。**2** 暗闇が，目が見えることのありがたさをいっそうしみじみと味わえるようにしてくれるだろうし，静寂が音の喜びを教えてくれることだろう。

1 **If it were not for** books, each generation **would** have to rediscover for itself the truths of the past. **2** But books give us a permanent, accurate record of what others have thought about the very problems that face us now. **3** Those books which have made a lasting contribution to man's quest for truth, we call great books.

（神戸市外語大）

語句 **1** generation「世代」rediscóver「を再発見する，を改めて発見する」for *oneself*「自分で」truths「（複数形で）立証された事実，真理」**2** permanent「永遠の」áccurate「正確な」récord「記録」face「（人）に立ちはだかる」**3** lasting「永続的な」contribution to「〜への貢献」quest for「〜の探究」（= search）

精講 27 if it was[were] not for 〜; if it had not been for 〜

　if it was[were] not for 〜は「現在」の事実と反対の仮定，if it had not been for 〜は「過去」の事実と反対の仮定を表し，「〜がなければ」「〜がなかったならば」の意。これらの条件節は，いずれも，**without 〜，but for 〜** を用いて表すこともできる。

　　If it was[were] not for your help, he would fail.
　　〔= **Without** your help, … / **But for** your help, … / **If** you **did** not help him, …〕
　　「君の援助がなければ彼は失敗するだろう」
　　If it had not been for her advice, he would have failed.
　　〔= **Without** her advice, … / **But for** her advice, … / **If** she **had** not **advised** him, …〕
　　「彼女の助言がなかったなら彼は失敗していただろう」

それぞれ if が省略されれば Were it not for your help, … / Had it not been for her advice, … という倒置形になる（was の場合は Was it not for にならない）。

　本文第1文 **If it were not for** books, … each generation **would** have to rediscover for itself the truths of the past.「本がなければ，…各世代は自分で過去の真理を再発見しなければならないだろう」は条件節が仮定法過去 were を用いて「現在の事実に反する事柄の仮定」を表し，帰結節（主節）が仮定法過去 would *do*「…するだろう」を用いて「現在の事態の推量」を表している。

---

　was[were] to *do*

　　if A was[were] to *do* は仮定条件を示す副詞節で，「A が仮に…するならば，A が…するようなことがあれば」を表す。*do* の位置に be 動詞や know などの状態動詞は現れない。

If a nuclear war **were to** break out, humankind would perish.

「仮に核戦争が起こるようなことがあれば，人類は滅亡するだろう」

次のように，ifが省略されて**were**が主語の前に出る**倒置形**〈were＋主語＋to不定詞〉が生じることがある。

Were I to die, who would look after my children?

「仮に私が死んだとしたら，誰が私の子供たちの面倒を見てくれるのだろう」

研究

■ **each generation would have to rediscover for itself the truths of the past**

for itselfのitselfは前方のeach generationを指す。for *oneself* ＝ (all) by *oneself*。

■ **a permanent, accurate record of [what others have thought [about the very problems [that face us now]]]** 「今日私たちに立ちはだかるまさにその問題について他の人々が考えたことの，永続的で正確な記録」 a record of *A*は「Aについての記録」を表す。〈the very＋名詞〉におけるveryは名詞を前から修飾する形容詞で，「まさにその〜」を意味する強意語である。

He is **the very man** for the post.

「彼こそその仕事の適任者だ→彼はその地位にまさにうってつけの人物だ」

The tropical rainforests in the Amazon Basin are being destroyed at **this very moment**.

「アマゾン川流域の熱帯雨林はまさにこの瞬間にも破壊されている」

▶ 〈this[that] very＋名詞〉の用法もある。

■ ₀**Those books which ...,** ₛ**we** ᵥ**call** ᴄ**great books.** 「(人類の真理探究に対して永続的な貢献をしてきた)書物を私たちは偉大な書物と呼ぶ」 この文は動詞callの目的語 (those books which ... truth) を文頭に移動し，文の話題にしている (⇒p.96)。Those books which ... におけるThoseの指示内容はwhich ... で示されるので，「…するそれらの本」と訳す必要はない。

訳例 ■ 書物がなければ，それぞれの世代は過去の真理を自分で再発見しなければならないだろう。■ しかし書物は，今日まさに我々が直面している諸問題について他の人々が考えたことの，永続的で正確な記録を我々に与えてくれる。■ 人間の真理探究に対して不朽の貢献をしてきた書物を，我々は偉大な書物と呼ぶのである。

19

1 Psychologists in the US have found **that** people consume less food when they can hear themselves eating. **2** They believe the effect to be so powerful that even simply telling somebody **that** they are eating a crunchy snack makes them eat less. **3** In a considerable boon to those who cannot get through a packet of crisps without making the noise of a small gunfight, experiments show **that the more** people concentrate on the noise of their meal, **the more intense** they think the flavours are and **the less** they eat.

(早稲田大)

語句 **1** psychologist「心理学者」find that ...「…であることを発見する」consume「を摂取する，を食べる」hear *A doing*「Aが…しているのが聞こえる」**2** believe *A* to be *B*「AがBであると思う」effect「効果」simply「単に，…だけ」tell *A* that ...「A（人）に…と伝える」crunchy「パリパリと音のする」**3** considerable「かなりの，相当な」boon to「～にとっての恩恵」cannot *do A* without *doing B*「Aすれば必ずBする」get through「（飲食物）を平らげる」packet「小袋」crisp「（通例～s）ポテトチップス」make the noise of「～の音を立てる」gunfight「銃撃戦」show that ...「…ことを示す」concentrate on「～に集中する」intense「強烈な」flavour英（=米flavor）「味，風味」

精講 28 that の用法（名詞節を導く場合）

that が接続詞として名詞節を導く用法としては次のような場合がある。

① **That** he will succeed is certain.　　　　〔主語になる〕
「彼が成功するということは確実だ」

② No one believes **that** he won.　　　　〔目的語になる〕
「彼が勝ったということを誰も信じない」

③ The problem is **that** he is lazy.　　　　〔補語になる〕
「問題は彼が怠け者だということだ」

④ She ignored the fact **that** he was ill.　　　　〔同格〕
「彼女は彼が病気であるという事実を無視した」

⑤ I am sure **that** she will win the game.　　　〔形容詞の補部として働く〕
「彼女が試合に勝つと私は確信している」

▶①は実際には，形式主語it ～ that の形が多い。④のように，that が導く「同格の名詞節」は前の名詞（この文では fact）の内容を表し，「～という」と訳される。⑤の that については文法編の18ページも参照。

　本文第1文の that 節は have found の目的語で，第2文の二つ目の that 節は telling の直接目的語。本文第3文では **that** the more people ... the less they eat は show

の目的語，(that) the flavours are は think の目的語。

精講 29 the＋比較級〜，the＋比較級…

「〜すればするほど，ますます（それだけいっそう）…」の意を表し，コンマの前が従属節，**コンマのあとが主節**である。be動詞などが省略されることもある。

The more we learn, **the better** we realize our ignorance.

「学べば学ぶほど，自分が無知であることがますますよくわかる」

従属節または主節がandで結ばれて二つ並ぶこともある。

The more you look, **the more** you will see, and **the more** interesting they will become.　　　　　　〔従属節，主節and主節の構造〕

「見れば見るほど，それだけ多くわかり，また興味も増してくる」

本文第 3 文 [従節**the more** people concentrate on the noise of their meal (　　)], [主節①**the more intense** they think [the flavours are (　　)]] and [主節②**the less** they eat (　　)] の the more は従属節内の副詞的要素の位置から節の頭位に移動している。the more intense は主節①内で think の目的語として働く that 節（that は省略されている）の補語の位置から，the less は主節②内の副詞的要素の位置から節の先頭に移動している。

研究

2 They believe the effect to be so powerful that ₛ″[**even simply telling somebody that …**] ᵥ″**makes** ₒ″**them** ｃ″**eat less.**
so powerful の直後にある一つ目の that 節は『結果』または『程度』を示す副詞節。

3 In a considerable boon to those who … gunfight, 「…人々にとってかなりの恩恵となることだが，」　この長い前置詞句は experiments show の目的語として働く that 節の内容に対する，話し手の評価を表す。in は『状態』を表す。

3 cannot get through a packet of crisps without making the noise of a small gunfight 「小規模な銃撃戦さながらの音を立てることなしにポテトチップスを一袋平らげることができない→ポテトチップスを一袋平らげれば必ず小規模な銃撃戦さながらの音を立ててしまう」　without making the noise of a small gunfight は get through が導く動詞句の中の副詞的要素。cannot はその動詞句全体を否定する。

訳例

1 アメリカの心理学者たちは，人は自分の食べる音が聞こえると，口にする食べ物の量が少なくなることを発見した。**2** その学者たちはこの効果が非常に大きいので，誰かがパリパリ音のする物を食べていることを本人に単に伝えるだけで，その人の食べる量を減らしてしまうと考えている。**3** ポテトチップスを一袋平らげれば必ず小規模な銃撃戦さながらの音を立ててしまう人々にとっては大きな恩恵であるが，実験では，人は食べ物の立てる音に集中すればするほど味の印象がいっそう強くなると思い，食べる量が少なくなることがわかっている。

20

■ The people of a country have to be ready for democracy **in order to** make it work. ■ They must be educated enough **so that** they will make a wise choice and will not be deceived by dishonest politicians. ■ They also must work for democracy, keeping themselves informed of important issues and exercising their right to vote **so that** they will keep effective control of government.

(東京理科大)

語句 ■ the people「国民」 *be* ready for「～の準備（心構え）ができている」in order to *do*「…するために」 ■ choice「選択」deceive「をだます」politícian「政治家」 ■ informed of「～についてよく知っている，～に通じている」issue「問題」exercise「を行使する」right to vote「選挙権」effective「効果的な」contról「制御」government「政治；政府」

精講 ③0 in order to *do* // in order that … // so that …

in order to *do* や so that … は「**…するために**」という『**目的**』の意味を表す。例えば次の文はいずれも「彼は間に合うようにタクシーに乗った」を表し，①は不定詞を用いた単文で，②は『目的を表す副詞節』を含む複文である。

　① He took a taxi **in order to** [**so as to**] get there in time.

　▶ He took a taxi to get there in time. よりも『目的』の意味が明確になる。

　② He took a taxi **so that** [**in order that**] he **could** [might / would / should] get there in time.　　　　　▶ might はやや文語的。

本文第1文 **in order to** make it (= democracy) work「それを有効に作用させるためには [は] ／それを効果的に機能させるためには [は]」と同様の意味を複文で表すと次のようになる。

　… **in order that** [so that] they (= the people) can [will] make it work

本文第3文 **so that** they will keep effective control of government「政治を効果的に制御し続けることができるように」も同様に『目的』を表す。ここでは keeping themselves informed of important issues と exercising their right to vote の両方を修飾すると考えるのがよい。

その他の so that … (that は省略されることもある) (⇒ p.80)

①so that の前にコンマがあれば，ふつう，『結果』を表す。

　The typhoon was approaching, so (that) the final game was postponed.

「台風が近づいていたので決勝戦は延期になった」

② so 〜 (that) ... は『結果』『程度』などを表す。(⇒ p.73)

This book shelf is so heavy (that) you cannot move it by yourself.

「この本棚は重くてあなた1人では動かせない」

程度を表す so that

本文第2文 They (= The people of a country) must be educated <u>enough</u> **so that** they will make a wise choice and will not be deceived by dishonest politicians. は「国民は賢明な選択をし，また不誠実な政治家にだまされないよう<u>十分に教育を受けていなければならない</u>」。この enough so that ... は『程度』を表す副詞的要素で educated を修飾する。下のように表すこともできる。

... must be educated **enough to** make a wise choice and not to be deceived by dishonest politicians

「賢明な選択をなし，不誠実な政治家にだまされないだけの教育を受けて」

> 補足　主に囲用法として so 〜 that ... の代わりに，〜 enough (so) that ...「…するほど十分に〜」が用いられることもある。
>
> He is smart **enough (so) that** he can make the right move when something unexpected happens.
>
> 「彼は予期せぬことが起こったとき正しい行動をとれるほど十分に賢い」

研究

❷ so that they ❶will make a wise choice and ❷will not be deceived by dishonest politicians

so that 節内における動詞句の等位接続に注意。この they を含め，本文中の they / their は The people of a country を指す。

❸ keeping themselves informed of important issues and exercising their right to vote so that ...　「…するように，自分自身に重要な問題についての知識を持たせておき，選挙権を行使して」　keep A done は「Aを…された状態にしておく」を表す。この keeping ... issues と exercising ... vote は『付帯状況』を表す分詞構文で，主節の動詞句（ここでは work for democracy）が示す行為と同時に行われる行為を示す。

訳例　❶ 一国の国民は，民主主義を有効に作用させるためには，民主主義を成り立たせるための準備ができていなければならない。❷ 国民は，賢明な選択を行うことができ，不正直な政治家たちにだまされないために，十分な教育を受けていなければならない。❸ 国民はまた，政治を効果的に制御することができるように，重要な問題についてよく知り，選挙権を行使して，民主主義のために努力しなければならない。

21

1 According to the literature in the field of education, it is not a good idea for teachers to simply tell their students in a top-down manner what problems they **are to study**. **2** Instead, students and teachers need to collaborate with each other, use their creativity, and come up with "ill formed" problems — fuzzy problems — that can start the research process. **3 As** the work and communication continues, it is hoped, the problems with the field will become clearer, **as** will promising ideas and pathways towards possible solutions.

（九州大）

語句 **1** literature「文献」field「分野，領域」simply「単に」in a 〜 manner「〜な方法で」top-down「トップダウンの，上意下達式の」**2** instead 圖「その代わりに」collaborate with「〜と協働する，〜と協力して働く」creativity「創造力，独創力」come up with「（考えなど）を思いつく，を提案する」ill-formed「整っていない，まずい作られ方の」fuzzy「不明瞭な，はっきりしない」process「過程」**3** promising「有望な，将来性のある」pathway「方針，道」possible「妥当な；あり得る」solution「解決策，解決法」

精講 31 be to do

本文第1文の what problems they **are to study** で用いられている助動詞の一種である be to (do) は種々の意味を持つ。文脈により，次のような意味を区別する。

① The President **is to** visit England next year. 〔(公式の) 予定〕
「大統領は来年，訪英することになっている」

② They **were** never **to** meet again. 〔運命〕
「その人たちは二度と会えない運命にあった」

③ You **are** not **to** neglect your duty. 〔義務・命令〕
「義務を怠ってはならない」〔= should〕

④ The wisdom of the ages **is to** be found in books. 〔可能〕
「古今の英知が書物に見いだされる」〔= can〕
▶ 〔可能〕の意味は be to be *done*「…され得る」の形で示されることが多い。

⑤ If you **are to** succeed, you must work hard. 〔目的〕
「成功するためには，勤勉でなければならない」
▶ ⑤は if 節中で用いられる場合で，「…しようと思うならば」と訳してもよい。

本文第1文の it is not a good idea for teachers to simply tell their students in a top-down manner <u>what problems they **are to study**</u>「教師が学生に，単にトッ

プダウン方式で，どの問題を研究すべきかを伝えるのはいい考えではない」は上記③の「義務・命令」に当たる。この場合，are to は should に置き換えられる。

精講 32 as の用法

接続詞としての as は『理由』「…ので」，『時』「…しながら」，『比例』「…するにつれて」，『様態』「…のように」などを表す。第3文の **As** the work and communication continues，「この作業と意思の疎通が続くにつれて」は『比例』を表す。

『様態』を表す as 節は，①**動詞を修飾する副詞的な働き**をする場合と，②**名詞を修飾する形容詞的な働き**をする場合とがある。

① Try to see things **as they really are**.　　　　　〔動詞を修飾〕
「物事を**あるがままに**見るようにしなさい」

The writer does not always present life **as it is**.　　〔動詞を修飾〕
「作家は必ずしも人生を**あるがままに**描くとは限らない」

② Life **as it is** is very uninteresting to him.　　　　〔名詞を修飾〕
「**あるがままの**人生は彼にとっては非常に退屈なものだ」

この『様態』を表す as 節が〈主語＋助動詞［be 動詞］〉のみから成る場合，as does A，as is A，as will A などのように主語と助動詞［be 動詞］の倒置が生じる。本文第3文の二つ目の as は，as will A のタイプ。**as** promising ideas and pathways towards possible solutions **will** become clearer「妥当な解決策に向けての有望な考えや道筋が明らかになるであろうように」が元の構造である。

研究　**2** students and teachers need to [**❶collaborate with each other**，**❷use their creativity, and** **❸come up with "ill formed" problems … process**]「学生と教師は**❶**互いに協力し合い，**❷**自らの創造力を使って，**❸**…未整理の問題を提案する必要がある」（need）to のあとに三つの動詞句が等位接続される。

3 第3文のなかほどにある it is hoped は挿入節で，仮s it v is hoped 真s [that as the work and communication continues, the problems … solutions] と同様の意味を表す。

訳例　**1** 教育分野における文献によれば，教師が学生に，単にトップダウン方式で，どの問題を研究すべきかを伝えるというのはよい考えではない。**2** その代わりに，学生と教師は互いに協力し合い，自らの創造力を使って，研究過程の端緒となり得る「未整理の」問題つまり不明瞭な問題を提案する必要がある。**3** この作業と意思の疎通が続くにつれて，この分野での問題がいっそう明らかになり，同様に妥当な解決策に向けての有望な考えや道筋が明らかになることが期待される。

71

What you have to learn **if** you are to be a good citizen of the world is **that**, **though** you will certainly dislike many of your neighbours, and differ from some of them so strongly **that** you could not possibly live in the same house with them, that does not give you the smallest right to injure them or even to be personally uncivil to them.

(中央大)

語句 **citizen**「市民」 **certainly**「確かに, きっと」 **dislike**「を嫌う, を好かない」 **neighbour**圏 (＝米**neighbor**)「隣人」 **differ from**「～と異なる, ～と違っている」 **can[could] not possibly do**「とうてい…することができない［できそうにない］」 **right to do**「…する権利」 **injure**「を傷つける, を害する」 **even**「～さえも」 **personally**「個人的に」 **uncivil**「失礼な」

精講 ㉝ 『節』を多く含む構文

節には名詞節・副詞節・形容詞節の3種があるが，次の文には二つの名詞節（《❶》，《❸》）と三つの副詞節（[❷]，[❹]，[❺]）が含まれている。

《❶**What** you have to learn [❷**if** you are to be a good citizen of the world]》 is《❸**that**, [❹**though** you will certainly dislike many of your neighbours, and differ from some of them so strongly [❺**that** you could not possibly live in the same house with them]]，that does not give you the smallest right … them.》

文全体はS（❶学ばなければならないことは）＋V（is「である」）＋C（❸［たとえ…としても］そのことがあなたに～する権利を与えないということ）である。それぞれの節の働きは以下のとおり：

❶ 関係代名詞Whatが導く名詞節（文の主語）

❷ What節内の『条件』の副詞節（have to learnを修飾。「よい市民になることを望むなら」）

❸ 接続詞thatが導く名詞節（What … isの補語。二つの副詞節❹・❺を含む）

❹ 『譲歩』の副詞節（that does not give you … themを修飾。「たとえ…嫌いになり，…と異なるとしても」）

❺（so～thatの形で）『程度』（または『結果』）の副詞節（「同じ家に住めないほど～／（～の結果）同じ家に住めない」）

研究 ■ **if you are to be a good citizen**「よい市民になろうとするならば」〈be to do〉はif節の中では「…するためには」「…しようと思うならば」の『目的』を表す（⇒p.70）。

> **人称代名詞の訳** 日本語では文脈上明らかな場合は代名詞を表さないのがふつうである。この英文のように「一般の人」を表すyou, yourなどは, 誤解を生じないという条件で訳出されないことがある。

■ s[**What ...**] v[**is**] c[**that ...**] 強調構文の一種。

What annoys me **is that** she insists on buying it.

「しゃくにさわるのは, 彼女はそれを買うといってきかないことだ」

= **It is that** she insists on buying it **that** annoys me. （ふつうの強調構文）

■ **differ from some of them so strongly** <u>that you could not possibly</u> <u>live in the same house</u> 「とても同じ家には住めないほどひどくその人たちの何人かとは異なっている」 このso 〜 that ... は「その人たちの何人かとは大きく異なるので, 同じ家には一緒にはとても住めない」のような解釈も可能（このときのthat節は『結果』を表す）。

> **仮定法のcould** このcould not possibly liveのcouldは, 直説法の過去ではなく『仮定法過去』であって,「できなかった」ではなく,「（しようとしても）できないだろう」の意を表す（⇒p.62）。
>
> I'm so hungry that I could eat the whole thing.
>
> 「私は丸ごと食べられるくらいおなかが空いている」

■ **that does not give you the smallest right** 「そのことはあなたに最小の権利すら与えない→だからといってあなたは少しの権利も与えられはしない」 このthatは指示代名詞で, その前のthough節の内容を指す。

最上級はevenの意を含むことがある。(the smallest right = **even** the smallest right)

The richest man in the world cannot buy happiness.

「世界一の金持ちでも幸せを買うことはできない」

■ **the smallest right** [**to injure them**] or [**even to be personally uncivil to them**] 「彼らを傷つける権利はもとより, 彼らに対し個人的に不作法な振る舞いをする権利さえいささかも…ない」 等位接続された二つのto不定詞句はrightの内容を示す。

> **訳例** この世界でよき市民となりたいのなら, 学ばなければならないことは, たとえきっと隣人の多くを好きになることができず, そのある人たちとはとうてい一つ屋根の下に住むことができないほど大きく違っていても, だからといって, その人たちを傷つける, いやその人たちに失礼な態度をとる権利さえも, 少しも与えられることにはならないということである。

23

The failure of the average man is due, **not** to lack of ability, **but** to lack of ability to concentrate, to expend all his energy in the cultivation of one marked talent, instead of scattering his efforts on four or five possibilities.

（山口大）

語句 failure「失敗」áverage「平均的な，ふつうの」man「人間」（性差の観点からふつうは person や human being などが使われる）due to「〜による，〜のために」lack「欠如，不足」ability 「能力」cóncentrate「注力する，専念する」expend「を費やす，を使う」énergy「精力，エネルギー」cultivation「養成」marked「目立った，顕著な」talent「才能」instead of「〜の代わりに，〜しないで」scatter *A* on *B*「A を B にまき散らす〔A を分散させる〕」effort「努力」possibility 「可能性」

精講 ㉞ not *A* but *B*

「A ではなく B」の意を表す。A と B には文法的・意味的に等価の語句を用いるのが原則。

He is **not** ^Awise **but** ^Bclever. 〔A と B は形容詞〕
「彼は賢明なのではなく利口なのだ」

Happiness does **not** lie ^Ain happiness **but** ^Bin the achievement of it. ── Dostoevski 〔A と B は副詞的前置詞句〕
「幸せは幸せにあるのではなく，幸せをつくり出すことにある」―ドストエフスキー

本文 The failure of the average man is due, **not** ^Ato lack of ability, **but** ^Bto lack of ability to concentrate は次のように言い換えられる。

The average man fails **not** ^Abecause he lacks ability **but** ^Bbecause he lacks ability to concentrate.
「ふつうの人は能力が足りないからではなく，集中力が足りないために失敗する」

補足 not *A* but *B* の関係は "*B* (and) not *A*" の形で表されることもある。
It is justice, **and not** might, that wins in the end.
(≒ It is **not** might **but** justice that wins in the end.)
「最後に勝つのは正義であって力ではない／最後に勝つのは力ではなく正義である」

研究 ■ **The failure ... is due, not to lack of ability, but to lack of ability to concentrate** 「失敗は能力の不足によるのではなく，専念する能力の不足による」 due to 〜は『原因・理由』を表す。①本文のように，補語として

be動詞の後ろに現れる場合と，②副詞的に働く前置詞句として用いられる場合がある。

① ~~s~~His absence ~~v~~is ~~c~~**due to** illness.

　　「彼の欠席は病気による」

② ~~s~~He ~~v~~is ~~c~~absent ~~adv~~**due to** illness.

　　「彼は病気のために欠席している」

　　~~adv~~**Due to** ~~(s')~~our school ~~(v')~~being ~~(c')~~closed, ~~s~~we ~~v~~study ~~adv~~online ~~adv~~at home.

　　「学校が閉鎖されているので，私たちは家でオンラインで勉強している」

補足　②の due toの類似表現に because of, owing to, on account ofがある。

■ **to expend all his energy in the cultivation of one marked talent**
「一つの傑出した才能を育てることに全精力を費やす」 to expend … talentはto concentrateと並置されてabilityの内容を示す。直前の to concentrateを具体的に言い換えたもの。cultivation ofのofは『目的格関係』を表し（⇒p.107),「～の養成＝～を育てること」の意味。in the cultivation of ～ = in cultivating ～ 。

■ **instead of scattering his efforts on four or five possibilities** 「四つや五つの可能性に自分の努力を分散する（のではなく，その）代わりに」 *do A* instead of *doing B*「BするかわりにAする」における *do A* と *doing B* は互いに選択的な動作で，「Bすることは選択せず，Aすることを選択する」を意味する。

　　On Mondays, she works remotely instead of working at the office.

　　　「月曜日に彼女は会社で働く代わりにリモートで仕事をする」

　　また一般に *A*(…) instead of *B*「B（ではなくそ）の代わりにA（…）」は，Bを選択せずAを選択することを示す。A, Bには名詞（句）の他に前置詞句・副詞・形容詞・動名詞句などが用いられる。

　　For lunch, he usually eats fast food instead of a proper meal.

　　　「彼はたいてい昼食に，ちゃんとした食事の代わりにファストフードを食べる」

　　She wrote a letter with a fountain pen instead of (with) a ballpoint pen.

　　　「彼女はボールペンではなく代わりに万年筆を使って手紙を書いた」

訳例　ふつうの人間の失敗は，能力の不足によるのではなく，専念する能力，すなわち，四つも五つもの可能性に自分の努力を分散しないで，一つの著しい才能を伸ばすことに全精力を費やす能力の不足によるものである。

　　　別訳　ふつうの人間が失敗するのは，能力が足りないためではなく，自分の努力をいくつかの可能性に分散しないで，一つの際立った才能を育てることにエネルギーのすべてを費やすという，集中力が足りないためなのである。

> **1** If your friend **reminds** you kindly **of** your faults, take what he says **not only** pleasantly, **but** thankfully. **2** **Few** treasures are worth as much as a friend who is wise and helpful. **3** Such a one alone can **remind** us **of** our faults.
>
> （実践女子大）

語句 **1** remind「に思い出させる」 fault「欠点，短所」 take「（忠告・申し出）を受け入れる」 pleasantly「快く」 thankfully「感謝して」 **2** treasure「宝物」 be worth「〜の値打ちがある」 helpful「役に立つ」 **3** alone「〜だけ」

精講 35 remind *A* of *B*

「A（人）にBを思い出させる」を表す。「（人が）〜を思い出す」という意味を表す remember（recall, recollect）などと用法を区別する。

　　The girl **reminds** me **of** her mother.

　　　「その少女は私に彼女の母親を思い出させる」

　　When I see the girl, I remember her mother.

　　　「その少女を見ると，私は彼女の母親を思い出す」

　本文の If your friend **reminds** ^A you kindly **of** ^B your faults は「あなたの友人が親切にも ^A あなたに ^B あなたの欠点を思い出させるなら」を表す。

　〈動詞＋人＋ of〉の形をとるものとしては他に，**inform *A* of *B***「A（人）にBを知らせる」，**notify *A* of *B***「A（人）にBを通知する」，**warn *A* of *B***「A（人）にBを警告する」などがある。

精講 36 not only *A* but (also) *B*

「AばかりでなくBもまた」の意であるが，not only の代わりに not merely を，but (also) の代わりに but ... as well[too] のような形を用いることもある。

　「それはおもしろいばかりでなく，ためにもなる」という内容は次のような形で表すことができる。

　　It is **not only**[merely / simply] interesting **but also** instructive.

　　It is **both**[at once] interesting **and** instructive.

　　It is instructive **as well as** interesting.

　　Besides being interesting, it is instructive.

　not only *A* but (also) *B* = *B* as well as *A*「AだけでなくBも」では，Bのほうに重点がある。Bが主語になる場合，述語動詞はBの人称・数（単数／複数）に一致する。

Not only <u>my father</u> but also **you** [**You** as well as <u>my father</u>] **are** against my plan.

「父だけでなくあなたもまた私の計画に反対している」

本文第1文の _vtake _owhat he says **not only** _{adv}pleasantly, **but** _{adv}**thankfully**「その友人の言うことを，<u>快く</u>，だけでなくまた，<u>感謝して</u>，受け取りなさい」は命令文で，自分の欠点に関する友人の指摘の受け止め方を指示する。

精講 37 few〔数量形容詞〕

「ほとんどない」を表す形容詞は**few**（**可算名詞を修飾**）と**little**（**不可算名詞を修飾**）がある。fewとa few，littleとa littleの区別に注意。

She has **few** <u>jewels</u> and **little** <u>interest</u> in having jewelry.

「彼女はほとんど宝石を持っていないし装身具を持つことにほとんど<u>興味がない</u>」〔否定〕

There are only **a few** <u>things</u> to be done.「やることはあと少しだけだ」〔肯定〕

They sill have **a little** <u>hope</u> for his return.

「彼らは彼の帰還へまだ少し希望を持っている」〔肯定〕

fewとlittleを用いた重要表現には次のようなものがある。

She has **quite a few** <u>friends</u>.「彼女には<u>友だちがかなりいる</u>」

〔quite a few「かなり多数の」，quite a little「かなり多量の」〕

He spent **not a little** <u>time</u> studying mathematics.

「彼は数学の勉強にかなりの時間を費やした」

補足　fewとlittleの反意語はそれぞれmanyとmuchだが，両者とも肯定文で用いられることは少なく，特にmuchは肯定文での許容度が低い。

She has **much** money. →非文ではないが，I don't think she has much money.のように否定構造で用いられるのが適格である。

本文第2文は次のように考える：**Few** treasures are [worth [as much as a friend]]

「[[友人と同じくらい] 価値のある] 宝は**ほとんどない**」

研究　**3 Such a one alone can remind us of our faults.** 「このような友人だけが私たちに私たちの欠点を思い出させてくれることができる」　このone は friend を表す代名詞。alone は直前の Such a one に焦点を当てて強調する副詞。同じ「～だけ」の意を表す only は直後の名詞（句）に焦点を当てて強調する。

You **alone** can do this. / **Only** you can do this.「これができるのは君だけだ」

訳例　**1** あなたの友人が親切にもあなたに自分の欠点を気づかせてくれるならば，その言葉を快く，そしてまた感謝して受け入れなさい。**2** 賢明で助けになってくれる友人ほど価値のある宝はほとんどない。**3** そのような友人だけが私たちに自分の欠点を気づかせてくれることができるのだ。

25

法曹界（裁判官，検察官，弁護士などが活動する社会）の新人の若者について述べた文章の一節。

1 Small wonder that ambitious, imaginative youths crowd the profession of law. **2** Here, they feel, they **themselves** will find the opportunity to play a real part in the comedies **as well as** the tragedies of life. **3** Everyone, no matter how small his chance may be, tries to hold the centre of some stage where the multitudes will scan his every move. **4** To most lads it seems **as though** the courts were organized to furnish them a chance to bask in the public eye.

(中央大)

語句 **1** **(it is) small wonder that ...**「…は少しも不思議ではない」**ambitious**「野心的な」**imaginative**「想像力豊かな」**crowd**「に群がる」**profession**「職業，専門職」**2** **opportunity to *do***「…する機会」**play a ~ part in ...**「…において～な役割を果たす」**comedy**「喜劇（的な状況）」**tragedy**「悲劇（的な状況）」**3** **chance**「可能性，見込み」**hold**「をつかむ」**centre**英（＝米**center**）「中央」**stage**「（活動の）舞台」**the multitude(s)**「大衆，群衆」**scan**「を真剣に見る」**move**「動き」**4** **lad**「若者，青年」**court**「法廷」**organize**「を組織する，を編成する」**furnish *A* (with) *B***「*A*に*B*を与える［供給する］」**chance to *do***「…する機会」**bask in**「～に浸る，～に浴する」**public eye**「世間の目，大衆の注目」

精講 ③⑧ 再帰代名詞

再帰代名詞は人称代名詞の目的格または所有格の形に -self, -selves を加えたものである。1人称〔myself, ourselves〕2人称〔yourself, yourselves〕3人称〔himself, herself, itself, oneself, themselves〕の9種があり，以下の三つの用法がある。

①**再帰動詞（再帰代名詞しか目的語として取り得ない他動詞）の目的語として**

　　pride *oneself* on　「～を自慢する」　absent *oneself* from　「～を欠席する」

②**再帰動詞以外の他動詞や前置詞の目的語として**

　　Mary saw **herself** in the mirror.　　　「メアリーは鏡に映った自分を見た」
　　He is always talking about **himself**.　「彼はいつも自分のことばかり話す」
　　He lived by **himself**.　　　　　　　　「彼は1人で住んでいた」
　　She did everything for **herself**.　　　「彼女は自分で何でもした」

③**強意用法として**

主語・目的語・補語として働く語と同格的に用いられて，その語を強調する。

　　I showed Jack the photo **myself**.　「私自身がジャックに写真を見せた」
　　I showed Jack **himself** the photo.「私はジャックその人に写真を見せた」

本文第2文の themselves は強意用法で，they **themselves** will find the

opportunity to *do* は「若者たち自身が…する機会を見いだすだろう」を表す。

精講 39　*A* as well as *B*

「BだけでなくAも，Bと同時にAも」の意を表す。ふつう，Aに当たる要素に焦点があり，not only *B* but also *A* の表現とは焦点の提示順序が逆になる（⇒ p.76）。

本文第2文 the opportunity to play a real part in **ᴬthe comedies (of life) as well as ᴮ** the tragedies of life は「人生の **ᴮ**悲劇のみならず **ᴬ**喜劇においても現実の役割を果たす機会」。この of life は comedies と tragedies の両方にかかる。

精講 40　as though // as if

as though = as if は「まるで…かのように」を表す接続詞で，節内には直説法・仮定法のどちらも用いられる。また，look「…に見える」seem「…に思える」sound「…に聞こえる」の後ろによく現れる。

He speaks **as though** he was[were] not to blame.　　　〔仮定法〕
　「彼は自分には非がないかのような口ぶりだ」

It looks **as though** he is accustomed to editing books.　　〔直説法〕
　「彼は本の編集に慣れているように見える」

She looked **as though** she hadn't got enough sleep.　　　〔仮定法〕
　「彼女は十分眠れなかったように見えた」

本文第4文 it seems **as though** the courts were organized to furnish them a chance ... の were は仮定法過去。「まるで…という機会を自分に与えるために組織されているかのように思える」の意で，事実とは異なる事柄が as though 節内で述べられる。

研究

❶ Small wonder that ...　「…は少しも不思議ではない」(it is) no [little] wonder (that) ... と同意表現。it is (quite / only) natural that ...「…は（ごく）当然である」や it is not surprising (that) ...「…は驚くに当たらない」と言い換えられる。

❸ no matter how small his chance may be　「自分がそうする見込みがどんなにわずかであろうと」 no matter *wh-* を用いた譲歩節。his chance = his chance of holding the centre of some stage。

訳例　❶大志を抱く想像力豊かな大勢の若者たちが，法律という職業に押し寄せるのは少しも不思議なことではない。❷この分野では，自分自身が人生の悲劇のみならず喜劇においても現実の役を演じる機会を見いだすものと，彼らは感じている。❸誰もが，その見込みはどんなにわずかであろうと，大勢の人たちが自分の一挙一動を見守ることになる舞台の中央を占めようとする。❹大半の若者にとってそれはまるで法廷が自分に，大衆の注目に浴する機会を与えるために組織されているかのように思える。

26

1 Some restaurants use what researchers call decoys. **2** For example, they may place a really expensive item at the top of the menu, **so that** other dishes look more reasonably priced; research shows that diners tend to order **neither** the most **nor** least expensive items, drifting toward the middle. **3** Or restaurants might play up a profitable dish by using more appetizing adjectives and placing it next to a less profitable dish with less description **so** the contrast attracts the diner to order the profitable dish.

(立教大)

語句 **1** researcher「研究者, 調査者」call *A B*「A（人・物）を B（呼称）と呼ぶ」decoy [díːkɔɪ]「おとり（になる人［もの］）」**2** place「（場所を表す副詞句を伴い）を置く, を配置する」item「品目」at the top of「～の（一番）上に」dish「料理」reasonably priced「手ごろな値段の」research「（通例不可算名詞）研究, 調査」diner「食事をする人」tend to *do*「…する傾向がある」drift toward「（次第に）～へと移っていく, いつの間にか～になる」**3** play up「～を強調する, ～を誇張する」profitable「利益になる, もうかる」appetizing「食欲をそそる」adjective「形容詞」description「（言葉による）説明, 記述」contrast「対照, 対比」attract「を引き寄せる」

精講 41 neither *A* nor *B* // both *A* and *B*

「A も B も（両方とも）」の意を表す both *A* and *B* に対して, neither *A* nor *B* は「A も B も（両方とも）…ない」を表す相関語句（⇒ p.172）。A と B には原則として**文法的に等価**の要素が現れる。

She likes **neither** ᴬShakespeare's plays **nor** ᴮDickens's novels.
「彼女はシェークスピアの戯曲もディケンズの小説も好きではない」〔A・B＝名詞句〕
I **neither** ᴬplay tennis **nor** ᴮwatch tennis matches.
「私はテニスをしないし, テニスの試合を見ることもない」〔A・B＝動詞句〕

本文第 2 文 diners tend to order **neither** the ᴬmost **nor** ᴮleast expensive items は「食事をする人は最も高価な料理品目も最も安価な料理品目も注文しない傾向がある」。most と least が nor により等位接続され expensive を限定している。

精講 42 so that ... ; so ...

so that ... は①『目的』「…するために, …するように」を表す場合（⇒ p.68）と, ②『結果』「その結果…, それで…」を表す場合がある。

80

①**目的** 通例that節内に**will / would，can / could，may / might**が用いられる。動詞の現在形が用いられることもある。通例so that ... の前にコンマは置かれない。略式ではthatが省略される。

He stepped aside **so that** she <u>could</u> get out of the elevator.
「彼女がエレベーターから降りることができるように彼はわきへ寄った」

②**結果** 通例so thatの前に**コンマ**が置かれる。コンマのない場合は『目的』を表すともとれるので注意する。that節内には助動詞が用いられることもあるが，動詞の現在形・過去形が用いられるのが一般的である。

本文第2文they may place a really expensive item at the top of the menu**, so that** other dishes <u>look</u> more reasonably priced「レストランは本当に高価な料理品目をメニューの一番上に置くことがあり，それで［その結果］他の料理がもっと手ごろな値段に見える」のso that ... は「他の料理がもっと手ごろな値段に見えるように」と解釈もできるが，so that ... の前にコンマがあるので『結果』を表すと判断する。

本文第3文の接続詞so「だから，そのようなわけで」は，so ... の形で『結果』を示す。これは『結果』を示すso that ... からthatを省略した表現と見ることもできる。したがって，第3文は「レストランは，…することで，利益になる料理を強調することもあり，それでその対比が食事をする人の心をとらえ利益になる料理を注文するように仕向けるのである」つまり，「利益になる料理を他の料理よりも重点的に宣伝し，結果として客がその料理を注文するように仕向ける」ことを表す。the contrastは「利益になる料理とあまり利益にならない料理とのメニュー上での扱いの相違」を意味する。

研究 ■ Some restaurants use [what ₛ'researchers ᵥcall ₒ' ᴄ'decoys]. 「一部のレストランは，研究者たちがおとり料理と呼ぶものを使う」関係代名詞whatは節内でcallの目的語として働く。

■ research shows that diners tend to order neither the most nor least expensive items, drifting toward the middle 「調査によると，食事をする人は最も高価な料理品目も最も安価な料理品目も注文せず，その中間の料理品目に向かって流れていく傾向がある」 drifting toward the middleは『付帯状況』を示す分詞構文で，動詞句order ... itemsを修飾する。

訳例 ■ 一部のレストランでは，研究者がおとり料理と呼ぶものを使うところもある。■ 例えば，そうしたレストランは非常に高価な料理品目をメニューの一番上に載せることがあり，それで他の料理がより手ごろな値段に見える。調査によると，食事をする人は最も高価な料理も最も安い料理も注文せず，その中間の料理品目に向かって流れていく傾向がある。■ あるいはレストランが，より食欲をそそる形容詞を使うとか，もうかる料理をさほど利益にならず説明の少ない料理の隣に載せることで，もうかる料理を誇張したりすることもある。そのようなわけで，これらの対比が食事をする人の心をとらえて，もうかる料理を注文する気にさせるのである。

27

1 **It was** Plato **who** originally suggested that the mind was separated into two parts: a rational, logical part and an emotional part. **2** He argued that when making decisions we should try to use the rational part of the mind and keep our emotions under control. **3** He thought that emotions were a negative influence when making decisions. **4** Despite being accepted for thousands of years, recent work by scientists has come to some very different conclusions that require us to rethink our Platonic decision-making model.

(名城大)

語句 **1** originally「元来，最初（は）」suggest that ...「…ことを示唆する」mind「精神」separate A into B「AをBに分ける」rational「理性的な，分別がある」logical「論理的な」emotional「感情的な」**2** argue that ...「…と主張する」make a decision「決定をする」keep A under control「Aを制御〔抑制〕しておく」**3** emotion「感情,情動」negative「否定的な；有害な；負の」influence「影響（を及ぼすもの）」**4** despite「〜にもかかわらず」accept「を受け入れる；を認める」come to a conclusion「結論に達する」require A to do「Aが…することを必要とする」rethink「を再考する」Platonic「プラトンの」decision-making「意思決定の」model「モデル（現象や構造を理論的に抽象化したもの）」

精講 43 it is 〜 that[which / who] ...〔強調構文〕

文中のある要素を強調する形式で，ふつう**「…するのは〜である」**のようにthat節のほうから訳す。強調する焦点の要素（「〜」の位置に現れる語句）から訳して**「〜こそ…する」**とすることもできる。

It is love **that** rules the world.「愛こそが世界を支配する」

▶ Love rules the world.「愛が世を治める」という文のLoveを強調した形。

強調される要素が名詞（句）・代名詞であり，かつ続く節の中で**主語**の役割であれば，**which**（「物」を表す場合）や**who**（「人」を表す場合）が，thatの代わりに用いられることがある。

It is the things [that we do not possess] **which** seem to us most desirable.

「我々にとって一番望ましく思われるのは，自分が持っていないものである」

▶ that we do not possessはthingsにかかる関係詞節。強調構文をつくるのはwhichのほうであることに注意する。

強調される要素は名詞（句）・代名詞だけでなく，副詞的要素であることも多い。

It was not until then **that** I realized my mistake.

「そのときになってはじめて私は自分の誤りを悟った→私が自分の誤りを悟ったのはそのときまではないことであった」

▶ I didn't realize my mistake until then. の not ... until then を強調した文。

また，強調構文は not *A* but *B*「A ではなく B」(⇒p.74)，not so much *A* as *B*「A というよりむしろ B」(⇒p.114) と結びつくことがよくある。

It is not so much money as fame **that** he wanted.

「彼が欲しがったのは金よりもむしろ名声だ」

形式主語構文と強調構文との混同に注意

① It is a fact that I dislike him.　「私が彼を嫌っているということは事実だ」

　(= That I dislike him is a fact.)　〔形式主語構文〕

② **It is** the fact **that** I want to know.「私が知りたいのはその事実だ」

　I want to know **the fact**. の the fact を強調した形。　〔強調構文〕

本文の **It was** Plato **who** originally suggested that the mind was separated into two parts は「精神が二つの部分に分けられると最初に示唆したのはプラトンであった」。Plato originally suggested that ... の主語 Plato を強調した形。that の代わりに who が用いられている。

研究　◨ **when making decisions**　when making decisions のように when の直後に現在分詞が続く場合，通例〈主語＋be動詞〉を補って解釈する（when we are[were] making decisions）が，結果として生じる進行形（*be doing*）が不適に思えるときは，現在分詞を現在形または過去形に直して解釈する（when we make[made] decisions）。第2・3文の when making decisions は when we **made** decisions と解釈する。過去形であるのは時制の一致による。

◪ 動名詞 being accepted の前に意味上の主語として，our Platonic decision-making model「我々のプラトン的意思決定モデル」を補って考える。

◪ [some very different conclusions [that require us to rethink our Platonic decision-making model]]　「私たちに私たちのプラトン的意思決定モデルを再考するよう求めるいくつかの非常に異なる結論」　that ... model は some very different conclusions にかかる関係詞節。

訳例　◧ 精神が二つの部分，すなわち理性的で論理的な部分と感情的な部分に分けられると最初に示唆したのはプラトンであった。◨ 彼は，決定をなすとき我々は精神の理性的な部分を使い，自分の感情を制御しておくように努めるべきであると主張した。◩ 決定をなすとき感情は悪影響を及ぼすものであると彼は考えていた。◪ 数千年もの間この考えは受け入れられていたにもかかわらず，科学者による最近の研究は，我々が自らのプラトン的意思決定モデルを再考することを必要とするいくつかの非常に異なる結論に達している。

28

When you have lived **as long as** I have, you will discover, I hope, that **it is not** what one sees on the outside, **so much as** what is in the inside, of a man, **which** makes him happy and contented, or the contrary.

（大阪薬大）

語句 as long as I have = as long as I have (lived)「私（が生きてきたの）と同じだけ長く」 discover that ...「…ということがわかる［に気づく］」one「（一般に）人」on the outside of「～の外見は［に］」contented「満足して」(= satisfied) the contrary「それと反対のもの［状態］」

精講 44 as long as ...

①『**時**』を表す「…と同じだけ長い間」「…する間」, ②『**条件**』を表す「…する限りは」「…ならば」(= only if ... ; on condition that ...)の二つの意味がある。『時』を表すときは**for** as long asの形にもなる。『条件』を表す場合は**so** long as ... の形もとる。

① You can stay here (for) **as long as** you like.
  「いたいだけここにいてよい」

② You may stay here **as[so]long as** you keep quiet.
  「静かにしているならここにいてよろしい」

本文は①の意味である。

When you have lived **as long as** I have (lived)
  「私が生きてきたのと同じだけ長くあなたが生きると
  →あなたも今の私と同じぐらいの年ごろになると」

精講 45 it is not so much *A* as *B* that[which] ...

強調構文のit is ～ that ... (⇒p.82)とnot so much *A* as *B* (⇒p.114)とが結びついた形で「…するのは*A*というよりもむしろ*B*である」の意。

It was not so much ᴬhis illness **as** ᴮhis idleness **that** ruined him.
  「彼を破滅させたのはᴬ彼の病気というよりも，むしろᴮ彼の怠惰であった
  →病気だからというよりも，むしろ怠惰であったからこそ彼は身を滅ぼしてしまったのだ」

  補足 it is not *A* that ... so much as *B*の語順をとることもある。

  →**It was not** ᴬhis illness **that** ruined him **so much as** ᴮhis idleness.
本文の強調構文で強調される核となる部分は，as以下（Bの部分）である。

it is not ^A^what one sees on the outside (of a man), **so much as** ^B^what is in the inside, of a man, **which** makes him happy and contented, or the contrary

> 「人を幸せで満足した状態に，あるいはその逆の状態にするのは，^A^人の外側に見えるものではなく，むしろ^B^人の内側にあるものである」

このwhich節は，強調構文の焦点の後ろにくる**that節に相当する**ものである。焦点が「こと・もの」を表す名詞（句）（相当句）で，かつその名詞（句）が後ろに続く節の中で主語の役割を果たしている場合，thatに代わりwhichを用いることができる。

which _s"_ ___ _v"_makes _o"_him _c"_[happy and contented, or the contrary]

研究 ■ When you have lived as long as I have, you will discover, I hope, that it is ...

「私が生きてきたのと同じだけ長くあなたが生きたとき，あなたが…ことに気づけばいいと私は思う」 I hopeは挿入節で，you will discover that it is ... or the contraryがhopeの目的語に相当する。hopeは直訳的には「私は望む」だが，「…と思う」ぐらいに表すことが多く，望ましい気持ちを込めるだけで訳出しない場合もある。I hopeは「望ましいこと」に，I'm afraidは「望ましくないこと」に対して使う。

> **I hope と I'm afraid**
> I hope it will be fine. / It'll be fine, I hope.
>> 「晴れると思う／天気になるだろう／晴れてほしいな」
>
> I'm afraid it will be rainy. / It'll be rainy, I'm afraid.
>> 「雨が降ると思う／雨になるだろう／雨じゃないかな」

■ **what one sees on the outside** (of a man)

「人（我々）が（ある人の）外部に見るもの」が直訳で，「（ある人の）外部に表れたもの」「外に見えるもの」「外面的なもの」などのように訳してもよい。what is in the inside of a manは「ある人の内部にあるもの」「内面的なもの」。いずれもwhatは関係代名詞（⇒p.95）。a manはここでは「ある人」を表す。

■ **the contrary**

「それと反対の状態」とは，具体的に表せば(makes him) **un**happy and **dis**contentedである。

訳例 あなたも今の私と同じぐらいの年ごろになると，人を幸せで満ち足りた気持ちにしたり，それと反対の状態にしたりするのは，ある人の外面的なものであるよりも，むしろその人の内部に存在するものであるということを悟るだろうと思う。

29

1 Language is an indispensable instrument of human society. **2** It is the means **by which** individuals understand each other and are enabled to function together as a community. **3** Indeed, it is unlikely that any human organization could either be formed or long maintained without language. ... **4** The effectiveness of human society, therefore, is largely dependent upon the clarity, accuracy, and efficiency **with which** language is used or understood.

（東京電機大）

語句 **1** indispénsable「不可欠の」ínstrument「道具（= tool）；手段（= means）」**2** indivídual「個人」enable *A* to *do*「Aが…することを可能にする」function「機能する，役割を果たす」（= work）commúnity「共同体，社会」**3** indeed「実際」unlikely「ありそうもない」organization「組織」either *A* or *B*「AかBか」（否定文・否定構造では「AもBも…ない」）form「を形成する」maintáin「を維持する」**4** effectiveness「有効性」therefore「したがって」largely「主として」dependent upon「〜に依存して」clarity「明確さ」áccuracy「正確さ」efficiency「能率，効率」

精講 46 前置詞+関係代名詞から始まる関係詞節

この形をとる文の中には，直訳すると不自然な日本語になり，訳し方に工夫を要するものも多い。

We were surprised at the ease **with which** he solved the problem.

「私たちは，彼がその問題を解いたその容易さに驚いた→彼がその問題をやすやすと（造作なく）解いたのに驚いた」

▶ the ease with which he solved the problem を **how easily** he solved the problem と読み換えて訳出する。with **what ease** he solved the problem「彼がどんなに容易にその問題を解いたかに（驚いた）」と読み換えることもできる。

They don't see the extent **to which** they depend on others.

「その人たちは，自分たちが他人に依存しているその程度がわからない→自分たちがどの程度他人に依存しているのかをわかっていない」

▶ They don't see **to what extent** they depend on others. と読み換えて訳出する。

前置詞の位置

関係詞節内の〈前置詞＋関係詞〉は通例，一緒に関係詞節の頭に移動することも，関係詞のみが節の頭に移動して前置詞が節の末位に残ることもできる（例題37第2文）が，**beyond, besides, between, during** などの前置詞は関係詞とともに関係詞節の頭に移動する。関係詞のみが節の先頭に移動して**前置詞が文末に残ることはできない**。

After the lecture we had <u>the question-and-answer session</u> **during which** everyone was allowed to ask questions.

「講義のあと，誰もが質問することが許される質疑応答の時間が持たれた」

本文第 2 文 It is <u>the means</u> [**by which** individuals ❶<u>understand each other</u> and ❷<u>are enabled to function together as a community</u> adv']．「それ（言語）は，個人が❶<u>互いに理解し合い</u>，❷<u>共同社会として共に機能することが可能となるのに用いられる手段である</u>」の by which「それによって」は，節内で副詞的に働く。

individuals understand each other (by a means) and are enabled to function together as a community (by a means) の by a means が関係詞化し by which になったと考える。

本文第 4 文 The effectiveness of human society, therefore, is largely dependent upon [the ❶<u>clarity</u>, ❷<u>accuracy</u>, and ❸<u>efficiency</u> [**with which** language is used or understood adv']]．「したがって，人間社会の有効性は主に，言語が使用される，あるいは理解されるその❶<u>明瞭さ</u>と❷<u>正確さ</u>と❸<u>能率</u>に依存している」の with which「それをもって」は節内で副詞的に働く。

language is used or understood with ❶<u>clarity</u>, ❷<u>accuracy</u>, and ❸<u>efficiency</u> の with clarity, accuracy, and efficiency が関係詞化し with which になったと考える。

upon 以下を **how clearly, accurately, and efficiently** language is used or understood と読み換えて，「したがって，人間社会の有効性は主に，いかに明瞭に，正確に，能率的に言語が用いられる，あるいは理解されるかにかかっている」と訳してもよい。

研究 ❸ 仮S it VisC unlikely 真S [**that any human organization could either be ❹formed or ❺long maintained without language**]

「どんな人間の組織体も，言語がなければ，❹形成されることも❺長く維持されることもできそうにない」　形式主語構文。真主語である that 節内では，formed と (long) maintained という二つの過去分詞句が or により等位接続されて，助動詞 could be につながる。without language「言語がなければ」は仮定条件，could be「…され得るだろう」は仮定法の助動詞句。

訳例 ■ 言語は人間社会にとって欠くことのできない道具である。■ それは，人間がお互いに理解し合い，共同社会として一緒に役割を果たすことができるようにするための手段である。■ 実際，いかなる人間の組織も，言語なくして形成され，長い間維持されるであろうことの可能性は低い。（中略）■ したがって，人間社会の効果的な営みは，言語がいかにはっきりと，正確に，能率的に用いられ理解されるかに主としてかかっている。

30

日本のプラスチック使用と環境問題について述べた一節である。

1 Related to the plastic waste problem is one that shocks visitors from countries where food shortages and starvation remain issues: Japan's huge volume of wasted food**, which often comes in plastic containers**.　**2** The Environment Ministry estimated food loss at about 6.46 million tons in 2015.　**3** That's more than double the nearly 3.2 million tons of food assistance that was distributed worldwide in 2014, according to the United Nations' World Food Programme.

(慶應大)

語句　**1** related to「～に関連した」waste「廃棄物」shock「にショックを与える」shortage「不足」starvation「飢餓」remain ...「…のままである」issue「問題」a huge volume of「大量の～」wasted「無駄にされた，浪費された」container「容器」**2** The Environment Ministry「環境省」estimate A at B「A を B と推定する [見積もる]」(B は数量を示す名詞句) loss「損失」**3** double「2 倍の」assistance「援助」distribute「を配布する」worldwide 圖「世界中で [に]」the United Nations' World Food Programme「国連世界食糧計画」

精講 47 非制限用法の関係詞節

　非制限用法の関係詞節は先行詞を限定するのではなく，先行詞に関して，**主節とは別の情報を提供**する。先行詞は①先行する名詞（句）または②先行する形容詞句，前置詞句，動詞句，文の 2 種類に分かれる。

　特に①名詞（句）は，制限用法の関係詞節の先行詞とは異なり，**固有名詞，the や his ／ her などが付いた名詞句，総称的名詞**などである。

　① We went to Frankfurt**, which** is on the river Main.　　　　〔関係代名詞〕
　　「私たちはフランクフルトに行った。そこはマイン川の湖畔にある」

　　We went to Frankfurt**, where** a huge Christmas market is held every winter.　「私たちはフランクフルトに行った。そこでは毎冬に大規模なクリスマスマーケットが催される」　　　　　　　　　　　　　　　　　　　　　　〔関係副詞〕

　② He said that he saw a lot of paintings in Italy**, which** is what I want to do.「彼はイタリアでたくさんの絵画を見たと言ったが，それが私のしたいことである」

　▶②の関係詞節は先行詞である動詞句の内容に関して，そうすることが話者の願望であるという情報を伝える。

　本文第 1 文 Japan's huge volume of wasted food**, which often comes in**

plastic containers「日本のばく大な量の無駄となる食品,それはプラスチックの容器に入ってくることが多い」の関係詞節は,先行詞（Japan's huge volume of wasted food）に関して,それが消費者の手に渡る際の包装状態に関する情報を付加する。

研究 ❶ c[Related to the plastic waste problem] vis s one [that shocks visitors from countries where ...]」「プラスチックごみ問題に関連しているのは,…国からの訪問者にショックを与える問題である」 補語として働く形容詞句・分詞句が文頭に現れ,それに伴ってisが主語の前に出る倒置が生じている。one は a problem を指す。

❶ countries [where food shortages and starvation remain issues]「食料不足と飢餓が依然として大きな問題である国々」 関係詞節内の構造は以下のとおり。

countries [関節 where s"food shortages and starvation v"remain c"issues adv"]関係副詞 where は関係詞節内で副詞的要素として働く。

> **関係副詞** 関係副詞は関係詞節内で副詞的要素として働く。関係副詞の where, when, how（先行詞を含む）, why は,先行詞の種類により使い分けがなされる。先行詞が『場所・場合』を表す名詞句である場合は where,『時・場合』を表す名詞句である場合は when,『方法』を表す名詞句である場合は（先行詞を含む形で）how, 先行詞があるなら in which,『理由』を表す名詞句である場合は why が用いられる。when, in which, why は省略されることがよくある。

❶ : Japan's huge volume of wasted food,
コロン (:) に導かれる名詞句 Japan's huge volume of wasted food「日本のばく大な量の無駄にされる食品」はコロン前の one that shocks ... issues の具体的な内容を示す同格語。

❸ That's more than double the nearly 3.2 million tons of food assistance ...
That は前文の about 6.46 million tons (of food loss) in 2015「2015年における約646万トンの食品ロス」を指す。

訳例 ❶ プラスチックごみ問題に関連しているのは,食料不足と飢餓が依然として大きな問題である国々からの訪問者にショックを与える問題,つまり,日本の大量の食品廃棄物であり,しかもそれがしばしばプラスチック容器に入ってくることである。❷ 環境省は2015年の食品ロスを約646万トンと推計した。❸ 国連世界食糧計画によると,この数値は2014年に世界中で配布された320万トン近くの食糧援助の2倍以上に当たる。

31

1 Mars is an especially good mission target due to its closeness to us. **2** It is relatively similar to Earth in a number of crucial ways, making it a **better** destination for manned missions and potential colonization **than any other** planet in the solar system. **3** We have loved Mars for centuries. **4** The planet has firmly embedded itself in our culture, so much so that "Martian" is somewhat synonymous with "alien," though **the aliens you imagine** may vary.

(九州大)

語句 **1** Mars「火星」mission「(特殊) 任務，宇宙飛行任務」target「目標」due to「〜のために」closeness「近いこと」**2** relatively「比較的，相対的に」similar to「〜と似ている」a number of 〜s「多くの〜，いくつかの〜」crucial「極めて重大 [重要] な」destination「目的地」manned「有人の」potential「潜在的な，可能性を秘めた」colonization「植民地化」the solar system「太陽系」**4** firmly「しっかりと，堅く」embed *A* into[in] *B*「*A* を *B* に組み込む [埋め込む]」so much so that ...「非常にそうなので…，…するほどに」Martian「火星人」somewhat「いくぶん，多少」synonymous with「〜と同義の」alien「異星人，宇宙人」vary「さまざまである」

精講 48 接触節 (1)

「制限用法の関係詞節」では**関係詞が省略される**ことがあり，その場合，先行詞の直後に〈主語（＋助動詞）＋動詞〉で始まる文が現れる。〈主語（＋助動詞）＋動詞〉部分が先行詞と直接触れ合うことから「接触節」と呼ばれる。関係代名詞が**省略されるのは目的格**の場合がふつうである。

I'll give you [the cap [関節(which / that) s'I v'bought o'   in Harajuku]].
　「原宿で買った帽子を君にあげよう」

▶ bought の目的語として働く関係代名詞 which／that が省略されている。

主格の関係代名詞が省略されることもある。省略されるのは，主格補語として働く関係代名詞である。

She is not [the kind of person [(that) s'she v'used to be c'   ]].
　「彼女は以前のような人ではない」

▶ she used to be の補語として働く関係代名詞 that が省略されている。

who[which] *A* think[say / believe] *does* ...「…すると *A* が思う [言う／信じる]」という連鎖関係詞節（⇒ p.96）を導く主格の who や which も省略可能である。

They were deceived by [the man [関節(who) s'they v'thought o'[s"   v"was c"honest]]]. 「彼らは正直だと思っていた男にだまされた」

▶ was honest の主語として働く関係代名詞 who は省略することができる。

本文第4文 **the aliens you imagine** may vary の you imagine は接触節で，その前に目的格の関係代名詞 that / which（/ whom）が省略されている。

精講 49 ... *A* ... -er [more ~] ... than any other *B*

主節内に比較級を含む要素があり，比較節内に any other *B*「他のどの B」や any *B*「どの B」が現れる構文は，「**A が（他の）どの B よりもっと~**」を表す。つまり，A は同種のどの B（人・物・事）と比べても，「~」が示すある特定の性質において勝っていることがわかる。比較節の any other のあとは原則として**単数名詞**だが，主節の主語が複数扱いの名詞句の場合はこの限りではない。

Jane is **better** at cooking **than any other** student in this cooking school.
≒ Jane is a **better** cook **than any other** student in this cooking school.
≒ **No** student in this cooking school is **so good** at cooking **as** Jane.
「ジェーンはこの料理学校のどの生徒よりも料理が上手である」
▶「この料理学校」という範囲において，ジェーンは「他のどの生徒」よりも料理が「より上手」であることを表す。

本文第2文の making it a **better** destination for manned missions and potential colonization **than any other** planet in the solar system「それ（= Mars）を，太陽系の他のどの惑星より，有人飛行計画と将来可能な植民地化にとってもっと適した目的地にする」は，「太陽系の惑星である火星が他のどの惑星より，有人飛行計画や植民地化の目的地として適している」ことを示す。なお，この分詞句は『結果』を示す分詞構文で，making の意味上の主語は，前の主節の内容である。

研究 ４ so much so that ...「非常にそうなので…」は通例コンマを介して先行する主節と並置される。that 節は主節に対して『結果』を表す。2番目の so は，先行する主節の中で『程度』を表す語（= 通例形容詞・副詞：ここでは firmly「しっかりと」）やその語を含む句を指す。第4文後半の接続詞 though は，ここでは「もっとも…なのだが」の意味。前言の内容や主張を少し弱める意見や事実を添える働きをする。

訳例 ❶ 火星は我々に近接しているという理由から，宇宙飛行任務に特に適した対象である。❷ 火星はいくつかの非常に重要な点で地球に比較的類似しており，そのために火星は太陽系の他のどの惑星よりも，有人飛行計画と将来可能な植民地化の目的地としてより適している。❸ 我々は何世紀にもわたり火星を愛してきた。❹ この惑星は我々の文化にしっかりと組み込まれていて，しかも非常に強くそうなので，「火星人」は「宇宙人」といくぶん同義である。もっとも皆さんが想像する宇宙人はさまざまであるかもしれないが。

■ Our first mission to Mars launched in 1960, and we have attempted more missions to the planet than to anywhere else in the solar system except for the Moon. ■ Given this history, you would be forgiven for thinking that we must know almost **all there is** to know about Mars by now, but that is not the case. ■ For one, we are still unsure of how Mars formed. ■ The planet is surprisingly small and does not fit into our theories of how the solar system came together. ■ We are **not** sure how its two small moons formed, **either**. ■ These lumpy, bumpy rocks have puzzling properties.

(九州大)

語句　■ launch [lɔːntʃ]「始まる」 attempt「を試みる, を企てる」 except for「〜を除いて（は）」 ■ given「(前置詞的に) を考慮すれば, を認めれば」 forgive A for doing「Aの…を許す」 ■ for one「一つには, 一例として」 be unsure of「〜に確信がない」 form「形を成す」 ■ fit into「〜に一致する, 〜に調和する」 theory「理論, 仮説」 come together「まとまる, 一つになる」 ■ lumpy「表面のぶつぶつした」 bumpy「でこぼこの」 puzzling「(人を) 当惑させる, 不可解な」 property「特性, 属性」

精講 50 接触節 (2)

先行詞が代名詞**all**である場合, 接触節がよく用いられる。

All you can do is (to) wait.　　　　　　　　　〔目的格の関係代名詞の省略〕

「君にできるすべては待つことだ→君にできるのは待つことだけだ」

▶ s[All [(that) s'you v'can do o']] v is c(to) (v)wait. の構造。関係詞節内では do の目的語として働く that が省略されている。

本文第2文の接触節内では, there is の主語に当たる主格の that が省略されている。to know about Mars は there is の後ろにある「省略された that」の空所を修飾する形容詞用法の to 不定詞句。

we must know almost **all** [関節(that) **there is** [(　　) [to know about Mars]]] by now　　　　　　　　　　　　　　　〔主格の関係代名詞の省略〕

「我々は火星について知るべく存在しているほぼすべてのことを今では知っているはずだ」

精講 51 not ... either

not ... either「…もまた…ない」は, 先行する文の否定的な内容が, not ... either を含む文にも当てはまることを示す。not ... either を含む文の主語が, 先行する否定

文の主語と一致するかどうかで焦点（何が意識されているか）を見極める。

①先行する否定文の主語と異なる場合，焦点は主語

He does**n't** play tennis. She does**n't** (play tennis), **either**.

「彼はテニスをしない。彼女もまたテニスをしない」　〔第2文の焦点はShe〕

②先行する否定文の主語と一致する場合，焦点は述部（の一部）

He does**n't** play tennis. He does**n't** play soccer, **either**.

「彼はテニスをしない。彼はサッカーもしない」　　〔第2文の焦点はplay soccer〕

　本文第5文We are **not** sure how its two small moons formed, **either**.「我々は火星の二つの小さな衛星がどのように形成されたかについても確信できない」のnot … eitherは，第3文のwe are still unsure of how Mars formedが表す否定的内容が，この文の焦点にも当てはまることを示す。第5文の主語Weは第3文の主語と一致するので，第5文の焦点はsureの後ろのhow its two small moons formed。

研究

■ launchは通例，「を開始する，に着手する」を意味する他動詞として用いられるが，ここでは受動態の形態をとらずに，目的語に当たるOur first mission to Marsが主語の位置に現れている。

■ **we have attempted more missions to the planet than to anywhere else in the solar system except for the Moon**　月を除く太陽系の他のどの場所への探査計画よりも，火星への探査計画のほうが多く試みられたことを示す。anywhere elseはany other placeと同義なので，この文は例題31の精講49と同じ構造を持つと言える。

■ **you would be forgiven for thinking that …**　「…と考えるとしても許されるだろう」　wouldは仮定条件に対する帰結として，「（…する）だろう」を表す仮定法の助動詞なので，for thinking that … を仮定条件と考える。

■ **that is not the case**　thatは，butの前のthat we must know … by nowを指し，「それは当てはまらない」と修正している。

■ **does not fit into our theories of how the solar system came together**　「太陽系がどのようにまとまったかに対する我々の理論に当てはまらない」　驚くほど小さな火星が太陽系の形成に関する理論に一致しないことを示す。

訳例　■ 火星への最初の探査計画は1960年に始まり，太陽系では月を除いて他のどの場所よりもこの惑星に多くの探査計画を試みてきた。■ この歴史を考慮すると，我々は火星について知らなくてはならないほぼすべてのことを今では知っているはずであると考えても無理はないだろうが，そうではないのだ。■ 一つには，火星がどのように形成されたかいまだに定かではない。■ この惑星は驚くほど小さく，太陽系がどのように形成されたのかという理論に一致しない。■ 火星の二つの小さな衛星がどのように形成されたかについてもよくわかっていない。■ ごつごつしていて，でこぼこしたこの岩石には不可解な性質がある。

33

1 **No matter where** you go, **no matter who** your ancestors were, **what** school or college you have attended, or **who** helps you, your best opportunity is in yourself. **2** The help you get from others is something outside of you, while it is **what you are**, **what you do** yourself, that counts.

（早稲田大）

語句　**1** áncestor「祖先，先祖」attend「に出席する，に通学する」opportunity「機会」（= chance）**2** while「（対照的なことを述べるのに用いて）～だが，一方…」count圓「重要である」（= matter : *be* important）

精講 52　no matter where[who / what / how] …

「たとえどこに（誰が［を］，何が［を］，どんなに）…であろうとも」という『譲歩』の意を表す。節内で表される状況が**常にそうである**ことを引き合いに出しながら，主節では筆者が**本来伝えたい主張**を強意的に述べる形。wherever, whoever, whatever, however も同様の意味を表す（⇒ p.102）。

> **No matter how** rich people are, they always want more.
> **However** rich people are, they always want more.
> 　「人はどんなに金持ちでも，必ずもっと多くを望む」

> **No matter what** happens, you must keep calm.
> **Whatever** happens, you must keep calm.
> 　「たとえ何が起ころうと，冷静でいなければならない」

　本文第1文は, no matter の導く四つの譲歩節が等位接続され, そのあとに主節 your best opportunity is in yourself が現れる構造。what と二つ目の who の前にはそれぞれ no matter が省略されている。

[**No matter where** [s'you v'go adv'　　]]
　「あなたがどこに行くにせよ」

[**no matter who** [s'your ancestors v'were c'　]]
　「あなたの祖先が誰であったにせよ」

[(no matter) **what** school or college [s'you v'have attended o'　　]]
　「あなたがどの学校や大学に通ったにせよ」

[(no matter) **who** [s'　　 v'helps o'you]]
　「誰があなたを助けてくれるにせよ」

精講 **53** whatの用法（関係代名詞）

whatは**先行詞を含む関係代名詞**で，「…すること，…するもの」の意を表す。

> **What**(= That which / The thing that) is done cannot be undone.
>
> 「なされたことは元どおりにならない／覆水盆に返らず」（ことわざ）

本文第2文の **what you are** は，直訳すれば「あなたが（そうで）あるところのもの」であるが，「あなたの人柄［人物］；今のあなた」などと文脈に応じて訳すことができる。本文第2文の **what you do** yourself は「あなた自身がすること」。

> People's worth lies in **what they are**, not in **what they have**.
>
> 「人の値打ちは，その財産ではなく人柄にある」

研究

2 The help [(which / that) **you get from others**] is **something outside of you** 「あなたが他人から受ける援助は，あなたの外にあるものである」 youの前に目的格の関係代名詞thatまたはwhichを補って解する。somethingは「あるもの，何か…もの」の意であるが，単に「もの」と訳せばよい。outside of you は前文の in yourself と対になる表現。

2 it is [**what you are**], [**what you do yourself**], [**that ₅″ ᵥ″ counts**] 「大切なのは自分が何者であるか，自分自身が何をするかである」 it is ～ that ... の強調構文（⇒p.82）。what you are と what you do yourself は動詞countsの主語の位置から移動している。

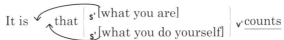

what you are, what you do yourself「あなたの人柄，あなた自身がすること」は，接続詞を用いないで二つの節が並べられた「並置」の形式。後ろの節が前の節の言い換えになることが多い。訳出する場合，前の節と後ろの節の訳を，コンマを介してその順序で並べる。

訳例 **1** たとえあなたがどこへ行こうと，またたとえ祖先が誰であり，どんな学校や大学を卒業し，誰が助けてくれようと，最良の機会は自分自身の中にある。**2** 他人から得る助けは自分の外にあるものであって，大切なのは自分という人間であり，自分自身がする行為なのである。

1 No doubt throughout all past time there actually occurred a series of events which, whether we know what it was or not, constitutes history in some ultimate sense. **2** Nevertheless, **much the greater part of these events** we can know nothing about, not even that they occurred; many of them we can know only imperfectly; and **even the few events that we think we know for sure** we can never be absolutely certain of, since we can never revive them, never observe or test them directly.

（横浜国立大）

語句 **1** no doubt「確かに，疑いもなく」throughout「～を通して」actually「実際に」occur「起こる，生じる」a series of ～s「一連の～」constitute「を構成する，を形成する」in a ～ sense「～な意味で」ultimate「究極の，最後の」 **2** nevertheless「それにもかかわらず」imperfectly「不完全に，不十分に」for sure「確かに，確実に」（= for certain）absolutely「絶対に」be certain of「～を確信している」revive「を復活させる」observe「を観察する」test「を検査する，を調べる」directly「直接に」

精講 (54) 話題化

「話題化」は文中の**名詞句を文頭に移動**し，文の話題として示すことである。

I don't want to read this book.　　　「私はこの本を読みたくない」

→ **This book**, I don't want to read.「この本は，私は読みたくない」

本文第2文 **much the greater part of these events** we can know nothing about「こうした出来事の大部分は，我々はそれについて何も知ることができない」の much the greater part of these events は前置詞 about の目的語として働く名詞句。同文セミコロン以下 **even the few events that we think we know for sure** we can never be absolutely certain of の even … for sure も，話題化で文頭に出た名詞句で of の目的語である。「我々が確かに知っていると思う数少ない出来事でさえ，我々は絶対的に確実だと思うことは決してできない」の意。

精講 (55) 連鎖関係詞節

関係詞節の中に **I think，we believe，you suppose，they say** などが，目的語として働く that 節（that は通例省略される）を伴って現れる場合，これを連鎖関係詞節と呼ぶ。I think，we believe，you suppose，they say などを挿入節と見て訳出して問題はない。

He is a man **whom** [**who / that**] **I think** you cannot trust.

「彼は君が信頼することができないと私が思う人間です」

= ₛHe ᵥis ᵭ[a man [関節whom ₛ'I ᵥ'think ₒ'[節 ₛ"you ᵥ"cannot trust ₒ"　　]]].

▶ you cannot trustはthinkの目的語として働くthat節（thatは省略）の中の〈SV〉である。whomはその節内でtrustの目的語として働く。

She did **what she believed was right.**

「彼女は自分が正しいと信じることをした」

= ₛShe ᵥdid ₒ[関節what ₛ'she ᵥ'believed ₒ'[節 ₛ"　　 ᵥ"was ᵭ"right]].

▶ was rightはbelievedの目的語として働くthat節（thatは省略）の中の述部である。whatはその節内でwas rightの主語として働く。

本文第2文のthe few events [関節that ₛ'we ᵥ'think ₒ'[節ₛ"we ᵥ"know ₒ"　　 for sure]]はfew eventsにかかる連鎖関係詞節。we know (for sure)はthinkの目的語として働くthat節（thatは省略）の中の〈SV〉である。関係詞thatはその節内でknowの目的語として働く。

研究

■ **No doubt throughout all past time** ₐᵈᵥ**there actually** ᵥ**occurred** ₛ**a series of events** [**which ...**]　「きっと過去のあらゆる時代を通して…一連の出来事が実際に起こった」　語順に注意。thereの後ろには, be動詞以外にexistやcomeのような「存在・出現・到来」を表す自動詞が用いられる。

■ **which, whether we know what it was or not, constitutes history in some ultimate sense**　「何事であったか我々が知っていようといまいと, ある究極的な意味で歴史を構成する」　series of eventsにかかる関係詞節内にwhether we know ... or notという譲歩節が挿入されている。譲歩節内のitは関係代名詞whichを指す。

② **since we can** ❶**never revive them,** ❷**never observe or test them directly**　「なぜなら, 我々は❶それらを蘇らせることは決してできないし, ❷それらを直接見たり調べたりすることができないからである」　since前の主節の内容に対する理由を付加的に述べる従属節。sinceは「（おわかりのとおり）…だから」の意。testの後ろのthemは, observeとtestの共通の目的語として働く。

訳例

■ 疑いもなく, 過去のあらゆる時代を通して, どのようなことであったか我々が知っていようといまいと, 何らかの究極的な意味で歴史を構成する一連の出来事が実際に起こった。② それにもかかわらず, こうした出来事の大部分を何も知ることができないし, それらが起こったことさえも知ることができない。そしてそうした出来事の多くを, 我々は不完全にしか知ることができないし, また我々が確かに知っていると思う数少ない出来事でさえ, 我々は絶対的に確実だと思うことは決してできない。なぜなら, 我々は決してそれらを復活させることはできず, それらを直接見たり調べたりすることもできないからである。

35

1 We get used to particular papers and programmes and often, after a while, come to take their typical content for granted. **2** Some degree of familiarity with a particular paper or programme is indeed often necessary, if what **it has to offer** is to come through to us easily. **3** But of course there is a danger, as we get used to the particular way of looking at the world which our favourite paper or programme embodies, that we shall forget that it is, after all, only one of many possible ways.

(立命館大)

語句 **1** get used to「〜に慣れる」particular「特定の」paper「新聞（newspaper）」programme英 [próuɡræm]（＝米 program）「番組；プログラム」after a while「しばらくするうちに」come to do「…するようになる」take 〜 for granted「〜を当然のことと考える」typical「典型的な」cóntent「内容」（contént 形「満足した」）**2** some degree of「ある程度の〜」familiarity with「〜とのなじみ；〜をよく知っていること」indeed「本当に；実際」offer「を提供する」come through (to)「（〜に）伝わる；（〜に）理解される」**3** way of looking「見方」favourite英（＝米 favorite）「自分の気に入った，大好きな」embody「（考えなど）を具現化［具体化］する」after all「結局；やはり」

精講 56 have to // have 〜 to〔同形異構文〕

have to do は通例〈have to＋動詞の原形 do〉で「…しなければならない」を表すが，関係詞節内に現れる have to do は，これとは異なる構造を持つ場合がある。すなわち have と to が隣接していても，**have の後ろには関係詞の空所**があり，to do がその関係詞の空所にかかる**形容詞的要素**である場合である。

He tried to fulfill the opportunity [関節(which/that) s'he v'had o' ▸ [to (v'')study (adv'')at university]].

「彼は自分が持っていた，大学で学ぶ機会を実現しようとした」

▶ he had to study at university は接触節（⇒ p.90）で opportunity にかかる。to study at university は to 不定詞の形容詞用法で直前の空所を修飾する。

They have been cheated of the best things [関節 that s'life v'has o' ▸ [to offer]].

「その人たちは人生が提供すべく持っている（→人生が提供してくれる）最良のものをだまし取られてしまった」

本文第2文の構造は以下のとおり。

if s'[関節what s''it v''has o'' ▸ [to (v''')offer]] v'is to come through adv'to us adv'easily

「もしそれ（= a particular paper or programme）が提供すべく持っているものが簡単に我々に伝わるようにしたいなら」

hasの目的語の位置に関係代名詞whatの空所があり，to offerがその空所を修飾している。if節内のis toは「…したいと思う（なら），…しようとする（ならば）」を意味する（⇒p.70）。

研究

1 come to take their typical content for granted　「その典型的な内容を当然のものと考えるようになる」　come toは後ろにknow, like, realizeなどの状態動詞を伴って「（…する）ようになる」を表す。get to doは同義で，より口語的である。

You'll come to like this place soon.「この場所がすぐに気に入るようになりますよ」

2 3 Some degree of familiarity … is indeed often necessary. But …
「…にある程度なじむことは，確かに［なるほど］しばしば必要なことではある。しかし…」indeed 〜 but … は [it is] true (that) 〜 but … などと同じ「確かに〜だが…」の意を表す譲歩の相関表現（⇒p.172）。筆者の主張はBut以降にあるが，その主張をより強固に伝えるため，対極にある主張をindeed（やit is true）を用いた文で先に示すのが，この譲歩構文の特徴である。

3 of course there is a danger, …, that we shall forget …　「…を忘れてしまうという危険も，もちろん存在する」　that節はdangerの内容を表す同格の名詞節。「我々が…を忘れてしまうという危険がある」の意味。

3 as we get used to the particular way of looking at the world
接続詞のasは「（〜する）につれて；（〜する）と」の意味で『比例』を表す。「我々が特定の世界の見方になじんでくるにつれて」の意味（⇒p.71）。

3 the particular way [of looking at the world] [which ₛ"our favourite paper or programme ᵥ"embodies ₒ"]**　「我々のお気に入りの新聞や番組が具現化する，世界を見る特定の方法」　関係代名詞節（which … embodies）は particular way (of looking at the world)「（世界を見る）特定の方法」にかかる。節内でwhichはembodiesの目的語として働く。

訳例　**1** 我々は特定の新聞や番組になじむようになり，やがてそれらの典型的な内容を，当然のものと考えるようになることがよくある。**2** 確かに，ある特定の新聞や番組にある程度なじむことは，それが提供するものが容易に我々に伝わるためには，しばしば必要なことではある。**3** しかし，いつも好んで読んだり見たりしている新聞や番組が具現化するような，世の中に対する特定の見方になじむようになるにつれて，それが，やはり，多くの可能な見方の中のほんの一つにすぎないのだということを忘れてしまう危険も，もちろん存在するのである。

36

1 Now the greatest good of a people is their liberty: and in the café* here referred to, the people has judged it so, and provided for it accordingly. **2** Liberty **is to** the collective body, **what** health **is to** every individual body. **3** Without health no pleasure can be tasted by man: without liberty no happiness can be enjoyed by society.

(城西大)

注：the café は，この一節より前の部分で述べられた「カフェ」を指す

語句 ── **1** good「利益，幸福」a people「国民」liberty「自由」refer to「～に言及する，～に触れる」judge *A* (to be) *B*「AをBと判断する」provide for「～に備える」accordingly「それ相応に」**2** collective body「集合体」(collective「集団の」body「団体」) individual「個人の；個々の」**3** pleasure「楽しみ，喜び」taste「(比喩的に) を味わう，を経験する」enjoy「を享受する」

精講 **57** *A is to B what C is to D*

「AのBに対する関係」を示すのに，例として「CのDに対する関係」を引き合いに出して述べる形式で，「AはBにとって，CがDにとってあるものである」という意味。what *C* is to *D* は先行詞を含む関係代名詞whatが導く名詞節で，*A* isの補語として働く。

^AReading **is to** ^Bthe mind [**what** ^Cexercise **is to** ^Dthe body].

「^A読書は^B精神にとって，^C運動が^D肉体に対するのと同じ関係にある→読書の精神に対する関係は，運動の肉体に対する関係と同じである」

次のようにwhat節が主節の前に出ることもあるが，「主語」ではなく，*A* isの補語として働く節であることに注意する。

What exercise **is to** the body, reading **is to** the mind.

▶ what節を文頭に移動し，文の話題としている (⇒p.96)。

本文第2文はwhat節が *A* is to *B* の後ろに現れる通常タイプである。

^ALiberty **is to** ^Bthe collective body, what ^Chealth **is to** ^Devery individual body.

「^A自由は^B集合体にとって，^C健康が^D各人の体にとってあるものである→^A自由の^B集合体に対する関係は，^C健康の^D各人の体に対する関係と同じである」

研究

1 **in the café [here referred to]** 「ここ（＝この文章）で言及された［触れられた］カフェで」 here referred to は café を後置修飾する過去分詞句。

1 **the people has** ❶**judged it so, and** ❷**provided for it accordingly** 「（カフェの）人々は❶それ（＝自由）がそうしたもの（国民の最大の利益）だと判断し，それ相応に（＝その判断に応じて），❷それ（＝自由）に対処するべく備えてきた」 judged it so と provided for it が等位接続されて，完了助動詞の has の後ろに続く構造。二つの it はいずれも their liberty を指す。

❶の it と so がそれぞれ何を指すかは，以下のように解釈する。

（第 1 文前半）ₛthe greatest good of a people ᵥis 𝒸their liberty
　　　　　　　「国民の最大の利益はその自由である」

これは A is B の be 動詞の文で，A と B を入れ替えても知的意味が変わらない構造を持つので，これを

　　　　ₛtheir liberty ᵥis 𝒸the greatest good of a people

と読み換えて，it が their liberty を，so が to be the greatest good of a people を指すと考える。

2 **Liberty is to the collective body, what health is to every individual body.** 「自由と集合体の関係は，健康と各人の体の関係に等しい」 一つ目の body は「団体，組織」の意味，二つ目の body は「肉体」の意味。つまり the collective body が社会を，every individual body が個々人（の体）を表す。

3 **Without health no pleasure can be tasted by man: without liberty no happiness can be enjoyed by society.** 「健康でないと人はどんな楽しみも味わうことができない。自由がないと社会はどんな幸福も享受することができない」 can be *done* は「…されることができる，…され得る」だが，直訳にすると意味がつかみにくいので，能動態で訳出する。コロンは通例，『列挙』，『要約』，『説明』などのために用いられる（⇒p.167）が，ここでは同じ趣旨の命題を並置するのに用いられている。

訳例 **1** 今や国民の最大の利益とは，自分たちの自由である。そしてここで言及されているカフェでも，人々は自由がそうしたもの（国民の最大の利益）だと判断し，それ相応に自由を維持するべく備えてきた。**2** 自由と集合体との関係は，健康と各個人との関係に等しい。**3** 健康なくしては，人は喜びを味わうことはできない。自由なくしては，社会は幸せを享受することができない。

37

1 It is a worthy ambition to do well **whatever** one does.
2 This is an ambition that nobody should be without. **3** Even
in the play-ground one should have an ambition to play well,
to be a good pitcher or catcher, or to excel in **whatever** part
one has to play. **4** A boy who is careless and indifferent in a
game of ball will not be likely to accomplish much anywhere.

(日体大)

語句　**1** worthy「立派な」ambition「野心，大望」**2** *be* without「～がない」**3** excél「優れる，秀でる」**4** careless「不注意な」indífferent「無関心な，無頓着な」*be* likely to *do*「…しそうである，たぶん…する」accómplish「を達成する，を成就する」（= achieve）anywhere「（否定語と共に）どこでも…ない」

精講 58　whatever, however, etc.

　whateverには①**譲歩の副詞節**を導く関係代名詞，②**名詞節**を導く関係代名詞，③**譲歩節・名詞節**を導く関係形容詞，④**強意語**などの用法がある。文中における用法の区別と意味の把握が正しくできなければならない。

　　① She believes him, **whatever** he says.　〔= no matter what he says〕
　　　「たとえ彼が何を言おうと，彼女は彼の言うことを信じている」
　　② She believes **whatever** he says.　　　〔= anything that he says〕
　　　「彼女は彼の言うことを何でも信じる」
　　③ You can read **whatever** book you like.　〔= any（book）that you like〕
　　　「君の好きなどんな本でも読んでよい」
　　④ **Whatever** is that?　　　〔疑問代名詞〕〔= What in the world is that?〕
　　　「一体それは何だ？」
　　　I have no plans **whatever**.　　〔副詞〕〔= I have no plans at all.〕
　　　「案は全くない」

　however, whenever, wherever もそれぞれ，no matter how, no matter when, no matter where で表すことができる（⇒ p.94）。

　　However hard I tried, I couldn't solve the math problem.
〔= No matter how hard I tried〕

　本文第1文の It is a worthy ambition to do well **whatever** one does.「自分のすることを何でも上手にするのは立派な野心である」の whatever one does は **anything that** one does に置き換えられるが，このように**先行詞をそれ自体の内に**

含む関係詞は，**複合関係詞**と呼ばれる。なお本文第1文のItは形式主語で，to不定詞句to do well **whatever** one doesが真主語。

第3文のexcel in [**whatever** part [ₛ'one ᵥ has to play ₒ']]「自分が果たさなければならないどんな役割においても人に抜きん出る」のwhatever partはplayの目的語として働く。このwhatever partは **any** part **that** one has to playに置き換えられる用法で，whateverはそれ自体の内に先行詞を含み，名詞のpartを修飾するので，複合関係形容詞と呼ばれることがある。

| 研究 |

2 This is an ambition [that nobody should be without (　　)].

「これはいかなる人も持たずにいてはいけない野心だ」が直訳。関係詞thatはwithoutの目的語として働く。

Nobody is **without** their faults.「欠点のない者はいない」

≒ **Every**one has their faults.　「誰にでも欠点がある」

3 one should have ₒ[an ambition [**❶**to play well,　**❷**to be a good pitcher or catcher, or **❸**to excel in whatever part one has to play]]

「人は，**❶**上手にプレーするとか**❷**優れたピッチャーやキャッチャーになるとか**❸**自分が果たさなければならないどんな役割においても人に抜きん出るとかいう野心を持つべきである」　三つのto不定詞句**❶**，**❷**，**❸**がorにより等位接続され，an ambitionの内容を表す要素として働く。

4 A boy who ... will not be likely to accomplish much anywhere.　「…少年はどこにいても多くを成し遂げる可能性はないだろう［成し遂げそうにないだろう］」　否定語notは代名詞much「多くのこと［もの］」に作用し，「多くのことを（成し遂げ）ない」を表す。anywhereは否定文で用いられ，「どこでも［どこにも］（…ない）」を表す。

The couple **never** go **anywhere** without each other.

「そのカップルはお互いがいなければどこにも行かない」

| 訳例 | **1** たとえどんなことであれ，自分がすることをうまくしようとすることは，立派な心がけである。**2** これは誰もが持たなければならない心がけである。**3** たとえ運動場においても，上手に競技し，うまくボールを投げたり捕ったりし，自分が果たさなければならないどんな役割でも立派に果たそうとする心がけを持たなければならない。**4** 球技をするときに不注意でいいかげんな少年は，どこでもたぶん大したことを成し遂げることはできないだろう。

38

1 In conversation, one **is likely to** find out certain things about the other person quite easily. **2** He will learn these things not so much from what the other man says as from how he says it, for **whenever** we speak we cannot avoid giving our listeners clues about our origins and the sort of person we are.

(東北大)

語句 **1** conversation「会話」one「(一般に)人」find out「～を見いだす，～を発見する」certain「ある～」the other person「相手」 **2** not so much *A* as *B*「*A*というよりもむしろ*B*」(⇒p.114) for 接「というのも…」avoid *doing*「…するのを避ける」listener「聞き手」clue「手がかり」origin「起源；生まれ，素性」sort「種類」(= kind)

精講 59 be likely to do

「…しそうである」「たぶん…するだろう」の意。**to不定詞**の代わりに**that節**を続ける用法もある。この場合，it is likely that *A* will *do* という形式主語構文の形をとるのが一般的である。that節内には通例willが用いられる。

She **is likely to** win.　　「彼女はたぶん勝つだろう」

It is likely that she will win.

　　〔= She will probably win. / It is probable that she will win.〕

I thought **it likely[unlikely] that** she would win.

　「彼女が勝つことはありそうだ[ありそうにない]と思った

　→彼女は勝つ[勝たない]だろうと思った」

本文第1文 In conversation, one **is likely to** find out certain things about the other person quite easily. は「会話では，人は相手についてあることをいとも容易に見つけ出す可能性が高い」の意。

精講 60 whenever ...

文脈に応じて，①「…するときはいつでも」〔= any time〕②「たとえいつ…でも」〔= no matter when〕③「…するたびに」の意味を表す。

① Come **whenever** you like.　　　　　「いつでも好きなときに来なさい」

② **Whenever** you come, you are welcome.　「いつ来ても歓迎します」

③ **Whenever** I see this, I remember her.

　Every time (that) I see this, I am reminded of her.

　I **never**[cannot] see this **without** thinking of her.

104

「これを見るたびにいつも彼女のことを思い出す」

本文第2文 **whenever** we speak we cannot avoid giving our listeners clues about our origins and the sort of person we are「私たちは話すときはいつでも，自分の素性や自分がどんな人間であるかに関する手がかりを自分の聞き手に与えることを避けることができない」は，**every time** we speak, we cannot ... と表すことができる。

研究

1 **find out certain things about the other person** 「相手の人についてあることを知る」 certain は名詞の前に置かれた場合は（特定の名詞の場合を除いて）「ある〜」の意。補語として用いられる場合は「確かな」（= sure）の意。

He has a **certain** charm. 「彼はある魅力を備えている」

I am **certain** that he will win. 「彼はきっと勝つだろう」

2 **He will learn these things not so much ᴬfrom what the other man says as ᴮfrom how he says it** 「人はこうしたことを，ᴬ相手の人が言うことからではなく，むしろᴮその言い方から知ることになる」 not so much A as B「AではなくむしろB」。主語 He は第1文の one を受ける代名詞。how 節の he は the other man を受ける。how he says it は「相手の人がそれをどのように言うか」または「相手の人の言い方」の意。it は what the other man says「相手が言うこと――話の内容」を指す。

2 **we cannot avoid giving our listeners clues** 「我々は聞き手に手がかりを与えるのを避けることができない→我々は聞き手に手がかりを与えざるを得ない」 cannot avoid *doing*「…せざるを得ない」。

2 [**the sort of person** [関節(which/that) ₛ‴**we** ᵥ‴**are** ꜀‴]]

we are は接触節（⇒ p.90）で，その前に関係代名詞 which／that が省略されており（who が省略されていると考える人もいる），「我々がそうである種類の人間」が直訳。「我々がどのような（種類の）人間であるか」（= what kind of person we are）ぐらいに訳す。このような英語の名詞表現は，文脈により，名詞節や疑問詞節などに言い換えて理解できる場合が多い。

Paradoxically, the object of his criticism shows **the kind of person** he would like to be.「逆説的になるが，彼の批判の対象は，彼がなりたい種類の人間を示す→逆説的になるが，彼が何を批判するかを知れば，彼がどんな人間になりたいかがわかる」

〔= What he criticizes shows **what kind of person** he would like to be.〕

訳例 **1** 会話をすれば，たぶん相手についてある種のことが，いとも簡単にわかるだろう。**2** これらのことは，相手の話の内容からというよりも，むしろその話し方から知られることになるだろう。というのも，我々が言葉を話すときはいつでも，自分の素性や，自分がどんな人間であるかについての手がかりを，聞き手に与えざるを得ないからである。

39

1 Much **about the estate tax** remains debatable. **2** What moneys are raised **by the tax** may appear small when compared to the government's main sources of cash — the corporation tax and income tax. **3** However, even at just 1% of total US tax earnings, the estate tax can still fund vital social programs. **4** On the other hand, **abolishment of the tax** might, it has been argued, provide an economic stimulus. **5** One 2015 study found that **abolition of the U.S. estate tax** would boost GDP and create around 140,000 jobs.

(慶應大)

語句 **1** **estate tax**「遺産税」**remain ...**「…のままである」**debatable**「議論の余地のある」**2** **moneys**「(またはmoniesで) 金額」**raise**「(金) を集める,を調達する」**appear ...**「…に見える,思える」**compare A to B**「AをBと比較する」**source**「源;出所」**corporation tax**「法人税」**income tax**「所得税」**3** **earning**「(通例~s) 収益」**fund**「に資金を提供する」**vital**「極めて重要な」**4** **on the other hand**「他方(では),これに対して」**abolishment**「撤廃,廃止」**argue that ...**「…と主張する」**provide**「を与える,をもたらす」**stimulus**「刺激」**5** **abolition**「廃止,廃絶」**boost**「を押し上げる」**GDP**(= gross domestic product)「国内総生産」**create**「を創出する」

精講 61 前置詞句の働き

〈前置詞+名詞(句)〉または〈前置詞+動名詞(句)〉の形をした句は前置詞句と呼ばれ,**文中で形容詞または副詞の働き**をする。

_SSuffering _Vis _C[the price **❶**[of all good things **❷**[in the world]]].

　「苦しみは世の中のすべてのよいものの代価である

　→世の中のよいものはすべて苦労しなければ手に入らない」

前置詞句**❷**の in the world「世界の中の」は**❶**の名詞句good things「よいもの」を修飾する形容詞の働き,前置詞句**❶**の of all good things [in the world]「[世界の中の] すべてのよいものの」は名詞price「代価」を修飾する形容詞の働きである。

_SNo one _Vsucceeds **❶**[in the world] **❷**[without effort].

　「世の中で努力せずに成功する者はいない」

前置詞句**❶**の in the world「世界の中で」は動詞succeedsを修飾する副詞の働き,前置詞句**❷**の without effort「努力せずに」は動詞句succeeds in the world「世界の中で成功する」を修飾する副詞の働きである。

本文第1文の _S[Much [about the estate tax]] remains debatable.の**about the estate tax**は,名詞muchを修飾する。本文第2文のWhat moneys are raised [**by** the tax] may appear small の **by the tax** は動詞句 are raised を修飾する。「その税金によって集められるどんな金額も少額に見えるかもしれない」の意。

精講 62 of の用法〔主格関係・目的格関係〕

of は基本的に日本語の「の」に相当し，さまざまな意味を表す（『同格』の用法⇒p.57）が，注意すべき用法の一つは of の前後が主格・目的格関係を表す場合である。

Truth is a creation **of** the human mind.　　　　　　　〔主格関係〕

「真理は人間の心の創造物である」

「真理は人間の心が生み出したものである」

War is destruction **of** human life.　　　　　　　　　〔目的格関係〕

「戦争は人間の生命の破壊である」

「戦争は人間の生命を破壊することである」（ = destroy human life）

本文第 4・5 文の **abolishment of the tax**「この税金の撤廃（この税金を撤廃すること = abolish the tax）」，**abolition of the U.S. estate tax**「アメリカ合衆国の遺産税の廃止（アメリカ合衆国の遺産税を廃止すること）」の of は『目的格関係』。

研究

2 **when compared to [the government's main sources of cash — the corporation tax and income tax]**

〈when + 分詞〉の表現から，when の直後に〈主語 + be 動詞〉が省略されていると理解する。この場合は they (= what moneys are raised by the tax) are の省略と考える。—（ダッシュ）はここでは :（コロン）と同様の働き。the government's main sources of cash「政府の主な財源」という抽象的な内容を，ダッシュのあとで the corporation tax and income tax「法人税と所得税」と具体的に示している。

4 **abolishment of the tax might,** 挿入[**it has been argued**]**, provide an economic stimulus**「この税金の撤廃は経済に刺激を与える（ = 景気の刺激をもたらす）かもしれないと，主張されてきた」 仮s it v has been argued 真s[that abolishment of the tax might provide an economic stimulus] と同義。

5 that 節内の主語の abolition of the U.S. estate tax が仮定条件を兼ねる。would は「未来の事態の推量」を表す。助動詞 would の後ろは boost GDP と create around 140,000 jobs という二つの動詞句が等位接続されている。

訳例　**1** 遺産税に関する多くのことは，依然として議論の余地がある。**2** その税金によって集められるどんな金額も，政府の主な財源である法人税と所得税に比較されると，少額に見えるかもしれない。**3** しかし，アメリカ合衆国の総税収のたった1%でしかないものの，遺産税はそれでも重要な社会計画の資金になり得る。**4** これに対して，この税金の撤廃は景気の刺激をもたらすかもしれないと，主張されてきた。**5** 2015年のある研究によると，アメリカ合衆国の遺産税の廃止はGDPを押し上げ，約14万の雇用を創出するであろうことが判明した。

40

1 The company's goal is to get consumers to embrace bugs as an eco-friendly alternative to conventional meat. **2** **With worldwide demand for meat expected** to nearly double by 2050, farm-raised crickets, locusts, and mealworms could provide comparable nutrition while using fewer natural resources than poultry or livestock. **3** Crickets, for example, convert feed to body mass about **twice as efficiently as pigs** and **five times as efficiently as cattle**. **4** Insects require less land and water — and measured per kilogram of edible mass, mealworms generate **10 to 100 times less greenhouse gas than pigs**.

(早稲田大)

語句 **1** goal「目標」get *A* to *do*「Aに…させる」embrace *A* as *B*「AをBとして受け入れる」bug「昆虫, 虫」eco-friendly「環境に優しい」alternative to「〜に代わるもの」conventional「従来の, 伝統的な」**2** demand「需要」(*be*) expected to *do*「…すると予想される」double動「2倍になる」farm-raised「農場で飼育された」cricket「コオロギ」locust「イナゴ, バッタ」mealworm「ミールワーム, ゴミムシダマシ」provide「を供給する, を提供する」comparable「匹敵する, 比較できる」nutrition「栄養（物）」resource「（〜s）資源」poultry「家禽（の肉）」livestock「家畜」**3** convert *A* to *B*「AをBに転換する」feed名「飼料, 餌」body mass「体脂肪, 体重；体（の）質量」efficiently「効率的に」cattle「（集合的に）ウシ（通例複数扱い）」**4** insect「昆虫」require「を必要とする」measure「を測定する, を測る」edible「食用に適する」mass「かさ, 量；質量」generate「を発生させる, を生み出す」greenhouse gas「温室効果ガス」

精講 ⑥ with の用法〔付帯状況〕

〈with + 名詞（句）+ 形容詞（句）〔分詞（句）／前置詞句／副詞（句）〕〉の形で「（名詞）が…の状態で」という『付帯状況』を表す。名詞（句）と形容詞（句）などの間に主語・述語関係（＝「〜が…である」など）が成立している。

Don't sleep **with** the windows open. 〔名詞＋形容詞〕
「窓が開いている状態で寝るな→窓を開けたままで寝るな」

History goes on **with** old ideas giving way to the new. 〔名詞＋現在分詞句〕
「歴史は, 古い思想が新しい思想に取って代わられながら進み続ける→古い思想が新しいものに変わりながら歩み続ける」

本文の **With worldwide demand for meat expected** to nearly double by 2050「肉に対する世界の需要が2050年までにはほぼ2倍になると予想される状況で」は, 名詞句 worldwide demand for meat と過去分詞句 expected to nearly double by 2050 の間に受動の主語・述語関係（＝「〜が…される」）が成立している。

精講 64 倍数・分数表現（〜の**2**倍，〜の**2**分の**1**など）

本文第3文はCrickets, ..., convert feed to body mass about **twice as efficiently as pigs** (convert feed to body mass x-much efficiently) and **five times as efficiently as cattle** (convert feed to body mass x-much efficiently).「コオロギは，ブタ（がx程度効率的に餌を体重に転換するが，そ）の約2倍効率的に餌を体重に転換し，ウシ（がx程度効率的に餌を体重に転換するが，そ）の5倍効率的に餌を体重に転換する」と理解する。同様に第4文は，measured per kilogram of edible mass, mealworms generate **10 to 100 times less greenhouse gas than pigs** (generate x-much much greenhouse gas)「食用に適する体の質量1キロ当たりで測定された場合，ミールワームは，ブタ（がx程度多くの温室効果ガスを発生するが，そ）の10倍から100倍少ない温室効果ガスしか発生しない」である。なお, measured ... massはmealworms以降を修飾する分詞構文で, if greenhouse gas emissions from mealworms are measured per kilogram of edible massの意味。

倍数・分数の表現

2倍： twice*	as A (...) as 〜　（Aは形容詞／副詞）
3倍： three times	A-er (...) than 〜
1/2： half*	more[less] A (...) than 〜
1/3： one(-)third	more[less] (...) than 〜
3/5： three(-)fifths	数量の概念を含む名詞句

▶ twice, halfは波線部のみにつながる。

「彼は私の3倍稼ぐ」を表すには以下のような表現が使える。

He earns three times as much (money) as I do. (do = earn)

He earns three times more (money) than I do.

He earns three times my salary.

研究

2 このwhileは「…している間に」を表す。

訳例 **1** その会社の目標は，従来の肉に代わる環境に優しい食品として消費者に昆虫を受け入れてもらうことである。**2** 肉に対する世界的需要が2050年までには2倍近くになることが予想される中，農場で飼育されたコオロギ，イナゴ，ミールワームは，家禽や家畜より少ない天然資源を使用しながら，家禽や家畜に匹敵する栄養を供給することができるかもしれない。**3** 例えばコオロギは，ブタの約2倍効率的に餌を体重に転換し，ウシの5倍効率的に転換する。**4** 昆虫は土地と水を家禽や家畜ほど必要としない。また食用に適する体の質量1キロ当たりで測定された場合，ミールワームは，ブタの10倍から100倍少ない温室効果ガスしか発生させない。

41

1 In general the relation between parents and children is essentially based on teaching. **2** Many of us forget this. **3** **Some** think it is based on Love, **others** on control. **4** But you can give a child as much love as it can absorb and still make it an idiot unfit to face the world; while the best and surest way to control your children is to explain the rules you intend to enforce.

(大阪市立大)

語句 **1** in general「一般に，概して」relation between *A* and *B*「AとBの関係」*be* based on「～に基づく」essentially「本質的に」**3** contról「图管理，支配；動を管理する，を支配する」**4** absorb「を吸収する」ídiot「愚か者」unfit to *do*「…するのに適さない」face「に直面する，（困難なことなど）を直視する」the world「世の中，世間」while ...「一方…，それに対して…」surest「最も確実な」（形容詞 sure の最上級）explain「を説明する」intend to *do*「…するつもりである」enforce「（規則・法律など）を守らせる，を強制する」

精講 65 不定代名詞（some ～ others, one ～ another, etc.）

二つの不定代名詞が相関的に用いられる表現としては，次のものが重要。

Some like tea, **others** prefer coffee.

「紅茶が好きな人もいれば，コーヒーのほうが好きな人もいる」

▶ others の代わりに some が用いられることもある。日本語では「～もいれ［あれ］ば，…もいる［ある］」と訳すことが多い。

Saying is **one thing** and doing (is) **another**.

「言うことと行うことは別のことだ」

▶ 二者は全く別のものである。

True friendships are based upon two things. **One** is liking, and **the other** is respect. 〔二者のうち，一方と他方〕

「真の友情は二つのものを基礎とする。一つは愛情で，もう一つは敬意である」

There is an inseparable relation between diligence and success. **The one** is the cause and **the other** is the effect.

「勤勉と成功とは切り離せない関係にある。前者は原因であり，後者は結果である」

〔具体的に示された二者につき，前者（＝ the former）と後者（＝ the latter）〕

本文第3文 **Some** think it is based on love, **others** (think that it is based) on control.「それ（＝親子関係）が愛に基づくと考える人もいれば，それが管理に基づくと考える人もいる」は，Some think ... on love と others on control という，対比される二つの文がコンマを介して並置されている。others と on control の間に think (that) it is basedが省略されている。このような空所化（gapping）は通例，等位接続された文Aと文Bの文B内で生じる。ここではコンマで並置された文Aと文Bの文B内で生じている。

研究 　**④ you can ❶give a child as much love as it can absorb and ❷still make it an idiot** 「子供に，❶その子が吸収できるだけの愛情を与えても，❷その子を愚かな人間にしてしまう可能性がある」 等位接続された動詞句❶（give a child … can absorb）と動詞句❷（still make it an idiot）が，助動詞canの後ろに続く構造。「動詞句❶の訳」＋「動詞句❷の訳」＋「canの訳」という順番で訳出する。このcanは理論上の『可能性』（＝「（…する）可能性がある」）を表す。一方，as it can absorb (love) のcanは，『能力』（「（…する）ことができる」）を表す。またitは二つともa childを指す。a childの性別を問題にしていないのでhim or herではなくitで受けている。

> **誤りやすい助動詞表現**
> You **cannot** ❶eat your cake **and** ❷have it (too). （ことわざ）
> cannotはeat your cake and have it全体を打ち消すので「❶ケーキを食べて（なおかつ）❷持っていることはできない→ケーキは食べればなくなる／両方よいことはできない」を表す。

④ and $_{adv}$ **still** $_v$ **make** $_o$ **it** $_c$ [**an idiot** [**unfit** [**to** $_{(v')}$**face** $_{(o')}$**the world**]]] 「子供を世間と向き合うのに適さない愚か者にする」 idiotを修飾するunfit to face the worldは who is unfit to face the worldのように〈関係代名詞＋be動詞〉を補って理解してもよい。stillは「（子供に愛情を注いだの）にそれでも」を表す。

④ ; while the best and surest way to control your children is to explain the rules [(**which / that**) **you intend to enforce**] 「一方，子供をしつける最もよい，そして最も確実な方法は，あなたが従わせようと思う規則を説明することだ」 セミコロン（;）はピリオドより軽くコンマよりも重い区切りとして使われる（⇒p.167）。ここでは，while「一方で」とともに，セミコロンの前の内容とは対照的な内容が展開されることを示している。you intend to enforceは関係代名詞whichまたはthatが省略された接触節で，rulesにかかる（⇒p.90）。

訳例 　**1** 概して言えば，親子の関係は本質的には教えることを基礎としている。**2** 我々の多くはこのことを忘れている。**3** それが愛情に基づくと考える人もいれば，しつけに基づくと考える人もいる。**4** しかし，子供が受け入れることができる限りの愛情を注いでも，その子を世の中と向き合うこともできないような愚かな人間にしてしまうこともある。一方，子供をしつける最もよい，そして最も確実な方法は，守らせようと思う規則を説明することである。

42

■ Knowledge is power, but it is power for evil just **as** much **as** for good. **②** With every increase of scientific knowledge man's power for evil is increased in the same proportion as his power for good. **③** I think, therefore, that the really important question raised by modern technology is not will it be possible for man to inhabit other planets, but will it be possible for man to continue to inhabit his own planet? **④** I think that a happy answer is possible only if we can learn to think in terms of the welfare of mankind and not of this or that particular nation or group.

(滋賀大)

語句 **■** evil [íːvəl]「悪」 good 图「善，美徳」 **②** increase「増加」（動「を増加させる」の場合は incréase）in the same proportion as「〜と同じ割合で」 **③** therefore 副「それゆえに」 raise「（問題など）を持ち出す；を提起する」 technólogy「科学技術」 inhábit「に住む」 planet「惑星」 continue to *do*「…し続ける」 **④** learn to *do*「…できるようになる」 in terms of「〜の立場で，〜の観点から」 welfare「福祉，繁栄」 mankind「人類」（現在では humankind などが用いられる）particular「特定の」 nation「国家」

精講 66) as 〜 as ...

「…と同じ程度に〜」「…に劣らず〜（= no less 〜 than …）」の意。

　She's **as** pretty **as** her sister.「彼女は妹に劣らずきれいだ」

　　= She's **no less** pretty **than** her sister.　　　〔形容詞句が比較要素〕

　This region is hit by typhoons **as** frequently **as** Okinawa.

　　「この地域は沖縄と同じくらい頻繁に台風に襲われる」　　〔副詞句が比較要素〕

　There are **as** many medical technicians in this hospital **as** doctors.

　　「この病院には医者と同数の医療技術者がいる」　　　〔名詞句が比較要素〕

　She is **as** 形容詞intelligent a 名詞student as anyone in her class.

　　「彼女はクラスの誰にも劣らず頭のよい学生だ」　　　〔名詞句が比較要素〕

▶ 可算名詞の単数形が〈副詞＋形容詞〉に修飾される場合，通例〈a[an]＋副詞＋形容詞＋名詞〉の形をとる（例：a very intelligent student）。ただし，形容詞の前の副詞が as「同じくらい」so「とても」too「あまりに」how「どんなに」の場合，〈as[so / too / how]＋形容詞＋a[an]＋名詞〉の形をとる。

　本文第1文 it is power for evil just **as** much **as** for good は「それは善のため（の力）とちょうど同じくらい悪のための力である」。as much as …（much は副詞）は，

112

程度が「…と同じくらい大いに」を表す。下の例との違いに注意。

補足 He has **as** many **as** five brothers.「彼には5人も兄弟がいる」

= He has **no less than** five brothers.

〈as many as + 基数詞 + 名詞 (句)〉は「…もの多くの〜」を表す。〈no less than + 基数詞 + 名詞 (句)〉で言い換えることができる。

研究

② **With every increase of scientific knowledge**　「科学的知識が増加するたびに」　withは「〜につれて，〜と同時に」を表す前置詞。ここではevery increase「すべての増加」を伴うので，「どんな増加があっても例外なくそれと同時に→増加があるたびに」を表す。

With the passage of time, his health declined.

As time passed, his health declined.

「時の経過とともに [時がたつにつれ] 彼の健康は衰えた」

③ **the really important question... is not** ^A^**will it be possible for man to inhabit other planets, but** ^B^**will it be possible for man to continue to inhabit his own planet?**　「…本当に重要な疑問は，^A^人間が他の惑星に住むことは可能であろうかではなく，^B^人間が自分自身の惑星に住み続けることは可能であろうかである」　the really important question isの補語が，not *A* but *B*「AではなくBである」の構造 (⇒p.74)。continue to inhabit his own planet (= go on living on the earth) は「自分自身の惑星に住み続ける」，つまり「地球に住み続ける」ということ。

④ **only if we can learn to think in terms of** 〜　「我々が〜の観点から考えることができるようになる場合にのみ」　only ifは「〜の場合にのみ」の意で，限定的な『条件』を表す。

You will succeed **only if** you do your best.

「最善を尽くしてはじめて成功する→成功するのは最善を尽くす場合だけである」

④ **in terms of the welfare** ^A^ **of mankind and not** ^B^**of this or that particular nation or group**　「^B^あれこれの特定の国や集団の幸福ではなく^A^人類(全体)の幸福の観点から」　*A* and not *B*「BではなくA」の構造がwelfareを修飾する。

訳例　**①** 知識は力であるが，それは善を行う力であるのと全く同様に，悪を行う力でもある。**②** 科学的知識が増加するごとに，人間の悪を行う力は，善を行う力に比例して増えていく。**③** したがって，現代の科学技術が提起する本当に大切な問題は，「人間は他の惑星に住むことができるか」ではなく，「人間は自分の惑星に住み続けることができるだろうか」であろう。**④** これに対する喜ばしい答えは，我々が，あれこれ特定の国家や集団ではなく，人類全体の幸福という立場で物事を考えることができるようになる場合にのみ，可能となるだろう。

43

1 In later years, I confess that I do not envy the white boy as I once did. **2** I have learned that success is to be measured **not so much** by the position that one has reached in life **as** by the obstacles which he has overcome while trying to succeed.

(*Up from Slavery* by Booker T. Washington)

(徳島大)

語句　**1** in later years「後年，もっと年を取って」**conféss that ...**「…と認める」**envy** [énvi]「をうらやむ，をねたむ」**2** *be to be done*「…されるべきである」(⇒ p.70) **measure**「を測る；を判断する」**position**「地位；立場」**in life**「人生［世の中／社会］で」**óbstacle**「障害，邪魔」**overcome**「を克服する」(= **get over**)

精講 67 not so much *A* as *B*

比較関係をそのまま表せば「BであるほどAでない」である。転じて，**「A というよりむしろ B」**と理解する。A を否定しつつ，A よりも B のほうが当てはまる，という意味である。as の代わりに but が用いられることもある。not *A* but *B*「A ではなく B」と類似の意味を表す。

Happiness depends **not so much** ᴬon circumstances **as**[but] ᴮon one's way of looking at one's lot.

　　　「幸せは ᴬ境遇そのものよりもむしろ ᴮ自分の運命をいかに見るかにかかっている」

この構文は，not *A* so much as *B* の形をとることもある。

Man is **not** ᴬthe creature, **so much as** he is ᴮthe creator, of circumstances.

　　　「人間は環境によって ᴬつくられるものというよりはむしろ環境を ᴮつくり出すものである」

▶ creature「（つくられた）生き物」，creator「つくる人，つくり主」

補足　*B* rather than *A* の表現でも近い意味を表せる。このとき，A と B の語順の違いに注意する。

　　　He is not so much ᴬa teacher as ᴮa scholar.
　　　He is ᴮa scholar rather than ᴬa teacher.
　　　「彼は ᴬ教師というよりもむしろ ᴮ学者だ」

本文の success is to be measured **not so much** ᴬby the position ... **as** ᴮby the obstacles ...「成功は ᴬ…地位によってというよりむしろ ᴮ…障害によって測られるべきである」は，not so much *A* as *B* の A に by the position ... ，B に by the obstacles ... が用いられている。

研究

① I confess that ... 「(恥ずかしながら)…だと認める;本当のことを言えば…だ」

① as I once did = as I once envied the white boy 「私がかつて白人の少年をうらやんだように」 did は既出の動詞(句)を繰り返して用いないで,その動詞(句)と同じ意味を表す代動詞用法である (⇒p.170)。この接続詞 as は「～のように」を表す (⇒p.71)。

② the position [that one has reached in life] 「人が人生で到達した地位」 that ... life は the position にかかる関係詞節。that は目的格の関係代名詞。one は「(筆者も含む)人」(⇒p.43)。

② the obstacles [which he has overcome [while trying to succeed]] 「人が成功しようと努力している間に克服した障害」 which ... succeed は the obstacles にかかる関係詞節。which は目的格の関係代名詞。

while trying to succeed は while (he is) trying to succeed から〈主語 + be 動詞〉が省略された例である (⇒p.47)。

he は one を指す。1970 年代までに書かれた英文では,「人」を意味する不定代名詞 one は he で受けるのが一般的であった。最近では匮では one で,因では he or she,they などで受ける傾向がある。

「人,人間,人類」の表し方
本文第 2 文のような,英語に潜在する男性中心主義を是正するべく,1970 年代に起きた女性解放運動の一環として,教育界・出版界が率先して性差別のない表現に変えることに尽力した。結果として最近のアメリカ英語では,one を he or she や they で受ける用法が一般化しつつある。「人間,人類」を表す表現も,man や mankind などの性差別的な語を避けて humankind, humanity, the human race, human beings, humans, people などを用いるのが一般化している。

訳例 **①** 年を取ってからは,正直に言って,私は以前のように白人の少年をうらやましく思ってはいない。**②** 成功は,人生において人が到達した地位よりも,むしろ成功しようと努力している間に克服した障害によって測られるべきであるということを私は学んだ。

別訳 (第 2 文のみ)
② 成功は,人が社会でどのような地位に達したかということよりも,むしろ成功しようと努力している間に,どのような障害を克服したかということによって測られるべきものである。

参考 Booker T. Washington (1856-1915):南北戦争期に奴隷であった身分から困難を乗り越え Tuskegee University の前身である Tuskegee Normal and Industrial Institute を設立し初代校長であった。本英文は彼の自伝である。

44

[1] The main problem with national minimum wage legislation is obvious: it needlessly prevents free market competition. [2] Wages follow the laws of supply and demand, and vary naturally according to the availability and skills of the workers and general market conditions. [3] Creating artificial barriers cannot be the right way to address the issue of cheap labor. [4] Small businesses make up the heart of most flourishing economies. [5] Yet **no one is more affected than** small businesses and particularly start-ups. [6] These organizations often need to take advantage of cheap labor, particularly in the early stages of development. [7] Many of today's corporate giants started out small. [8] Yet how many **might have collapsed, had** early labor costs **been** too high?

(慶應大)

語句　[1] minimum wage「最低賃金」legislation「法律」obvious「明らかな」needlessly「必要もないのに」prevent「を妨げる」free market「自由市場」competition「競争」[2] follow「に従う」law「法則」supply「供給」demand「需要」vary「変化する, 変動する」availability「利用可能性, 有効性」skill「技能」general「全般的な, 世間一般の」condition「(～sで) 状況, 事情」[3] artificial「人工の, 人為的な」barrier「障害, 障壁」address「に対処する, に取り組む」issue「問題」labor「労働」[4] business「企業, 会社」make up「～を構成する, ～を占める」flourishing「繁栄する」[5] yet[接]「それにもかかわらず, しかし」affected[形]「影響を受けた」(< affect[動]「に影響する」) start-up「新会社, 新興企業」[6] take advantage of「～を利用する」stage「段階」[7] corporate「法人組織の, 企業の」giant「巨大組織, 大企業」start out「(商売 [仕事] を) 始める」[8] collapse「崩壊する；失敗する」labor cost「人件費」

精講 68 no one[nothing] is so ～ as ...[more ～ than ...]

この同等比較や比較級の表現は,「…ほど～なものはない」の意を表す。「…が最も～である」という最上級表現でも表せる。

　　Nothing is so precious **as** health.　　　　　　　〔原級表現〕
　　Nothing is more precious **than** health.　　　　　〔比較級表現〕
　　Health is **the most** precious thing.　　　　　　　〔最上級表現〕
　　　「健康ほど貴重なものはない―健康は最も貴重なものである」

　本文第 5 文は Yet **no one is more affected than** small businesses and particularly start-ups (are x-much much affected).「どの会社も, 小さな会社, 特に新会社 (が x 程度大いに影響を受けるが, それ) よりもっと大きな影響を受けること

はない→小さな会社，特に新会社ほど大きな影響を受けるものはない」のように，比較構文の通常の解釈から文の内容をつかむことができる。

精講 69 仮定法の倒置表現 had A done

had *A* done = if *A* had *done*「Aが…し（てい）たなら［であったなら］」は仮定条件を表す。節内の had *done* は仮定法過去完了で，帰結節では通例，would / could / might have *done* という「過去の事態の推量」を表す助動詞句が用いられる。

Had you **arrived** a bit earlier, you could have caught the train.
〔= If you had arrived〕
「あなたがほんの少し早く着いていたら，その電車に乗れたのに」

本文第 8 文の，had early labor costs been too high（= if early labor costs had been too high）は仮定条件を表す。帰結節（主節）の how many（= how many of today's corporate giants）might have collapsed「今日の巨大企業のうちいくつの企業がつぶれたかもしれないことか」は「過去の事態の推量」を表す。

研究

2 Wages ①[follow the laws of supply and demand], and ②[vary naturally (adv)[according to ❶the availability and skills of the workers and ❷general market conditions]]. 「賃金は①[需要と供給の法則に従い]，②[[❶労働者の可用性と技能および❷全般的な市況に応じて]自然に変化する]」

3 主語は動名詞句の Creating artificial barriers。to address ... labor は right way にかかる形容詞用法の to 不定詞句。

7 **Many of today's corporate giants started out small.** 「今日の巨大企業の多くは小規模で創業した」 small は二次述語で，「創業した」ときの主語の状態を示す形容詞。二次述語とは主語，または目的語の状況を叙述している形容詞のこと。

ₛShe ᵥleft ₒthe room **angry**. 「彼女は怒って部屋を出た」〔主語の状況を叙述〕
ₛTom ᵥate ₒthe meat **raw**. 「トムは肉を生で食べた」〔目的語の状況を叙述〕

訳例

1 全国最低賃金法に関する主要な問題は明らかである。この法律は必要もないのに自由市場の競争を妨げているということである。**2** 賃金は需要と供給の法則に従い，労働者の可用性と技能および全般的な市況に応じて自然に変化する。**3** 人為的な障害を作り出すことは，安い労働力の問題に対処する正しい方法ではあり得ない。**4** 小さな会社はたいていの繁栄する経済の中心を占めている。**5** しかし，小さな会社，特に新興企業ほど大きな影響を受けるものはない。**6** こうした組織は多くの場合，特に発展の初期段階で，安い労働を利用する必要がある。**7** 今日の巨大企業の多くは小規模で創業した。**8** しかし初期の人件費が高すぎたなら，いくつの企業がつぶれてしまったことだろう。

参考
本文は最低賃金法への反対意見だが，入試問題では「消費刺激による経済効果・労働力の安定的確保・貧困対策への国家支出減」など賛成意見も同時に掲載された。

45

1 Linguists now generally agree that a grammarian has **no more** right to say how people ought to talk **than** a chemist has to say how molecules ought to interact.　**2** The laws of grammar are like the laws of any other science, simply generalized statements about what does happen, not directions about what should — and they are subject to change as soon as any new evidence comes in.

(新潟大)

語句 **1** linguist「言語学者」generally「概して，一般的に」agree that ...「…ということに同意する；…という点で意見が一致している」grammarian「文法家，文法学者」right「権利」chémist「化学者」mólecule「分子」interact「相互に作用する」**2** law「法則」like前「〜と似た」science「科学」simply「単に」géneralized「(個々の事実から帰納して) 一般化された」statement「陳述」directions「指示，命令」*be* subject to「〜 (の影響) を受けやすい」as soon as ...「…するとすぐに」evidence「証拠」come in「入ってくる；流行し始める」

精講 **70** no more 〜 than ... // not 〜 any more than...

「…でないのと同じく〜ではない」「〜でないのは…でないのと同じだ」を表す。than 以下で「…でない」という自明の事実を引き合いに出し，「それと同じように〜でない」ということを述べる否定形式である。

He is **no more** a fool **than** you are.

He is **not** a fool **any more than** you are.

≒ He is not a fool, just as you are not a fool.

「君 (が愚かでないの) と同じく彼は愚かでない→彼が愚かでないのは君が愚かでないのと同じだ」

I can **no more** write a novel **than** you can fly.

「君が飛べないように，私は小説を書くことはできない」

次のようなふつうの比較表現と区別する。

There is no more important problem than this.

「これほど重要な問題はない」

本文第 1 文の構造は以下のとおり。

a grammarian has **no more** right [to say how people ought to talk]

[**than** a chemist has (the x-much little right) [to say how molecules ought to interact]]

「化学者が，分子はどのように互いに作用するべきかを言う (x程度少ない (＝限りなくゼロに近い) 権利を持っているが，その) 権利と同じくらい少ない，人々がどのように話すべ

きかを言う権利を文法学者は持っている。

→化学者が分子はどのように互いに作用するべきかを言う権利を持っていないのと同じく，文法学者は，人々がどのように話すべきかを言う権利を持っていない」

a chemist has to say は has の後ろに比較要素である the x-much little right が省略された形である。

また，no more ～ than … は as little ～ as … 「…と同じくらい少ない～」と同義である。ここから，本文を書き換えると次のようになる。

a grammarian has **as little** right to say how people ought to talk **as** a chemist has (the x-much little right) to say how molecules ought to interact

> **no more[less] than ～** no more than ～ は「わずか～，～にすぎない」（＝ only）の意を表し，no less than ～ は「～に多く，～も」（＝ as much[many] as）を表す。同じ数量を表しても，それを「少ない」と見るか「多い」と見るかが逆になる。
>
> **No more than** 50 people came.「たった50人しか来なかった」
> **No less than** 50 people came. 「50人もの人が来た」

研究 文法の立場を大別すれば，一つは伝統的な学校文法のように『守るべき規則』を示す規範文法と，もう一つは言語のありのままの姿（実際に使われている文法現象）を科学的に記述する記述文法になるが，本文は後者の立場を述べたものである。

2 ₛThe laws of grammar ᵥare ₍[❶like the laws of any other science, ❷simply generalized statements about what does happen, not ❸directions about what should (happen)] 「文法の法則は❶他のどの科学の法則にも似ていて，❷実際に起こることに関する単に一般化された叙述であり，❸起こるべきことに関する指示ではない」 The laws of grammar are の三つの補語が，❶, [❷, not ❸]「❶であり，[❷であって❸ではない]」という形で並置されている。「❶であり，[❸ではなく❷である]」と訳すこともできる。

訳例 **1** 言語学者は今日，化学者に分子は互いにいかに作用し合うべきかを言う権利がないのと同じく，文法学者にも人々がいかに言葉を話すべきかを言う権利はない，ということにおいてだいたい意見が一致している。**2** 文法の法則は，他のいかなる科学の法則にも似ており，実際に起こる現象について個々の事実から導かれた陳述であるに過ぎず，かくあるべしという指図ではない――したがってこの法則は，新しい証拠が得られるとすぐに変更されることがある。

46

1 Today young people find themselves, through no fault of their own, living in a world torn by international bitterness and the threat of atomic destruction. **2** More than ever **do you need** to get goals that will give purpose to whatever we are doing. **3** We need assurance that life is **worth living**, despite the difficulties that surround us.

(長崎大)

語句　**1** find *oneself doing*「（自分が）…していることに気づく」**through**「〜を通して；〜によって」**fault**「過失，落ち度」**of** *one's* **own**「自分自身の」**torn by**「〜によって引き裂かれた」（＜ **tear**「を引き裂く」- **tore** - **torn**）**bitterness**「苦い気持ち；憎しみ」**threat** [θret]「脅威」**atomic**「原子力の；核の」**destruction**「破壊」**2** **more than ever**「今まで以上に」**purpose**「目的」**3** **assurance**「保証；確信」**despite**「〜にもかかわらず」（＝ **in spite of**）**difficulty**「困難；難題」**surround**「を取り巻く」

精講 71 倒置（1）

否定語やその他の要素が強調のために文頭に置かれ，それに伴って**助動詞や be 動詞が主語の前に現れる倒置**（＝疑問文と同形の倒置）が生じることがある（⇒ p.125）。

Never have I been so happy.「こんなに幸せだったことはない」

▶ふつうの語順は I **have never** been so happy.

Seldom does he **get** angry.　「彼はめったに腹を立てない」

▶ふつうの語順は He **seldom gets** angry.

Well do I **remember** it.　　「私はそれをよく覚えている」

▶ふつうの語順は I **remember** it **well**.

本文第 2 文の More than ever **do you need** to get goals「今までにも増してあなた方は目標を持つことを必要とする」は，more than ever という副詞要素が強調のために文頭に現れ，そのあとに〈助動詞 do ＋主語＋動詞〉の倒置が生じる構造。ふつうの語順は you need to get goals more than ever である。

精講 72 worth *doing* // worth ＋名詞

形容詞は句を構成するとき通例，〈形容詞＋前置詞（句）〉（difficult for「〜にとって難しい」）や〈形容詞＋ to 不定詞句〉（difficult to *do*「…するのは困難だ」）の形をとるが，形容詞 worth は例外的に**動名詞（句）や名詞（句）**を後ろに伴う。

The car isn't **worth** repair**ing**.「その車は修理する価値がない」

A is worth *doing*「Aは…する価値がある」において，doingは，①「他動詞」②「他動詞扱いの句動詞」③〈自動詞＋前置詞〉のいずれかの動名詞形が用いられる。いずれも，後ろに来るはずの目的語は明示されず，主語のAが目的語に相当する。例文では，文の主語のThe carがrepairingの目的語に相当する。

　= It isn't **worth** repairing the car.（itは形式主語で，真主語は動名詞句）

It isn't **worth while[worthwhile] to** repair the car.でも同じ内容を表す。

worth ＋名詞（句）「〜の価値がある，（ある金額の）値打ちがある」の意。

　The museum is **worth** a visit.「その博物館は訪れる価値がある」

　If you enjoy the work you do, you have something **worth** more than money.

　　「自分の仕事を楽しくすることができれば，お金以上に価値のあるものを持っていることになる」

　　▶ worth more than money はsomethingを修飾する形容詞句。

　本文第3文 We need assurance that life is **worth living**は「私たちは，人生は生きる価値があるという確信を必要としている」。lifeはlivingの（同族）目的語に相当する。living lifeで「人生を生きること」を表す。

研究

１ young people find themselves … living
　挿入句の , through … own, を除けば全体は〈SVOC〉の構造。「若者は自分が生きていることに気づく」が直訳であるが，「若者は生きている」ぐらいに訳してよい。

１ through no fault of their own
「自分のせいでもないのに，自分の責任ではなく」を表す定型表現。
　It is no fault of mine. / It's not my fault.「それは私のせいではない」

２ whatever we are doing = anything that we are doing 「我々がしているいかなること」　前置詞toの目的語として働く名詞節（⇒p.102）。

３ despite the difficulties [that (　　) surround us] 「我々を取り巻く困難にもかかわらず」　assuranceの内容を示すthat節の中で『譲歩』を示す前置詞句。in spite of the difficulties …とも表せる。

訳例

１ 今日若者たちは，自分には何の落ち度もないのに，国境を越えた敵意と原子力による破壊の脅威によって分裂した世界に生きている。**２** 自分がしていることには何にでも目的を与えてくれるような目標を持つことを，今までのいかなる時代にも増して必要としている。**３** 自分たちを取り巻くさまざまな困難にもかかわらず，人生は生きるに値するものであるという確信を与えてくれるものを，我々は必要としているのである。

47

■ **Strange** is our situation here upon earth.　■ Each of us comes for a short visit, not knowing why, yet sometimes seeming to divine a purpose.

■ From the standpoint of daily life, however, there is one thing we do know: that man is here for the sake of other men —— above all for those upon whose smile and well-being our own happiness depends, and also for the countless unknown souls with whose fate we are connected by a bond of sympathy.　(島根大)

語句　（第1段落）■ situátion「立場」■ divine「を見抜く，を推測する」purpose「目的」（第2段落）■ stándpoint「見地, 観点」for the sake of「～の（利益の）ために」above all「とりわけ」well-being「幸せ, 福祉」depend upon「～に依存する」countless「無数の」unknown「未知の, 見知らぬ」soul「魂；人」fate「運命」connect「を結びつける」bond「きずな, 縁」sympathy「同情；共感」

精講 **73** 倒置（2）

文中の焦点要素を明確にするために，補語が文頭に出て〈CVS〉の形をとることがある。この構文では主語の位置に「重い名詞句」（＝関係詞節, 同格名詞節, 形容詞句, 前置詞句などに修飾された長い名詞句）が現れることが多い。

　_c**Happy** _v**is** _s**a woman** who marries a good husband.
　「よき夫と結婚する女性は幸せである」

　_c**So kind** _v**was** _s**the librarian** working in the city library _{adv}[that everyone liked her].
　「市立図書館に勤めるその司書はとても親切だったので皆に好かれた」

本文の**Strange** is our situation here upon earth.「この地上における我々人間の立場は不思議なものである」は，Our situation here upon earth is strange. の倒置形である。

なお，主語が代名詞の場合には通例，〈CSV〉の形になる。

　_cHappy _sshe _vis.「彼女は幸せだ」

研究　（第1段落）**2 Each of us comes for a short visit**　「我々はそれぞれ短い訪問のためにやって来る」「この世に生まれ，短い人生を過ごす」こと。

2 not knowing why, yet sometimes seeming to divine a purpose　「なぜそうするのかわからないが，それでもときどき，ある目的を推測するように思われる」　二つの分詞構文（not knowing why と seeming to divine a purpose）は，主節の動詞

（ここでは comes）が示す行為と同時に行われる行為，すなわち『付帯状況』を表す。not knowing why のように，分詞句の否定形では not が分詞の直前に生じる。

（第2段落）■ **there is one thing we do know:**「我々が確かに知っていることが一つある」 we do know は接触節（⇒ p.90），do は強意用法。「生まれてくる目的（神の摂理）はわからないが，日々の生活という見地からは，はっきりわかっていることが一つある」という対照的な強意。この one thing の内容が直後の同格節 that man is here ... by a bond of sympathy で示される。know の後ろのコロン（:）は，例を示したり，具体的に解説（列記）したりする場合に用いる（⇒ p.167）。「一つのこと，すなわち…ということだけは確かに知っている」

■ **man is here for the sake of other men — above all for ～, and also for** … 「人間は他人のために，とりわけ～のため，そしてまた…のために，この世に存在する」「～」に当たる those upon whose smile ... は，内容的には「その人々の笑顔を見ることができ，その人々が幸せであって初めて自分も幸せになれる，そういう人々」で，日頃から身近にいて生活を共にし，その幸せを自分が心から願っている，そういう人々を指す。「…」は，「世界中の見知らぬ多くの人々を表し，離れていても，国や人種は違っても，同じ人間同士この地球上での運命を共にする，そういう人々」のこと。

■ **— above all for those ... depends, and also for the countless unknown souls ... sympathy** 「とりわけ，…人々のために，そしてまた…無数の見知らぬ人々のために」 above all「とりわけ」は，ダッシュの前の for the sake of other men「他の人々のために」が，for those ... depends と for the countless unknown souls ... sympathy という人たちに特に当てはまることを示す。

■ **those** [**upon whose smile and well-being** ₛ"**our own happiness** ᵥ"**depends** ₐdᵥ"**] 「その（人々の）ほほえみと幸せに我々自身の幸せがかかっている人々」 関係詞を含む前置詞句（upon whose smile and well-being）は節内で depend と連語を形成する。

■ **the countless unknown souls** [**with whose fate** ₛ"**we** ᵥ"**are connected** ₐdᵥ"** ** ₐdᵥ"**by a bond of sympathy**] 「その（人々の）運命に我々が共感のきずなによって結ばれている無数の見知らぬ人々」 with whose fate は節内で connected と連語を形成する。

訳例 ■ この地球上における我々の立場は不思議なものである。■ 我々は皆この地球を訪れて，つかの間，地上に滞在する。なぜそうするのかはわからないが，ときにはある目的を察知することができるように思われることもある。

■ しかしながら，日常生活という観点からすれば，我々が確かに知っていることが一つある。それは，人間は他人のために――とりわけ，その人々のほほえみと幸せに我々自身の幸せがかかっている人々や，その人々の運命と我々が共感のきずなによって結ばれている数知れぬ見知らぬ人々のために――この世に存在するということである。

1 Different kinds of reading matter call for different kinds of reading. **2** Readers must, first of all, decide what type of reading matter they have at hand; and they must then read it accordingly. **3** **Every** piece of reading matter that comes before our eyes is **not equally** worth reading, **nor** do all make equal claims on our attention.

(成蹊大)

語句　**1** **reading matter**「読みもの」（**matter**「題材」）**call for**「〜を要求する」（＝ **require**）　**2** **first of all**「第1に」 **have 〜 at hand**「〜を手元に置いておく」（**at hand**「近くで［に］」）　**accordingly**「それに従って」 **3** **a piece of**「〜の一つ」 **equally**「等しく」 **be worth** *doing*「…する値打ちがある」 **nor**接「そして…でもない」 **make a claim on**「〜に対して要求する」

精講 74 not every[all] ...〔部分否定〕

not every[all] ... は部分否定を示す構造で，「すべて（の〜）が…である［…する］わけではない」を意味する。

　　Everyone can**not** be a hero. / **Not every**one can be a hero.
　　　「すべての人が英雄になれるわけではない」

この文は「すべての人は英雄になることはできない」という「全体否定」の解釈も可能であるが，部分否定か全体否定かは文脈により決定する。

　　Not all were satisfied.
　　　「皆がみな満足していたわけではない」
　　cf. **None** were satisfied.「誰も満足していなかった」〔全体否定〕

not always「いつも…わけではない；必ずしも…ない」，**not necessarily**「必ずしも…ない」，**not quite**「全く…というわけではない，完全には…ない」なども部分否定と呼ばれる。

　　The rich are **not always** happy.「金持ちが幸せとは限らない」
　　I do**n't quite** understand what you are saying.
　　　「あなたの言うことが完全には理解できない」

本文第3文の **Every** piece of reading matter that comes before our eyes is **not equally** worth reading は，否定語notがequallyに作用していることもあり，「私たちの目の前に現れるすべての読みものが，同じように読む価値があるわけではない」のように部分否定として解釈することができる。

精講 75 nor ... 〔否定・倒置〕

先行する否定表現を受けて、「そしてまた…でもない」を表す。norから始まる節では**助動詞またはbe動詞が主語の前**に出る倒置（＝疑問文と同じ形の倒置）が起こる。

The meal didn't cost much, **nor** was it very good.

= The meal didn't cost much, **and neither** was it very good.

▷ neitherが節の頭位に出る場合も主語と助動詞の倒置が生じる。

= The meal didn't cost much, **and** it wasn't very good, **either**.

「食事は高くもなかったが、あまりおいしくもなかった」

You are not to blame, **nor** is he.〔 = **and** he is **not, either**〕

「君が悪いのではないし、彼が悪いのでもない」

I don't know, **nor** do I care. 〔 = **and** I do **not** care, **either**〕

「僕は知らないし、気にもしない」

"I haven't been to the Louvre." — "**Nor**[Neither] have I."

「僕はルーブル美術館に行ったことがない」—「私もないわ」

norやneitherだけでなく、**seldom, rarely, only, not until ..., not only**など否定の副詞類が文頭に現れる場合も、同種の倒置が生じる。

Seldom do I see her nowadays. 「近頃彼女にめったに会わない」

Little did he expect her to come. 「彼は彼女が来るとは全く思っていなかった」

本文第3文の**nor** do all make equal claims on our attention (= **and** all (pieces of reading matter) do **not** make equal claims on our attention, **either**）は「そしてまたすべての読みものが我々の注意力に等しい要求をするわけでもない」。nor ... allの部分否定「すべてが…するわけではない」に注意する。

研究

❸ Every piece of reading matter ... is not equally worth reading 「すべての読みものが等しく読む価値があるわけではない」 worth構文である。ここでは Every piece of reading matter がreadingの目的語に相当する（⇒p.120）。

訳例

❶ 異なった種類の読みものは異なった読み方を必要とする。**❷** 読者は、まず、どのような種類の読みものを自分が手元に置いているかを決めなければならない。そしてそれから、それに応じた読み方をしなければならない。**❸** 我々の目に触れる読みものがすべて等しく読む価値を持っているわけではなく、またあらゆる読みものが等しい注意力を我々に要求するわけでもない。

別訳 （第1文のみ）

読みものの種類が異なれば、異なる読み方が求められる。

1 ...it is important to remember that it is never impossible to shake off an old habit and form a new one. **2** Once a habit **has been acquired**, it has almost compulsive power over us. **3** But human habits **are** freely **acquired** by the choices we make, and can **be got** rid of and **replaced** by making other choices. **4** **No** habit, no matter how strong, **ever** abolishes our freedom to change it.

(同志社大)

語句　**1** shake off「〜を振り落とす；〜を除く」(= get rid of) habit「習慣」form「を形作る；を身につける」 **2** once ...「ひとたび…すれば」acquire「を身につける」compulsive「強制的な」power「力」 **3** choice「選択」(< choose「を選ぶ」) get rid of「〜を除く」replace「を置き換える」 **4** abolish「を廃止する」(= do away with)

精講 76 能動態と受動態

　英語では，日本語よりも受動表現が広く用いられるが，訳出に際しては英語の受動態にこだわらず，日本語として自然な表現になるようにする。

　He **was listened to** with enthusiasm.「人々は彼の話に熱心に耳を傾けた」

　▶「耳を傾けられた」とは言えない。

　This book should **be read** with diligence.

　　「この本は丹念に読まれなければ（読まなければ）ならない」

　▶受動態と能動態のどちらで訳しても可。

　本文第2文の Once a habit **has been acquired** は，「ひとたび習慣が身につけられたならば」「ひとたび習慣が獲得されると」のように受動態の訳でもいいし，「ひとたび習慣が身についたならば」のような能動態の訳でもいい。接続詞用法の Once に注意。

　本文第3文の human habits **are** freely **acquired** by the choices we make, and can **be got** rid of and **replaced** by making other choices は，「人間の習慣は我々が行う選択により自由に<u>獲得される</u>し，また他の選択を行うことにより<u>捨てられ取り替えられる</u>可能性がある」のように受動態で訳すこともできるし，訳例のように能動態で訳すこともできる。

精講 77 否定文での語順：not / never / no 〜 → any

　原則として否定文で用いられる ever や any は，not／never／〈no＋名詞〉などの否定表現に先行することはできない。

He doesn't believe **anybody**. 〔正〕「彼は誰も信用しない」

　= He believes **nobody**. 〔正〕

　× ~~Anybody isn't believed by him.~~〔誤〕

Nobody believes him. 〔正〕「誰も彼を信用しない」

　× ~~Anybody doesn't believe him.~~ 〔誤〕

He has **never** loved **anybody**. 〔正〕「彼は誰も愛したことがない」

　× ~~Anybody has never been loved by him.~~〔誤〕

Nobody has **ever** loved him. 〔正〕「今までに彼を愛したものは誰もいない」

　× ~~Anybody has never loved him.~~〔誤〕

本文第4文 _S**No** habit ... **ever** _Vabolishes _Oour freedom「いかなる習慣も…我々の自由をなくしてしまうことは決してない」は受動態にすると Our freedom is **never** abolished by **any** habit.になる。... is ever abolished by no habit. とはならない。

研究

１ **it is important to remember that ...**　「…ということを覚えていることは大切なことである」　it は形式主語(⇒p.62)で，真主語は to remember that it is ... a new one。that節内も形式主語構文で，it が形式主語, to shake off an old habit and form a new one が真主語である。

３ **the choices** [(which / that) _{S'}**we** _V**make** _{O'}]　「我々が行う選択」　we make はその前に関係代名詞which／thatが省略された接触節(⇒p.90)。make a choice で「選択をする」。

４ **no matter how strong** = _{adv}[_{疑節}no matter how strong _{S'}it _Vmay be _{C'}]「それがどんなに強くても」　it is が省略されたと考えてもよい。however strong it may be [it is] と同義の『譲歩』を表す副詞節である。it は (any) habit を指す。no matter *wh*-節内 (⇒p.94) では〈主語 + be動詞〉は省略されることがある。

訳例　**１** 古い習慣を捨て，新しい習慣を身につけることは決して不可能ではない，ということを覚えておくことは，大切なことである。**２** ひとたび習慣が身につけば，それは我々に対してほとんど強制的な力を持つ。**３** しかし人間の習慣は，我々の行う選択によって自在に身につき，また他の選択をすることによって，それを捨てたり取り替えたりすることもできる。**４** いかなる習慣も，それがたとえどんなに強いものであっても，それを変えようとする我々の自由を奪ってしまうことは決してない。

50

■ Differences between nations, so long as they do not lead to hostility, are **by no means** to be deplored. ❷ **Living** for a time in a foreign country makes us aware of merits in which our own country is deficient .... ❸ The same thing holds of differences between different regions within one country, and of the differing types produced by different professions. ❹ Uniformity of character and uniformity of culture are to be regretted.

(横浜市立大)

語句　■ difference「相違(点)」so long as ...「…する限りは」lead to「〜につながる」hostility「敵意」are to be = should be (⇒p.70) deplore「を嘆かわしく思う」❷ for a time「しばらく」aware of「〜に気づいて」merit「美点, 長所」*be* deficient in「〜が欠けている」❸ hold of「〜に当てはまる」region「地域」prodúce「を生み出す」profession「職業」❹ unifórmity「一様性」cháracter「性格, 性質」regrét「を残念に思う」

精講 78　強意否定 (by no means, far from, etc.)

「決して(全然)…でない」という強い否定は **never**, **not at all**, **not in the least** などによって表されるが, 次の三つもよく用いられる。

I am **far from** (= **anything but** / **by no means**) satisfied with the result.「私は決してその結果に満足していない」

≒ I am **not in the least** (= **not at all**) satisfied with ...

第1文 Differences between nations, so long as they do not lead to hostility, are **by no means** to be deplored.「国家間の相違は…決して非難されるべきではない」の are to be *done* は, ここでは「…されるべきである」を意味する (⇒p.70)。これに否定辞の by no means「決して…ない」が作用するので, are by no means to be *done* は「決して…されるべきではない, 決して…されてはならない」を表す。

精講 79　動名詞の用法 // 無生物主語

同じ -ing 形の語を主要語とする句であっても, 現在分詞句は形容詞や副詞 (= 分詞構文) の働きをするのに対して, 動名詞句は名詞の働きをし, 文中では主語・目的語・補語などの要素になる (⇒p.54)。

① adv[**Seeing** her again], ₛhe ᵥwas ᴄhappy.　〔現在分詞句:副詞の働き〕

② ₛ[**Seeing** her again] ᵥmade ₒhim ᴄhappy.　〔動名詞句:主語の働き〕

①は分詞構文を形成する現在分詞句で,「彼女に再び会って, 彼は喜んだ」の意であ

るのに対し，②は文の主語になっている動名詞句で，「彼女に再び会うことが彼を喜ばせた」の意。目的語の「人を表す代名詞」を主語にして，「彼女に再び会って，彼は喜んだ」とすると自然な日本語になる（⇒p.60）。

本文第 2 文の[**Living** for a time in a foreign country] makes us aware of merits in which our own country is deficient.は「外国にしばらく住むことは，我々に，自分の国に欠けている長所を気づかせる」。Livingは動名詞で，Living … country は文の主語。この無生物主語は「しばらく外国に住んでいると」のように『条件』として訳し，目的語の「人を表す代名詞us」を主語にして「我々は…に気づく」とするとよい。

研究

■ **so long as they do not lead to hostility** 「それ（＝相違）が敵意を生まない限りは」 so[as] long asの構文（⇒p.84）。lead to は「（ある結果）につながる，を引き起こす」を表す。

Higher wages **lead to [result in / give rise to / bring about]** higher prices.「より高い賃金はより高い物価を引き起こす［という結果になる／を生じさせる／をもたらす］（→賃金が上がれば物価も上がる）」

■ **merits [in which our own country is [deficient (　　)]]** 「自国が欠いている［自国に欠けている］利点」 in whichはdeficientの補部として働く。our own country is deficient **in merits**のin meritsが関係詞化しin whichになっている。

> **形容詞の補部** 形容詞の後ろに現れて形容詞とともに形容詞句を形成する前置詞句やto不定詞句のこと。第 2 文のawareの後ろに現れる前置詞句 **of merits** in which … deficientも形容詞awareの補部。

■ **The same thing holds of** 「同じことが～にも当てはまる」「同じこと」とは第1文より Differences are by no means to be deplored.「相違があることは嘆かわしいことではない」ということ。

■ **holds** ❶**of differences between different regions within one country, and** ❷**of the differing types produced by different professions** 「❶一つの国の中の異なる地域間の相違と，❷異なる職業により生み出される異なるタイプとに当てはまる」 二つの〈of＋名詞句〉がandにより等位接続され，holdの後ろに現れる。

訳例 ■ 国家間の相違は，それが敵意を生み出さない限りは，決して遺憾に思うべきものではない。■ 外国にしばらく住んでいると，我々は自分の国には欠けている長所に気づくものである（以下略）。■ 同じことは，一国内の異なる地域間の相違や，異なる職業が生み出す異なる人間の型についても言える。■ 性格の一様性と文化の一様性こそが嘆かわしいことなのである。

129

1

訳例・解説 ◯ 別冊 p.30

1 There **are** many ways to save water in homes. **2** Some **are** easier than others. **3** Leaky faucets and leaky toilets waste very large amounts of water, because even though the flow rates **are** small, they leak all the time. **4** Newer types of toilets and washing machines use much less water than older ones, but replacement **is** expensive. **5** Water-saving shower heads save a lot of water, and they **are** relatively **easy and inexpensive to replace**.

(甲南大)

語句　**1** save「を節約する」 **3** leaky形「(水などが) 漏れる」 faucet「(水道の) 蛇口」(＝英tap) waste「を無駄にする，を浪費する」 large amounts of「大量の〜」 even though ...「たとえ〜が…しても」 flow rate「流量」 leak「(水などが) 漏れる」 all the time「しょっちゅう，ずっと」 **4** washing machine「洗濯機」 replacement「取り替え」 expensive「高価な，値段が高い」 **5** water-saving「節水型の」 relatively「比較的」 inexpensive「手ごろな値段の」 replace「を取り替える」

2

訳例・解説 ◯ 別冊 p.30

1 In my thirty years of teaching at the university level, the majority of my students have been in my cross-cultural communication classes. **2** Most **seem** eager to learn. **3** However, sometimes a bold student will ask, "Why should I be here? Why should I learn about culture? Why can't I just go to a foreign country without all this studying?" **4** To some, all the time, courses and money invested in learning about cultural differences **seem** like a great waste.

(鳥取大)

語句　**1** at the university level「大学レベルで」 majority「大多数，大部分」 cross-cultural「異文化間の」 **2** (be) eager to do「…したいと熱望 (している)」 **3** bold「大胆な，勇敢な」 **4** course「講座，コース」 invest A in B「BにA (金など) をつぎ込む」 waste名「無駄，浪費」

3

訳例・解説 ◯ 別冊 p.31

以下の文は，筆者が初めて東京に来たときに抱いた印象を記したものである。

I couldn't figure out why people bought dogs to push around in baby strollers, or why they dressed them in clothes, took them to dog cafes, sent them to dog beauty salons, **fed them fancy cakes** and **bought them luxury designer collars** studded with jewels.

(明治大)

語句 figure out「〜を理解する」push around「押してあちこちに行く」baby stroller「ベビーカー」dress *A* in *B*「AにBを着せる」clothes [klouz, klouðz]「服，衣服」take *A* to *B*「AをBに連れて行く」send *A* to *B*「AをBに行かせる」beauty salon「美容院」feed *A B*「AにBを餌として与える」fancy形「(食べ物が) 上等の，高級な」buy *A B*「AにBを買う [買ってやる]」luxury形「ぜいたくな，豪華な」designer collar「デザイナーブランドの首輪」(*be*) studded with「〜が散りばめられて (いる)」jewel「宝石」

訳例・解説 ● 別冊 p.31

4

1 According to Takahashi, "Educators all over the world have the same goal." " 2 We do not teach math, we do not **teach them global citizenship** to **let them get into college and get a job**. 3 Our dream is to **teach kids to take responsibility** for what they learn and **to use that** for others."

(上智大)

語句 1 according to「〜によれば」educator「教育者；教育専門家」all over the world「世界中で [の]」 2 teach *A B*「AにBを教える」global citizenship「世界市民であること，世界市民の資格」let *A do*「Aに…させる，Aに…することを許す」get into「(学校など) に入る」get a job「就職する」 3 teach *A* to *do*「Aに…することを教える」take responsibility for「〜の責任を取る」

訳例・解説 ● 別冊 p.31

5

1 Recently, I read in the news that the government **is outlining** a policy to limit overtime hours. 2 I **have seen** evidence of the change in attitudes towards overtime work. 3 For example, friends **have told** me they have to take a day off if they **work** too many hours. 4 If this **happens** often then they must have a meeting with their manager about how to improve their time management.

(静岡大)

語句 1 read that ...「…ということを読んで知る」outline「の要点を述べる，を概説する」policy「政策」limit「を制限する」overtime「時間外 (労働) の，超過勤務の」 2 evidence「(通例不可算) 証拠」attitude「態度；気持ち」overtime work「時間外労働，残業」 3 take a day off「1日休暇を取る」 4 improve「を改善する」time management「時間管理」

訳例・解説 ● 別冊 p.32

6

1 When Todd Rose was 21 years old, he **had not graduated** from high school. 2 He **was struggling** to support his wife and two small children.

3 He **had just finished** his tenth minimum-wage job in two years. **4** "My father-in-law told me I was lazy, and I can't blame him." **5** Today, aged 41, he's a Harvard professor, still happily married, with both kids at college. **6** "So I didn't mess them up," he says with a smile.

(関西大)

語句 **1** graduate from「〜を卒業する」 **2** struggle to *do*「…しようと努力［苦労］する」support 「（家族など）を養う」 **3** finish「を終える」minimum-wage job「最低賃金の職」 **4** father-in-law「義父（＝配偶者の父）」lazy「怠けている」blame「をとがめる，を非難する」 **5** aged 「〜歳の」professor「教授」married形「結婚した，既婚の」 **6** mess up「（人）を傷つける；〜を台なしにする」

訳例・解説 ◯ 別冊 p.32

7

1 The making and using of tools **is** often **thought of as** something that sets human beings apart from other forms of life, but you might not know that other animals use tools as well. **2** Often, this is in surprising ways. **3** For example, orangutans **have been seen using** leaves to make whistles. **4** With these whistles, they can communicate across great distances and warn of danger.

(成蹊大)

語句 **1** think of *A* as *B*「AをBと見なす」set *A* apart from *B*「AをBから分け隔てる」a form of life「生物」as well「…も同様に」 **2** in a 〜 way「〜な方法で」surprising「驚くべき，意外な」 **3** orangutan「オランウータン」（マレー語で「森の人（々）」を意味する）see *A doing*「Aが…しているのを見る」whistle「笛」 **4** communicate across「〜を越えて情報交換する」distance 「距離」warn of「〜を警告する」

訳例・解説 ◯ 別冊 p.33

8

1 I **was** once in San Francisco, and I **parked** in the only available space, which happened to be on the other side of the street. **2** A policeman **descended** on me. **3** "**Did** you **realize**," he asked, "how dangerous the action you'd just **taken** was?"

1 What **had I done** wrong? **2** I **had parked** against the flow of traffic. **3** Puzzled, I **looked** up and down the street. **4** "What traffic?" I asked. **5** "The traffic that **would be** there," said the policeman, "if there **was** any traffic."

1 What **are** the rules you need to know if you are moving from one country to another? **2** What **are** the things that are compulsory in one country and forbidden in another? **3** Common sense **won't** tell you. **4** We have to tell each other.

（成蹊大）

語句 （第1段落）**1** available「利用できる」happen to *do*「たまたま…する」**2** descend on「〜に急に寄ってくる」**3** realize「に気づく，を悟る」take action「行動を起こす」（第2段落）**1** wrong副「誤って，間違って」**2** flow「流れ」traffic「通行，交通」**4** puzzled形「当惑した」up and down「〜のあちこちを［と］」**5** be there「そこにある，存在する」（第3段落）**1** move from *A* to *B*「*A*から*B*へ移動［引っ越し］する」**2** compulsory「義務的な，強制された」forbid「を禁止する」**3** common sense「常識，良識」

訳例・解説 ▶ 別冊 p.34

9

1 "Joe **ought to have been** here by now," sighs Alice. **2** "Yes," agrees Bill, "he **should have**; he **could** at least **have phoned**." **3** Alice sounds worried: "I bet he overslept. He **must have gotten** home around 4:00 A.M." **4** "Maybe," says Bill, "I **should have given** him a wake-up call."

語句 **1** sigh「…とため息をついて言う」**2** agree「…と同意する」at least「少なくとも」**3** sound「…に聞こえる，…のように思える」worried「心配して，心配そうな」I bet (that) …「きっと（〜は…する）」oversleep「寝過ごす」get home「家に着く」**4** maybe「（返答で明確な同意も反対もせず）そうかもしれない」give 〜 a call「〜に電話をかける」wake-up call「モーニングコール」

訳例・解説 ▶ 別冊 p.34

10

1 At one time people thought in terms of fine art and commercial art, pure art and applied art. **2** **So** we **used to** have sewing-machines **built** by engineers and then **decorated** by an artist in gold and mother-of-pearl. **3** Now we **no longer** have this distinction between fine and not-fine, pure and applied. **4** The definition of art that has caused so much confusion in recent times, and allowed so many fast ones to be pulled, is now losing its prestige.

（名古屋市立大）

語句 **1** at one time「かつて，昔（は）」in terms of「〜の観点から」fine art「美術」commercial art「商業美術」pure「（芸術・学問などが）純粋な，理論的な」applied「応用の，応用された」**2** used to *do*「（昔は）よく…し（てい）た」sewing-machine「ミシン」engineer「技師」decorate「を装飾する」mother-of-pearl「真珠層」**3** no longer「もはや…ない」distinction「区別」**4** definition「定義」cause「を引き起こす」confusion「混乱（状態）」in recent times「最近」allow *A* to *do*「*A*が…するに任せる，*A*に…させておく」pull a fast one (on)「（人を）だます，欺く」prestige「威信，威光」

11

   People are constantly making mistakes, losing ground, and hindering their own progress for lack of a little common sense, and instead of **acquiring** it by experience and observation, they go on **stumbling, spoiling** their chances of success, **blaming** circumstances or environment or fate for their misfortunes, when, in reality, the responsibility rests entirely with themselves.

[語句] constantly「絶えず, 常に」lose ground「勢力［人気］を失う」hinder「を妨げる」progress「進歩」for lack of「～の不足のために」common sense「常識, 良識」instead of *doing*「…しないで（その代わりに）, …する代わりに」acquire「を身につける, を得る」observation「観察」go on *doing*「…し続ける」stumble「つまずく；とちる」spoil「を台なしにする, を損なう」chance of「～の見込み」blame *A* for *B*「B を A のせいにする」circumstance「(～s) 状況, 事情」fate「運命」misfortune「不運, 不幸」in reality「実際は」responsibility「責任」rest with「(責任・決定などが) ～にかかっている, ～にある」entirely「全面的に」

12

   1 For example, rather than encouraging children **to do** one task after another, Dr. Seppala recommends us **to help** them focus and enjoy whatever activity they are engaged in *now*. **2** **It is** also **important to allow** them **to do** nothing. "**3** **Taking time off to disconnect and relax** helps promote kids' creativity and insights. **4** Children need time for idleness, fun and irrelevant interests," she writes.

   1 She also suggests that, while self-criticism leaves kids anxious, afraid of failure and less likely **to learn** from mistakes, self-respect improves children's ability **to excel** in the face of challenges, **to develop** new skills and **to learn** from their mistakes.

(聖心女子大)

[語句]（第 1 段落）**1** rather than ...「…するのではなくむしろ」encourage *A* to *do*「A に…するように促す［仕向ける］」one *A* after another「一つの A からまた別の A へ」recommend *A* to *do*「A に…することを勧める」help *A* (to) *do*「A が…するのを助ける」focus「意識を集中する」*be engaged in*「～に従事している, ～に取り組んでいる」**2** allow *A* to *do*「A が…することを許す」**3** take time off to *do*「…するのに時間を割く」disconnect「接続を切断する；関係［連絡］を断つ」relax「くつろぐ」help *do*「…するのを助ける」promote「を促進する, を増進する」creativity「創造力, 独創力」insight「洞察力」**4** idleness「怠惰, 無為」irrelevant「関係［関連］のない, 見当違いの」（第 2 段落）**1** suggest that ...「…ということを示唆する」self-criticism「自己批判」leave *A B*（B は通例, 形容詞句・分詞句）「A を B のままにしておく」anxious「不安な」afraid of「～を恐れて」failure「失敗」likely to *do*「…しそうで, …する可能性がある」self-respect

「自尊心」**improve**「を向上させる」**excel**「秀でる」**in the face of**「〜をものともせず，（困難など）にもかかわらず」**challenge**「試練，難題」**develop**「を発達させる」**skill**「技能」

訳例・解説 ▶ 別冊 p.36

13A

He who thinks himself already **too** wise **to** learn of others, will never succeed in doing anything either good or great. (名古屋大)

語句 **think _A_ (to be) _B_**「AをBと思う」（Bは通例，形容詞句・分詞句）**learn of**「（〜のことを）知る」**succeed in _doing_**「…することに成功する」

訳例・解説 ▶ 別冊 p.36

13B

■ The classics are not everything. ■ We owe them an enormous debt; I am **the last to undervalue** it; … ■ But they are not everything. (名古屋商大)

語句 ■**classics**「古典」■**owe _A B_**「AにBを負う」**enormous**「巨大な，ばく大な」**debt** [det]「恩義」**_be_ the last (person) to _do_**「最も…しそうもない（人）」**undervalue**「を過小評価する」

訳例・解説 ▶ 別冊 p.36

14

■ We **are to care** for the environment **not only** or even mainly for our own sakes. … ■ We have a moral commitment to leave for future generations a livable environment. (千葉大)

語句 ■ **care for**「〜を気にかける，〜を大事にする」**mainly**「主に」**for ～'s own sake**「〜自身のために」■ **moral**「道徳的な」**commitment to _do_**「…するという約束［責務］」**leave**「を残す」**generation**「世代」**livable**「住むのに適した，住みやすい」

訳例・解説 ▶ 別冊 p.37

15

■ It is a sad truth **that** we rarely appreciate our greatest blessings until we lose them. ■ Health, freedom, youth — how infrequently do we pause to be grateful for these until we become ill, or lose our freedom, or grow old! ■ Then they become priceless. (早稲田大)

語句 ■ **rarely**「めったに…ない」**appreciate**「をありがたく思う，に感謝する」**blessing**「恵み，ありがたいもの」■ **freedom**「自由」**infrequently**「まれに」（= **seldom, rarely**）**pause to _do_**「…するために立ち止まる→立ち止まって［一息ついて，間を置いて］…する」**grateful**「感謝して」■ **priceless**「この上なく貴重な」

16

訳例・解説 ○ 別冊 p.37

1 … be frank with the world: Frankness is the child of honesty and courage. **2** Say **what** you mean to do upon every occasion and take **it** for granted you mean to do right. **3** If a friend asks a favor, you should grant it, if it is reasonable; if not, tell him plainly why you cannot; you will wrong him and wrong yourself, by equivocation of any kind.

語句 **1** *be* frank with「～に（対し）率直である」frankness「率直さ」honesty「正直，誠実」courage「勇気」**2** mean to *do*「…するつもりである」upon[on] every occasion「あらゆる機会［場合］に」take it for granted (that) …「…を当然のことと思う」right图「正しいこと」**3** ask a favor「お願い［頼み事］をする」grant「を聞き入れる，を承諾する」reasonable「妥当な，もっともな」plainly「はっきりと；率直に」wrong働「を不当に評価する，を不当に取り扱う」equivocation「あいまいな言葉（を使うこと）」

17

訳例・解説 ○ 別冊 p.38

A computer, for instance, can do in seconds what **it** would **take** clerks or even mathematicians a very long time, if they can do it at all.

（早稲田大）

語句 in seconds「（ほんの）何秒間かで，あっという間に」clerk「事務員」mathematícian「数学者」

18

訳例・解説 ○ 別冊 p.38

If art **were** merely a record of the appearances of nature, the closest imitation **would** be the most satisfactory work of art, and the time **would** be fast approaching when photography should replace painting.

（大分大）

語句 merely「単なる，ただ…にすぎない」récord「記録」appearance「外観」close [klous]「綿密な，精密な」imitation「模倣，模写」satisfáctory「満足のいく」approach「接近する」photógraphy「写真術，写真撮影」replace「に取って代わる」

19

訳例・解説 ○ 別冊 p.39

1 It seems clear that the type of noise, or music, is important. **2** This may seem obvious: someone listening to classical music while they work wouldn't seem at all unusual, but **if they were** listening to thrash metal

it would be thought very strange indeed.

■ While the nature and style of the music can cause specific responses in the brain, some studies suggest that it really is down to personal preference. ■ **Music you like** increases focus, while **music you don't** impedes it.

（大阪市立大）

語句 （第1段落）■ type「型，種類」noise「音，騒音」■ obvious「明白な」classical music「クラシック音楽」unusual「異常な，ふつうでない」thrash metal「スラッシュメタル」（ヘビーメタル系のロックミュージック）indeed「実に，全く」（第2段落）■ nature「性質」style「様式，形式」cause「を引き起こす」specific「特定の」response「反応」suggest that ...「…ことを示唆する」*be* down to「～が原因である」preference「好み」■ focus「集中（力）」impede「を妨げる」

訳例・解説 ▶ 別冊 p.39

20

■ We owe a lot to Grace Hopper. ■ She explained that she hated when people would say "We've always done it this way" to justify their actions. ■ For her, such thinking was something to fight. ■ As a result of this philosophy, she was responsible for a lot of significant changes. ■ Most importantly, computers—and devices with computers inside them like smartphones—are easier to use and are widely available. ■ If Hopper **had never lived**, who knows what our world **would be like**. ■ Maybe a smartphone **could be used** only by a mathematician, and only by a male one at that!

（北海道大）

語句 ■ owe *A* to *B*「AはBのおかげである」■ justify「を正当化する」action「行動，行為」■ fight「と戦う」■ as a result of「～の結果として」philosophy「人生観，ものの考え方」*be* responsible for「～に責任がある」significant「重大な，意義深い」■ device「装置」available「手に入る，利用できる」■ at that「おまけに，その上」

訳例・解説 ▶ 別冊 p.40

21

Whether or not vegetarianism should be advocated for adults, it is definitely unsatisfactory for growing children, **who** need more protein than they can get from vegetable sources.

（四天王寺国際仏教大短大）

語句 vegetárianism「菜食（主義）」ádvocate「を主張（擁護，唱道）する」adult「大人，成人」definitely「はっきりと；確かに」unsatisfáctory「不満足な，不十分な」protein「タンパク質」source「源，供給源；出所」

1 From December to June the sea is **so** completely frozen over **that** no open water **is to be** seen. **2** Once some of the missionaries ventured, in February, to visit some Esquimaux, forty miles distant; and, although wrapped in furs, they were nearly destroyed. **3** Their eyelids froze together, **so that** they were continually obliged to pull them asunder, and, by constantly rubbing, prevent their closing; while one of them had his hands frozen and swollen up like bladders.

語句 **1** **frozen over**「一面凍った」**open water**「開水域」**2** **missionary**「宣教師, 伝道師」**venture to *do***「思い切って…する」**Esquimau**（複数形：**Esquimaux**）＝**Eskimo**「エスキモー人」（現在では使用が避けられる呼称）**distant**「(距離的に) 遠い, 離れた」**wrap**「を包む, をくるむ」**fur**「毛皮」**destroy**「を破滅させる」**3** **eyelid**「まぶた」**continually**「絶えず」*be* **obliged to *do***「…しなければならない」**pull ～ asunder**「～を引き離す」**constantly**「頻繁に, 絶えず」**rub**「こする」**prevent**「を防ぐ」**swollen up**「腫れ上がった」（＜ **swell up**「を腫れさせる」）**bladder**「膀胱」

1 If you want to get to sleep with the help of reading, read something interesting **enough that** your mind won't wander and start worrying about not sleeping, but **not so** exciting **that** you're not willing to put the book down. **2** Try to stay awake as long as possible. **3** Read until your eyes close involuntarily, then drop the book and turn off the light. **4** **The harder** you try to stay awake, **the easier** you will fall asleep. **5** **The harder** you try to sleep, **the longer** you will stay awake. 　　　　　　(明治学院大)

語句 **1** **get to sleep**「(やっと) 寝つく」（**sleep**は名詞）**with the help of**「～の助け [おかげ] で, ～の助けを借りて」**mind**「精神, (脳の働きとしての) 頭, (精神作用としての) 心」**wander**「(心・考えなどが) とりとめなくなる, 散漫になる」**worry about**「～を心配する, ～を悩む」**exciting**「刺激的な, 胸をわくわくさせる」*be* **willing to *do***「…するのをいとわない, …しようという気持ちがある」**put ～ down**＝**put down ～**「～を (下に) 置く」**2** **stay awake**「目を覚ましている」**as ～ as possible**「(～は形容詞(句)・副詞) できる限り～」（＝**as ～ as one can**）**3** **involuntarily**「無意識に, ひとりでに」**turn ～ off**＝**turn off ～**「～ (明かり・テレビなど) を消す」**4** **fall asleep**「寝入る」（類例　**go to bed**「就寝する」）

Universities are commonly called centers of learning, and the origin of universities **as** we know them is commonly traced back to the twelfth century.

語句 **commonly**「ふつう，一般に」**center**「中心地，中心的存在」**órigin**「起源」*be* **traced back to**「～まで跡づけられる，～にさかのぼる」**twelfth**「(the ～) 12番目の」

訳例・解説 ○ 別冊 p.42

25 　■ Men will **not** look at things **as** they really are, **but as** they wish them to be—and are ruined. ■ In politics there are no perfectly safe courses; prudence consists in choosing the least dangerous ones. ■ Then—to pass to a higher plane—Machiavelli reiterates that, although crimes may win an empire, they do not win glory.

語句 ■ **wish *A* to be *B***「AにBであってほしいと思う」**ruin**「を破滅させる；を台なしにする」■ **politics**「(単数・複数扱い) 政治，政治活動」**course**「(進む) 方向，進路」**prudence**「慎重さ，思慮分別」**consist in**「～に存する，～にある」■ **pass to**「～へ進む，～へ動く」**plane**「水準；平面」**Machiavelli**（**Niccolò (di Bernardo) Machiavelli**）「ニッコロ（・ディベルナルド）・マキャベリ」（イタリアの政治家・政治学者（**1469-1527**）。著書に **Il Principe**『君主論』がある）**reiterate that ...**「…と繰り返し述べる」**win**「を勝ち取る，を獲得する」**empire**「帝国」**glory**「栄光，名声」

訳例・解説 ○ 別冊 p.42

26 　If there is any one secret of success, it lies in the ability to get the other person's point of view and see things from that person's angle **as well as** from your own.

語句 **secret**「秘けつ」**lie in**「～にある」**ability to** *do*「…する能力，…できること」**point of view**「観点，見方」**angle**「角度，観点」

訳例・解説 ○ 別冊 p.43

27 　■ In ordinary life we hardly realize that we receive a great deal more than we give, and that **it is** only with gratitude **that** life becomes rich. ■ It is very easy to overestimate the importance of our own achievements in comparison with **what** we owe to others.

語句 ■ **ordinary**「ふつうの」**hardly**「ほとんど…ない」**realize (that) ...**「…ということに気づく

139

[を悟る]」**grátitude**「感謝（の気持ち）」 **2** **overestimate**「を過大評価する」 **achievement**「成果，業績」 **in comparison with**「〜と比較して」

訳例・解説 ◯ 別冊 p.43

28

1 The great incentive to effort, all through life, is experience of success after initial difficulties. **2** The difficulties must not be **so** great **as to** cause discouragement, or **so** small **as not to** stimulate effort. ... **3** **It is** by what we do ourselves **that** we learn.

（千葉商大）

語句 **1** **incentive to**「〜への刺激，動機（づけ）」 **experience of success**「成功の経験，成功を経験すること」 **inítial**「最初の」 **difficulty**「困難；難題」 **2** **cause**「の原因になる，を生じさせる」 **discouragement**「落胆，自信喪失」 **stímulate**「を刺激する，を促す」

訳例・解説 ◯ 別冊 p.43

29

1 At the same time, doctors observe massive increases in computer- and phone-related hand problems, as the fingers and wrist are being used for new movements that nothing has prepared them for. **2** Changes to the muscles and bones of the hand **itself** are predicted as a consequence. **3** We will, ultimately, have different hands, in the same way that the structure of the mouth has been altered by the introduction of knives and forks**, which** changed the way we bite. **4** That the body is secondary to the technology here is echoed in the branding of today's products: **it is** the pad and the phone **that** are capitalized in the iPad and iPhone rather than the "I" of the user.

（一橋大)

語句 **1** **observe**「に気づく」 **massive**「大規模の」 **increase in**「〜の増加，〜の増大」 **-related**「（複合語で）と関係のある，と関連のある」 **wrist**「手首」 **movement**「動き」 **prepare *A* for *B***「*A*を*B*に備えさせる，*A*に*B*の準備［心構え］をさせる」 **2** **change to**「〜に対する変化」 **muscle**「筋肉」 **predict**「を予測する」 **as a consequence**「結果として，その結果」 **3** **ultimately**「最終的には」 **in the same way that ...**「…と同じ方法で」 **structure**「構造」 **alter**「を変える」 **introduction**「導入」 **bite** 自「かむ」 **4** **be secondary to**「〜に対して二次的である」 **echo**「を反映する，に類似する」 **branding**「ブランド戦略」 **capitalize**「（語）を大文字で始める［書く］」 ***A* rather than *B***「*B*ではなくむしろ*A*」

訳例・解説 ◯ 別冊 p.44

30

As a boy, I could scarcely help feeling hostile to any one **who** was indifferent to the things **about which** I was enthusiastic in politics and literature.

語句 **as a boy**「少年のころ」**can scarcely help** *doing*「ほとんど…せずにはいられない［せざるを得ない］」**hostile to**「〜に敵意のある」**indifferent to**「〜に無関心な，〜に冷淡な」**enthusiástic about**「〜に熱中して，〜に熱心で」**politics**「政治」**literature**「文学」

訳例・解説 ● 別冊 p.45

31

1 In developed countries, the gender gap has long favoured women by one measure at least: life expectancy. **2** Throughout the past 100 years women have significantly outlived men, **on whom** war, heavy industry and cigarettes — among other things — have taken a heavier toll. **3** But this gender gap is closing — and a new statistical analysis of life expectancy in England and Wales since 1950 suggests that, by the year 2032, men can expect to live as long as women, with both sexes sharing an average life expectancy of 87.5 years.

(九州大)

語句 **1** **developed country**「先進国」**gender gap**「男女（格）差, 性差」**favour** 英 (＝米**favor**)「に有利に働く；をえこひいきする」**measure**「尺度，基準」**life expectancy**「平均余命」**2** **throughóut**「〜を通してずっと」**significantly**「著しく」**outlive**「より長生きする」**heavy industry**「重工業」**among other things**「とりわけ」**take a heavy toll (on)**「(〜に) 大きな損害［損失］を与える」(**toll**「損失」) **3** **close**「(差などが) 狭まる，縮まる」**statistical**「統計(上) の，統計に基づく」**analysis**「分析」**suggest that ...**「…ことを示唆する」**expect to** *do*「…することを予想する」**sex**「性別，性」**share**「を共にする，を共有する」

訳例・解説 ● 別冊 p.45

32

1 For most of us, health will depend **not** on who we are, **but** on how we live. **2** The body **you have at 20** depends on your genes, but the body **you have at 40, 60 or 80** is the body **you deserve**, the body that reflects your behavior.

(福岡大)

語句 **1** **depend on**「〜次第である，〜によって決まる」**not** *A* **but** *B*「Aではなく B」**2** **gene** [dʒiːn]「遺伝子」**deserve**「を受けるに値する，を受けて当然である」**reflect**「を反映する」**behavior**「振る舞い，行為」(＝ **conduct**)

訳例・解説 ● 別冊 p.46

33

1 There is no greater discovery than to find a great book on a library shelf. **2** To hunt and find such a book is one of the great adventures

which readers have **that** other people do not have.

(山口大)

語句 ① **library shelf**「図書館の書棚」 ② **hunt**「を探す」 **advénture**「冒険」

34

訳例・解説 ▶ 別冊 **p.46**

① The gift of speech and a well-ordered language are characteristic of every known group of human beings. ② **No tribe** has ever been found **which** is without language, and all statements to the contrary may be dismissed as mere folklore.

(岡山大)

語句 ① **gift**「(天賦の) 才能」 **well-ordered**「秩序正しい, 整然とした」 **characteristic of**「〜に特有の, 〜に特徴的な」 ② **tribe**「部族」 **statement**「陳述, 言説」 **to the contrary**「それとは反対の, そうではないという」 **dismíss A as B**「A を B として退ける, 検討しない」 **folklore**「民間伝承, 俗説」

35

訳例・解説 ▶ 別冊 **p.46**

The only useful knowledge is **that which** teaches us how to seek **what** is good and avoid **what** is evil.

(東京大)

語句 **seek**「を (追い) 求める」 **avoid**「を避ける」 **evil**「悪い, 邪悪な」

36

訳例・解説 ▶ 別冊 **p.47**

① Suffering ceases to be suffering at the moment it finds a meaning, such as the meaning of a sacrifice. … ② … man's main concern is **not** to gain pleasure or to avoid pain **but** rather to see a meaning in his life. ③ **That is why** man is even ready to suffer, **on the condition**, to be sure, **that** his suffering has a meaning.

(神戸大)

語句 ① **suffering**「苦しみ；苦痛」 **cease to do**「…するのをやめる, …しなくなる」 **at the moment (that) …**「…するとすぐに」 **meaning**「意味」 **such as**「例えば〜のような」 **sacrifice**「犠牲」 ② **concern**「関心事」 **not A but rather B**「A ではなく, むしろ B」 **avoid**「を避ける」 **pain**「痛み, 苦痛」 ③ **be ready to do**「喜んで [進んで] …しようとする」 **on (the) condition that …**「…という条件で」 **to be sure**「確かに, なるほど」

37

訳例・解説 ▶ 別冊 **p.47**

① The commitment of giving our best at all times, in all

circumstances and under all conditions, can **enable us to find** value in, and lend value to, every experience. **2** **Whatever** may have unfolded, if we are aware and open, we can realize that there is always much to be learned.

語句 **1** commitment of *doing*「…するという自誓［約束］」**give ～'s best**「最善を尽くす」**at all times**「いつも，常に」**in all circumstances**「あらゆる状況において」**under all conditions**「あらゆる条件下で」*A* **enable** *B* **to** *do*「AはBが…するのを可能にする」**value**「価値」**lend** *A* **to** *B*「A（性質など）をBに加える［添える］」**experience**「経験」**2** **unfold**「（真相などが）明らかになる，展開する」**aware**「意識して」**open**「偏見のない；率直な」**realize that ...**「…ことに気づく」

訳例・解説 ◉ 別冊 p.47

38

1 The appearance **of** new ways of thinking and communicating, between 70,000 and 30,000 years ago, constitutes the Cognitive Revolution. **2** What caused it? **3** We're not sure. **4** The most commonly believed theory argues that accidental genetic change modified the inner wiring **of** the brains of Sapiens, **enabling** them to think in unprecedented ways and to communicate **using** an altogether new type of language. **5** We might call it the Tree of Knowledge mutation. **6** Why did it occur in Sapiens DNA rather than in that of Neanderthals? **7** It was a matter of pure chance, **as far as** we can tell. **8** But it's more important to understand the consequences of this change than its causes. **9** What was **so** special about the new Sapiens language **that** it enabled us to conquer the world?

(熊本大)

語句 **1** appearance「出現」constitute「の構成要素となる；…（ということ）になる」cognitive「認知の，認識の」revolution「革命」**4** theory「理論，学説」argue that ...「…と主張する」accidental「偶然の」genetic「遺伝の，遺伝子の」modify「を修正する，を変更する」inner「内部の」wiring「配線」unprecedented「前例［先例］のない」altogether「全く，完全に」**5** the Tree of Knowledge「知恵の木」mutation「突然変異」**6** *A* rather than *B*「BよりもむしろA」**7** a matter of「～の問題」as far as ...「…する限りでは」**8** consequence「結果」cause「原因」**9** conquer「を征服する」

訳例・解説 ◉ 別冊 p.48

39

There is **no more** dangerous experiment **than** that of undertaking to be **one thing** at a man's face, and **another** behind his back. (近畿大)

語句 **undertáke to** *do*「…すると請け合う，…することを約束する」（**undertake**「を始める，に着手する」）**at ~'s face**「～の面前で」**behind ~'s back**「～の知らない所で，～の陰で」

40

訳例・解説 ▶ 別冊 p.48

"**1** We believed that calorie restriction and exercise would yield **greater** improvements in risk factors for heart disease **than would** similar weight loss from calorie restriction or exercise alone. **2** However, the results did not support this theory," said researchers. **3** Findings indicate that weight loss **itself** provides the major protective effect and that the benefits do not depend on which approach to weight loss is used.

(名古屋工大)

語句 **1** **restriction**「制限」**yield**「をもたらす，を生じる」**improvement**「改善，向上」**risk factor**「（病気の原因となる）危険因子」**heart disease**「心疾患」**alone**「～だけ」**2** **support**「を裏付ける，を立証する」**3** **finding**「（通例~s）研究結果」**indicate that ...**「…ことを示す」**provide**「（結果など）をもたらす」**major**「主要な，重大な」**protective**形「保護する，防御する」**effect**「効果」**benefit**「利益，恩恵」**depend on**「～次第である，～によって決まる」**approach to**「～への取り組み方［手法］」

41A

訳例・解説 ▶ 別冊 p.49

I find the great thing in this world is **not so much** where we stand, **as** in what direction we are moving.

(大阪府立大)

語句 **I find (that) ...**「…ことを知る；…ことがわかる」**not so much** *A* **as** *B*「AというよりむしろB」**where** 疑副「どこに［で］」**stand**「位置している」**direction**「方向」

41B

訳例・解説 ▶ 別冊 p.49

1 Your living is determined **not so much** by what life brings to you **as** by the attitude you bring to life; **not so much** by what happens to you **as** by the way your mind looks at what happens. **2** Circumstances and situations do color life, but you have been given the mind to choose what the color shall be.

(北九州大)

語句 **1** **determine**「を決定する」**bring** *A* **to** *B*「AをBにもたらす」**attitude**「態度；（基本的な）考え方」**mind**「心」**2** **circumstance**「（通例~s）（周囲の）状況，環境」**situation**「立場，境遇，

事態」color 動「に色をつける；に影響を与える」

訳例・解説 ▶ 別冊 p.50

41C

1 The fact is that very few travellers really like travelling. **2** If they go to the trouble and expense of travelling, it is **not so much** from curiosity, for fun or because they like to see things beautiful and strange, **as** out of a kind of snobbery.

(同志社大)

語句 **2** trouble「苦労」go to the trouble of *doing*「努力して［わざわざ］…する」expénse「出費」go to the expense of *doing*「金をかけて…する」 curiósity「好奇心」for fun「楽しみのために」out of「〜から，〜（原因）のため」snobbery「俗物根性，上流気取り」

訳例・解説 ▶ 別冊 p.50

42

1 Strange things (it may seem a paradox, but it is nevertheless the truth) are easier to understand than those we know too well. **2** **The nearer, the more everyday and familiar** an event is, **the greater** the difficulty we find in comprehending it or even realizing that it is an event — that it actually takes place. **3** Habit causes us to react automatically to the things which surround us.

(新潟大)

語句 **1** strange「なじみのない，初めての」páradox「逆説」nèverthéless「それでもやはり」**2** everyday形「日常的な，ありふれた」familiar「なじみ深い，よく知っている」evént「出来事」realize that ...「…であることに気づく」actually「実際に」take place「起こる，生じる」**3** habit「習慣」cause *A* to do「Aに…させる」react to「〜に反応する」automatically「自動的に；無意識的に」surround「を取り巻く」

訳例・解説 ▶ 別冊 p.51

43A

A man may take to drink because he feels himself to be a failure, and then fail **all the more** completely **because** he drinks.

(千葉工大)

語句 take to drink「酒を飲むようになる」(take to「〜の習慣がつく，〜を（習慣として）するようになる」) feel *A* to be *B*「AがBであると感じる［思う］」failure「失敗者」and then「その上，さらにまた」complétely「完全に」

43B

■The Athenians erected a large statue to Aesop, and placed him, though a slave, on a lasting pedestal, to show that the way to honor lies open indifferently to all.

■Fine clothes are not essential to self-respect. **■**Though a person's dress be coarse and plain, if it is suited to the employment in which he is engaged, or is as good as he is able to procure, and is kept as clean and tidy as possible, he has no reason to think **the less** of himself **because** he is not dressed in a rich or fashionable manner.

（清泉女子大）

語句 （第１段落）**Athenian** [əθíːniən]「アテネの人」**erect**「を建てる」**statue**「像」**Aesop** [íːsɑ̀(ː)p|-sɔ̀p]「イソップ（ギリシャの寓話作家）」**place** *A* **on** *B*「B（の上）にAを置く」**slave**「奴隷」**lasting**「恒久的な，永続的な」**pedestal**「台座」**honor**「名誉，名声」**lie open to**「～に開かれたまま［状態］である」**indifferently**「公平に，分け隔てなく」（第２段落）**■** **essential to**「～に本質的な；～に不可欠な」**self-respect**「自尊心」**■** **coarse** [kɔːrs]「粗末な，粗悪な」**plain**「簡素な，粗末な；無装飾の」**be suited to**「～に適している」**employment**「仕事，職」*be* **engaged in**「～に従事している」**good**「適した，ふさわしい」**procure**「を手に入れる，を獲得する」**keep** *A B*「AをB（の状態）にしておく」**as** *A* **as possible**「できる限りA」**tidy**「きちんとした，さっぱりした」**have no reason to** *do*「…する理由はない」**think little of**「～を軽んじる，～を軽視する」**in a ～ manner**「～な方法で」**fashionable**「流行の，おしゃれな」

44

■ The man made wise by experience endeavours to judge correctly of the things which come under his observation, and form the subject of his daily life. **■** What we call common sense is, for the most part, **but** the result of common experience wisely improved. **■** **Nor is great ability necessary to acquire it**, so much as patience, accuracy, and watchfulness. **■** Hazlitt thought the most sensible people to be met with are intelligent men of business and of the world, **who** argue from what they see and know, instead of spinning cobweb distinctions of what things ought to be.

語句 **■** **endeavour to** *do*「…しようと懸命に努力する」（＝米**endeavor**）**judge of**「～について判断［評価］する」**under observation**「観察下で」（**observation**「観察」）**form**「を形成する」**subject**「主題，話題」**■** **common sense**「常識」**for the most part**「たいてい，大部分は」**but**副「ただ，ほんの」（＝only）**improve**「を改良［改善］する」**■** **nor** ＝ **and ... not**「また…ない」*A* **... not (...) so much as** *B*「AはBほど…ない」**acquire**「を習得する」**patience**「忍耐」**accuracy**「正確さ，精度」**watchfulness**「用心深さ」**■** **Hazlitt** (**William Hazlitt**)「ウ

ィリアム・ハズリット」（英国の批評家・随筆家（**1778-1830**））**sensible**「分別のある，賢明な」**meet with**「〜と公式に会う，〜と会談する」**intelligent**「聡明な，知能の高い」**argue**「議論する；主張する」**instead of** *doing*「…する代わりに，…しないで」**spin**「を長々と語る，を粉飾して話す」**cobweb**「クモの巣」**distinction**「相違点；区別；特徴」

訳例・解説 ◎ 別冊 p.52

45

■ "Marriage remains a building block of our national community," Kennedy explained. ■ "**Just as** a couple vows to support each other, **so does society pledge** to support the couple, offering symbolic recognition and material benefits to protect and nourish the union."

■ At first glance, Kennedy's claim that the material benefits offered to married couples by the government and employers are there to "nourish" each union seems like **nothing more than** an idealistic way of saying something obvious: Americans know that there are economic rewards to marriage. ■ But Kennedy's word choice was not random. ■ Benefits designed to "nourish" do more than reward the act of getting married; they encourage married couples to behave in certain ways.

(一橋大)

語句 （第 1 段落）■ **remain ...**「…のままである」**building block**「構成要素」**national community**「国家共同体」**Kennedy**（**Anthony M. Kennedy**）「アンソニー・**M**・ケネディ」（アメリカ合衆国最高裁判所の**Associate Justice**陪席裁判官［判事］（在任期間**1988-2018**））■ **couple**「夫婦，カップル」（**married couple**「夫婦」）**vow to** *do*「…することを誓う」**support**「を支える」**pledge to** *do*「…することを約束する」**offer**「を提供する」**symbolic**「象徴的な」**recognition**「承認；認識」**material**「物質的な」**benefit**「利益，恩恵；給付」**protect**「を保護する」**nourish**「を育む，を育成する」**union**「婚姻，結婚」（第 2 段落）■ **at first glance**「一見したところでは」**claim**「主張」**employer**「雇用主」**nothing more than**「ただ，単に」**idealistic**「理想主義的な」**obvious**「明白な」**reward** 名「報酬，見返り」 動「に報いる」■ **word choice**「語の選択」**random**「手当たり次第の，行き当たりばったりの」■ (**be**) **designed to** *do*「…するように意図［想定］されて（いる）」**act of** *doing*「…するという行為」**encourage** *A* **to** *do*「*A*に…するように奨励する」**behave**「振る舞う，行動する」**certain**「特定の〜；ある〜」

46

■ The data showed the biggest difference in average scores for tests taken between 8 a.m. and 1 p.m.   ■ The average scores were highest at 8 a.m., slowly decreasing, as the day progressed, to the lowest average scores at 1 p.m.   ■ **Of note is a slight rise** in the scores for tests taken after 10 a.m. and noon — the times immediately following a break.   ■ The results also revealed that the breaks and time of day affected the lowest-performing students much more than the highest. "■ This finding is significant. ■ It suggests that having breaks prior to testing is important especially in schools where students are doing poorly," Gino says.

(法政大)

語句 ■ **data**「(単数・複数扱い) データ, 資料」(ラテン語由来の語で, **datum** の複数形。現代英語では単複両扱い) **average**「平均的な」**score**「得点」**take a test**「テストを受ける」■ **decrease to**「〜に(まで)減少する, 低下する」**progress**「(時間などが)進む, 経過する」■ **of note**(= **notable**)「注目すべき」**immediately**「すぐに」**following** 前「〜のあとで;〜に続いて」**break** 名「休憩」■ **reveal that ...**「…ことを明らかにする[示す]」**low-performing**「成績の悪い, 業績不振の」(⇔ **high-performing**「成績のよい, 好業績の」) ■ **finding**「(通例〜s) 研究結果」**significant**「重要な, 意義深い」■ **suggest that ...**「…ことを示唆する」**prior to**「〜に先立って, 〜より前に」**especially**「特に」**do poorly**「成績がよくない」

47

■ Multilingual exposure therefore apparently helps children with basic skills of interpersonal understanding.   ■ **Becoming fully bilingual or multilingual** is **not always** easy or possible for **everyone**; however, the social advantages identified in these studies appear to come from simply living in a multilingual environment and **not necessarily from being** bilingual oneself.   ■ This is potentially good news for parents who are not bilingual themselves, yet who want their children to take some of the benefits of multilingualism.

(滋賀県立大)

語句 ■ **multilingual**「多言語の;多言語を使う」**exposure**「身をさらすこと, さらされること」**therefore**「それゆえに」**apparently**「どうやら, 見た[聞いた]ところでは」**help A with B**「BのことでAの助けになる」**skill**「技能」**interpersonal**「人間関係の, 対人関係の」■ **fully**「完全に」**bilingual**「2言語を使う[話す]」**advantage**「利点, 強み」**identify**「を特定する, を突き止める」**appear to do**「…するように見える[思える]」**come from**「〜から生じる」**simply**「単に」■ **potentially**「潜在的に, もしかすると」**want A to do**「Aに…することを望む」**benefit**「利点, 恩恵」**multilingualism**「多言語使用(能力)」

48A

訳例・解説 ● 別冊 p.55

We had **scarcely** arrived at the Perkins Institution for the Blind **when** I began to make friends with the little blind children. （武庫川女子大）

語句 scarcely「ほとんど…ない」the Perkins Institution for the Blind「パーキンス盲学校」make friends with「〜と友だちになる」

48B

訳例・解説 ● 別冊 p.55

Some of the questions that scholars ask seem to the world to be **scarcely worth** asking, **let alone** answering. （日本医大）

語句 scholar「学者」let alone「〜は言うまでもなく」

49

訳例・解説 ● 別冊 p.55

Do not think of your faults, **still less** of others' faults: in every person who comes near you, look for what is good and strong. （京都府医大）

語句 think of「（のこと）を考える」fault「欠点」

50

訳例・解説 ● 別冊 p.56

No man **can** work long at any trade **without** being brought to consider much, whether that which he is daily doing tends to evil or to good. （一橋大）

語句 trade「商売；職業」*be* **brought to** *do*「…するようにさせられる」（**bring** *A* **to** *do*「（通例否定文か疑問文で）Aに…するように仕向ける」）**consider**「を考える」**tend to evil**「悪に向かう，害になる」**tend to good**「善に向かう，益になる」

文脈編

文脈編例題51〜70

　英語を学ぶ目標の一つは，与えられた英文の文脈を把握し，文章全体の要旨を正しくつかむ力をつけることである。入試でも，文脈の理解力はつねに重視されている。

　この文脈理解において重要な役割を果たすのは，承前語句である。ふつう，既出の語句や既述の内容は，そのまま繰り返さないで，それを受ける代名詞や指示詞（を用いた表現）など（これらをまとめて『承前語句』と呼ぶ）を用いたり，自明の要素を省略したりする。また，同一語の反復を避けて，別の同義語（Synonym）や類義語による言い換え（たとえばknowledge—information）もよく行われる。同様に，反意語（Antonym）や対照表現を認め，対立内容や対照関係を明らかにすることが，文脈における単語の意味や文意の正確な理解に必要であることも多い。本編では，以上のような文脈の理解のカギになるような語句・関係を中心にして本書独自の問いを付し，文意を的確に把握する力を養う。

文脈編練習問題51〜70

　例題51〜70の「精講」で取り上げたなかから頻出・重要事項について，練習問題を20問出題した。各英文の語句はできるだけ「語句」に取り上げているから，それらをヒントにして自力で解答を考えてほしい。

文脈編練習問題51〜70の解答・解説　⇒別冊参照

　練習問題すべてについて別冊に詳しい解説を付けた。「解答」と「訳例」と照合するだけでなく解説内容と自分の理解を照らし合わせながら読んでほしい。

51

問　次の（1）～（3）のitが表すものを具体的に英語で記せ。

■ With globalization, the need to communicate with people in other languages has increased remarkably.　■ Learning a foreign language can be exciting.　■ But (1) <u>it</u> takes a lot of time and effort.　■ Wouldn't (2) <u>it</u> be great to have software that would automatically translate from one language to another? ■ This so-called machine translation (MT) would save time, energy and stress.　■ For example, you could write a letter in Japanese, press a key and the software would instantly translate (3) <u>it</u> into English.　■ Businesses could save money by using MT to translate e-mail, contracts and other documents.

（名城大）

語句　■ globalization「グローバル化」 the need to *do*「…する必要性」 remarkably「著しく，目立って」　■ automatically「自動で；自動的に」 translate「圓翻訳する；他を翻訳する」 ■ so-called「いわゆる」 machine translation「機械翻訳，自動翻訳」 save「を節約する」 ■ instantly「直ちに，すぐに」 ■ business「企業，会社」 contract「契約書；契約」 document「書類」

精講 80 itの用法

itは，①**前出の名詞（句）や節・文**（の内容）**を指す**，②**天候・時間・距離**などを述べる文の主語として働く，③**形式主語**（⇒p.62）**・形式目的語**（⇒p.55）（この場合，後ろにto不定詞句やthat節などが真主語・真目的語として現れる）として働く，④**強調構文**（⇒p.82）（この場合，通例後ろにthat節（空所付き）が現れる）の主語として働く，⑤**慣用表現**などで特定のものを指さない（例：fight **it** out「とことんまで戦う」），などの用法がある。

①の用法で，二つのitを区別すべき例

Hero worship is a dangerous vice, and one of the merits of a democracy is that (a) **it** does not encourage (b) **it**.　　　(*What I Believe* by E. M. Forster)

「英雄崇拝は危険な悪習であり，民主社会の長所の一つは，(a) それ（= a democracy）が (b) それ（= hero worship）を奨励しない点にある」

本文下線部の **(1)** のitは①の用例，**(2)** のitは③の用例，**(3)** のitは①の用例である。

研究　〔全体〕第1～3文は**主題の導入部**。第3文で前文とは対立する意見を示し，第4文の**主題提示**に続く。第4・5文は主題「自動翻訳ソフトウェア」の提示部。

第6・7文は主題に関連する具体例の提示部。「導入」とは主題を文頭でいきなり示すのではなく，主題に無理なく至るように身近な例や関連事項から説き起こす働きをする。

1 **the need [to communicate with people in other languages] has increased remarkably** has increasedは『結果』を示す現在完了形。文頭のWith globalizationを受けて，他言語で情報交換をする必要性が高まった，という結果が生じたことを示す。

2 **Learning a foreign language can be exciting.**
canは『一般的・理論的可能性』（＝ある事柄が常に起こり得ること）を示す。a foreign languageは前文のother languagesの言い換えである。

4 **Wouldn't** 仮S **it be great** 真S **to have software [that would automatically translate from one language to another]]?** Wouldn't it be great to *do*は修辞疑問文（p.180）で，「…することはさぞかしすばらしいことであろう」を意味する。真主語として働くto have software … anotherは仮定条件「…ソフトウェアを持つとすればそれは」を意味する。 節内のwouldは『可能性・推量』を示す。

5 **This so-called machine translation (MT) would save time, energy and stress.** wouldは『可能性・推量』を示す。This so-called machine translation (MT)は前文のsoftware that … anotherを指す。

6 **For example, you could write a letter in Japanese, press a key and …**
第5文の具体例を示す。you could *do*は『柔らかな命令・指示』を表すので，you could *do* andで〈命令文＋and〉「…しなさい，そうすれば」と同様の意味を表す。

7 **Businesses could save money** adv **[by [**(v') **using** (o') **MT** (adv') **[to** (v'') **translate** (o'') **e-mail, contracts and other documents]]].** この文も第5文の具体例を示す。by *doing*は『手段』を表す。use *A* to *do*は「…するためにAを使う」と訳してもよいし，「Aを使い…する」と訳してもよい。

訳例 **1** グローバル化に伴い，他言語で人々と情報交換をする必要性が著しく高まってきている。**2** 外国語を学ぶことはわくわくすることもある。**3** しかし，それには多くの時間と努力が必要である。**4** ある言語から別の言語に自動で翻訳するソフトウェアがあればすばらしいことではないだろうか。**5** このいわゆる機械翻訳（MT）は時間と労力とストレスを省くことだろう。**6** 例えば，日本語で手紙を書き，キーを押せば，ソフトウェアが瞬時にその手紙を英語に翻訳する。**7** 会社はMTを使いEメールや契約書，他の書類を翻訳することで，お金を節約できるだろう。

解答 itが表すもの：**(1)** learning a foreign language **(2)** to have software that would automatically translate from one language to another **(3)** a letter in Japanese

52

問 下線部の this と it (1)・(2) が表す内容を具体的に日本語で記せ。

1 The only useful knowledge is that which teaches us how to seek what is good and avoid what is evil; in short, how to increase the sum of human happiness. **2** **This** is the great end: it may be well or ill pursued, but to say that knowledge can be an enemy to happiness is to say that men will enjoy less happiness, when they know how to seek (1) **it**, than when they do not. **3** **This** reasoning is on a par with that of any one who should refuse when asked to point out the road to York, saying that his inquirer would have a much better chance of reaching York without direction than with (2) **it**.

（東京大）

語句　**1** seek「を（追い）求める」avoid「を避ける」evil「悪い，邪悪な」in short「要するに，手短に言えば」sum「総体，総和」**2** end「目的」well「適切に；上手に」ill 副「悪く；まずく」pursue「を追求する」enjoy「（権利・利益など）を享受する」**3** reasoning「論法；推論」be on a par with「～と等しい」refuse「断る」point out「～を指し示す；～を指摘する」York「（英国北ヨークシャー州の都市）ヨーク」inquirer「尋ねる人」chance of *doing*「…する可能性」direction「指示」

精講 81 this の用法 (1)

this は，**すぐ前に述べたこと**を指す場合が多いが，具体的にどの部分を指すのかを文脈からはっきりさせることが大切である。

> Even your faults do not lessen my respect for you, and in friendship **this** is what counts.
>
> 「あなたの欠点でさえも私のあなたに対する尊敬の気持ちを減じはしないし，友情においてはこれが大切なことなのです」
>
> ▶ this が指すのは「尊敬の気持ち」だけではなく，「欠点があっても敬意が減じないこと」である。

本文第 2 文 **This** is the great end の This は，直前の how to increase the sum of human happiness「人間の幸福の総和を増やす方法（を知ること）」を指す。第 3 文の **This** reasoning は，前文の筆者の主張 to say that men will enjoy … when they do not を指す。that of any one who … の that は名詞句の反復使用を避けるために用いられる代名詞で，the reasoning を指す。

例文出典（*Images of America: A Political, Industrial and Social Portrait* by Raymond Léopold Bruckberger, translated by C.G. Paulding and Virgilia Peterson）

154

研究　〔全体〕　第1文は主題「唯一有効な知識は，人間の幸福の総体を増やす方法を教える知識である」を提示する。第2文は「知識が幸福の敵であり得ると言うこと」の非論理性について述べ，第3文はこれを日常的な例を挙げて説明する。

1 **The only useful knowledge is** |that [関節which s' v teaches o'1 us o'2 [how to ❶(v")seek (o")[関節what is good] and ❷(v")avoid (o")[関節what is evil]]]|　「唯一有効な知識は，よいものを求め悪いものを避ける方法を我々に教える知識である」　that which = what と見て「…する方法を我々に教えるもの」と訳すのが一般だが，ここでは that = the knowledge と見て，「…する方法を我々に教える知識」と訳す。

1 **; in short, how to increase the sum of human happiness.**　in short は『要点』を示す。セミコロン前の how to seek ... evil が，簡潔に言い直されている。

2 **: it may be well or ill pursued, but**　「それは適切に追求されることもあれば，悪く追及されることもあるが，」　it は knowledge を指す。may *do*, but「…するかもしれないが」は『譲歩』を示す。but の後ろで筆者の主張が示される。

2 s|to (v')say (o')[節that knowledge can be an enemy to happiness]| v is c|to (v')say (o')[節that ...]|　「知識が幸福の敵であり得ると言うことは，…と言うことである」　補語として働く to say that ... は knowledge can be an enemy to happiness の内容を，比喩を用いて説明する要素である。

この that 節にある when 節の they はいずれも men を，it は knowledge を指す。

3 **who should refuse ... than with it** は one にかかる関係詞節。saying that ... than with it は節内で『付帯状況』を示す分詞構文。it は direction を指す。should は仮定法過去で，『起こりそうにない事態』を表す。訳出する必要はないが，「ひょっとして（拒む）」と訳すことは可能である。第3文の「道案内がないほうが目的地に着きやすい」という例は，第2文の「知識の求め方を知らないほうが幸せだ」という論のおかしさを読者に説明するためのものである。

訳例　**1** 唯一有効な知識は，よいものを追い求め悪いものを避ける方法を我々に教えてくれる知識である。要するに，人の幸福の総体を増やす方法である。**2** これは大きな目的である。知識はよくも悪くも追い求められるだろう，しかし知識が幸福の敵であり得ると言うのは，人は知識の求め方を知っているときその求め方を知らないときよりも享受する幸福は少ないと言うのと同じことなのである。**3** この論法は，ヨークへの道を指し示すように尋ねられたとき，指示があるよりないほうがヨークに到着する可能性がはるかに高いだろうと言って，尋ねた人に答えるのを拒む，そんな人の論法に等しい。

解答　This が表すもの：人間の幸福の総和を増やす方法（を知ること）／it が表すもの：
(1) 知識　**(2)** 指示

問　下線部 (1)・(2) が表すものを日本語で説明せよ。

■ There is a vibrant debate among scientists over whether technology's influence on behavior and the brain is good or bad, and how significant it is. ■ "The bottom line is, the brain is wired to adapt," said Steven Yantis, a professor of brain sciences at Johns Hopkins University. ■ "There's no question that rewiring goes on all the time," he added. ...

■ Mr. Ophir is loath to call the cognitive changes bad or good, though the impact on analysis and creativity worries him. ■ He is not just worried about other people. ■ Shortly after he came to Stanford, a professor thanked him for being the one student in class paying full attention and not using a computer or phone. ■ But he recently began using an iPhone and noticed a change; he felt (1) its pull, even when playing with his daughter. ■ "The media is changing me," he said. ■ "I hear (2) **this internal ping** that says: check e-mail and voice mail. ■ I have to work to suppress it."

(慶應大)

語句　(第1段落) ■ vibrant「活気に満ちた」debate「議論」significant「重要な」■ the bottom line「要点，核心」*be* wired to *do*「…するように配線されている」adapt「(環境・目的などに) 順応する」■ rewiring「再配線」go on「(状況などが) 続く」all the time「常に」(第2段落) ■ *be* loath to *do*「…するのを嫌がる」cognitive「認知の；認識の」impact on「〜への影響」creativity「創造力」■ thank *A* for *doing*「…することに対してAに感謝する」pay attention「注意を払う」■ notice「に気づく」pull「人を引きつける力，魅力」■ internal「内面的な」ping「(短く甲高い) ピーンという音」■ suppress「を鎮める」

精講 82 this の用法 (2)

指示代名詞thisは「すでに述べたこと」だけではなく，**これから述べること，次のこと**を指すこともある。

　What I mean is **this**.「私が言わんとするのはこのことだ」

　Nothing is more important than **this** : to know yourself.
　　「己れを知ること，これほど大切なことはない」

　▶ thisがあとのことを指す場合，コロンでその内容を示すことが多い。

　〈this + 名詞〉のthis (指示形容詞) も同じ働きをすることがある。第2段落第6文
I hear **this internal ping** that says: check e-mail and voice mail. のthisは後

ろの関係代名詞節の内容を指す。「私はこんな体内の着信音が聞こえる。それはＥメールと音声メールをチェックせよと言う」の意。

研究　〔全体〕　第１段落第１文は主題「行動と脳に対する科学技術の影響」の提示部。第２・３文は展開部で，脳の柔軟性について述べる。第２段落は主題に関連する具体的な問題点の例示。

（第１段落）■ over ❶[[節whether technology's influence on behavior and the brain is good or bad], and ❷[疑節how significant it is 　　　]]
vibrant debate among scientists「科学者の間での活発な議論」を修飾する前置詞句。whether節とhow節が等位接続され，前置詞overの目的語として働く。

■ The bottom line is, the brain is wired to adapt = The bottom line ᵥis c[節(that) the brain … adapt]

（第２段落）■ other people は he（Mr. Ophir）以外の人を指す。後続の文で，he自身にも心配するべき変化が起こっていることが述べられる。

■ a professor thanked him ₐdᵥ[for (ᵥ')being (c')[the one student in class [❶[(ᵥ")paying (o")full attention] and ❷[not (ᵥ")using (o")a computer or phone]]]　分詞句❶・❷はone student in class を修飾する。

■ its「その」はセミコロン（;）前のan iPhoneを指す。a change「ある変化」の内容は，セミコロン後の文で示される。

訳例　　■ 行動と脳に及ぶテクノロジーの影響がよいのか悪いのか，またその影響がどれほど重大であるかに関して科学者の間で活発な議論が交わされている。■「肝心なことは，脳が順応するように配線されているということです」とジョンズ・ホプキンス大学脳科学教授のスティーブン・ヤンティスは述べた。■「再配線がずっと続いていることに疑問の余地はありません」と彼は付け加えた。（中略）
　　■ オフィア氏は，分析や想像力への影響を心配しているものの，認知的変化を悪い，あるいはよいと見なすことには気が進まない。■ 彼は他人のことを心配しているだけではない。■ 彼がスタンフォード大学に来て間もないころ，ある教授が彼に，全幅の注意を払いコンピュータや携帯電話を使わないクラスで唯一の学生であることに対して感謝の意を表した。■ しかし彼は最近iPhoneを使い始め，ある変化に気づいた。彼は自分の娘と遊んでいるときでさえ，その魅力を感じていたのである。■「メディアは私を変えつつあります」と彼は言った。■「私にはこんな体内の着信音が聞こえます。Ｅメールと音声メールをチェックしなさい，と。■ 私はそれを抑えるために努力しなくてはなりません」

解答　下線部の表すもの：(1) iPhoneの魅力　(2) Ｅメールと音声メールをチェックしたくなる衝動［チェックするように命じる内なる声］

54

問　下線部の That が表す内容を具体的に日本語で記せ。

1 …you may say this business of marking books is going to slow up your reading. **2** It probably will. **3** <u>That's one of the reasons for doing it</u>. **4** Most of us have been taken in by the notion that speed of reading is a measure of our intelligence. **5** There is no such thing as the right speed for intelligent reading. **6** Some things should be read quickly and effortlessly and some should be read slowly and even laboriously. **7** The sign of intelligence in reading is the ability to read different things differently according to their worth.

（京都教育大）

語句　**1** business「行為」mark「（本）に印をつける」slow up「～の速度を落とす」**4** take in 「～をだます」（＝ deceive）notion「考え，観念」（＝ idea）measure [méʒər, méɪʒər]「尺度，基準」intélligence「知能；聡明さ」**5** intélligent「知的な，聡明な」**6** effortlessly「努力しないで，容易に」laboriously [ləbɔ́ːriəsli]「骨を折って」**7** sign「しるし，表れ」according to 「～に応じて」worth「価値」

精講 83 that の用法（指示代名詞）(1)

　一般に，**that は離れたもの**を指し，**this は近くのもの**を指すが，ある文脈において用いられた場合，**that は前に述べたことを指す**。

　He is selfish. **That**'s (the reason) why we dislike him.
　　「彼はわがままだ。**それなので**我々は彼が嫌いだ」

次のような文では this と that のいずれも用いられ，指示内容は変わらない。

　I then tried to force the lock, but **this**[**that**] was a mistake.
　　「それから錠をこじ開けようとしたが，**これ**[**それ**] は間違いだった」

ただし that は，this とは異なり，**これから述べることを指すことはない**。

　① **This** is what I thought.「**これが**私の考えたことです」
　② **That** is what I thought.「**それが**私の考えたことです」

　▶①は文脈により，すでに述べたことも，これから述べることも指すが，②はすでに述べたことだけを指す。

なお〈that（＋名詞）〉には，その**指示対象が文や文脈の中にはない**場合がある。

　Do you remember **that** story?　「**あの**話覚えている？」

　▶この that は「**あの，例の**」を意味する。話し手と聞き手の間では，that と言えば何を指すかがわかる。

　本文第3文**That**'s one of the reasons for doing it. は「それがそうする理由の一つである」が直訳。Thatが指すのはその前に述べたこと，すなわち「本に印をつけることが読書の速度を落とすことになる」であり，doing it は marking books を指す。したがって，全体としてこの文が表す内容は「読書の速度を落とすというのが，本に印をつけることの理由の一つである」である。

研究　〔全体〕　第1・2文は主題の導入部。第3文は主題「読書の速度を落とすことの意味」を提示。第4～7文では，「一見知的な読書法に反するようだが，素材の内容を理解するために本に印をつけじっくり時間をかけるのは，知的な読み方である」と，主題の正しさを説明する。

1 **you may say** **this business of marking books is going to slow up your reading**　「本に印をつけるというこの行為は読書の速度を落とすだろうとあなたは言うかもしれない」　you may say の後ろには『予想される一般的な理解や意見』が続く。

2 **It probably will.** は，**This business of marking books** will probably **slow up your reading**. を意味する。後ろにThat's one of the reasons for doing it. 「それがそうする理由の一つである」が続くので，この文の内容がむしろ「望まれること」であることを示している。

4 **Most of us have been taken in by the notion that ...**　「我々の大部分は…という考えにだまされている」　that は同格の名詞節を導く接続詞である（⇒ p.66）。

5 **there is no such thing as**　「～のようなものは（存在し）ない」は慣用的表現。there構文では通例，否定文にnoが用いられる。notを用いた否定文は強調形で，there is not a(n)[any] ～「～が一つも［全く］存在しない」のように用いられる。

6 **Some things ... and some ～**　「あるものは…で，あるものは～」　このsome ... some[others] ～という相関表現は「…であるものもあれば，～であるものもある」のように訳すことが多い（⇒ p.110）。

訳例　**1** このように本に印をつけたりすれば読書の速度が遅くなるだろうと言われるかもしれない。**2** たぶんそのとおりだろう。**3** 本に印をつける理由の一つもそこにある。**4** 我々のほとんどは，読書の速度は我々の知性の尺度になるという考えによってだまされている。**5** 知的な読書のための正しい速度などというものは存在しないのだ。**6** 時間もかけず努力もしないで読むべき本もあれば，ゆっくりと，ときには苦心さえして読まなければならない本もある。**7** 読書における知性のしるしは，異なったものをその価値に応じて異なった読み方をする能力である。

解答　下線部のThatが表す内容：本に印をつけると読書の速度が落ちること

55

問　下線部（1）・（2）・（3）が表すものをそれぞれ具体的に英語で記せ。

1 Foolishly arrogant as I was, I used to judge the worth of a person by his intellectual power and attainment. **2** I could see no good where there was no logic, no charm where there was no learning.　**3** Now I think that one has to distinguish between two forms of intelligence, (1) **that** of the brain, and (2) **that** of the heart, and I have come to regard (3)the second as by far the more important.

（大阪経済大）

語句　**1** foolishly「愚かにも，ばかみたいに」arrogant「傲慢な，横柄な」judge A by B「AをBで判断する」worth「価値」intellectual「知的な，知性の」attainment「達成，到達」**2** good「美点，長所」logic「論理」charm「魅力」learning「学問；学習」**3** distinguish between A と [A and B]「A [AとB] を区別する」intelligence「知能，理解力」come to do「…するようになる」regard A as B「AをBと見なす」by far「（比較級・最上級を強めて）はるかに，群を抜いて」

精講 84 thatの用法（指示代名詞）（2）

thatは前に用いられた名詞を指して，その代わりに用いられることがあるが，名詞が複数の場合には**those**が用いられる。

Having lived in Tokyo for years, my hairstyle and clothes are **those** of a city person, but my style of speech is still **that** of a person from my hometown.

> 「何十年も東京に住んでいるので，私の髪形や服装は都会人のそれだが，話し方はいまだに同郷人のそれである」

〔**those** = the hairstyle and clothes／**that** = the style of speech〕

このように，that／thoseは具体的な名詞で表せば〈**the＋名詞**〉になる。oneが〈a [an] ＋名詞〉で置き換えられるのと区別する（⇒p.162）。

> 補足　関係詞節や形容詞句に後位修飾されるthoseは「人々」を意味する。
>
> **Those present** were surprised at the news.
> 「居合わせた人々はその知らせに驚いた」
> 〔 = Those (people) who were present〕

本文第3文 Now I think that one has to distinguish between two forms of intelligence, [**that** of the brain, and **that** of the heart] のthatは the intelligence の代用表現。two forms of intelligenceを，that of the brain, and that of the heartと具体的に言い換えている。「人は知能の二つの形態，すなわち脳の知能と心の

知能，を区別しなければならない」ということ。

研究 〔全体〕第1・2文は筆者の過去の考え方を述べる（I **used to** judge／**could** see）。第3文は筆者の現在の考え方を述べる（**Now** I think／I **have come to** regard）。

1 **Foolishly arrogant as I was** 「私はばかみたいに傲慢で」 接続詞asの節内でbe動詞の補語として働く形容詞句がasの前に現れる構造。Being foolish as I wasと書き換えられる。asが用いられていることから強い因果関係は認められないが，ここではasをbecauseに近い意味ととって差し支えない。主節のused to *do*「以前は…だった（が現在はそうでない）」にも着目して解釈する。arrogantは「自分が他人より重要であると思って，無礼な態度をとる」の意味で，筆者はこのような性格であったので，人の価値を知力と業績により判断していた。

> 補足 接続詞asは『譲歩』「（～は…である）が」を表す場合がある。
>
> Young **as** she is, she knows a lot about what is going on in the world.
>
> 「彼女は若いが，世の中の動きをよく知っている」

2 **I could see ❶**[₀**no good** ₐ𝒹ᵥ[where there was no logic]], **❷**[₀**no charm** ₐ𝒹ᵥ[where there was no learning]]. 「私は論理のない所にいかなる美点も，学識のない所にいかなる魅力も，見て取ることができなかった」 二つの〈名詞句＋where節〉が並置され，〈could seeの目的語＋副詞的要素〉として働く。whereは接続詞で，「（～が…する）所に［で］」を表す。

3 ₛI ᵥhave come to regard ₀the second ᶜas by far the more important 「私は二つ目のほうをはるかにより重要なものと見なすようになった」 the more importantのように比較級にtheがついているのは，of the two forms of intelligence「知能の二つの形態のうちで」という選択肢が言外に述べられているため。

訳例 **1** 私はばかみたいに傲慢で，人の価値を知力と達成度で判断したものだった。**2** 私は論理のない所にいかなる美点も，学問のない所にいかなる魅力も見て取ることができなかった。**3** 今では私は，知能の二つの形態，すなわち脳の知能と心の知能は区別されるべきだと思っている。そして私は，心の知能のほうをはるかにより重要なものと見なすようになった。

解答 下線部が表すもの：**(1)** the intelligence **(2)** the intelligence **(3)** the intelligence of the heart

56

問　下線部を訳すとともに**one**が表すものを具体的に英語で記せ。

1 Cheerleaders for AI look forward to the day when computers will fall in love and have their hearts broken, wonder about their place in the universe, and perhaps begin to resist their oppression at the hands of the humans.　**2** <u>Cheerleaders for humanity keep marking barriers and insisting that they have found the **one** the machines will never cross.</u> **3** But the circles are getting smaller.

（神戸市外語大）

語句　**1** **cheerleader**「支持者，支援者」**AI**（＝**artificial intelligence**）「人工知能」**look forward to**「～を楽しみに待つ，～を期待する」**fall in love**「恋をする」**break ~'s heart**「～（の心）を打ちひしぐ」**wonder about**「～について思いめぐらす」**resist**「に抵抗する」**oppression**「抑圧，弾圧」**at the hands of**「～の手にかかって，～のせいで」**2** **humanity**「人類，人間」**keep *doing***「…し続ける」**mark**「に印をつける；(の場所）を示す」**barrier**「障壁，障害物」**insist that ...**「…と主張する」**cross**「を越える」**3** **circle**「範囲」

精講 85　one（代名詞）の注意すべき用法

①一般に「人」を表す（⇒ p.43, 115）

youやweのほうが口語的で，oneは堅い感じがする。文により，youやweと同じく，訳出しないほうが自然な日本語になる場合が多い。

　If **one** wants to grow, **one** must not avoid hardships.

　　「成長しようと思えば，困難を回避してはいけない」

②前出の可算名詞と同じ種類の，不特定のものを指す

つまり **one** ＝〈**a[an]** ＋前出の可算名詞〉である。thatは可算・不可算にかかわらず前出の名詞を指すのでこれと区別する（⇒p.160）。

修飾語がつくと，以下のような形をとる。

> 〈**a[an]** ＋**形容詞**＋**one**〉〔単数扱い〕　　〈**形容詞**＋**ones**〉〔複数扱い〕
> 〈**(the) one** ＋**前置詞句**〉　　　　　　〈**(the) one** ＋**関係詞節**〉
>
> Do you want a large bottle or <u>a small **one**</u>？〔one ＝ bottle〕
> 　　「欲しいのは大きいボトルですか，それとも小さいのですか」　〔形容詞による修飾〕
> This question is <u>**one** of great importance</u>.〔one ＝ a question〕
> 　　「この問題は非常に重要なものだ」　　　　　　　　〔前置詞句による修飾〕

本文第2文Cheerleaders ... that they have found [the **one** [関節the machines will never cross]]. のoneは関係詞節により修飾される。前出の可算名詞を指すので，barriersとCheerleadersから文脈が成立するほうを選ぶ。

補足　that の用法（⇒ p.160）と区別する。

No pleasure is greater than **that** of reading.　　〔that = the pleasure〕

「読書の喜びほど大きな喜びはない」

研究

1 **look forward to [the day [when … humans]]**　when … humans は day「日」にかかる関係詞節。節内の構造は以下のとおり。

(関節)**when** s'**computers** 助動'**will**

❶ [^A[v'**fall** adv'**in love**] and ^B[v'**have** o'**their hearts** c'**broken**]],

❷ [v'**wonder** adv'[**about their place in the universe**]],

等接**and** adv'**perhaps**

❸ [v'**begin** o'[**to** (v'')**resist** (o'')[**their oppression at the hands of the humans**]]]

動詞句❶・❷・❸（❶は動詞句A＋動詞句Bの形をとる）が等位接続されている。「コンピュータが❶^A恋をして^B心が打ちひしがれ，❷宇宙における自らの場について思いめぐらし，ひょっとすると❸人間による弾圧に抵抗し始める」の意味。

2 **have their hearts broken**　「自分の心が打ちひしがれ（た状態であ）る→失恋の痛手を負う」　have A done は「Aが…された状態である」（『経験』），「Aを…される」（『被害』）を表す（⇒ p.36）。

3 **But the circles are getting smaller.**　「しかしこの領域は次第に小さくなっている」　the circles は，先行する第2文の内容から，the circles of barriers that cheerleaders for humanity insist the machines will never cross「機械が越えることは決してないと人類の支持者が主張する障壁群（の領域）」を指す。それが「次第に小さくなっている」とは，AI より人間のほうが優れていると主張する人々が指摘する，機械には越えられない障壁の領域が次第に縮小していることを表す。〈be getting ＋形容詞比較級〉は「だんだん～になる」を表す。

訳例　**1** AI（人工知能）の支持者は，コンピュータが恋をして失恋の痛手を負い，宇宙における自らの場について思いめぐらし，ひょっとすると人間による弾圧に抵抗し始める日を楽しみに待っている。**2** 人類の支持者は障壁を示し続け，機械が絶対に越えることのない障壁を見つけたと主張し続ける。**3** しかしこの障壁の領域は次第に小さくなっている。

解答　下線部：訳例参照　one が表すもの：a barrier

57

問　下線部（1）を訳し，下線部（2）・（3）が表すものを具体的に英語で記せ。

1 (1) There is one fact that you **might as well** face now, namely, that the easiest things are rarely the best for you. **2** Trouble has been one of the great blessings to mankind. **3** To overcome disease, famine, poverty, and other misfortunes, mankind has been actually forced by them into thinking out remedies. **4** The harder (2) the suffering, the more it has pushed the mind forward. **5** Thinking, reasoning, reaching sound judgments is hard work for the brain. **6** Practice in (3) it is one of the best things to bring you into a full life. **7** Mental laziness is one of your greatest dangers.

(北海道大)

語句　**1** face「（事実・問題など）を直視する」namely「すなわち」rarely「めったに…ない」**2** blessing「（神の）恵み，ありがたいもの」mankind「人類」（= humankind）**3** overcome「を克服する」famine「飢饉」poverty「貧困」misfortune「不運，苦難」force *A* into *doing* 「Aに…することを強制する」think out「（計画・案など）を考え出す」remedy「解決策，改善策」**4** suffering「苦しみ，苦悩」push ~ forward「～を前に押し出す；～を推し進める」**5** reason 「推論する」sound「適切な，妥当な」judgment「判断」**6** practice「実行，実践」bring *A* into *B*「AをB（の状態）に至らせる」a full life「充実した生活［暮らし］」**7** mental「精神の」laziness「怠惰」

精講 86　may[might] as well ~

may[might] as well ~は「～したほうがいい，～したほうがましだ」の意。あとに **as ...** を伴い，「…**するくらいなら**」の意を添えることも多い。

　There's nothing to do, so I **may as well** watch television.
　「何もすることがないから，テレビを見たっていいだろう」

　You **might as well** throw away your money **as** lend it to him.
　「彼に金を貸すくらいなら捨てたほうがましだ」

本文第1文 There is one fact that you **might as well** face now, namely, that the easiest things are rarely the best for you. は「あなたが今受け入れたほうがよい一つの事実，すなわち，最も容易なことはあなたにとってめったに最善なことにはならないという事実がある」。

研究　〔**全体**〕　第1文は主題の導入部。第2文は主題「困難な状況は人類にとって大きな恵みである」の提示部。第3・4文は，主題に関する具体例を示す。第5～7文は展開部で，主題に示された「大きな恵み」の詳細を述べる。

1 There is [one fact [関節that s'you v might as well face o' now]], namely, [that the easiest things are rarely the best for you]. 2番目のthatはone fact that you … now「今受け入れるほうがいい一つの事実」の内容を示す同格節。

2 **Trouble has been one of the great blessings to mankind.**「困難は恵みである」は，第1文のthe easiest things are rarely the best for youの裏返しのパラドックス（逆説）だが，第3文以降でその内容が詳述される。

3 **To overcome disease, famine, poverty, and other misfortunes**「病気, 飢饉, 貧困, その他の苦難を克服するために」 文頭のto不定詞句は，後ろに文が続くので，『目的』（＝「…するために」）を表す副詞的要素として働く。disease, famine, poverty, and other misfortunesは，前文のTroubleの具体例である。

3 **mankind has been actually forced by them into thinking out remedies** themはdisease, famine, poverty, and other misfortunesを指す。病気などの苦難を克服するために，人間は解決策を考え出すことを余儀なくされたが，このように「苦難に直面して頭を働かせること」を筆者はblessing「恵み」ととらえている。

4 **the suffering**はdisease, famine, poverty, and other misfortunesを指す「承前名詞」（⇒p.176）。**push the mind forward**は「精神の働きを強める, 頭をいっそう働かせる」を含意する。

5 s[❶**Thinking,** ❷**reasoning,** ❸**reaching sound judgments**] v is c[**hard work** [for the brain]]. 主語は並置された三つの動名詞句からなる。

6 s[**Practice in it**] v is c[one of [the best things [to (v')**bring** (o')**you** (adv')**into a full life**]]]. itの内容に関しては，前文を参照し「実践できる事柄」を特定する。

訳例 **1** (1) 人が今直面するほうがいい一つの事実，すなわち，最も容易な事柄はめったに，自分にとって最もよいものではないという事実がある。**2** 古来，困難な状況は人類にとって大きな恵みの一つであった。**3** 病気，飢饉，貧困，その他の苦難を克服するために，人類はそれらのせいで，実際に，解決策を考え出さざるを得なかった。**4** 苦しみがつらければつらいほど，その苦しみはそれだけいっそう精神を前に推し進めてきた。**5** 考えること，推論すること，正しい判断に至ることは脳にとって厳しい作業である。**6** それを実践することは，人を充実した人生へと導く最高のことの一つである。**7** 精神的怠惰は，最大の危険の一つである。

> **別訳**（下線部 (1)）今，受け入れたほうがよい事実が一つある。すなわち，最も容易なことは自分にとってめったに最善のことではないという事実である。

解答 下線部 (1)：訳例と別訳参照　下線部 (2)：disease, famine, poverty, and other misfortunes　下線部 (3)：thinking, reasoning, reaching sound judgments

58

問　下線部（1）が表す内容を具体的に日本語で記せ。また下線部（2）を訳せ。

1 While evoking religious faith in science, the inventor of cybernetics, Norbert Wiener, warned, in *The Human Use of Human Beings* (1950), of the danger in ceding control of moral judgment to machines. **2** Shortly after Wiener delivered (1) his warning, author Kurt Vonnegut Jr. published an anti-cybernetic novel. **3** (2) *Player Piano* (1950) projected a world where automata do everything, resulting in a techno-tyranny ruled by machines and their slaves — button pushers, office bureaucrats, and corporate managers.

（早稲田大）

語句　**1** evoke「を呼び起こす，を喚起する」religious「宗教（上）の」faith in「〜への信仰」cybernetics「人工頭脳学」warn of「〜を警告する」cede *A* to *B*「*A*（権利など）を*B*に譲渡する」moral「道徳的な；道徳（上）の」**2** deliver「（意見など）を述べる」warning「警告，注意」publish「を発表する；を出版する」anti-cybernetic 形「反サイバネティックス（反人工頭脳）の」**3** project「を投影する，を描く」automaton「（複数形は〜s／automata）自動機械」result in「〜という結果になる」techno-tyranny「技術暴政」（tyranny「暴政，専制政治」）rule「を支配する」slave「奴隷」office「役所；公職」bureaucrat「官僚」

精講 87 句読点の用法

句読点（Punctuations）は文を読みやすくするための記号である。特にコンマは用法が多岐にわたるので注意する必要がある。*A, B*や*A, B, C*のように**文法的に等価な要素**を並置して**同格関係**を示すほか，*A, B* (,) and[or] *C*や*A, B, C* (,) and[or] *D*のように三つ以上の要素の等位接続において用いられる。

It was a hybrid of ᴬphilosophy, ᴮlinguistics, ᶜmathematics, **and** ᴰelectrical engineering.「それはᴬ哲学，ᴮ言語学，ᶜ数学，およびᴰ電気工学の混成物であった」

本文第1文を見てみよう。ₛ|ᴬthe inventor of cybernetics, ᴮNorbert Wiener|, ᵥwarned「サイバネティックスの創始者であるノーバート・ウィーナーは警告した」のNorbert Wienerはthe inventor of cyberneticsの同格語。続いて ᵥwarned, ₐdᵥ|挿入in *The Human Use of Human Beings* (1950)|, ₐdᵥof the danger ... は，**warned of the danger**という動詞句の間に副詞的前置詞句が挿入されている。この前後にあるコンマは**挿入句の範囲**を示す。文の主要素である主語，動詞，目的語，補語は，句や節であっても，原則としてコンマで区切ることはできないが，挿入句や挿入節が現れる場合はこの限りでない。

ダッシュ（―） A―B―の形で用いられ，要素Bが要素Aに対して『**補足・説明・限定**』などの働きをする。本文第3文 $_{名詞句}$their slaves ― $_{名詞句}$button pushers, office bureaucrats, and corporate managers「機械の奴隷―（例えば）ボタンを押す人，役所の官僚，そして企業の経営者」にてダッシュは「前の名詞句の内容を詳述する」名詞句を導く働きをしている。A―B―では，BはAに関連する内容を示す限り，Aの形にかかわりなく，次のようにいかなる形も取り得る。

She walked out ― who could blame her ― and went directly home.

　　「彼女は退場し――誰が彼女を責めることなどできようか――そして直接家に戻った」

　▶ダッシュは「彼女の動作」に対する話し手の判断を示す。

コロン（:） 前出の内容に対して**具体的内容や例や項目**などを示すのに用いる。

We need three kinds of support: economic, political and moral.

　　「我々は三つの種類の支持，すなわち，経済的，政治的，精神的な支持が必要だ」

セミコロン（;）はピリオド（.）とコンマ（,）の中間の区切りを示す。コンマは『語』・『句』・『節』などを区切り，ピリオドは『文』を切り離すが，セミコロンは『節』を区切り，主に『**同種の事象の列挙**』を示すのに用いられる。

She explained why she likes the actor: he is good-looking; he has an enchanting voice; he can play many different roles, etc.

　　「彼女はどうしてその役者が好きなのか説明した。彼は美形である，彼は魅惑的な声をしている，彼はいろいろな役を演じることができる，などである」

研究

〔**全体**〕 第1文は主題「道徳的判断の制御を機械に委ねることの危険性」を述べ，第2・3文は主題に関する具体例を示す。

2 his warning は，第1文の warned, ... to machines を指す「承前名詞」（⇒p.176）。

3 a world ... corporate managers は projected の目的語として働く名詞句。resulting in ... corporate managers は automata do everything の『結果』を示す分詞構文。ruled by machines ... corporate managers は techno-tyranny を修飾する過去分詞句。

訳例

1 科学に対する宗教的信仰を喚起する一方で，サイバネティックスの創始者であるノーバート・ウィーナーは『人間機械論―人間の人間的な利用』（1950年）の中で，道徳的判断の制御を機械に委ねることの危険性について警告した。**2** ウィーナーがその警告を発したすぐあとに，作家のカート・ボネガット・ジュニアが反サイバネティックスの小説を発表した。**3** (2)『プレイヤー・ピアノ』（1950年）は，自動機械がすべてを行い，その結果，機械と機械の奴隷――ボタンを押す人，役所の官僚，それに企業の経営者――に支配される技術専制政体が生じる世界を描いた。

解答 下線部 **(1)**：道徳的判断の制御を機械に委ねることは危険であるというノーバート・ウィーナーの警告　下線部 **(2)**：訳例参照

59

本文は「古代ギリシャ人は，推論する能力や話す能力は人間だけに備わると考えていたが，現代科学はそうした人間の特異性に懐疑的である」という主題に続く文章である。

問　下線部を訳し，which の先行詞を英語1語で記せ。

1 Chimpanzees not only learn by trial and error, which is a form of reasoning, they also apparently recognize that thoughts are agents of actions and they accordingly behave in ways which are intended to influence the states of mind of other individuals.　**2** As for language, even less advanced primates such as vervet monkeys use different vocalizations to represent different predators: they have distinctive cries to warn their companions of leopard, eagle and snake.　**3** But there is still much about humankind **which** seems to set us apart from the rest of nature: we are the only species to have advanced technology, to have a religious sense, to have values like justice and liberty, to have scientists, philosophers and poets.

(早稲田大)

語句　**1** **trial and error**「試行錯誤」**form**「形態；種類」**reasoning**「推論」**apparently**「(見聞きしたところ)どうやら…らしい」**recognize that ...**「…ことを認める[認識する]」**thought**「思考」**agent**「動因」**action**「行動，行為」**accordingly**「それに応じて」**behave**「行動する」**be intended to** *do*「…するように意図されている」**state of mind**「精神状態」**individual**「個体」**2** **as for**「～に関しては」**advanced**「進んだ，進歩した」**primate**「霊長類の動物」**vervet monkey**「ベルベットモンキー」**vocalization**「(発声された)言葉[音声]」**represent**「を表す」**predator**「捕食動物」**distinctive**「独特の，他と異なった」**warn** *A* **of** *B*「AにBを警告する」**companion**「仲間」**leopard**「ヒョウ」**eagle**「ワシ」**3** **set** *A* **apart from** *B*「AをBから分離する[区別する]」**the rest of**「～の残り」**species**「(単複同形)種」**sense**「観念；意識」**value**「(～sで)価値観」**justice**「正義」**liberty**「自由」

精講 **88** 関係代名詞の離れた先行詞

関係代名詞の先行詞はその直前の名詞（句）であることが多いが，**離れている**場合もよくあるので，意味関係をよく考えて間違えないようにする。

I need to show the gratitude for my family **which** I would wish shown to me.

「私は，自分に対して示してもらいたいと思うような，感謝の気持ちを家族に示さねばならない」

▶ show の目的語は，ₒ[the gratitude [for my family] [関節 which ₛ'I ᵥwould wish ₒ' ᶜ'[(ᵥ")shown (adv")to me]]]。which の先行詞は (my) family ではなく gratitude である。

本文第3文there is still ⌊much [about humankind] [関節which s' ─── v'seems to set o'us adv'apart from the rest of nature]⌋ は，「私たちを自然界の他の生物から分け隔てるように思える」のが「人類」であるか「（人類に関する）多くのこと」であるかを比較し，文脈が成立する「（人類に関する）多くのこと」を先行詞と特定する。

研究 〔全体〕 掲載文は主題「推論と言語の能力が人間に固有の能力であるとは断定できない」に関連する説明である。第1・2文は主題の論証となるサルの行動の説明，第3文は他の動物とは異なる人間社会の数々の特徴の説明。

1 **Chimpanzees not only ᴬ[learn …], ᴮ[they also apparently recognize …]** 「チンパンジーは…学習するだけでなく，またどうやら…を認識するようである」 not only A (but) also B「AだけでなくBもまた」の構造を持つが，要素Bはbutで接続されるのではなく，コンマを介して並置されている（⇒p.76）。

1 **trial and error, which is a form of reasoning,** 「試行錯誤，それは推論の一形態であるのだが，」 which … はtrial and errorに関して補足・説明・限定する非制限用法の関係詞節。このように関係詞節は挿入節としても用いられる。

2 **use different vocalizations to represent different predators** 「異なる捕食動物を表すために異なる鳴き声を使う」 to不定詞句を『目的』ではなく『結果』に解し，「異なる鳴き声を使って異なる捕食動物を表す」と解釈することもできる。

2 **they have distinctive … and snake** コロン前の記述に対して具体例を示す。

3 **we are the only species ❶[to have advanced technology], ❷[to have a religious sense], ❸[to have values …], ❹[to have scientists, …]** 四つのto不定詞句はすべてonly speciesを修飾する形容詞用法。

訳例 **1** チンパンジーは，推論の一形態である試行錯誤によって学習するだけではなく，どうやら思考が行動の原因であることを認識しているようである。彼らはそれ相応に，他の個体の精神状態に影響するように意図された方法で行動する。**2** 言語に関しては，ベルベットモンキーのようなそれほど高等でない霊長類の動物でさえ，さまざまな捕食動物を表すために異なる鳴き声を使う。このサルは自分の仲間にヒョウ，ワシ，ヘビの存在を警告するために，別個の叫び声を持っている。**3** しかし人間には，我々を自然界の他のものから分け隔てるように思える多くの事柄がまだ存在している。つまり，我々は高度な技術を持ち，宗教心を持ち，正義や自由のような価値観を持ち，科学者，哲学者，詩人を持つ唯一の種なのである。

解答 下線部：訳例参照　whichの先行詞：much

参考 vervet monkey：エチオピア南部からケニア，タンザニア，南アフリカ共和国に至るアフリカ南西部に分布するオナガザル科のサル。

60

問　下線部（1）whichの先行詞を英語1語で記せ。また，doesとdoes not が表すものを具体的に示して下線部（2）を訳せ。

1 It is true that there is a competitive element in success no matter what a man's profession may be, yet at the same time the kind of thing that is respected is not just success, but that excellence, whatever that may be, to (1)<u>which</u> success has been due. **2** A man of science may or may not make money; (2)<u>he is certainly not more respected if he **does** than if he **does not**</u>. **3** No one is surprised to find an eminent general or admiral poor; indeed, poverty in such circumstances is, in a sense, itself an honor.

（近畿大）

語句　　**1** compétitive「競争的な」element「要素」no matter what ～ may be「たとえ～が何であろうと」proféssion「職業」at the same time「同時に」respéct「を尊敬する」éxcellence「優秀（な性質）」due to「～（原因）のために」**2** a man of science「科学者」certainly「確かに」**3** eminent「高名な；身分の高い」general「（軍の）大将」ádmiral「海軍将官」indeed「（いや）実際は，それどころか」poverty「貧乏」círcumstance「（通例～s）事情，状況」in a sense「ある意味で」honor「名誉」

精講 89 代動詞

　同じ動詞を繰り返さないで，その代わりに do を用いることがあるが，そのように用いられた do を代動詞と呼ぶことがある。

　　Language changes as human beings **do**.
　　　「言語は人間と同じように**変化する**」　　　　　　　　　　　　〔do = change〕

代動詞は，文脈により，それが表す動詞を①訳出すべき，また訳出したほうがよい場合と，②訳出すると不自然になる場合がある。

　　① Romans did not want their Empire to decline, but it **did**.〔= declined〕
　　　「ローマ人は自分たちの帝国が滅びることを望まなかった。しかしそれは**滅びてしまった**」

　　② You have no good reason for thinking as you **do**.　　　〔= think〕
　　　「君がそのように**考える**正当な理由はない」

　　　▶「君が考えるように考える」とは訳さないこと。

本文第2文 he is certainly not more respected if he **does** than if he **does not** の if he does における does は make money の代わりに用いられた代動詞。if he does not における does not は否定を示す助動詞で，後ろに make money が省略されている。「金をもうけた場合のほうが，もうけない場合よりも大きな尊敬を受けること

170

がないのは確かである」の意。

研究　〔全体〕第1文は主題「尊敬を受けるのは，成功をもたらす卓越性である」の導入・提示部。第2・3文は展開部で，「金持ちか否か」という観点から主題について論じる。

◾ **it is true that …, yet ～**は「なるほど…だが，（それでも）～」という『譲歩』の意を表す。, yet（コンマ＋yet）は先行する記述からは予想しにくい意外な事実，状況などを述べるのに用いられる。and yet も同じ意味を表す。

◾ **there is a competitive element in success**　「成功には競争的な要素がある」すなわち「成功するということは他者との競争に勝つという面がある」を含意する。

◾ **no matter what a man's profession may be** = **whatever** a man's profession may be。

◾ **the kind of thing that is respected**
「尊敬されるような種類のもの」が直訳だが，**what** is respected と同義と見て，「尊敬されるもの／尊敬の対象となるもの」と訳してもよい。the kind of は a kind of が関係詞節の限定を受けて特定化したものである。

◾ **that excellence, …, to which success has been due**
直訳すれば「それに成功がよるところの優秀性」であるが，「成功の要因となっている優秀さ」「成功をもたらした秀でた素質」などと訳すとよい。先行詞を限定する that は関係詞節の限定が先行詞に及んだことを示す指標であり，訳出の必要はない。

◾ **whatever that may be**　「たとえそれが何であろうとも」『譲歩』を示す挿入節。that は excellence を指し，whatever は no matter what に言い換えられる。

② **A man of science may or may not make money;**　「科学者は金を稼ぐこともあれば稼がないこともあるが」　この場合のセミコロンは，…, but と同じ『譲歩』の構造を形成する。

③ **; indeed, poverty in such circumstances is, in a sense, itself an honor**　indeed のあとには，先行する記述の内容を支持・強調するような補足的情報が続く。

訳例　◾ 確かに，たとえ職業が何であろうと成功には競争の要素があるが，同時に，尊敬を受けるのは成功したという事実だけではなく，たとえ何であれ成功を生み出すもとになった優れた素質なのである。② 科学者は金をもうけることもあればもうけないこともあるだろう。だが，(2) 金をもうけた場合のほうが，もうけない場合より尊敬されることはないのは確かである。③ 高名な大将や将官が貧しいことを知って驚く者はいない。それどころか，このような場合には貧しいこと自体が，ある意味では名誉なことなのである。

解答　下線部 **(1)** の先行詞：excellence　下線部 **(2)**：訳例参照

171

61

問 下線部（1）が表す内容を具体的に日本語で記せ。下線部（2）を訳せ。

1 Moral arguments about the death penalty might seem at first glance to be biased in favor of abolition. **2** How can the taking of a precious life ever be justified? **3** However, those with strong views about the sacred nature of life can find only mixed support for (1) <u>that view</u> in most religious texts, many of which call openly for death as punishment. **4** Further, (2)<u>**unless** one believes in fate as the ultimate source of all human activity, **then** people who commit terrible deeds must, to a certain extent, be responsible for them.</u> **5** Our moral guides are simply ambiguous about exactly how far.

（慶應大）

語句 **1** moral「道徳（上）の」argument「議論；論争」death penalty「死刑」at first glance「一見したところでは」biased「偏って」（< bias「を偏らせる」）in favor of「～に賛成で」abolition「廃止」**2** taking of「～を奪うこと，～の剥奪」justify「を正当化する」**3** strong view「確固とした意見［見解］」sacred「神聖な；尊重すべき」mixed support「賛否が同じくらいである支持」religious text「宗教の経典」call for「～を求める」openly「公然と」punishment「罰」**4** further「さらに」believe in「～の価値を信じる」fate「運命」ultimate「究極の」source「源」commit「（犯罪・過失など）を犯す」terrible「恐ろしい，ひどい」deed「行為」to a certain extent「ある程度」**5** guide「指針，基準」simply「とても，全く」ambiguous「あいまいな」

精講 90 相関語句

二つの語句が互いに関連して用いられる相関語句は **so ～ that ...**（⇒p.69,73），**too ... to *do***，**not *A* but *B***（⇒p.74），**not only *A* but (also) *B***（⇒p.76），**neither *A* nor *B***（⇒p.80），**not so much *A* as *B***（⇒p.114），**some ～ others**（⇒p.110）などの他，次のようなものも注意しなければならない。

> **Just as** we boast of our success, **so** we boast of our failure.
> 「成功を自慢するのとちょうど同じように，自分の失敗を自慢するものだ」

> **Indeed** she is still young, **but** she is a very influential activist.
> 「確かに彼女はまだ若いが，とても影響力のある活動家だ」

本文第4文の **unless *A does*, then *B does*** は「Aが…しないなら，（それならば）Bは…する」を表す。この then は，先行する unless 条件節に対して「～が…する［しない］なら，<u>それならば…</u>」と念押しをする働き。類似の表現に以下がある。

If he joins our team, **then** we will win the next game.

「彼が私たちのチームに加われば，次の試合は勝てるだろう」

〔Aが…するなら，（それならば）Bは…する〕

研究　〔全体〕　第1文で「優勢に見える死刑廃止論」を提示し，第2文はその論拠を示す。第3～5文は第1・2文に対する反論を示す。

1 ᵥmight seem at first glance to be biased ₐdᵥ⌈in favor of abolition⌉

「一見，廃止賛成に傾いているように思えるかもしれない」

2 How can the taking of a precious life ever be justified?

修辞疑問（⇒p.180）で，「かけがえのない命を奪うことなど正当化できるはずがない」を表す。takingは名詞的動名詞（⇒p.54）で「剥奪」の意。

3 Howeverで始まる，前文に対する反論である。前文の「（刑罰として）命を奪うことは正当化できない」という主張に対して，多くの宗教の経典の中に死刑を認める記述が見いだされることを述べる。**those … can find only** ～は，「（…な）人々は～だけを見つけることができる→～しか見つけられない」の意。

　those with … のthoseはpeopleを表す。**that view**はstrong views about the sacred nature of life，つまり死刑に強固に反対する見解を指す。

4 many of which以下は，most religious textsに関して「宗教の経典の多くが死刑を要求していること」という，追加情報を述べる非制限用法の関係詞節。

5 ᵥare ₐdᵥsimply ᴄambiguous [about [疑節exactly how far (ₛ'they ᵥare ᴄ'[responsible for their deeds] ₐdᵥ')]]]　「彼らが正確にどの程度，自分の行為に責任があるのかに関して全くもってあいまいである」

訳例　**1** 死刑に関する道徳的議論は一見，死刑廃止に賛成する方向に傾いているように思えるかもしれない。**2** かけがえのない命を奪うことが一体どうやって正当化されるというのか。**3** しかし，命の神聖な本質に関し確固とした意見を持つ人々は，たいていの宗教の経典の中にその意見に対する賛否相半ばする支持しか見いだせない。経典の多くは罰としての死を公然と要求しているのである。**4** さらに，(2)人間の活動すべての究極の源として運命を信じていない限り，恐ろしい行いをした人々はある程度，その行為に責任を負わなければならない。**5** 私たちの道徳的指針は，罪を犯した人が正確にどの程度自分の行為に責任があるのかに関して全くもってあいまいである。

解答　下線部 **(1)** の表すもの：（死刑により）かけがえのない命を奪うことは正当化されないという意見　下線部 **(2)**：訳例参照

文脈編

173

62

問　下線部を訳せ。またdo soが表す内容を具体的に英語で示せ。

◧ For much of the history of modern neuroscience, the adult brain was believed to be a fixed structure that, once damaged, could not be repaired.　◨ But research published since the 1960s has challenged this assumption, showing that it is a highly dynamic structure, which changes itself in response to new experiences, and adapts to injuries　— a phenomenon referred to as neuroplasticity.

◧ Collectively, <u>this body of research suggests that one can never be too old to learn something new, but that the older they are, the harder it is for them to **do so**</u>. ◨ This is because neuroplasticity generally decreases as a person gets older, meaning the brain becomes less able to change itself in response to experiences.

（立教大）

語句　（第1段落）◧ **neuroscience**「神経科学」**fixed**「固定した；不変の」**structure**「構造；構造物」**damage**「に損傷を与える」**repair**「（人体の損傷）を治す；を修復する」◨ **challenge**「に異議を唱える」**assumption**「仮定，前提」**dynamic**「動的な；活発な」**in response to**「〜に応じて」**adapt to**「〜に順応[適合]する」**injury**「けが，傷害」**phenomenon**「現象」**refer to A as B**「AをBと呼ぶ」**neuroplasticity**「神経可塑性」（第2段落）◧ **collectively**「まとめると，総称的に」**a body of**「大量の〜，〜の集まり」（**body**「集まり」）◨ **generally**「一般的に，概して」**mean (that) ...**「…ということを意味する」

精講 ⑨1 do so

前の文で，**be動詞以外の動詞から始まる動詞句**を，同じ動詞句を繰り返さずにdo soで受けることが多い。具体的に何を指すのかを正しく把握しなければならない。

... people need to express themselves; they cannot **do so** unless society allows them liberty to **do so**　〔do so = express themselves〕

（What I believe by Edward Morgan Forster, Hogarth Press, 1939）

「人々は自分の考えを表現しなければならない。人々は，社会が彼らに**そうする**自由を認めなければ，**自分の考えを表現する**ことはできない」

本文第2段落第1文のdo soはlearn something newを指す。

研究　〔**全体**〕　第1段落第1・2文は，近代から現代にかけての「脳に関する認識や研究の進歩」について述べる。第2段落第1・2文は「脳と年齢の関係」を説明する。

（第1段落）**1** 脳の機能に関する 1960 年代以前の一般的な考えを示す。次の文に示される 1960 年代以降主流となってきた考えと対比される。**once damaged** = once it is[was] damaged.

2 第 1 文の内容と対比される「脳の機能に関する理解」を示す。**showing ...** は has challenged this assumption を修飾する分詞構文で，『付帯状況』を示す。「それ（= the adult brain）が非常に動的な構造であることを示している」または，「…ことを示して，（…意義を唱えてきた）」と訳してもよい。

2 **, which changes itself in response to new experiences, and adapts to injuries — a phenomenon [referred to as neuroplasticity]** 「それは新しい経験に応じて自らを変化させ，またけがに順応する—神経可塑性と呼ばれる現象である」highly dynamic structure に関連する追加情報を述べる非制限用法の関係詞節。which はコンマ前の it を指し，it は第 1 文の the adult brain を指す。a phenomenon は the adult brain changes itself in response to new experiences, and adapts to injuries を総括して示す。

（第2段落）**1** **this body of research suggests ❶[that one can never be too old to learn something new], but ❷[that 従節[the older s"they v"are c"], [the harder 仮s'it v'is c' 真s'[for (s")them to (v")do (adv")so]]]** 二つの that 節が but で等位接続され suggests の目的語として働く。but に続くほうに this body of research「一連の研究」の焦点がある。

2 **This** は直前の that the older they are, ... to do so を指す。This is because ...「これは…からである」は，前文に対してその理由を述べる。**as a person gets older**「人が年を取るにつれて」の as は接続詞で『比例』を表す。

2 **meaning ... experiences** は，neuroplasticity generally decreases as a person gets older の言い換えとして働く分詞構文。

訳例　**1** 近代神経科学史の大半において，成人の脳は，いったん損傷を受けると治すことができない固定した構造体であると信じられていた。**2** しかし 1960 年代以降に発表された研究はこの想定に異議を唱え，脳が非常に動的な構造で，新しい経験に応じて自らを変化させ，またけがに順応すること，すなわち神経可塑性と呼ばれる現象を示している。

　1 まとめると，この一連の研究は，何か新しいことを学ぶのに年を取りすぎているということはあり得ないが，年を取れば取るほどそれだけ新しいことを学ぶのは難しくなることを示唆している。**2** これは神経可塑性が一般的に加齢とともに低下するから，つまり脳が経験に応じて自らを変化させることができにくくなるからである。

解答　下線部：訳例参照　下線部の do so が表すもの：learn something new

参考　plasticity：plastic の名詞形。plastic には，外からの刺激に対して柔軟に変化する性質を表す「可塑性の，自由に形作られる」という意味がある。また生物学では「組織を形成 [回復] できる；適応 [変化] できる」を意味する。

63

問 下線部を訳せ。また Such が示す内容を日本語で記せ。

1 No species, not even *Homo sapiens*, can live for itself. **2** Ecosystems consist of non-living and living components. **3** These connect in diverse, mostly complex ways. **4** The living components react with and against each other, they utilize each other as sources of energy and matter, and they interact with, and modify, their non-living environments. **5** <u>Such are the basic realities of life on earth as we ecologists can grasp them.</u> **6** Principal elements of evolution, **these realities** provide the life process with drive and direction. **7** What is good here, what bad? **8** There are no **such things** in nature's original plan.

(琉球大)

語句 **1** species「(生物の)種」Homo sapiens「ホモサピエンス」(現生人類の学名) for oneself「独力で」 **2** ecosystem「生態系」consist of「〜から成る」non-living「生命のない」component「構成要素」 **3** connect 圓「つながる」diverse「多様な」complex「複雑な」 **4** react with「〜と反応する」react against「〜に反作用する」utilize「を利用する」source「源」matter「物質」interact with「〜と相互作用する」modify「を修正する」 **5** reality「現実 (のこと〔もの〕)」ecologist「生態学者」grasp「を理解する；をとらえる」 **6** principal「主要な」element「要素」evolution「進化」provide *A* with *B*「A に B を与える」process「進行, 進化, 変化の過程」drive「推進力；(行動の動機となる心理的) 動因」 **8** original「本来の」

精講 92 承前名詞

　先行する文の語句や内容を受けて用いる語句を一般に『承前語句』と呼ぶが，それが名詞の場合は『承前名詞』または『代用名詞』と呼ぶ。承前名詞には，①this / that / these / those / such などを使って前出の語句を指す，②前出の語(句)と関係のある語を用いる，③別の語で前文の内容のある部分を受ける，などがある。

　本文第 5，6，8 文は①の用法で，**Such** は前文第 4 文の，等位接続された三つの文の内容を指す。**these realities** は第 5 文の the basic realities of life on earth as we ecologists can grasp them を指す。**such things** は前文の What is good「何がよいか→よいもの」と what (is) bad「何が悪いか→悪いもの」を受ける。

　② When we are old, <u>we know much more about life.</u> What adults need to do is to give **that knowledge** to young people at the right time.

　　「年を取ると，人生について (若いころより) もっと多く知っている。大人の責務は，その知識を適切な時期に若者に与えることである」

▶ that knowledge は what we know about life を指す。例題58 his warning も参照。

③ I was told to design a new business plan, but **the task** seemed impossible to accomplish.

　　「私は新たな事業計画を企画するように言われたが，**その作業**は遂行するのが不可能に思えた」

▶ the task は design a new business plan を指す。例題57 the suffering も参照。

研究　〔全体〕　第1文は主題「どんな種も独力では生きられない」の提示部。第2〜5文で「生態系を構成する非生物的要素と生物的要素の多様かつ複雑なつながり」について述べる。第6文はこうした現象の背後にある進化論的要因の説明，第7・8文は現象を倫理的側面から考察する。

③ **These** の指示対象は前文の non-living and living components。

④ ❶[The living components react with and against each other], ❷[they utilize each other as sources of energy and matter], and ❸[they interact with, and modify, their non-living environments].

生命体が相互に，また非生命体とかかわり合う状況について述べる。❶では react with each other と react against each other の共通関係が，❸では interact with their non-living environments と modify their non-living environments の共通関係（⇒p.184）がある。

⑤ **as we ecologists can grasp them** は basic realities of life on earth を修飾する。them は the basic realities of life on earth を指す（as の用法に関しては⇒p.71）。

⑥ **Principal elements of evolution,**

these realities の述部に相当する要素。前に being や as を補い，Being[As] principal elements of evolution「進化の主要な要素であって［として］」とすると理解しやすい。

訳例　① どんな種も，ホモサピエンスでさえ，独力で生きることはできない。② 生態系は非生物的要素と生物的要素から成り立っている。③ 両者は，多様で，たいていは複雑な方法でつながっている。④ 生物的要素は互いに反応したり反発したりし，互いをエネルギーと物質の源として利用し合い，自らの非生物的環境と互いに影響し合い，それに変更を加える。⑤ これらのようなことは我々生態学者が理解できる，地球上の生命の基本的な現実である。⑥ 進化の主要な要素であるこうした現実は生命の過程に推進力と方向性を与える。⑦ ここでは何がよくて，何が悪いのか。⑧ 自然の本来の計画にそのようなものはないのである。

解答　下線部：訳例参照　such の表すもの：生物的要素は互いに作用し，互いを利用し，また自らが存在する非生物的環境とも影響し合い，それに変更を加える（ということ）

177

64

問　下線部の what is more が「何に対してどのような情報を追加しているか」がわかるように日本語で記せ。

1 Although one might suppose that vernacular buildings are out of date and will gradually disappear from our modern society, architects and city planners in recent years have come to re-evaluate the merits of using vernacular architecture. **2** They praise its historical symbolism, aesthetically pleasing appearance, and design that is practically suited to the environment. **3** **What is more**, disaster relief agencies have focused on vernacular architecture as a source of emergency shelters for disaster victims. **4** They claim that it is easy to obtain material locally and that dwellings can be erected quickly. **5** Some specialists also argue that there is a calming effect on users which is evoked by familiar living surroundings in comparison to the cold and unfriendly environment of prefabricated disaster shelters. **6** Viewed in these terms, vernacular architecture may prove to be one key theme in promoting a more humane and sustainable society.

(北海道大)

語句　**1** suppose that ...「…と思う」vernacular「その土地特有の」out of date「時代遅れで[の]」gradually「徐々に」re-evaluate「を再評価する」merit「利点，長所」**2** praise「を賞賛する」symbolism「象徴的意味」aesthetically「美学的に」pleasing「楽しい，満足を与える」appearance「外観」*be* suited to「〜に適している」practically「実用的に，現実的に」**3** disaster relief「災害救援 [復旧]」agency「(政府) 機関」focus on「〜に関心を集中する」source「源」emergency「緊急事態，非常時」shelter「避難所」victim「犠牲者」**4** claim that ...「…と主張する」obtain「を得る」material「材料」locally「その地方で，地元で」dwelling「住居」erect「を建てる」**5** argue that ...「…と主張する」calming「落ち着かせる」evoke「を引き起こす」familiar「なじみの」living surroundings「生活環境」in comparison to「〜と比べると」prefabricated「プレハブの，組み立て方式の」**6** view「を (ある見方で) 見る」in 〜 terms「〜の観点から」prove to be「…であることがわかる」promote「を促進する」humane「人間味のある」sustainable「持続可能な」

精講 **93** what is more「さらに，その上」

what is more は『情報追加』を表す副詞節で，先行する内容に，より重要な情報を付け加える働きをする。本文の **What is more** に関しては，先行する第 2 文で vernacular architecture の長所が 3 点挙げられているが，それにもう一つ，より重

要な長所が追加されることを示す。他の『追加』のつなぎ語は193ページ参照。

研究 〔全体〕 第1文は主題「その土地特有の建築を利用することの再評価」の導入・提示部。第2文は再評価の観点の具体例，第3文はより重要な再評価の観点の追加である。第4・5文は第3文について具体的な利点を説明し，第6文は第1文の主題を受ける形で結論を提示している。

1 **Although one might suppose that ... society**
「人は…と思うかもしれないが」は『譲歩』を表す従属節。主節の主張とは対極的な考えを先に示すことで，主節の主張により説得力を持たせる働きをしている。この譲歩節で示される「一般的な考え」が主題を導く働きをする。続く主節の architects and city planners ... vernacular architecture が本文の主題を示す。

3 4 5 第3文では，前文第2文で挙げられた長所に追加する，より重要な長所について述べる。第4文では工法の観点，第5文では利用者の心理的な観点からその長所が具体的に述べられている。

5 **there is [a calming effect on users [which is evoked by familiar living surroundings]]** 「慣れ親しんだ生活環境により呼び起こされる使用者への鎮静効果が存在する」 which が導く関係詞節は calming effect にかかる。in comparison to「〜と比べると」以降では，a calming effect と対比される要素が述べられる。

6 ₐdᵥ**[Viewed in these terms]**, ₛvernacular architecture ...
Viewed in these terms は過去分詞を用いた分詞構文（ = When vernacular architecture is viewed ...）。

訳例 **1** その土地特有の建築物は時代遅れで，現代社会から徐々に消えていくだろうと一般に思われるかもしれないが，近年，建築家や都市計画の専門家たちは，その土地特有の建築を利用することの利点を再評価するようになってきた。**2** こうした人たちは，その歴史的象徴性，美学的に満足のゆく外観，そして環境に実用上適合したデザインを賞賛する。**3** さらに，災害救助機関は，災害被害者用の緊急避難所の供給源として，その土地特有の建築に注目している。**4** 当局者は，地元で建築材料を調達するのが容易であり，住居をすぐに建てることができると主張する。**5** 一部の専門家たちもまた，プレハブの災害避難所の冷たくよそよそしい環境に比べ，慣れ親しんだ生活環境が呼び起こす鎮静効果が使用者に対し存在すると主張する。**6** こうした観点から見ると，その土地特有の建築は，より人間味があり持続可能な社会を推進する上で一つの重要なテーマであることがわかるかもしれない。

解答 what is more の役割：土地特有の建築物に関して，歴史的象徴性，美学的な外観，環境に適したデザインという長所に加えて，緊急避難所の供給源としての役割というより重要な長所があることを示す。

65

問 下線部(1)を平叙文に, (2)は there, none を具体的にして書き換えよ。

■ The only advice, indeed, that one person can give another about reading is to take no advice, to follow your own instincts, to use your own reason, to come to your own conclusions. ... ■ After all, (1) **what laws can be laid down about books ?** ■ The battle of Waterloo was certainly fought on a certain day; but is *Hamlet* a better play than *Lear*? ■ Nobody can say.　■ Each must decide that question for himself.　■ To admit authorities, however heavily furred and gowned, into our libraries and let them tell us how to read, what to read, what value to place upon what we read, is to destroy the spirit of freedom which is the breath of those sanctuaries.　■ Everywhere else we may be bound by laws and conventions — (2) **there** we have **none**.

語句　■ instinct「本能」reason「理性」conclusion「結論」■ after all「そもそも, 結局のところ」law「法, 法則」lay down「～を規定する, ～を定める」■ for *oneself*「独力で, 自分で」■ admit *A* into *B*「AをBに入れる」authority「権威（者）」heavily「重たげに」be furred「毛皮を着ている」*be* gowned「ガウンを着ている」library「書斎, 書庫」spirit「精神」breath「息；(比喩的に) 息吹, 生気」sanctuary「聖域, 神聖な場所」■ *be* bound「縛られる, 束縛される」convention「因習, しきたり」

精講 94 修辞疑問

疑問文の形をしていても，相手に返事を求めているのではなく，**反語的に話し手・書き手の考えを述べる**ものを『修辞疑問』と呼ぶ。

Who does not desire to promote the welfare of society **?**
「社会の福祉を増進することを願わない者がいようか→誰でも社会の福祉が増進することを願う」
〔≒ **Everybody** desires to promote ～.〕

修辞疑問文は，①肯定疑問文は否定の平叙文で，②否定疑問文は肯定の平叙文で表せる。

① Who **knows ?**　　　「誰が知ろうか」　　　〔≒ **Nobody** knows.〕
② Who doesn't **know ?**「知らぬ者がいようか」　〔≒ **Everybody** knows.〕

本文第2文 **what laws can be laid down about books ?**「書物についてどんな法則を定めることができるというのか」は「書物についてはいかなる法則も規定できない」という考えを強く述べるために，反語的に問いかけた修辞疑問である。

精講 95 承前副詞

　既出の副詞表現を受けて，その代わりに用いる副詞（句）を『承前副詞』と呼ぶことがある。下線部（2）の there は，前文第 6 文の副詞句 into our libraries「自分の書斎に」, those sanctuaries「この聖域」を受けて，in our libraries または in those sanctuaries を意味する承前副詞である。承前副詞の主なものは，**here**「ここで」，**then**「そのとき」，**like this**「このように」，**that way**「そのようにして」，**for this reason**「こういう理由で」など。

研究

〔全体〕　第 1 文は主題の導入部。第 2 文は主題「本の読み方を規定する法則はない」。第 3 ～ 7 文は展開部で，主題を補強し説明する。

⑥ ₛ[To ❶[admit authorities … into our libraries] and ❷[let them tell us ❶how to read, ❷what to read, ❸what value to place upon what we read]], ᵥis ᴄ[to destroy the spirit of freedom [which is the breath of those sanctuaries]]. [❶[権威（者）を自分の書斎に入れて], ❷[❶いかに読むべきか, ❷何を読むべきか, ❸自分が読むものにどんな価値を置くべきかを指示してもらうこと] は，その聖域の息吹である自由の精神を破壊することである」　読書において権威者や批評家たちの説を受け入れることは，とりもなおさず自由の精神を破壊する行為だと述べている。To do A is to do B は「A することは B することだ→ A すれば必ず B することになる」の意。末尾の those sanctuaries は our libraries を指す『承前名詞』（⇒ p.176）。

⑥ however heavily furred and gowned (ₛ'they ᵥare ᴄ'　　　　　)
『譲歩』を表す挿入節。「権威者が自分の権威者という本質を隠さずに現れても」。

⑦ there we have none の none は no laws and conventions を表す。

訳例

1 読書について人が他人に与え得る唯一の忠告は，いかなる忠告にも従わず，自分の本能に従い，自分の理性を働かせ，自分の結論に達するようにすることである。（中略）**2** つまるところ，書物についていかなる法則を定めることができるというのか。**3** ワーテルローの戦いは確かにある日に行われた。しかし『ハムレット』は『リア王』より優れた戯曲であるのだろうか？**4** 誰にも言えない。**5** その問いの答えは各人が自分で決めなければならない。**6** 自分の書斎に，いかに重たげに毛皮を身にまといガウンで身を覆っているにせよ，権威者を入れ，いかに読むべきか，何を読むべきか，自分の読むものにどんな価値を置くべきかを教えてもらうことは，この聖域の息吹である自由の精神を破壊することである。**7** 他の場所であればどこにおいても法則や因習に束縛されるかもしれない――自分の書斎ではいかなる法則も因習も存在しないのである。

解答

下線部 **(1)**・**(2)** の書き換え文：**(1)** No laws can be laid down about books.
(2) In our libraries we have no laws and conventions.

参考

The Battle of Waterloo「ワーテルローの戦い」：ナポレオンがイギリス・プロイセン連合軍に敗北した戦い。Hamlet『ハムレット』;Lear『リア王』：William Shakespeare（1564-1616 英国の劇作家）による戯曲の題名。両者ともシェークスピア悲劇の傑作と言われる。

66

問　下線部（1）は代名詞が表すものと省略要素を具体的に示して書き換えよ。
　　下線部（2）は訳せ。

1 One of the great superstitions about education is that learning is the result of teaching. **2** Of course (1) **it often is**. **3** But an enormous amount of learning goes on without a teacher or parent present. **4** Children learn much by imitating others. **5** (2) <u>Young ones learn what to avoid by watching what their older brothers and sisters get punished for.</u> **6** People do not always learn from experience, but they certainly learn by reflecting upon their experience.

語句　**1** superstition「迷信」education「教育」result「結果」**3** a[an] ～ amount of ...「～な量の…」enormous「巨大な，膨大な」go on「（状況などが）続く」present 形「その場にいる，居合わせている」**4** imitate「をまねる，を模倣する」**5** avoid「を避ける」punish *A* for *B*「*A*を*B*のことで罰する」**6** not always「必ずしも…（し）ない」experience「経験」reflect upon[on]「～について熟考［反省］する」

精講 96 省略表現

既出の語句やわかりきった語句が省かれることがよくある。これを『省略』と呼ぶ。

If (it is) necessary, we must change our plan.
「必要ならば，計画を変更しなければならない」

There was no objection on the part of those (who were) concerned.
「当事者の側に反対はなかった」

本文第1・2文の One of the great superstitions about education is that learning is the result of teaching. Of course **it often is**. は「教育に関する大きな迷信の一つは，学ぶことは教えることの結果であるということである。もちろんそうであることが多い」を意味する。it は前文の learning を指すので，is の後ろに the result of teaching が省略されていると判断できる。it often is とはつまり，「教えてもらうことによって初めて学ぶことができるということも多い」ということである。

研究　〔全体〕　第1・2文は主題の導入部。第3文は主題「学習の多くが先生や親のいない所で行われる」。第4～6文では主題に関する説明が展開される。

1 learning is the result of teaching
「教えてもらう結果，学ぶことができる」のように，文脈的な意味がよくわかるよう

に訳してもよい。

> **result の用法** 「不注意の結果，事故が起こった」の表し方
> The accident was a **result of** carelessness.
> The accident **resulted from** carelessness.
> Carelessness **resulted in** the accident.

2 3 **Of course it often is. But an enormous amount of learning goes on** _{adv}**[without** _(s')**a teacher or parent** _(c')**present].** 「もちろんそれはそうであることが多い。しかし膨大な量の学習が先生や親がいない所で行われる」 Of course A *does*. But B *does*.「もちろんAは…する。しかしBは…する」という『譲歩』の構造。But の後ろに現れる B *does* が筆者の主張・意見を示す。without の句内では主語・述語関係が成立している。「［教師や親が］［その場にい
］ない状態で」の意味。

4 **Children learn much by imitating others.** 「子供は他者をまねることで多くのことを学ぶ」 前文をより具体的に言い換えている。

5 **learn what to avoid** = learn what they should avoid 「何を避けるべきかを学ぶ」

5 **[**_{疑節}**what** _s**their older brothers and sisters** _v**get punished** _{adv}**[for   ]]** 「何をしたことで兄や姉が罰せられるのか」 間接疑問文。what は前置詞 for の目的語として働く。what ... for「何のために…」は why「なぜ…」と言い換えることもできる。

6 **People do not always** ^A**learn from experience, but they certainly** ^B**learn by reflecting upon their experience.** 「人は常に^A経験から学ぶわけではなく，確かに^B自分の経験を熟考することによって学ぶ」 not always *do A*, but ... *do B*「いつも A するわけではなく，B する」の構造。

訳例　**1** 教育に関する大きな迷信の一つは，学ぶことは教えることの結果であるということである。**2** もちろんそうであることもしばしばある。**3** しかし，教師や親が居合わせなくても，実に多くのことが学ばれている。**4** 子供は他人をまねることによって多くのことを学ぶ。**5** (2) 幼い子供は年上のきょうだいが何をしたことで罰を受けるのかを見守ることによって，何をしてはいけないかということを学ぶのである。**6** 人は常に経験から学ぶとは限らないが，自分の経験を顧みる(かえり)ことによって学ぶということは確かである。

解答　下線部 **(1)** の表すもの：learning is often the result of teaching　下線部 **(2)**：訳例参照

67

問　下線部を訳せ。

1 With the Space Age, a new phrase came into use ― space science, meaning basic scientific research **in** or **directly related to space**.　**2** In broad perspective, space science includes two major areas of research ― exploration of the solar system and investigation of the universe.　**3** The possibility of comparing in detail the properties of the planets adds greatly to our power to investigate our own planet.

（九州大）

語句　**1** Space Age「（通例 the ～）宇宙時代」phrase「句；言葉」come into use [juːs]「用いられるようになる」mean「を意味する」basic「基本的な」research「研究」related to「～と関係のある」**2** in broad perspective「広い見方をすれば，広い立場から見れば」include「を含む」major「大きな；主要な」（⇔ minor「小さい（ほうの）」）area「分野，領域」exploration「探究」solar system「（通例 the ～）太陽系」investigation「調査，研究」universe「宇宙」**3** compare「を比較する」in detail「詳しく」property「性質」（この意味では通例～ies）planet「惑星」add to「～を増す」（＝ increase）investigate「を調べる」

精講 **97** 共通関係

二つの語句が文中のある要素に共通して関連することがある。共通関係もいろいろあるので，それぞれの文脈でその関係を正しくつかまなければならない。

(1) ［他動詞❶ and/or 他動詞❷] 名詞（句）

　名詞（句）が他動詞❶と他動詞❷の共通の目的語である場合。

She ❶tested and ❷proved **the new theory**.「彼女はその新説を検証し証明した」

(2) the [名詞❶ and 名詞❷] of 名詞（句）

　〈of ＋名詞（句）〉は名詞❶と名詞❷を共通して修飾し，the は〈名詞❶ of 名詞（句）〉と〈名詞❷ of 名詞（句）〉を共通して限定する場合。

He is responsible for **the** ❶development and ❷spread **of AI**.
　「彼は AI の開発と普及に責任がある」

(3) ［前置詞❶ and/or 前置詞❷] 名詞（句）／動名詞（句）

　名詞（句）または動名詞（句）が前置詞❶と前置詞❷の共通の目的語である場合。

本文第 1 文 basic scientific research **in** or **directly related to space**「宇宙に対する，あるいは宇宙と直接関連する基礎的科学研究」の space は in と directly related to の共通の目的語。directly related to は厳密には前置詞ではなく形容詞句だが，in direct relation to「～に直接関連した」や concerning「～に関して」などの前置詞と同じ働きをするので，前置詞相当句と見ることができる。in space と

directly related to space は共通して basic scientific research を修飾する。

研究 〔**全体**〕 第1文は主題「宇宙科学という新学問分野」の導入・提示部。第2・3文は展開部で，主題に関連する研究分野を詳述する。

1 **meaning basic scientific research = which means basic scientific research** 「(そして)これは基礎的な科学の研究を意味する」 直前の名詞句 space science の意味を説明する分詞句。

3 **The possibility [of (v')comparing (adv')in detail (o')[the properties of the planets]]** 「諸惑星の性質を詳しく比較する(ことができる)という可能性」 The possibility of ～の of は「～という」の意を表す『同格』の用法。of comparing ... the planets は直前の名詞（The possibility）の内容を説明している。

the fact **of** his living in a high-rise condominium
「彼が高層マンションに住んでいるという事実」

> **文章の主題と展開の把握について①**
> 「**主題**」とは1段落～数段落で構成される英文の**中心となるもの**で，通例第1段落の冒頭で，名詞句もしくは「～は…する［…である］」という文の形で示される。「主題」とは筆者が「～について述べる」と宣言するまさにその事柄のことである。主題へと話をつなげるための「前振り」が主題に先行して提示されることがあり，本書ではこうした前振りを「**導入部**」と呼んでいる。
> 主題が提示されると，その**後ろには主題に関連する説明**が展開される。この説明部分が「**展開部**」である。展開部では主題に関連する「**現象・状況**」，「**原因・理由**」，「**具体例**」，「**経時的経緯**」，「**問題点**」，「**評価・判断**」などが示される。主題に関する賛成論・反対論が示されることもある。「**文脈を追う**」とは，この展開の流れをたどり，筆者が主題をどの観点から論じているかをつかむことである。

訳例 **1** 宇宙時代の到来とともに，一つの新しい言葉が用いられるようになった。それは宇宙科学という言葉であり，宇宙についての，あるいは宇宙と直接関係のある，基礎的な科学の研究を意味している。**2** 概括的に言えば，宇宙科学には，太陽系の探究と宇宙の探索という，二つの主要な研究分野が含まれる。**3** 諸惑星の性質を詳しく比較することが可能になることによって，我々がこの地球について調査する能力は大いに増大することになる。

解答 下線部：訳例参照

68

以下は，タージ・マハルで物乞いをしていた少年に筆者が「何でも手に入るとしたら何が欲しいか」と尋ねたのに対して，少年が「鉛筆だ」と答えたやり取りに続く文章である。

問　下線部（1）と（2）を訳せ。（2）はotherwiseの内容を具体的に示すこと。

■ For me that pencil was a writing utensil, but for him it was a key.　■ It was a symbol.　■ It was a portal to creativity, curiosity, and possibility.　■ (1) Every great inventor, architect, scientist, and mathematician began as a child holding nothing more than a pencil.　■ (2) That single stick of wood and graphite could enable him to explore worlds within that he would never **otherwise** access.

(慶應大)

語句　■ utensil「用具，道具」（writing utensil「筆記用具」）key「鍵，（機会をつかむ）手がかり」　■ symbol「象徴」　■ portal「門，入口」creativity「創造性，創造力」curiosity「好奇心」possibility「可能性」　■ inventor「発明家」architect「建築家」mathematician「数学者」　■ stick「棒」graphite「黒鉛（鉛筆の芯などに用いられる鉱物）」explore「を探査する，を探検する」within「心〔体〕の中で（の）」otherwise「さもなければ」access「に接近する」

精講 98 『仮定』の具体的内容（otherwise）

otherwiseは，①「違ったふうに」，②「他の点では」，③「さもなければ」の意を表すが，③の場合には**「さもなければ」という仮定の内容**を具体的に理解し，文脈に応じて訳出することができなければならない。

① I could not do **otherwise**.　「他にしようがなかった」

② It is **otherwise** correct.　　「その他の点では正しい」

③ He worked hard; **otherwise** he would have failed.

〔= if he had not worked hard〕

「彼は一生懸命努力した。**さもなければ**失敗していただろう」

▶③のotherwiseの具体的内容は「一生懸命努力していなかったならば」。

本文第5文 worlds within that he would never **otherwise** accessは，「さもなければ彼（＝少年）が接近することなど決してないであろう心の中の世界」の意味で，ここでのotherwiseは上の③の働きに該当する。otherwiseの具体的内容は，if he did not have that single stick of wood and graphiteである。

withinは副詞でworldsを後置修飾する。that he would never otherwise accessはworlds withinにかかる関係詞節。

> 補足　時や場所を示す副詞類は名詞句を後ろから修飾することができる。
>
> young people **today**「今日の若者」, a woman **over there**「あそこの女性」

186

研究　〔全体〕 第1文は主題「少年にとっての鉛筆の価値」の提示部。第2・3文は主題を詳述し，第4・5文は主題の根拠を示す。

1 2 3 …, but for him it was a key. It was a symbol. It was a portal to creativity, curiosity, and possibility.

it = pencil。「少年にとって鉛筆は筆記用具であるにとどまらず，自己啓発の鍵であり，自らの独創性，可能性を開発し好奇心を充足させるための手がかりであった」ことを示す。a key は It was a portal to creativity, curiosity, and possibility. を表す比喩的表現。

4 ₛ[Every great [**①**inventor, **②**architect, **③**scientist, and **④**mathematician]] ᵥbegan ₐdᵥ[as a child [holding nothing more than a pencil]].

主語は every great [**①**, **②**, **③**, and **④**] という共通関係 (⇒ p.184)。every は a[an] や the の仲間で，可算名詞の単数形にかかり，「どの〜も，すべての〜」を表す。begin as A は「Aとして出発する」。holding nothing more than a pencil は child を修飾する現在分詞句。nothing more than 〜は「ほんの〜，ただの〜」。

5 That single stick of wood and graphite could enable him to explore worlds within that he would never otherwise access.

That single stick of wood and graphite は that pencil の言い換え。could は『可能性・推量』を表す。A enable B to do は「AはBが…するのを可能にする，Aのおかげでは…することができる」。him と that 節内の he は第1文の him「少年」を指す。

文章の主題と展開の把握について②

　段落の最後に主題に関連する「まとめ・結論」や「筆者の意見・見解」が示されることがあるが，主題に関連する説明が後続の段落に展開される場合は，これらは示されない。本書で使用される英文はすべて長い英文の一部なので，段落の最後に「まとめ・結論」が示されることは多くない。

訳例　**1** 私にとってその鉛筆は筆記用具であったが，少年にとってそれは鍵であった。**2** それは象徴であった。**3** それは創造性，好奇心，そして可能性への入口であった。**4** (1) どんな偉大な発明家も，建築家も，科学者も，数学者も，鉛筆を握るだけの子供から出発したのだ。**5** (2) 木と黒鉛から成るその1本の棒のおかげで，少年はこの1本の棒がなければ触れることなど決してないであろう内面の世界を探査できる可能性が生まれたのである。

解答　下線部 **(1)**・**(2)**：訳例参照

69

問　下線部を訳せ。また，This が示すものを具体的に英語で記せ。

1 … we are actually hardwired to avoid the social pain of ostracism in the same way as we are hardwired to avoid physically damaging ourselves.　**2** <u>**This** is because from an evolutionary standpoint humans are **stronger and more productive** when they can pool their skills in groups, tribes, colonies, and collectives.</u>　**3** For our ancestors, the prospect of being excluded ─ and so having to fend and fight for themselves ─ may have been the most dangerous threat to survival there was.

（首都大）

語句　**1** **actually**「実際」*be* **hardwired to** *do*「…するように生まれつき備わっている」**ostracism**「（社会的）追放，仲間はずれ」**in the same way as**「…と同じ方法で，…と同じように」**avoid** *doing*「…することを避ける」**physically**「物理的に；身体的に」**damage**「を傷つける，を損なう」**2** **from a[an]** ～ **standpoint**「～な観点［見地］からすると」**productive**「生産的な，生産力のある」**pool**「を出し合う」**tribe**「部族，種族」**colony**「集落」**collective**「共同体」**3** **ancestor**「祖先」**the prospect of** *doing*「…する可能性［見込み］」**exclude**「を排除する，を締め出す」**fend for** *oneself*「自力でやっていく，自活する」（**fend**「やりくりする」）**fight for** *oneself*「自力で戦う，自分のために戦う」**threat to**「～に対する脅威」**survival**「生存」

精講 99　明示されない比較の対象

　原級比較は as ～ as …，比較級による比較は more／less ～ than … の形で比較関係が表される。**比較の対象が文脈から明らかな場合**（先行する文にそれが含まれていることが多いが）は，**as …，than … が省かれる**ことがある。

He is rich and you are just **as** rich (as he is).
　　「彼は金持ちだが，君も（彼と）ちょうど同じくらい金持ちだ」

She is wise and you are **no less** so.〔= … you are no less wise than she is.〕
　　「彼女は賢明だが，君も（彼女に）劣らず賢明だ」

Material standards of living were never **higher**.
　　「物質的な生活水準が今日ほど高かったことはない」

　▶ 3つ目の文では，自明の要素 than they are (x-much high) today を意味上補って訳す。これを訳に表さないと全然違った意味，すなわち，… were never high「物質的な生活水準が高かったことは決してない」という意味になる。

　本文第2文は，省略された部分を補うと，humans are **stronger and more productive** when they can pool their skills in groups, tribes, colonies, and collectives (**than** they are x-much strong and productive when they cannot pool ...)となる。省略された比較節は「そうできないとき人間がx程度強く，生産的であるが，それより」を意味する。人間が自らの技能を出し合うことができる場合とできない場合の，人間の強さと生産性の程度を比較している。

研究　〔全体〕　第1文は主題「除け者にされる苦痛を避けようとする人間の本能」の提示部。第2・3文は主題の理由を示す。

1 **we are actually hardwired to avoid the social pain of ostracism in the same way [as we are hardwired to avoid physically damaging ourselves]**　*be* hardwired to *do* は人間の脳の働きをコンピュータの回路になぞらえて表現する方法の一つ。in the same way as ... は「…と同じ方法で」の意味で，類似の表現に in the same fashion[manner] as ...「…と同じ方法［やり方］で」がある。as節は関係詞節の一種で，〈same / such / as / so (...) ＋名詞〉と相関的に用いられる。

> **類似の表現：**　□ *be* wired to *do*「…するように接続［配線］されている」
> □ *be* designed to *do*「…するように設計されて［できて］いる」
> □ *be* programmed to *do*「…するようにプログラムされている」

2 **This is because ...**　「これは…だからである」は前文の理由を示す。

3 adv**For our ancestors,** s[**the prospect of ❶being excluded** — **and so ❷having to fend and fight for themselves**] — v**may have been** c[**the most dangerous threat [to survival] [(which / that)** adv'**there** v'was s']].　and so「それで，だから」は因果関係を表す。being excluded と，その結果としての having to fend and fight for themselves は，共に前置詞ofの目的語。the ～est A (that) there is「(この世に) 存在する (中で) 最も～な A」は最上級の強調表現の一種。there was は most dangerous threat to survival にかかる接触節(⇒ p.90)で，主格の関係代名詞which／thatが省略されている。

訳例　**1** 我々は，物理的に自分を傷つけるのを避けるように生まれついているのと同じように，仲間はずれにされる社会的苦痛を避けるように実際に生まれついている。**2** これは，進化の観点から，人間が集団や部族，集落，共同体の中で自らの技能を出し合うときのほうが，より強くより生産的であるからである。**3** 我々の祖先にとって，除外されること——それゆえ自活し自力で戦わなければならないこと——の可能性は，生き残ることにとって立ちはだかる最大の脅威であったかもしれない。

解答　Thisの表すもの：we are actually hardwired to avoid the social pain of ostracism
訳は訳例の下線部参照

70

問　次の文章の内容を**70〜80字**の日本語で要約せよ。

1 There are some generally acknowledged approaches that educators suggest are essential if test preparation is to be effective and students wish to achieve superior results. **2** The first factor essential when preparing for a test is to develop a well-organized study routine. **3** A well-planned study routine helps students avoid those all night study sessions which invariably do not work and rob students of the sleep so crucial during the night before an exam. **4** Students need to cover all the materials for their tests and try not to do this just one night before the test, because the objective is to move the information from short term memory into long term memory, and this is best achieved by reviewing the material a little bit every day for at least a week before the test is to be taken.

(愛知県立大)

語句　**1** generally「一般的に」acknowledged「(世間で) 認められた」approach「取り組み方」educator「教育者」suggest (that) ...「…と示唆する」essential「必要不可欠な」preparation「準備」effective「効果的な」achieve「を成し遂げる, を達成する」superior「優れた, 優秀な」**2** factor「要因, 要素」prepare for「〜の準備をする」develop「を身につける」well-organized「よく整備 [計画] された」routine「所定の手順」**3** well-planned「十分に [うまく] 計画された」all night study session「徹夜の勉強 (時間)」invariably「いつも (決まって), 変わることなく」rob A of B「A (人・場所) からBを奪う」crucial「非常に重要な」**4** cover「を網羅する, を扱う」material「資料, 題材」objective「目標, 目的」short[long] term memory「短期 [長期] 記憶」review「を見直す；を復習する」a little bit every day「毎日少しずつ」be to do「…する予定である, …することになっている」take a test「テストを受ける」

精講 **100** 要約文の作り方

要約文の作成に必要なのは，まず以下である。

(a) 文章の，主に冒頭を参照して**主題を確認**する（「主題」⇒p.185）

(b) 後続の文からその主題に関する説明の方向性を見極める

これはつまり**「何について」「どう書かれているか」**をつかむことである。

次に，指定された字数に応じて，

①**主題に対する説明や具体的な例**

②**修飾的要素**

を重要度の高いものから加えて（または重要度の低いものから削って）字数を合わせる。

本文に関しては，〔全体〕の構成・展開は以下のようになっている。

〔全体〕　第1文は主題の導入部。第2文は主題「試験の準備に不可欠な勉強法」の提示部。第3・4文は展開部で，その勉強法の理由と詳細を示す。

ここから，まず第1・2文の内容を「試験でよい成績を収めるための効果的な試験勉強法の一つは，下線部のa well-organized study routine『よく整備された勉強の手順』を身につけることである」とまとめ，次に後続の第3・4文を参照して，a well-organized study routineの内容を，「試験前の少なくとも1週間，毎日少しずつ試験に必要な資料を覚えるという計画的な勉強方法」とまとめれば，要約文の骨子ができあがる。あとは両者をつなぎ合わせ，字数を調整する。

研究

■ There are some generally acknowledged approaches [関節that ₛ'educators ᵥ'suggest ₒ'[節s'' ᵥ''are c''essential ₐdv''[if test preparation is to be effective and students wish to achieve superior results]]]. 「テストの準備が効果的になされ，また学生が優れた結果を達成することを望むなら必要不可欠であると<u>教育者が示唆する</u>，一般的に認められた取り組み方がいくつかある」that ... resultsはgenerally acknowledged approachesにかかる連鎖関係詞節（⇒p.96）。この関係代名詞thatはare essentialの主語として働く。

② The first factor [essential when preparing for a test] 「試験の準備をする際に必要不可欠な第1の要素」essential when preparing for a testはfirst factorを修飾する形容詞句。whenの後ろにyou areが省略されている。

③ those all night study sessions [which invariably ❶[do not work] and ❷[rob students of the sleep [so crucial during the night before an exam]]] 「いつも決まってうまくいかず，試験の前夜に極めて重要な睡眠を学生から奪うあの終夜の勉強」rob students of the sleep「学生から睡眠を奪う」はdo not workと等位接続され，whichの述部として働く。thoseは「あの，例の」を意味する指示形容詞で，which ... an examは非制限用法の関係詞節のように働く。so crucial during the night before an examはsleepを後置修飾する形容詞句。

修飾関係　動詞の後ろに現れる〈名詞句＋前置詞句〉などの構造は分析しづらい場合がある。

Machinery **robs** <u>work</u> of <u>creative interest</u>.
「機械は仕事から創造的な興味を奪う」

▶ of creative interestはworkを修飾する形容詞的要素ではなく，rob workを修飾する副詞的要素である。

▶ rob[deprive] *A* of *B*「AからBを奪う」における目的語Aは「奪われる物」
ではなく,「物を奪われる人・場所」を表し,Bは「奪われる物」を表す。一
方,steal *A* from *B*「BからAを盗む」で目的語Aは「盗まれる物」を表し,
Bは「物が盗まれる人・場所」を表す。

4 **Students need to ❶[cover all the materials for their tests] and ❷[try
not to do this just one night before the test]** 「学生は試験のためのすべての
資料に目を通す必要があり,試験の前のたった一晩でこのことをしないようにする必要がある」
need の目的語として働くto不定詞句は to cover ... と (to) try not ...。do this は
cover all the materials for their tests を指す代動詞句 (⇒p.170)。

5 **this is best achieved by reviewing** 「これは見直すことによって最もうまく達成
される」 this は直前の to move the information from short term memory into
long term memory と,第 4 文前半の to cover all the materials for their tests
の両方を指すと考えられる。

訳例 **1** 試験の準備が効果的になされ,また学生が優れた成績を収めることを望むなら,教育
者が必要不可欠であると示唆する,一般的に認められた取り組み方がいくつかある。**2**
試験の準備をする際に必要不可欠な第 1 の要素は,よく整備された勉強の手順を身につ
けることである。**3** うまく計画された勉強の手順は,いつも決まってうまくいかず試験
の前夜に極めて重要な睡眠を学生から奪うあの終夜の勉強を,学生が免れる助けとなる。
4 学生は試験のためのすべての資料に目を通す必要があり,試験前のたった一晩でこう
しないようにする必要がある。その理由は,目標は情報を短期記憶から長期記憶に移す
ことであり,このことは試験を受ける前の少なくとも一週間に毎日少しずつ資料を見直
すことによって最もよく達成されるからである。
　　別訳 (第 3 文)よく練られた学習手順によって,学生は,いつだってはかどらず,試
　　験の前夜に極めて重要な睡眠を奪うあの徹夜勉強をせずにすむのである。

解答 試験でよい成績を収める一つの効果的な勉強方法は,試験の少なくとも 1 週間前から
毎日少しずつ試験に必要な資料を覚えるという計画的な学習手順を実行することである。
(78字)

つなぎ語の例　文脈を方向づける働きをする表現には以下のようなものがある。

〔列挙〕
　　a. 一つずつ並べる，数え上げる。
　　□ first, second, ... ; firstly, secondly, ... 「第1に，第2に，…」
　　□ next 「次に」　□ then 「次に」　□ last 「最後に」　□ finally 「最後に」
　　b. 類似の事柄の追加を表す。
　　□ again「加えて」　　□ also　　「もまた」　　　　□ besides 「その上」
　　□ too　　「もまた」　□ as well「もまた，その上」
　　□ further; furthermore; more; moreover 「さらに」
　　□ equally; likewise; similarly 「同様に」　　　□ in addition 「その上，さらに」

〔要約〕
　　□ in short; in a word 「要するに」

〔説明〕　**先行する記述をより具体的に説明する。**
　　□ namely　　　　　「すなわち，具体的に言えば」
　　□ that is (to say)「すなわち，より正確に言えば」

〔対照〕
　　a. 先行する記述を別の語句や内容で言い換える。
　　□ instead　　　「その代わりに」
　　□ (or) rather「(そうではなく) むしろ，というよりは」
　　b. 先行する記述の内容と完全に反対の事柄を表す。
　　□ oppositely 「逆に」　　□ on the contrary 「それどころか，まるで反対で」
　　c. 先行する記述の内容から予想・推論される事柄とは異なる事柄を表す。
　　□ however「しかしながら」
　　□ nevertheless; nonetheless; notwithstanding 「それにもかかわらず」
　　□ though 「(文末，文中で) でも，もっとも」
　　□ yet　　　「それにもかかわらず，でもしかし」

〔推論〕　**先行する記述に対する推論・結論・結果を表す。**
　　□ consequently「その結果」　□ hence 「それゆえに」
　　□ so 「それで，だから」　□ therefore 「それゆえに」　□ thus「かくして」

〔推定〕　**直接的にはっきりと述べられた条件もしくは暗示的に (それとなく) 示された条件に対する，予測される結果を表す。**
　　□ or else「でないと，さもないと」　　□ otherwise 「さもなければ」
　　□ then　　「それならば，そうすれば」

〔時間推移〕
　　□ meantime; in the meantime; meanwhile 「その間に，そうこうするうちに」

ここでは，指示詞や代名詞の把握を中心に練習問題をまとめた。英文は徐々に長くなるので，文のつながりを丁寧に押さえて読むこと。

51

訳例・解答 ▶ 別冊 p.57

　問　全文を訳し，下線部 **it** が表すものを具体的に英語で記せ。

The ultimate educational value of knowing a foreign language is that **it** lets you into the workings of other human minds.　　　　　　　　　　（大阪市立大）

語句　**ultimate**「最終的な，究極的な」**válue**「価値」**know**「（技能など）を身につけている，（言葉など）ができる」**let** *A* **into** *B*「AをB（の中）に入れる」**working**「働き，作用」

52A

訳例・解答 ▶ 別冊 p.57

　問　下線部（1）〜（3）の語が表すものを，具体的に日本語で記せ。

❶ If Americans disagree with what you are saying, many of them will remain quiet.　❷ (1) **This** may not indicate agreement; often (2) **it** only means that they consider (3) **it** impolite to argue further.　　　　　　（福岡大）

語句　❶ **disagrée with**「〜と意見が一致しない」**remain ...**「…のままである」❷ **indicate**「を示す」（＝ **show**）**agreement**「同意」**consider** *A B*「AをBと見なす」（Bは通例形容詞（句）・分詞句）**impolite**「不作法な，失礼な」**argue**「議論する」**further**「さらに，それ以上」（ふつう，**further** は『程度』を表し，**farther** は『距離』（もっと遠く）を表す。）

52B

訳例・解答 ▶ 別冊 p.58

　問　下線部（1）・（2）の語が表すものを，具体的に日本語で記せ。

Man's chief purpose ... is the creation and preservation of values:(1)**that** is what gives meaning to our civilization, and the participation in (2)**this** is what gives significance, ultimately, to the individual human life.

（同志社大）

語句　**chief**「主な」**creation**「創造」**preservation**「保存」**meaning**「意味；意義，価値」**civilization**「文明」**participation in**「〜に参加［関与］すること」**significance**「重要性（＝ **importance**）；意義」**ultimately**「最終的に」

53

問　下線部（1）のthatが指す内容を具体的に日本語で記し，下線部（2）のotherが表す具体的な名詞を英語で記せ。

There is only one way in this world to achieve true happiness, and (1) **that** is to express yourself with all your skill and enthusiasm in a career that appeals to you more than any (2) **other**.　　(京都産業大)

語句 **this world**「この世」 **achieve**「を獲得する，を手に入れる」 **express** *oneself*「自分（の考え・気持ち・才能）を表現する」 **enthusiasm**「熱心，熱意」 **career** [kəríər]「仕事，職業」 **appeal to**「（人の心）に訴える，（人）の興味を引く」

54

問　全文を訳せ。

1 **Were we** all completely satisfied with the existing state of affairs, there would be no progress. 2 It is only when we are not content with things as they are that we decide that something must be done to improve them.

語句 1 *be* **satisfied with**「～に満足している」 **completely**「完全に」 **existing**「存在する，現存する」 **a state of affairs**「事態，情勢」 **progress**「進歩」 2 *be* **contént with**「～に満足している」 **decide that ...**「…と判断する」 **improve**「を改善する，を向上させる」

55

問　下線部Thatが表す内容を日本語で説明せよ。

1 Democracy has another merit. 2 It allows criticism, and if there is not public criticism there are bound to be hushed-up scandals. 3 **That** is why I believe in the Press, despite all its lies and vulgarity, and why I believe in Parliament.　　(成蹊大)

語句 1 **merit**「長所」 2 **allow**「を許す，を許容する」 **criticism**「批判；批評」 *be* **bound to** *do*「必ず…することになる」 **hushed-up**「もみ消し」（< **hush up**「～をもみ消す」） **scandal**「醜聞，汚職」 3 **believe in**「～（の正しさ・価値）を信じる」（参考 **believe**「～（が本当であること）を信じる」） **the Press**「報道（機関），マスコミ，（集合的に）新聞，雑誌」（参考 **the freedom of the press**（報道［出版］の自由）） **despite**「～にもかかわらず」（= **in spite of** ～） **lie**「嘘」 **vulgarity**「低俗，卑俗」 **Parliament**「（英国の）議会」（参考 **Congress**「（米国の）議会」，**the Diet**「（日本・デンマークなどの）議会」）

56

問　下線部（1）〜（3）の内容を具体的に日本語で記せ。

1 At present, in the most civilized countries, freedom of speech is taken as a matter of course and seems a perfectly simple thing. **2** We are so accustomed to it that we look on (1) **it** as a natural right. **3** But (2) **this right** has been acquired only in quite recent times, and the way to (3) **its attainment** has lain through lakes of blood.

(熊本大)

語句 **1** **at present**「現在」**civilized**「文明化した」**take _A_ as _B_**「AをBと解釈する［見なす］」**a matter of course**「当然のこと」**perfectly**「完全に，全く」**2** _be_ **accustomed to**「〜に慣れている」**natural right**「生得の権利」**3** **acquíre**「を獲得する」**attainment**「達成，成就」**lie**「(道などが) 延びている，通じている」**blood**「血」

57

問　下線部（1）を訳し，下線部（2）のthatが表すものを具体的に英語
　　で記せ。

1 So far as people in general are concerned, it is often hard for them to put themselves into your place sufficiently to give the advice that you really need. **2** (1) The very fact of having to do a thing often suggests the best way of doing it. **3** Your own thought in regard to anything that you have to do is thus often better than (2)**that** of the companion whose advice you seek.

(拓殖大)

語句 **1** **people in general**「一般の人々」**put** _oneself_ **into ~'s place**「〜 (人) の立場に身を置く」**sufficiently**「十分に」(= **enough**) **2** **the very ~**「まさにその〜，〜こそ」**3** **in regard to**「〜に関して［の］」**thus**「このように」(= **in this way**) **companion**「仲間」**seek**「を求める」

58

問　下線部を訳せ。

1 The process of acquiring speech is, in sober fact, an utterly different sort of thing from the process of learning to walk. ... **2** Walking is an inherent, biological function of man. **3** Not so language. ... **4** Eliminate society and there is every reason to believe that he will learn to walk, if, indeed, he survives at all. **5** But it is just **as** certain that he will never learn to talk, that is, to communicate ideas according to the traditional system of a particular society.

(小樽商科大)

196

語句 ■ **prócess**「過程」**acquire**「を獲得（習得）する」**sober**「誇張のない，ありのままの」**utterly**「全く」**different A from**「～とは異なる A」**sort**「種類」**learn to do**「…できるようになる」 ■ **inherent**「生来の，生まれつきの」**biological**「生物学（上）の」**function**「機能」 ■ **eliminate**「を除去する，を除く」**indeed**「本当に」**survive**「生き残る」**at all**「少しでも，そもそも」 ■ **that is**「すなわち」**commúnicate**「を伝達する」**according to**「～に従って」**traditional**「伝統的な」**particular**「特定の」

訳例・解答 ○ 別冊 p.61

59

問 下線部（1）を訳せ。下線部（2）は本文中のどの記述を説明しているか，その記述を抜き出せ。

■ (1) As computers have changed, **so has** the understanding of the human brain. ■ Until 15 years ago, scientists thought the brain stopped developing after childhood. ■ Now they understand that its neural networks continue to develop. ■ So not long after Eyal Ophir arrived at Stanford in 2004, he wondered whether heavy multitasking might be leading to changes in a characteristic of the brain long thought immutable: (2)humans can process only a single stream of information at a time.

(慶應大)

語句 ■ **develop**「発達する」 ■ **neural**「神経（系）の」**continue to do**「…し続ける」 ■ **not long after …**「…したあと間もなく」**Stanford**「スタンフォード大学」（米国カリフォルニア州にある私立名門大学）**wonder whether …**「…かどうかと思う」**heavy**「大量の」**multitasking**「マルチタスク処理」（もともとはコンピュータで複数の作業・処理を並行して行うこと）**lead to**「～に至る，～につながる」**characteristic**「特徴」**think A B**「A を B と思う［見なす］」**immutable**「不変の」**process**「を処理する」**stream**「（データ）の流れ，ストリーム」**at a time**「一度に，いっぺんに」

訳例・解答 ○ 別冊 p.62

60

問 それぞれの下線部について，（1）itの用法を説明し，（2）itの先行詞を英語で記し，（3）thisの内容を日本語で具体的に記せ。

■ No matter how healthy or fortunate you may be, every one of you must expect to endure a great deal of pain; and (1) **it** is worth while for you to ask yourselves whether you cannot put (2) **it** to good use. ■ For pain has a very great value to the mind that knows how to utilize it. ■ Nay, more than (3) **this** must be said; nothing great ever was written, or ever will be written, by a man who does not know pain.

(武蔵野女子大)

語句 **1** **no matter how ...**「どんなに…でも」**fortunate**「運がよい」**every one of**「〜は誰［どれ］でも」**expect to** *do*「…することを予想［予期］する」**endure**「に耐える」**pain**「苦しみ」**worth while**「価値ある」**put 〜 to use**「〜を利用する」**2** **utilize** [jú:təlàɪz]「を利用する」（= **put 〜 to use**）**3** **nay**「いや（それどころか）」（= **no**）

61

問　下線部（1）を訳し，下線部（2）は that reason を明らかにして日本語にせよ。

1 In college classes in America (1)a higher value is placed upon efficiency and directness of expression than on certain forms of politeness that are observed in other countries. **2** If a professor asks students whether they have understood an explanation he has given, he wants a straightforward 'yes' or 'no'. **3** While he expects respect from his students, he does not expect them to say 'yes' (2) for **that reason** when the answer is clearly 'no'. **4** Nor does he expect them to say 'yes' for fear that acknowledgment of lack of understanding would show that they are not smart.

(立教大)

語句 **1** **value**「価値」**efficiency**「能率」**directness**「率直」**form**「形，形式」**politeness**「丁寧さ」**observe**「を観察する，を見る」**2** **explanation**「説明」**straightforward**「率直な」**3** **while ...**「…だが，…である一方」**respect**「尊敬，敬意」**expect** *A* **to** *do*「Aに…するよう期待する，Aに…してほしいと思う」**4** **acknowledgment**「認めること」**smart**「頭がいい」

62

問　下線部の表す内容を日本語で記せ。

1 **The idea** that the aims of life must somehow embrace the welfare of all life, not that of humans only, is gaining ground. **2** The special qualities that make humanity worth preserving are now seen, much more than they used to be, as involving care for the rest of the planet, not only for ourselves. **3** Vague though this sense may be, it does supply a context within which the claims of the animate and inanimate creation can in principle be brought into some kind of relation, instead of being perceived as locked in a meaningless, incurable clash. **4** This idea still needs much clearer expression, but it is plainly growing. (首都大)

語句 **1** **aim**「目的」**somehow**「どうにかして」**embrace**「を受け入れる；を包含する」**welfare**「幸

福，福利」**gain ground**「支持を得る」 **2** **humanity**「人類，人間」(*be*) **worth** *doing*「…する価値がある」**preserve**「を保存する」*A* **is seen as** *B*「AはBと見なされる」**involve**「を伴う，を必ず含む」**care for**「〜への配慮［心遣い］」**the rest of**「〜の残り，〜の残部」 **3** **vague**「あいまいな，不明確な」**sense**「意味，趣旨」**supply**「を与える，を供給する」**context**「文脈；状況」**claim**「権利，権利の主張」**animate**「生きている」**inanimate**「生命のない，無生物の」**creation**「（ここでは）被造物，生き物」**in principle**「原則として」**bring** *A* **into** *B*「AをB（の状態）に巻き込む」**relation**「関係；つながり」*be* **perceived as**「〜と受け取られる，〜と理解される」**locked in**「〜に閉じ込められて，〜にはまり込んで」**incurable**「不治の；矯正できない」**clash**「衝突，対立」 **4** **plainly**「はっきりと」

訳例・解答 ● 別冊 p.64

63

問　下線部（1）と（2）の内容を日本語で記せ。

1 Recent research makes clear that gender differences in actual communication and leadership behaviors are slight, although expectations of gender differences are strong. **2** The situations that remain most problematic for women are (1) **the ones** in strongly male-dominated or culturally masculine organizations. **3** Thus, the reality is not that women and men communicate differently but that they are assessed differently because people impose gendered expectations on them, and these expectations benefit some and disadvantage others. **4** For example, when men are seen in a positive light for adopting feminine strategies, women will not receive the same evaluation for the same strategies. **5** (2) **This** is demonstrated particularly in relation to emotional expression in the workplace.

(中央大)

語句 **1** **make clear that ...**「…（という）ことを明らかにする」**gender difference**「性差」**actual**「実際の」**leadership**「指導力，統率力」**behavior**「行動，振る舞い」**slight**「わずかな」**expectation**「予想，想定」 **2** **situation**「状況」**remain ...**「…のままである」**problematic**「問題のある」**male-dominated**「男性優位の」**culturally**「文化的に」**masculine**「男性の，男性的な」**organization**「組織」 **3** **thus**「このように」**reality**「現実」**assess**「を評価する，を査定する」**impose** *A* **on** *B*「AにB（意見など）を押しつける」**gendered**「一方の性に特有の，性別を反映した」**benefit**「の利益になる，のためになる」**disadvantage**「に［の］不利になる」 **4** **in a ~ light**「〜な見方［観点］で」**positive**「肯定的な，積極的な」**adopt**「を採用する」**feminine**「女性の，女性的な」**strategy**「戦略」**evaluation**「評価」 **5** **demonstrate**「を実証する，を証明する」**particularly**「特に」**in relation to**「〜に関連して」**emotional**「感情の，情緒の」**expression**「表現」**workplace**「職場」

64

問　下線部（1）を訳し，下線部（2）の表す内容をわかりやすく説明せよ。

1 But when poorer students do apply, they are accepted less often than similar students from high-income families, or they get in but don't receive enough financial aid to go. 　**2** Some elite private colleges cost $60,000 per year or more. 　**3** (1) <u>Just thinking about graduating with a five- or even six-figure amount of debt sends many students from poor families rushing back to state schools.</u>

1 Colleges that enroll the highest percentage of low-income students are (2) **need-blind**, which means they make admissions decisions without considering ability to pay. **2** They offer enough financial aid to completely close the gap between the cost of college and what a student's family can pay. **3** And they actively recruit low-income students.　(中央大)

語句　（第1段落）**1** **apply**「出願する，志願する」**accept**「を受け入れる，の入学を認める」**similar**「同様の」**high-income**「高所得の」**get in**「入学する」**financial**「財政（上）の，金銭的な」**aid**「援助」**2** **elite** 形「えり抜きの，エリートの」**3** **five-[six-]figure**「5 [6] 桁の」**debt**「借金，負債」**send** *A doing*「A に…させる」**rush back to**「～に急いで戻る」**state school**「公立大学」（第2段落）**1** **enroll**「を入学させる」**percentage**「割合，部分」**low-income**「低所得の」**admissions**「入学手続き（の）」**decision**「決定」**consider**「を考慮する」**2** **close**「を狭める」**cost of college**「大学の学費」**3** **actively**「積極的に」**recruit**「を募集する」

65

問　下線部（1）の does so と下線部（2）it がそれぞれ表すものを具体的に英語で記せ。下線部（3）を訳せ。

1 Cultural capital is hard to define, but however one (1)**does so**, tourism is already playing an active part in preserving (2) **it**. 　**2** At a glance, tourists might seem to be simply a burden that host countries must endure for financial gain. 　**3** However, the hosts are given strong incentives to maintain and respect their local traditions. 　**4** In our increasingly globalized world, that is important: too much of our heritage is being lost to heartless multinational corporations. 　**5** Arts and skills, languages and cultures which might **otherwise** disappear are preserved for tourists to admire. 　**6** (3) <u>Furthermore, regions that benefit from tourism usually place an added emphasis on keeping their</u>

environment clean and safe, **which** benefits all residents. （慶應大）

語句 ■ **capital**「資本」**define**「を定義する」**tourism**「観光事業」**play a[an] ~ part in**「におい
て~な役割を果たす」**active**「積極的な」**preserve**「を保存する，を保護する」■ **at a glance**「一
見して」**burden**「重荷，負担」**host country**「受入国」**endure**「に耐える」**financial**「財政
（上）の」**gain**「利益，利得」■ **host**「（ここでは）受入側」**incentive**「動機，刺激」**maintain**
「を維持する」**respect**「を尊重する」**local**「地元の，地方の」**tradition**「伝統」■ **increasingly**
「ますます」**globalized**「グローバル化した」**heritage**「遺産」**lose A to B**「BにAをとられる」
heartless「思いやりのない，冷酷な」**multinational**「多国籍の」**corporation**「（大）企業，法
人企業」■ **otherwise**「そうでなければ」**admire**「を賞賛する」■ **furthermore**「さらに」**region**
「地域」**benefit from**「~から利益を得る，~で得をする」**place an emphasis on**「~に重点を置
く，~を重視する」**added**「追加された，追加の」**keep A B**「AをBのままにする」**benefit**「の利
益になる，のためになる」**resident**「住民」

訳例・解答 ● 別冊 p.67

66

問　下線部 **(1)** と **(2)** それぞれについて，特徴（どんなものか，どんな
働きをするか）を二つずつ，具体的に日本語で説明せよ。

■ Sleep affects how your body reacts to insulin, the hormone that
controls your blood glucose (sugar) level. ■ Sleep deficiency can lead to a
higher than normal blood sugar level, which may increase your risk of
diabetes. ■ Sleep supports healthy growth and development. ■ Deep
sleep triggers the body to release the hormone that promotes normal
growth in children and teens. ■ (1) **This hormone** boosts muscle mass
and helps repair cells and tissue in children, teens, and adults. ■ Your
immune system relies on sleep to stay healthy.　■ (2) **This system**
defends your body against foreign or harmful substances.　■ Sleep
deficiency can change the way in which your immune system responds.
■ For example, if you're sleep deficient, you may have trouble fighting
common infections. （学習院女子大）

語句 ■ **affect**「に影響する」**react to**「~に反応する」**insulin**「インスリン」（膵臓(すいぞう)から分泌されるホ
ルモン）**hormone** [hɔ́ːrmoun]「ホルモン」**control**「を制御する」**blood glucose**（= **blood sugar**)
level「血糖値」■ **deficiency**「不足，欠乏」**lead to**「~につながる，~に発展する」**higher than**
normal「正常（値）より高い」**risk**「危険（性），恐れ」**diabetes**「糖尿病」■ **support**「を支え
る」**development**「発達」■ **trigger A to do**「Aが…するのを促す［誘発する］」**release**「を放
出する，（ここでは）を分泌する」（= **secrete**) **promote**「を促進する」■ **boost**「を増大させる」
muscle mass「筋肉量」**help do**「…するのを助ける」**repair**「を修復する」**cell**「細胞」**tissue**
「組織」■ **the immune system**「免疫機構，免疫系」**rely on A to do**「…するのにAに頼る」■
defend A against B「AをBから守る［防御する］」**foreign**「異物の，外から入ってきた」**harmful**

201

文脈編

「有害な」substance「物質」**8** respond「反応する」**9** sleep deficient「睡眠不足で」**have trouble** *doing*「…するのに苦労する」common「ありふれた，ふつうの」infection 可算「感染症」

―――――――――――――――――――――――――――――――― 訳例・解答 ● 別冊 p.68

67

問　下線部（1）が表す内容を文中から抜き出せ。下線部（2）とはどういうことか，日本語で説明せよ。

1 Some people, meanwhile, consider social media helpful to those who are experiencing depression or hopelessness. **2** Take for example Josh, a teenager, who was suffering from depression because of family problems. **3** On the advice of his best friend, he opened an account on Instagram and shared his story with his "followers." **4** After a day or two, there was an overflow of encouraging words and support not just from his friends and relatives but also from strangers on Instagram. **5** Through Instagram, he was able to recover from (1)**his illness**. **6** He was also able to convey a message of hope to other people, like him, who were experiencing depression. **7** Unfortunately, (2) **this** was not the case for Mark, whose posts on Facebook became targets of cyberbullying attacks. **8** These instances of online harassment have led him to feel miserable and depressed.

(北海道大)

―――

語句 **1** meanwhile「一方では」social media「(SNSなどの) ソーシャルメディア」helpful to「～に役立つ」experience「を経験する」depression「憂うつ；うつ状態，うつ病」hopelessness「無力感，絶望感」**2** suffer from「～を患う」**3** account「アカウント（＝インターネットなどへのアクセスに必要なユーザー登録情報）」share *A* with *B*「AをBと共有する[分かち合う]」follower「フォロワー，支持者」**4** overflow「氾濫，あふれること」encouraging 形「元気づける，励みになる」support「(精神的な) 支え，励まし」relative「親戚」**5** recover from「～から回復する」**6** convey *A* to *B*「BにAを伝える」message「メッセージ，伝言」**7** unfortunately「残念ながら，あいにく」*be* the case「実情である」post「投稿（されたメッセージ）」target「標的」cyberbullying「ネットいじめ，インターネット上のいじめ」attack「攻撃」**8** instance「例」online「オンラインの」harassment「嫌がらせ」lead *A* to *do*「Aに…するように仕向ける」miserable「惨めな」depressed「落ち込んだ，気がめいった」

68

本文は現実の認識に対する言語の影響を論じる中で，色について言及する部分である。

問　下線部（1）を具体的に日本語で説明せよ。下線部（2）の do so の内容を具体的に日本語で記せ。

1 Because human beings share the same visual functions, we all see a blue sky on a sunny day, even though the sky is not really "blue." **2** But if you don't (1) give **that** <u>visual experience a specific name</u>, the brain might not be able to "see" that specific color.

1 Color is also influenced by the culture in which we are raised, and if you grow up in a different part of the world — be it Russia, England, or Africa — the words you assign to colors will alter what you actually see. **2** For example, members of the Berinmo tribe of Papua New Guinea cannot distinguish between blue and green. **3** But they can be taught to (2)**do so**, demonstrating that the perception and categorization of color is a language-bound category controlled by cognitive processes unique to human brains.

(青山学院大)

語句 （第 1 段落）**1** share「を共通して持つ」visual「視覚の」function「機能」even though ...「～が…しても［であっても］」**2** specific「特定の」（第 2 段落）**1** influence「に影響を及ぼす」raise「を育てる」assign *A* to *B*「B に A を割り当てる」alter「を変える」**2** distinguish between *A* and *B*「A と B を区別する」**3** teach *A* to *do*「A に…の仕方を教える」demonstrate that ...「…ことを証明［論証］する」perception「知覚，認知」categorization「分類」language-bound「言語に束縛された」category「範疇，部類」control「を制御する，を操作する」cognitive「認知の，認識の」process「過程」(*be*) unique to「～に特有［独特］で（ある）」

69

問　下線部（1）が表すものを文中から1語で抜き出せ。下線部（2）に省
略された語句を補え。下線部（3）を訳せ。

1 Later that night, curled up in bed, I read Rahim Khan's note over and over. **2** It read like **this**:

1 Amir jan,

I enjoyed your story very much. **2** *Mashallah*, God has granted you a special talent. **3** It is now your duty to hone that talent, because a person who wastes his God-given talents is a donkey. **4** You have written your story with sound grammar and interesting style. **5** But the most impressive thing about your story is that it has irony. **6** You may not even know what (1) **that word** means. **7** But (2) **you will** someday. **8** It is something that some writers reach for their entire careers and never attain. **9** You have achieved it with your first story.

1 My door is and always will be open to you, Amir jan. **2** (3) I shall hear any story you have to tell. **3** Bravo.

Your friend,
Rahim

（九州大）

語句　（第1段落）**1** (*be*) **curled up**「体を丸めて（いる）」**note**「短い手紙」**over and over**「何度も」**2** **read**「…と書いてある，…と読める」（第2段落）**1** **jan**「～さん」（アフガニスタンの公用語の一つであるダリー語（＝ペルシア語下位言語の総称）で，親愛や尊敬を表す）**2** **mashallah**「おやまあ，おやおや」（ダリー語で喜びや驚き，感謝を表す間投詞）**grant A B**「AにBを授与する」**3** **duty**「義務」**hone**「（才能・技術など）を磨く」**waste**「を無駄に使う」**God-given**「神によって与えられた」**donkey**「ばか者」**4** **sound**「しっかりした，完璧な」**5** **impressive**「印象的な」**irony**「皮肉」**8** **reach for**「（～を求めて）手を伸ばす」**entire**「（限定用法で）全～，～全体」**career**「職業，仕事；経歴，職歴」**attain**「を獲得する，を達成する」**9** **achieve**「を獲得する，を得る」（第3段落）**3** **bravo**「いいぞ，すばらしい」

70

問　下線部（1）を訳せ。二つの波線部（2）が「何を意図して提案された ものか」を記せ。下線部（3）の **did so** が表す内容を具体的に日本語 で記せ。

1 (1) <u>**Nowhere** has the Mail's influence been greater than in the history of airplane industry.</u>　**2** It instantly recognized its importance even before the Wright brothers made their first successful powered flight in 1903.　**3** To encourage rapid progress, in 1910 it offered a £10,000 prize to the first person to fly from London to Manchester in a day.　**4** One rival journal ridiculed it by promising (2) <u>the same amount to the first person to fly to Mars and back in a week.</u>　**5** Another offered (2) <u>£10 million to anyone who flew five miles from London and back</u> — one offer is as safe as the other, it declared.

1 But Lord Northcliffe's commitment to the infant technology of flight had far-reaching results, and most of the early landmarks of airplane industry were set up in direct response to the Mail's challenges.　**2** When Bleriot flew the Channel in 1909, he (3) **did so** to claim a Daily Mail prize.　**3** When Alcock and Brown crossed the Atlantic ten years later, it was to claim yet another.

注：文中の the Mail は英国の日刊紙 The Daily Mail を意味する。

（青山学院大）

語句　（第1段落）**1** influence「影響」industry「産業」**2** instantly「直ちに、即座に」recognize 「を認識する」powered flight「動力飛行」**3** encourage「を促す」rapid「急速な」offer「動 を申し出る；名申し出、提案」**4** rival「ライバル関係の、競争する」journal「新聞」ridicule「を あざける、を嘲笑する」Mars「火星」**5** safe「安全な、確実な」declare「と宣言する；と断言す る」（第2段落）**1** Lord Northcliffe「ノースクリフ卿」（the Daily Mail の創始者）commitment to「〜への献身、〜への傾倒」infant「初期の、未発達の」far-reaching「（影響などが）遠くまで 及ぶ、広範囲にわたる」landmark「画期的な出来事、大発見［発明］」set up「を設立する、を確立 する」in direct response to「〜に直接応じる形で」challenge「挑戦」**2** Bleriot「ルイ・ブレ リオ」（フランスの飛行技術士・飛行家）the Channel「イギリス海峡」claim「（賞など）を勝ち取 る、を得る」**3** Alcock「ジョン・ウィリアム・オールコック（卿）」（英国の飛行家）Brown「アー サー・ウィッテン・ブラウン（卿）」（英国の飛行家）yet another「もう一つ（別）の」

応用問題編

応用問題 71～90

　入試問題の主な形式には，英文和訳（下線部訳がふつう），空所完成（空所に適当な語句を入れる），同意語句選択（英文中の語句と意味・内容が一致するものを選ぶ），内容真偽（英文の[全体または一部の]内容と一致するものを判別・選択する），大意要約（指定された語数で内容を要約する），英問英答，表題選択（英文のタイトルとして適当なものを選ぶ），などがある。そして，代名詞の先行詞が何であるか，また，各種の承前語句が表す具体的な内容は何であるか，などを問う文脈問題は，常に大きな比重を占める。本編では，これらの形式や設問の重要なものに一通りなじみ，出題のポイントや，各設問に対する考え方，答案作成の要領などをマスターする。設問の一部およびすべての解答解説は本書独自のものである。

　入試に対応する読解力においては，単語や構文・文法の知識に加えて，述べられている考えや思考様式に対する"なじみ"も大切な要素になる。これが欠けていると，単語も構文もすべてわかっているのに文意がつかめない，ということにもなる。英語力が一般常識や日本語の読解力と大きな関係をもつゆえんである。また，実践的な読解力のもう一つの大事な要素は，いくつかの未知語があっても，文脈から語意や文意を推測する推知力であり，また単なる知識ではなく，それを基礎にした論理的な思考力である。そのような力を養うためにも，本編では，まずよく考えて自分の解答を作ってみるのが効果的である。

応用問題 71～90 の解説

　すべての設問について詳しい解説を付けた。解答を照合するだけでなく，解説内容と自分の理解を照らし合わせながら読んでほしい。

71

1 A strong temper is not necessarily a bad temper. **2** But the stronger the temper, the (**1**) is the need of self-discipline and self-control. **3** Dr. Johnson says men grow better as they grow older, and improve with experience; but (2) this depends upon the width and depth and generousness of their (3) nature. **4** (4) It is not men's faults that ruin them so much as the manner in which they conduct themselves after the faults have been committed.

（実践女子大）

設問

問1 空所（**1**）に入れるのに最も適当な語を次から選べ。

① better

② greater

③ lesser

④ weaker

問2 下線部（**2**）の内容を具体的に日本語で記せ。

問3 下線部（**3**）の意味に最も近いものを次から選べ。

① artificialness

② character

③ mind

④ skill

問4 下線部（**4**）を和訳せよ。

（解答時間の目安　8分）

語句 ◼ temper「気質，気性」◼ self-discipline「自己訓練，自制」self-control「自制（心）」◼ improve「よくなる，改善される」（ここでは自動詞）depend upon「〜によって決まる，〜次第である」width [wɪdθ, wɪtθ]「幅広さ，広さ」depth「深み，深さ」generousness「寛大さ，気前のよさ」◼ fault「過失，誤り」ruin「を破滅させる」manner「方法」condúct *oneself*「振る舞う」commit「（犯罪・過失など）を犯す，を行う」

研究 ◼ not necessarily「必ずしも…ない」は部分否定を表す。
◼ 空所 **(1)** を含む第2文の構造は，設問解説 **問1**を参照。
◼ ₛ'men ᵥ'grow c'better ₐdv'[節 as ₛ"they ᵥ"grow c"older]「人は年を取るにつれて，よりよくなる」

asは『比例』「…するにつれて」を表す。growはget / becomeと同義。
下線部 **(3)** を含む文の構造は，設問解説 **問3**を参照。
◼ 下線部 **(4)** の構造は，設問解説 **問4**を参照。

解答 **問1：②** **問2：**人間が年を取るにつれて優れた人物になり，経験を積むにつれて人間として向上すること **問3：②** **問4：**訳例参照

設問解説

問1 ₐdv|従節 the stronger ₛ'the temper (ᵥ'is) c'___|，主節 the (**1**) ᵥ is ₛthe need of self-discipline and self-control c___「気性が激しければ激しいほど，自己訓練と自制の必要性はそれだけ（　）なる」
〈the＋比較級 〜, the＋比較級…〉構文。従属節ではisが省略されている。主節ではisが主語の前に現れる倒置が生じている。この倒置は変則的なもので，isの本来の位置は ₛthe need … self-control と c___ の間である。空所にはthe need「必要性」を説明するのに意味的に最適な形容詞の比較級が入る。選択肢①「よりよい」，②「より大きい」，③「より劣った」，④「より弱い」のうち適するのは②。

問2 ₍₂₎ this depends upon …「このことは…によって決まる」。thisが指すのは，それより前にある単数扱いの名詞（句）・動詞（句）・節・文などで，ここではジョンソン博士の言葉である (that) men grow better as they grow older, and improve with experience「人間が年を取るにつれてよりよくなり，経験を積むにつれて向上すること」と考えられる。

問3 the [[❶width and ❷depth] and [❸generousness] of their ₍₃₎ nature]]
「彼らのnatureの広さと深さ，および寛大さ」

[width and depth] と [generousness] が等位接続されていると考える。their は第3文冒頭の men「人間」を指すので their nature は「人間にかかわる何か」ということになる。またそれは「広さと深さ，および寛大さ」という特徴を有する「人間の性質」のことを言っているとわかる。ここから，適するのは②character「性質」である。①「人為［人工］的なこと」，③「精神」，④「技能」はいずれも文意が通じない。

> **多義語 nature**　nature の代表的な意味は「自然；性質；本質；種類」である。「自然」を意味する nature は通例無冠詞で用いる。「種類」は I'm not interested in dramas of this nature.「私はこの種の劇には興味がない」のように of ～ nature の形で用いる。

問4　It is not ᴬ[men's faults] that ruin them so much as ᴮ[the manner …].
it is **not** A [that ꜱ' ᵥ'ruin ₒ'them] **so much as** B「彼らを破滅させるのはAというよりむしろBである」の構造を見抜くことが重要。not A so much as B は not so much A as B という形もあり，it is not so much A that … as B という形の強調構文が生じることもあるので，注意を要する（⇒ p.84, 114）。

[関節 in which ꜱ'they ᵥ'conduct ₒ'themselves ₐdᵥ' ₐdᵥ'[節 after ꜱ"the faults ᵥ"have been committed]]「過失がおかされたあと彼らが振る舞う（その方法）」

manner(= not A so much as B の B に当たる要素)にかかる関係詞節。the manner[way] in which A does は「Aが…する方法」を表す。

訳例　**1** 激しい気性は必ずしも悪い気性ではない。**2** しかし気性が激しければ激しいほど，自己訓練と自制の必要性がそれだけ大きくなる。**3** ジョンソン博士が言うには，人間は年を取るにつれてよりよくなり，経験を積むにつれて向上するものである。しかしこのことは人間の性質の幅広さと深さ，および寛大さによって決まる。**4** ₍₄₎ 人間を破滅させるのは，当人の過ちというよりむしろ，過ちがおかされたあとの振る舞い方なのである。

210

人間の性質・能力を表す表現と使い方①

☐ **character**「性格，個性」
  She has a quiet character.「彼女の性格はおとなしい」
☐ **nature**「性質，本性」
  It's not in his nature to argue with friends.
  「友人と口論するのは彼の性に合わない」
☐ **personality**「個性，人柄」
  I like her easy-going personality.
  「私は彼女ののんびりした人柄が好きだ」
☐ **temper** ①「かっとする気質，怒りっぽい性格」
      He has a short[quick] temper.「彼は短気である」
    ②「かんしゃく（を起こした状態）」
      He got[flew] into a temper.　「彼はかっとなった」
    ③「落ち着き，自制」
      She lost her temper.　　「彼女は冷静さを失った」
☐ **ability**「能力」
  You should appreciate his ability to accomplish difficult projects.
  「難しいプロジェクトをやり遂げる彼の能力を君は評価するべきだ」
☐ **potential**「潜在能力」
  Education allows us to develop our creative potential.
  「教育は私たちが創造的潜在能力を発揮するのを可能にする」
☐ **capability**「能力，才能」
  It is beyond my capabilities to comprehend what the professor discusses.
  「教授が論じることを理解するのは私の能力を超える」
  She has the capability to solve difficult physics problems.
  「彼女には難しい物理の問題を解く能力がある」
☐ **skill** ①「技能，技術」
      I need to acquire computer skills to deal with my job.
      「私は仕事を処理するのにコンピュータ操作技術を身につける必要がある」
    ②「優れた腕前，うまさ」
      She plays the violin with skill.
      「彼女は上手にバイオリンを弾く」

72

構文編練習問題39の英文の再掲およびその続きである。

1 (1) There is no more dangerous experiment than that of undertaking to be one thing at a man's face, and another behind his back. **2** If the very consciousness of being capable of such (2) duplicity does not degrade you in your own eyes, you must be lost to every noble feeling of our nature. **3** (3) We should live and act, and speak, "out of doors," as the saying is, and say and do what we are willing should be read and known of all men.

(近畿大)

設問

問1 下線部（1）を和訳せよ。

問2 下線部（2）の意味に最も近いものを次から選べ。
① a consistent approach
② a safe guess
③ dishonest behavior
④ good condition

問3 下線部（3）の内容から，筆者が勧めると推測される行為として最も適当なものを次から選べ。
① expressing what you really feel
② listening eagerly to others' needs
③ saying something to please others
④ speaking ill of others behind their backs

（解答時間の目安　8分）

語句　**1** undertake to *do*「…すると請け合う，…することを約束する」at ~'s face「~の面前で」behind ~'s back「~の知らない所で，~の陰で」**2** very 形「まさにその」consciousness「意識，気づいていること」be capable of「~しかねない，（悪いことを）平気でする傾向がある」duplicity「（言行に）裏表のあること」degrade「の品位を下げる」eye「（しばしば~sで）見解，観点」be lost to「~に気づかない，~を感じない」noble「高潔な，気高い」**3** act「行動する」out of doors「戸外で，外で」saying「ことわざ」be willing that ...「…ということに異議はない」

研究　**1** 下線部（**1**）の構造は，　設問解説　　問**1**を参照。
2 下線部（**2**）を含む第2文のif節における指示関係は，　設問解説　　問**2**を参照。

you must be lost to every noble feeling of our nature「私たち人間に特有の高潔な感情をすべて感じなくなっているに違いない」

of our nature「私たち人間の本性が備わる」はnoble feelingを修飾する前置詞句。

3 下線部（**3**）の構造は，　設問解説　　問**3**を参照。

解答　問**1**：訳例参照　問**2**：③　問**3**：①

設問解説

問1　than以降は「ある人の前で一つのものであり，その人の知らない所で別のものであることを請け合うという試みより」を意味する（分析は別冊p.48を参照）。no more ~ than ... 構文「…でないのと同じく~でない」（⇒p.118）に見えるが，そうではなく，there is a more dangerous experiment than that of *doing*「…することのそれよりもっと危険な試みがある」の否定文である。there構文ではthere isの後ろに現れる名詞（句）にnoを付けるのが一般的な否定文の形で，there is not〈a / any / much / enough ＋名詞〉のような，notを用いた形は強調形である。

There is no student in the classroom.　「教室には生徒はいない」
There isn't any student in the classroom. 「教室には生徒は誰一人いない」

thatは単数扱いの名詞（句）の繰り返しを避けるために用いられる代名詞で，ここではthat = the experimentである。

undertaking to be one thing at a man's face, and another behind his back

Aの場合はone thingで，Bの場合はanother (thing)であるとは，Aの場合とBの場合が異なるものであることを示す。

Learning is one thing; teaching is another.
「学ぶことと教えることは別物である」

問2 such duplicity「そのような duplicity」は第1文の that of undertaking to be one thing at a man's face, and another behind his back を指す。one thing at a man's face と another (thing) behind his back という対立的な表現から，duplicity が「裏表のあること」の意味で使われていることがわかる。①a consistent approach「一貫した取り組み」，②a safe guess「無難な推測」，③dishonest behavior「不誠実な行動」，④good condition「良好な状態」から，最も近い③を選ぶ。

問3 ₛWe 助動should ᵥ[❶live and ❷act], and ❸speak], ₐdv"out of doors," [as the saying is], and ᵥ[❹say and ❺do] ₀[what we are willing should be read and known of all men].

複雑な等位接続を読み取ることが重要である。等位接続された live and act が speak と等位接続されて live and act, and speak という構造が生じ，これを "out of doors," as the saying is「言い習わしにあるように『外で』」という副詞的要素が修飾する。さらにそれが，等位接続された say and do what … と等位接続され，長大な動詞句が出来上がる。❶❷❸は自動詞，❹❺は他動詞（[what …] は共通の目的語）である。

as the saying is は挿入節として働く。out of doors は引用符に挟まれているので，この部分のみが筆者の言う the saying そのもの，またはその一部と考えられる。out of doors は本来の「戸外で」の意味ではなく，「公然と」の意味で用いられている。

[関節 what ₛ'we ᵥ'are ꜀'[willing [節 (that) ₛ" ᵥ"should be ❶read and ❷known ₐdv"of all men]]]「すべての人に関する自分の言動に関して，後に人が読んだり知ったりすることになっても自分としては異存のないこと」

what … all men は連鎖関係詞節(⇒p.96)。関係詞 what は willing の後ろの that 節（that は省略されている）の中で，should be read and known の主語として働く。willing は後ろに that 節を伴って「…ということに異議はない」を表す形容詞。should (do) は特定の動詞や形容詞の後ろに現れる that 節の中で仮定法現在 do（ここでは be done）に代わって用いられる助動詞句なので，should を訳出する必要はない。（仮定法現在については「文法編」p.26を参照）

選択肢の意味を正確につかみ，本文中に述べられた筆者の意見と一致するものを選ぶ。筆者が勧めると推測される行為は第3文に述べられている。内容的に近いのは①「自分の本当の気持ちを表現すること」である。本心に基づく言動をとるなら，人に知られても恥ずかしくはないはずである。②「他人の欲求に熱心に耳を傾けること」，③「他人を喜ばせることを言うこと」，④

↓ 「陰で他人の悪口を言うこと」はいずれも不適。

訳例 ■1 (1) ある人の前ではある人格であり，陰では別の人格であると自信を持って言い切ること以上に危険な試みはない。 ■2 そのような不誠実が可能であることに対する意識そのものが自身の見解において自分の品位を下げることがないなら，我々人間に特有の高潔な感情をすべて感じなくなっているに違いない。 ■3 我々は言い習わしにあるように「公然と」生活し行動して，ものを言い，かつすべての人に関して読まれても知られても異存がないことを言い，また行うべきである。

人間の性質・能力を表す表現と使い方②

☐ **innate**「生まれながらの，生得の」
  Humans have an innate ability to learn language.
  「人間は言語を習得する生得の能力を持っている」

☐ **acquired**「習得［獲得］した，後天的な」
  Some scientists argue that acquired characteristics are passed onto future generations.
  「獲得形質が未来の世代に遺伝すると主張する科学者がいる」

☐ **generous**①「（〜に）気前がいい（to）」
    He is very generous to people in need.
    「彼は困っている人々にとても気前がいい」
  ②「（〜に）寛大な（to）」
    She is generous even to those who disagree with her.
    「彼女は自分と意見の合わない人にさえ寛大である」

☐ **diligent**「勤勉な」
  My father is a diligent and industrious farmer.
  「父は勤勉でよく働く農夫である」

☐ **dedicated**「（〜に）献身的な，熱心な（to）」
  She is dedicated to caring for her sick mother.
  「彼女は病気の母親の看護に献身的である」

☐ **devoted**「献身的な；（〜に）夢中で（to）」
  She is a devoted teacher who helps her students develop their abilities.
  「彼女は自分の生徒がその能力を発達させるのを助ける献身的な教師である」

73

1 (1) As a rule, the man with a single talent is more likely to succeed than the man with ten talents. **2** The very consciousness of having (2)but one talent is a perpetual spur to concentrate. **3** To redeem himself from possibility of failure of mediocrity, he (3) keeps hammering away upon one purpose until he accomplishes something. **4** If he had ten talents there would have been constant temptation to diversion. **5** (4) Each would have claimed recognition, and there would not have been sufficient force left for the complete development of any one.

（長崎大）

設問

問1 下線部（1）を和訳せよ。

問2 下線部（2）の意味に最も近いものを次から選べ。

① except

② however

③ just

④ without

問3 下線部（3）の意味に最も近いものを次から選べ。

① continues to neglect his duty for a certain purpose

② keeps working hard at a single purpose

③ stays away from a person having a particular purpose

④ tries hard to avoid things that might prevent him from having a particular purpose

問4 下線部（4）を和訳せよ。

問5 本文の内容と一致するものを次から一つ選べ。

① 才能が多くあるほうが，失敗する可能性が低い。

② 集中して物事に取り組むことで，才能は身につく。

③ 才能が一つしかないと，自分の活躍する世界が限られてしまう。

④ 一つの才能に集中しそれを伸ばせば，成功する可能性が高まる。

（解答時間の目安　10分）

語句 ■ as a rule「概して，一般に」single「単一の，たった一つ［1人］の」tálent「才能」*be likely to do*「…しそうである」 ② consciousness「意識，気づいて［意識して］いること」perpetual「永続的な；しつこく繰り返す」spur「誘因，動機」concentrate「精神を集中する，専念する」 ③ redeem *A* from *B*「*B*から*A*を救う」possibility「可能性」failure「失敗」mediócrity「平凡，凡庸」keep *doing*「…し続ける」hammer away upon[at]「〜をせっせと［こつこつ］やる」purpose「目的，目標」accomplish「を成し遂げる，を成就する」 ④ constant「絶え間なく続く」temptation「誘惑（する［される］こと），衝動」diversion「（目的などから）脇へそらす［それる］こと」 ⑤ claim「（当然の権利として）を要求する，を求める」recognítion「（功績などの）評価，（世間などの）注目」sufficient「十分な」force「力」left「残されている」（＜leave「を残しておく」）complete「完全な」development「発達」

研究 ■ 下線部 **(1)** の構造は，　設問解説　問1を参照。

② 下線部 **(2)** を含む第2文の構造は，　設問解説　問2を参照。

③ **To redeem himself from possibility of failure of mediocrity**「凡庸さという失敗の可能性から自分を救うために」

主節の前に現れるto不定詞句は副詞用法で，『目的』を表す。

④ **If he had ten talents there would have been constant temptation to diversion.**「もし彼が10の才能を持っているなら，脇道へそれることへの絶えざる誘惑があっただろう」

if節内のhadは仮定法過去で，heに関して「過去・現在を問わずどんな時でも当てはまる事実に反する事柄」を表す。帰結節内のwould have beenは仮定法過去完了で，「過去から現在に至るまでに起こり得たであろう事態の推量（＝ここでは「10の才能のそれぞれに関連する事柄に注意の目を向けるようにという誘惑が絶えず生じたであろうという想定」）を表す。

⑤ 下線部 **(4)** の構造は，　設問解説　問4を参照。

解答　問1：訳例参照　問2：③　問3：②　問4：訳例参照　問5：④

設問解説

問1 As a rule, s[the man [with a single talent]] v is more likely to succeed adv[節 than s'[the man [with ten talents]] (is x-much likely to succeed)]. の構造を持つ比較構文。the man with a single talentとthe man with ten talentsがlikely to succeed「成功しそうな」程度において，比較されている。訳出に際しては，「一つの才能しか持っていない人が成功する可能性は，10の才能を持つ人が成功する可能性より高い」ことを示す。

応用問題編

問2 ₛ⌊The very consciousness [of (v)having (o')but one talent]⌋ ᵥis c⌊a perpetual spur [to (v')concentrate]⌋. 「but one talentを持っていることに対する意識そのものが，精神を集中するための永続的な誘因である」

> butは他動詞havingと名詞句one talentの間にあるので，接続詞（＝「しかし」）ととることはできない。butがone (talent)の前にあることに着目して，oneを修飾する副詞（＝「ただ，たった」）と解釈する。つまり，③just と同義である。①except「〜を除いて」，④without「〜なしに，〜を持たずに」は前置詞。②however「しかし」は接続副詞。butにも前置詞の用法（＝「〜を除いて，〜以外に」）があるが，他動詞havingの後ろに前置詞句が生じると文法的に不適になる。

問3 keeps hammering away upon one purpose (until he accomplishes something)「（何かを成し遂げるまで）一つの目標をハンマーで打ち続ける」

> 「自分にはたった一つしか才能がないという意識が,その一つの才能に関連する事柄に精神を集中するための動機となる」という第2文の内容を具体的に説明すると考えられるので,「一つの目標に集中し続けること」を意味すると推測できる。②「ただ一つの目的に向けて懸命に努力し続ける」が正解。①「ある目的のために，自分の義務を怠り続ける」，③「ある特定の目的を持つ人にかかわらない」,④「自分がある特定の目的を持つのを妨げるかもしれないことを避けようと懸命に努める」は不適。

問4 Each would have claimed recognition「それぞれがrecognitionを要求しただろう」

> would have claimedは，仮定条件に対する帰結節の中に現れる仮定法過去完了。前文の仮定条件 (If he had ten talents) がこの文にも作用していると考える。主語Eachは「複数のものや人のそれぞれ」を意味する代名詞。前文を参照して Each = Each of the ten talents と判断する。claim recognition は訳すのが難しい部分だが,「（世間の）評価を要求する」と直訳してもよいし，「世間に認められることを求める」と意訳してもよい。

adv there ᵥwould not have been ₛ⌊(s')sufficient force [(v')left (adv')for the complete development of any one]⌋「どの一つをとってもその完全な発達に足る十分な力が残っていなかっただろう」

> sufficient forceとleftの間に受動の主語・述語関係が成立しているので「…に足る十分な力が残されていなかっただろう」と訳すのが望ましい。left … any oneがsufficient forceを修飾すると解釈して，「…に残された十分な力がなかっただろう」と訳すことも可能である。any oneはany one of the ten talents「10の才能のどの一つ」を意味する。

問5 ①は第1文に不一致。②は第2・3文に不一致。「集中して物事に取り組むから才能が身につく」のではなく,「自分には一つの才能しかないという意識が,集中して物事に取り組む動機となり,何かを成し遂げることを可能にする」のである。③は本文に記述なし。「才能が一つしかないと活躍の場が狭まる」とは書かれていない。④は第1～3文に一致。第3文の keeps hammering away upon one purpose は,自分の持っている唯一の才能を集中的に伸ばす努力をし続けることを意味する。

訳例 1 (1) 一般的に,たった一つの才能しか持たない人間は10の才能を持つ人間より成功する可能性が高い。2 自分にはたった一つの才能しかないという,まさにその意識が精神を集中するための永続的な動機となる。3 凡庸なものに終わるという失敗の可能性から自分を救うために,その人は何かを成し遂げるまで一つの目標に向かって一生懸命に努力し続ける。4 もしその人が10の才能を持っているなら,脇道へそれることへの絶えざる誘惑があっただろう。5 (4) それぞれの才能が世間に認められることを求めただろうし,どの一つの才能をとってもそれを完全に発達させるに足る十分な力が残っていなかっただろう。

74

構文編例題35の英文に設問を付したものである。

1 We get used to particular papers and programmes and often, after a while, come to take their typical content for granted. **2** (1) <u>Some degree of familiarity with a particular paper or programme is indeed often necessary, if what it has to offer is to come through to us easily.</u> **3** But of course there is (2) <u>a danger</u>, as we get used to the particular way of looking at the world (3) <u>which</u> our favourite paper or programme embodies, that we shall forget that it is, after all, only one of many possible ways.

(立命館大)

設問

問1 下線部（1）を和訳せよ。

問2 下線部（2）**a danger**の内容を本文に即して日本語で説明せよ。

問3 下線部（3）**which**の先行詞を<u>英語1語</u>で示せ。

問4 本文の内容と一致するものを次の①〜④から一つ選べ。

① 現代は報道機関が多様化しているが，我々がなじむのは新聞とテレビ番組である。

② 特定の新聞や番組の報道に接していると，ものの見方が狭くなってしまう。

③ 特別な新聞や番組には偏見や独断的な意見が盛り込まれる危険性があるので，一般向けの新聞や番組を多く見るほうがよい。

④ 多くの新聞や番組の内容を知るのはよいが，社会を見る目が混乱する恐れがある。

（解答時間の目安　8分）

語句 ◼ **get used to**「〜に慣れる」**particular**「特定の」**paper**「新聞（newspaper）」**prógramme**（＝米**program**）「番組；プログラム」**after a while**「しばらくするうちに」**come to** *do*「…するようになる」**take 〜 for granted**「〜を当然のことと考える」**typical**「典型的な」**cóntent**「内容」（**contént**形）「満足した」◢ **some degree of**「ある程度の〜」**familiarity with**「〜とのなじみ；〜をよく知っていること」**indeed**「本当に；実際」**offer**「を提供する」**come through (to)**「（〜に）伝わる；（〜に）理解される」◢ **way of looking**「見方」**favourite**（＝米 **favorite**）「自分の気に入った，大好きな」**embody**「（考えなど）を具現化［具体化］する」**after all**「結局；やはり」

研究 ◼ **We get used to particular papers and programmes and often, after a while, come to take their typical content for granted.**「我々は特定の新聞や番組に慣れ，そしてしばしば，しばらくすると，それらの典型的な内容を当然のものと考えるようになる」

　二つ目の等位接続詞andは『時間的な前後関係』を示すと考えられる。andの後ろの文の表す事象が，andの前の文の表す事象よりあとで生じることを示す。ここではafter a whileにより前後関係がより明確になっている。「…に慣れると，しばらくして，それらの典型的な内容を当然のことと思うようになることがよくある」と訳すこともできる。contentはここでは，内容の総体を表す。複数形contentsは個々の具体的な内容や事柄を指す。

◢ 下線部 **(1)** の構造は，設問解説　**問1**を参照。

◢ 下線部 **(2)**，**(3)** を含む第3文の構造は，設問解説　**問2**，**問3**を参照。

解答 **問1**：訳例参照　**問2**：自分がなじんだお気に入りの新聞や番組が具現化する特定の世界の見方が，結局は多くの可能な見方の一つにすぎないことを忘れてしまうという危険　**問3**：way　**問4**：②

設問解説

問1 ₛ[Some degree of familiarity [with a particular paper or programme]] ᵥis ₐdᵥindeed ₐdᵥoften ᴄnecessary,

　some degree of「ある程度の〜」の「〜」には，通例，不可算名詞が現れる。Some degree of familiarity withは「〜にある程度なじむこと」と訳すとわかりやすい。indeedは「実際，本当に，間違いなく」を表す。文の始めか，述部の始めの位置で訳すとよい。

ₐdᵥ[節if ₛ'[関節what it has to offer] ᵥ'is to come through ₐdᵥ'to us ₐdᵥ'easily]

　if節内の主語はwhat it has to offerで，[関節what ₛ"it ᵥ"has ₒ" [to ₍ᵥ'''₎offer]]

「それ（＝我々がなじんだ特定の新聞や番組）が提供すべく持っているもの」の構造を持つ。whatはhasの目的語として働く。to offerはwhatの空所にかかる形容詞用法のto不定詞句（訳し方に関してはp.98-99を参照）。what it has to offerは直訳では「それが提供すべく持っているもの」であるが，「それが提供できるもの，それが提供してくれるもの」と意訳してもよい。「それが提供しなければならないもの」とすると，誤訳と見なされるので注意する。

if節内のis to doは人を表す名詞（句）が主語である場合は「〜が…したいと思う，〜が…することを望む」を表すが，本文のように無生物主語である場合は「〜が…するためには」を表す。come through to usは「私たちに伝わる，私たちに届く」などと訳す。

if節から訳し始めてもよいが，その場合はif節内のitの内容（＝a particular paper or programme）を訳に明示する必要がある。訳例では，主節の主語（Some degree ... programme）を先に訳し，そのあとにif節の訳を挿入節的に入れることで，itを「それ」と訳している。

問2 dangerの後ろに挿入されたas節（as we ... embodies）を外すと，there is a danger that we shall forget that it is, after all, only one of many possible waysという構造が現れる。that we shall forget ... many possible waysはdangerの内容を示す同格節で，「〜が…するという危険」を表す。節内のshallは主語が1人称のweなので，willと同じ働きをする。ここでは『単純未来』を表す。

a dangerの内容はこのthat節内に示されているので，「それが結局は多くの可能な方法の一つにすぎないことを（我々が）忘れてしまうという危険」とすれば，一応は答えにはなる。ただ内容説明問題の解答に，「それ」のように何を指しているかわからない要素が含まれるのは避けるべきである。as節(as we ... embodies）を参照し，「それ」を「我々［自分］のお気に入りの新聞や番組の世界観」「我々［自分］がなじんだお気に入りの新聞や番組の世界観」などと置き換える。

問3 関係詞の先行詞は関係詞よりも前にあるので，以下の第3文を参照する。

there is a danger, as we get used to the particular way of looking at the world [₍関節₎ which ₛ"our favourite paper or programme ᵥ"embodies ₀"▨▨],

as節内の関係詞節は「我々のお気に入りの新聞，あるいは番組が具現化する」の構造。制限用法の関係詞節の先行詞は通例，名詞（句）なので，a danger, the particular way (of looking at the world), the worldの三つが候補に挙がる。この中でa dangerは，関係詞節が存在するas節の外にあるので，先

222

行詞にはなり得ず，よって除外する。関係詞whichはembodiesの目的語として働くので，先行詞は意味的にembodiesの目的語になり得る要素である。「我々のお気に入りの新聞や番組が具現化する」は，「世界」ではなく，「特定の世界の見方［特定の世界観］」にかかることで文脈が成立する。設問の指示に「英語1語で示せ」とあるので，the particular way of looking at the worldという名詞句の主要語であるwayが答えとなる。

問4 本文を参照し，その内容を過不足なく伝える選択肢を選ぶ。①の「報道機関の多様化」に関する記述や，「我々が（他の情報伝達媒体ではなく）新聞とテレビになじむ」という記述は本文にない。②は第3文の内容に一致。③の「偏見や独断的な意見が盛り込まれる危険性」や，「一般向けの新聞や番組を多く見るほうがよい」という記述は本文にない。④の「多くの新聞や番組を見ることで社会を見る目が混乱する」という記述は本文にない。

訳例 **1** 我々は特定の新聞や番組になじむようになり，やがてそれらの典型的な内容を，当然のものと考えるようになることがよくある。**2** (1) 確かに，ある特定の新聞や番組にある程度なじむことは，それが提供するものが容易に我々に伝わるためには，しばしば必要なことではある。**3** しかし，いつも好んで読んだり見たりしている新聞や番組が具現化するような，世の中に対する特定の見方になじむようになるにつれて，それが，やはり，多くの可能な見方の中のほんの一つにすぎないのだということを忘れてしまう危険も，もちろん存在するのである。

75

1 In general, one's memories of any period must necessarily weaken as one moves away from (1) it. **2** (2a) One is constantly learning new facts, and old (2b) ones have to drop out to make way for (2c) them. **3** (3) At twenty I could have written the history of my schooldays with an accuracy which would be quite impossible now. **4** But it can also happen that one's memories grow (**4**) after a long lapse of time, because (5)one is looking at the past with fresh eyes and can isolate and, as it were, notice facts which previously existed undifferentiated among a mass of others.

(Facing Unpleasant Facts: Narrative Essays by George Orwell)

(明治薬大)

設問

問1 下線部（1）が指している語を英語のまま記せ。

問2 下線部(2a)One, (2b)ones, (2c)them の内容を日本語で具体的に示せ。

問3 下線部（3）を和訳せよ。

問4 空所（4）に入れるのに最も適当な語を次から選べ。

① longer
② poorer
③ quicker
④ sharper

問5 下線部（5）を和訳せよ。

(解答時間の目安10分)

語句 🔲 **in general**「一般に」**memory**「(通例〜ies) 思い出，記憶」**period**「時期，期間」**necessarily**「必然的に，必ず」**weaken**「弱まる」**move away from**「〜から離れる，〜から遠ざかる」 ② **constantly**「絶えず，いつも」**drop out**「脱落する，離脱する」**make way for**「〜に道をあける，〜に道を譲る；〜に取って代わられる」 ③ **accuracy**「正確さ；(an 〜) 精度(問3の解説参照)」 ④ **lapse**「(時間的)間隔」**eye**「(しばしば〜s) 見方，態度」**isolate**「を分離する，を切り離す」**as it were**「いわば」**notice**「に気づく」**previously**「以前に」**undifferentiated** 形「区別されていない」**a mass of**「多くの〜，大量の〜」

研究 🔲 下線部 **(1)** を含む第1文については，　設問解説　問1を参照。
② 下線部 **(2a) (2b) (2c)** を含む第2文については，　設問解説　問2を参照。
③ 下線部 **(3)** の構造は，　設問解説　問3を参照。
④ 空所 **(4)** を含む第4文主節の構造は，　設問解説　問4を参照。
下線部 **(5)** の構造は，　設問解説　問5を参照。

解答 　問1：any period　問2：One：人 [人は誰でも] ones：事実 [事柄] them：新しい事実 [新しい事柄]　問3：訳例参照　問4：④　問5：訳例参照

設問解説

問1 **In general, one's memories of any period must necessarily weaken as one moves away from (1) it.**「一般的に，どの時代の思い出も人がそれから遠ざかるにつれて，必然的に弱まるに違いない」

接続詞asは『比例』(＝「(〜が…する)につれて」)を表す。one's, oneは「人，人は誰でも」を意味する不定代名詞。堅い表現で，一般にはyou / weが用いられる。

itは，it自体より前にある単数扱いの名詞(句)を指す。「人がそれから離れる」ことができるものなので，any period「どの時代(も)」を指すと考えられる。「人が時代から離れる」とは「人が年を取る」ことを意味する。

問2 **(2a) One is constantly learning new facts, and**「人は絶えず [いつも] 新しい事実を学んでいて，それで」

Oneは「人，人は誰でも」を表す。be constantly[always] doing「絶えず [いつも] …している」は『習慣的動作・行為』を表す。「…してばかりいる」のような非難めいた意味を帯びることがあるが，ここではこの意味は含意されていない。andの後ろには，「人が習慣的に新事実を学ぶ」ことで，「どのような事態が生じるか」が示される。

old (2b) ones have to drop out to make way for (2c) them

have to do A to do B「BするためにAしなければならない，AしてBしな

225

ければならない」の構造。onesはそれより前にある可算名詞（単数か複数か
は問わない）を指す。old「古い」という形容詞が修飾していることも考慮し
て，onesの指示対象を特定する。ここではones＝facts「事実，事柄」であ
る。and前のfactsが，onesを修飾するoldの対義語であるnewに修飾され
ていることもonesをfactsと特定する決め手となる。

themは複数扱いの名詞句new facts「新しい事実，新しい事柄」を指す。文
中でthemはold onesと対比的に使われているので，old onesをold facts
と特定できればthemはnew factsを指すことがわかる。

問3 **At twenty I could have written the history of my schooldays
with an accuracy**「二十歳のとき（なら），私はある正確さをもって私の学校時代の
歴史を書くことができただろう」

前置詞句At twentyはIf I was[were] at twenty, を意味する仮定条件と考
える。could have writtenは，仮定条件に対する帰結節中に現れ，「過去の
事態の推量」（＝「おそらく…だっただろう」）を示す。

accuracyは通例不可算名詞扱いで,例えばwith accuracy「正確に」のよう
に不定冠詞のanを付けずに用いる。ただし，不可算名詞にa[an]を付けて可
算名詞として用いると，その名詞が具体性を帯び，「ある（種の）〜」を表す
ようになり，本文はこの例である。

which would be quite impossible now「今では全く不可能であろう（正確
さ）」

accuracyにかかる関係詞節。この関係詞節に限定されてaccuracyにanが
付くと考えられる。副詞のnow「今では」は仮定条件を兼ねる。would be
は仮定条件に対する帰結節中の仮定法過去で,「現在の事態の推量」（＝「（お
そらく）…であろう」）を示す。

問4 **it can also happen that one's memories grow（　4　）after a long
lapse of time**「長い時間経過ののち,人の思い出が（　　）になるということも起こる
可能性がある」

it happens that *A does*は「たまたまAは…する」と訳されることが多いが,
形式主語構文なので，正確には「Aが…するということが起こる」を意味す
る。本文では可能性を示す助動詞canが用いられているので,「…ということ
が起こる可能性がある，…ということが起こりかねない」のように訳すとよ
い。第1〜3文は，人は年を取るにつれて過去の出来事の記憶が薄れること
を述べている。第4文は『逆接』の接続詞Butから始まるので，第1〜3文
の内容と対立する内容を表すことになる。つまり,「時間の経過とともに過去
の出来事の記憶が鮮明になる」という趣旨である。one's memories grow

（①longer／②poorer／③quicker／④sharper）after a long lapse of time

「人の記憶は長い時間経過のあと，（①より長く／②より貧しく／③より速く／④より鮮明に）なる」において，文脈を成立させるのは④sharperである。

問5 **one is looking at the past with fresh eyes and can isolate and, as it were, notice facts**「人は新鮮な目で［新たな観点から］過去を見ていて，その時に事実を分離し，いわば感知することができる」

一つ目のandの前の文が進行形（is looking）で，andの後ろの文が『能力』を示すので，「…していて，（その時［その際に]）…することができる」と訳す。あるいはandが『因果関係』を示す接続詞であると解釈して，「…していて，それで…することができる」と訳すこともできる。with fresh eyesは「新鮮な目で」という直訳でもよいし，「新たな観点から」のように意訳してもよい。

助動·can [**❶**v·isolate and, as it were, **❷**v notice] o·facts [関節 which s" adv"previously v"existed [(s") (c")undifferentiated] adv"among a mass of others]

can ... factsは，二つの他動詞isolateとnoticeが等位接続され共通してfactsを目的語にとり，canの補部（⇒p.129）として働くという構造。「事実を分離し，いわば，感知することができる」を表す。which ... othersはfactsにかかる関係詞節で，「以前は多くの他の事実の間で区別されずに存在していた」を表す。節内のundifferentiatedは，which節内の主語であるwhich（factsを指す）の空所（＝(s")　）が「以前存在していた」ときの状態を述べる補語的要素。「区別されない状態で，区別されずに」のように副詞的に訳す（例題44第7文のsmallも同じ働き）。

sMary vleft othe room angry.「メアリは怒って部屋を出て行った」

▶ angryは主語Maryの状態を示す補語的要素。[(s')Mary (c')angry]と考えればよい。

among a mass of othersのothersはother factsを意味する。

訳例 ◼ 一般的に，どの時代の思い出も人がその時代から遠ざかるにつれて，必然的に弱まるに違いない。❷ 人は絶えず新しい事実を学んでいて，それで古い事実は新しい事実に取って代わられるべく脱落しなければならない。❸ (3)二十歳のときなら，私は今では全く不可能であろう正確さをもって自分の学校時代の歴史を書くことができただろう。◢ しかし人の思い出が長い時間経過ののちに，より鮮明になるということも起こり得る。というのも，(5)人は新たな観点から過去を見ていて，その際に，以前は多くの他の事実の間で区別されずに存在していた事実を分離し，いわば，感知することができるからである。

76

1 Hope, not fear, is the creative principle in human affairs. **2** (1)All that has made man great has sprung from the attempt to secure what is good, not from the struggle to avert what was thought evil. **3** It is because modern education is so seldom inspired by a great hope (2) that it so seldom achieves a great result. **4** The wish to preserve the past rather than the hope of creating the future (**3**) the minds of those who control the teaching of the young. **5** (4) Education should not aim at a passive awareness of dead facts, but at an activity directed towards the world that our efforts are to create.

(早稲田大)

設問

問1 下線部（1）を和訳せよ。

問2 下線部（2）の that と同じ用法のものを次から選べ。
① I don't believe that Henry will come today.
② It is certain that Mary wrote the enthusiastic letter.
③ It was in the park that Jeff met Susan yesterday.
④ John got up so early that he was able to catch the train.

問3 空所（3）に入る語を次から選べ
① broadens　　② dominates
③ eases　　　 ④ loses

問4 下線部（4）を和訳せよ。

問5 本文の内容と一致するものを次から一つ選べ。
① All great men attempted to secure what is good.
② Education may obtain a positive result if it aims at distinguishing what is good and what is bad.
③ For education to achieve a great result, it must be inspired by a great hope.
④ Those who control the teaching of the young should wish to preserve the past.

（解答時間の目安　12分）

語句 ◧ creative「創造的な」principle「原則，原理」affair「事柄，問題」◨ spring from「～から（急に）起こる［生じる］」attempt to *do*「…しようとする試み［企て］」secure「を確保する，を手に入れる」struggle to *do*「…しようとする懸命の努力［苦闘］」avert「を回避する，をよける」think *A B*「AをBと思う」evil「邪悪な，悪い」◩ seldom「めったに…ない」inspire「を鼓舞する，を奮起させる」achieve「を達成する」◪ wish to *do*「…したいという願い［願望］」preserve「を保存する」control「を管理する，を制御する」◫ aim at「～を目指す，～を目標とする」passive「受動的な」awareness of「～を知ること，～についての意識」activity「活動」direct *A* toward(s) *B*「AをBに向ける」

研究 ◧ ^A**Hope, not** ^B**fear, is the creative principle in human affairs.**

「^B恐怖ではなく^A希望が人事における創造の原理である」

本文の主題を表す。主語は *A*, not *B*「BではなくA」の構造を持つ。

◨ 下線部 **(1)** の構造は，　設問解説　**問1**を参照。

◩ 下線部 **(2)** を含む第3文の構造は，　設問解説　**問2**を参照。

◪ 空所 **(3)** を含む第4文の構造は，　設問解説　**問3**を参照。

◫ 下線部 **(4)** の構造は，　設問解説　**問4**を参照。

解答 　**問1**：訳例参照　**問2**：③　**問3**：②　**問4**：訳例参照　**問5**：③

設問解説

問1 ｓ<u>All [that has made man great]</u> ᵥhas sprung adv**❶**from *A*, not adv**❷**from *B*

「人間を偉大にしたすべてのものはBからではなくAから生じてきた」の構造。Aは [the attempt [to (ᵥ')secure (ₒ')[関節 what ₛ" ᵥ"is ᴄ"good]]]「よいものを手に入れようとする試み」，Bは [the struggle [to (ᵥ')avert (ₒ')[関節 what ₛ" ᵥ"was thought ᴄ"evil]]]「悪と見なされたものを回避しようとする苦闘」。

問2 ₛIt ᵥis ᴄ[節 because ₛ'modern education ᵥis so seldom inspired advby a great hope [節 (2) that ₛ'it advso seldom ᵥachieves ₒ'a great result adv']. 「現代の教育がごくまれにしか大きな成果を上げないのは，それがごくまれにしか大きな希望に鼓舞されないからである」

it is [because [*A does*]] [that [*B does* (　　)]]「Bが…するのは，Aが…するからである」は強調構文で，because節が焦点として強調されている。that節内のitは modern education を指す。

この文は，because節内の so seldom のせいで so ～ that 構文が形成されているように見えることにより解釈が難しくなっている。確かに文頭のItを前

文の内容を受ける代名詞と見なし，_sIt _vis _c[because [*A does*]]．「これはA が…するからである」と解釈することは可能であるが，そうすると「希望が 創造の原理である」という主題と矛盾することになり，かつ前文と意味的に つながらない。一方，強調構文と解釈すれば，「現代の教育がめったに大きな 成果を上げないのは，それが大きな希望によって鼓舞されることがめったに ないからである」という，希望の重要性を主張する文意が得られ，文脈が成 立する。

各選択肢のthatの役割は以下のとおり。

① _sI _vdon't believe _o[that Henry will come today]．
「私はヘンリーが今日来るとは思わない」
▶believeの目的語として働く名詞節を導く接続詞that。

② _{仮s}It _vis _ccertain _{真s}[that Mary wrote the enthusiastic letter]．
「メアリがこの熱狂的な手紙を書いたことは確かである」
▶形式主語構文で，真主語として働く名詞節を導く接続詞that。

③ _sIt _vwas _{adv}in the park [that Jeff met Susan yesterday]．
「ジェフが昨日スーザンに会ったのは公園であった」
▶it is/was … that …型の強調構文を形成する接続詞that。これが正解。

④ _sJohn _vgot up _{adv}so early [that he was able to catch the train].
「ジョンはとても早く起きたので列車に乗ることができた」
▶so ～ that … を形成する接続詞thatで，『結果』を示す副詞節を導く。

問3 _s[^A[The wish [to _(v')preserve _(o')the past]] rather than ^B[the hope of [_(v')creating _(o')the future]]] _v（ 3 ） _o[the minds [of those[_{関節} who _{s'} _{v'}control _{o'}the teaching of the young]]]．「未来を生み出す希望より

むしろ過去を保存したいという願望は，若者の教育を管理する者たちの精神を（　　）」

主語は*A* rather than *B*「BよりむしろA，BではなくA」の構造を持つ。空 所後のthe minds … youngは，空所に入る他動詞の目的語と考えられる。 つまり，The wish to preserve the past「過去を保存したいという願望」が 主語で，the minds of those「教育者の精神」が目的語であるから，「過去 を保存したいという願望が教育者の精神を（①broadens「広げる」／② dominates「支配する」／③eases「和らげる」／④loses「失う」）」におい て，文脈を成立させる語を選ぶ。

第3文に述べられた「現代の教育がめったに大きな成果を上げないのは，そ れが大きな希望によって鼓舞されることがめったにないからである」という ことの根拠を示すような内容にすればよい。

問4 Education should not aim at ^A[a passive awareness of dead facts], but at **ᴮ**[an activity [₍ᵧ₎directed ₍ₐdᵥ₎[towards the world [関節 that ₛ"our efforts ᵥ"are to create ₒ"   ]]]].

should not aim at *A*, but at *B*「A（を目指すの）ではなく，Bを目指すべきである」の構造をつかむ。A「死んだ事実についての受動的な知識［理解］」は，「今では使われない事実を先生から教えてもらうこと」を意味する。B「我々の努力が生み出すべき［ことになる］世界に向けられた活動」は，「我々が努力してつくり出すべき未来の世界を実現するための活動」を意味する。節内の are to *do* は「（…する）べきである」または「（…する）ことになる」を表す。

問5 各選択肢の内容を吟味し，本文の内容との一致・不一致を判断する。

①「偉大な人はすべてよいものを手に入れようとした」

▶第2文に不一致。よいものを手に入れようとすることが人間を偉大にすると述べられているが，偉大な人の行動については述べられていない。

②「教育はよいことと悪いことの区別を目指すなら，好ましい結果を得るかもしれない」

▶本文に記述なし。

③「教育が大きな成果を上げるために，教育は大きな希望に鼓舞されなければならない」

▶第3文に一致。

④「若者の教育を管理する人々は過去を保存することを願うべきである」

▶第4・5文に不一致。

訳例 **1** 人間社会の事柄においては，恐怖ではなく希望が創造の原理となる。**2** ₍₁₎人間を偉大ならしめたものはすべて，悪と思われたことを避けようとする努力ではなく，よいものを手に入れようとする試みから生まれた。**3** 現代の教育がめったに偉大な成果を生まないのは，それがめったに偉大な希望によって促されないからである。**4** 未来をつくり出そうという希望よりもむしろ，過去を保存しようとする願望が，若者の教育を左右する人々の心を支配している。**5** ₍₄₎教育は，生命を失った事実を受動的に知ることではなく，我々が努力してつくり出すべき世界の実現に向けた活動をすることを目標としなければならない。

77

1 Your mind, like your body, is a thing whereof the powers are developed by effort. **2** That is a principal use, (1) <u>as I see it</u>, of hard work in studies. … **3** So a good part of what you learn by hard study may not be permanently retained, … but your mind is a better and more powerful instrument because you have learned it. **4** "Knowledge is power," but still more the faculty of acquiring and using knowledge is power. **5** If you have a trained and powerful mind, (2) <u>you are bound to have stored **it** with something, but its value is more in what it can do, what it can grasp and use, than in what it contains.</u> （立教大）

設問

問1 下線部（1）の意味に最も近いのは次のどれか。

① その用途を考えると

② それを見るときに

③ 私の見るところでは

④ 私がそれを見るので

問2 下線部（2）を太字の it の内容を明らかにして和訳せよ。

問3 下線部（2）内の二重下線部 what it contains が表す内容を文中の1語で言い換えよ。

問4 本文の主旨に最も近いものを次から一つ選べ。

① Most of what you have learned while young will be retained throughout life.

② The ability to acquire and use knowledge is the value of your mind.

③ The final value of education lies in helping people to have a trained mind.

④ What is most important for a student is to acquire knowledge by hard study.

（解答時間の目安 10分）

語句 ■ mind「精神；頭, 頭脳」whereof関副「それについて…する（ところの）」(= of which) develop「を育成する,（技術・能力など）を伸ばす [向上させる]」 ■ principal「主要な」 use「効用, 効果」 ■ a good part「大部分」pérmanently「永久に」retain「を保持する；を覚えている」instrument「道具」 ■ still more「それ以上に」fáculty「能力」acquire「を身につける, を習得する」 ■ trained「訓練 [教育] を受けた」be bound to do「きっと…する」store A with B「AにBを蓄える」value「価値」grasp「をつかむ；を理解する」contain「を含む」

研究 ■ **Your mind, like your body, is** a thing [関節 **whereof** s' [the powers [　　]] v'**are developed** adv'**by effort**]. 「あなたの精神は, 身体と同じように, 努力によってその能力が育てられるものだ」

a thing whereof the powers ... = a thing the powers of which ... と考える。 of which や whose と同様に, whereof は名詞を修飾する形容詞的要素で名詞句の一部として働く。the powers の後ろの空所は whereof の空所。この関係詞節は whose powers are developed by effort とも表現できる。「内在する力が努力により開発される（たぐいの）もの」のように訳すこともできる。

■ 下線部 **(1)** を含む第2文の構造は, **設問解説** **問1**を参照。

■ **a good part of what you learn by hard study may not be permanently retained, ... but your mind is a better and more powerful instrument because you have learned it** 「あなたが勤勉により学ぶことの多くは永久に保持されることはないかもしれないが, あなたの精神はあなたがそれを学んだがゆえに, より優れたより強力な道具になっている」

A may not do but B does 「Aは…しないかもしれないが, Bは…する」という『譲歩』の構造。文末の it は what you learn を指す。

■ 下線部 **(2)** を含む第5文の構造は, **設問解説** **問2**を参照。

解答 **問1**：③ **問2**：訳例参照 **問3**：knowledge **問4**：②

設問解説

問1 挿入節の as I see it を外した文は, sThat vis ca principal use [of hard work in studies]. 「それは勉強における勤勉の主要な効用である」という構造。That は第1文 whereof the powers are developed by effort の内容を指すと考えられる。

as I see it は「私の意見 [考え] では」の意味の定型表現。

問2 **If you have a trained and powerful mind, you are bound to have stored it with something,** 「あなたが訓練された強力な精神を持っていれば, きっと, すでにその精神に何かを蓄えているはずである」

if節は「あなたが訓練された強力な精神を持っているなら」という条件を表す。*be* bound to *do* は「必ず…する，きっと…するはずである」を表す。ここでは are bound to have *done* と，to の後ろに完了形が現れるので「すでに…した［している］はずだ」と訳す。stored の目的語である it は，それより前にある単数扱いの名詞句 a trained and powerful mind を指すが，「その精神」と簡潔に訳せばよい。もちろん「その訓練された強力な精神」という訳も可能である。

but _Sits value _Vis _{adv}more _{adv}[in ❶[what it can do], ❷[what it can grasp and use]], _{adv}than _{adv'}[in ❸[what it contains]]]「しかし，その価値は，❸何がその中に入っているかよりも，❶それが何をできるか，❷何を理解し利用することができるかに存在するのである」

「その価値は❸それが含み得るものに存在するよりもっと［むしろ］，❶それができること，❷それが把握し使うことができることに存在する」のように，what を関係代名詞と見て「〜すること［もの］」と訳すこともできるし，訳例のように what を疑問代名詞と見て訳すこともできる。❶と❷は同格関係で，コンマを介して並置されている。its と三つの it はすべて，stored の後ろの it と同じ名詞句を指す。

問3 上で解説したとおり，what it contains の it は a trained and powerful mind を指す。したがって，what it contains は「人間の精神が含み持つもの」である。これは，同じ文の you are bound to have stored it with something の something である。ただこれでは具体性に欠けるので，第4文の"Knowledge is power"や，the faculty of acquiring and using <u>knowledge</u> is power を参照して，精神に蓄えられた something が knowledge であると推測する。あるいは，「精神」の中に含まれるものを探せば knowledge が適当だとわかる。

問4 ①「若いころに学んだことの大半は人生を通して保持される」
▶第3文に不一致。
②「知識を獲得し使用する能力が精神の価値である」
▶第4・5文に一致。
③「教育の最終的価値は人々が訓練された精神を持つのを助けることにある」
▶本文に記述なし。
④「学生にとって最も大事なことは勤勉により知識を獲得することである」
▶第4・5文に不一致。

訳例　■ あなたの精神は，身体と同じように，努力によってその能力が育てられるものなのである。■ それが，私の見るところ，一生懸命に勉強することの主な効用である。（中略）■ 勉学によって学ぶことの大部分は，いつまでも頭に残ることにはならないかもしれない，（中略）がしかし精神は，それを学んだために，いっそう優れたより強力な道具になっている。■ 「知識は力なり」であるが，それにも増して，知識を習得し活用する能力こそが力なのである。■ あなたが訓練された強力な精神を持っていれば，(2) きっと，すでにその精神に何かを蓄えているはずであるが，その価値は，何がその中に入っているかよりも，それが何をできるか，何を理解し利用することができるかに存するのである。

235

78

1 (1) The production of arms is allegedly justified on the grounds that in present-day conditions peace cannot be preserved without the equal balance of armaments. **2** And so, if one country increases its armaments, others feel the need to (2) do the same; and if one country is equipped with nuclear weapons, other countries must produce their own, equally destructive. ... **3** Justice, then, right reason, and consideration for human dignity and life urgently demand that the arms race should cease; that the stockpiles which exist in various countries should be reduced equally and simultaneously by the parties concerned .... **4** If this is to come about, the fundamental principle on which our present peace depends must be replaced by (3) another, which declares that (4) the true and solid peace of nations consists not in equality of arms but in mutual trust alone.

（関西大）

設問

問1　下線部（1）を和訳せよ。

問2　下線部（2）の具体的な内容を日本語で記せ。

問3　下線部（3）の具体的な内容を日本語で記せ。

問4　下線部（4）を和訳せよ。

（解答時間の目安　12分）

語句 ■ production「製造，生産」arms「武器」(この意味では常に複数形) allegedly「伝えられるところによると」justify「を正当化する」on the ground(s) that ...「…という理由で」present-day形「現代の，今日の」preserve「を保つ」(= keep) equal「等しい；対等の」bálance「つりあい，均衡」armament「(通例〜s) 軍備」 ② be equipped with「〜を備える」nuclear [njúːkliər]「核の」weapon「武器」destrúctive「破壊的な」(⇔ constructive「建設的な」) ③ justice「正義」reason「理性」consideration for「〜に対する配慮」dignity「尊厳」úrgently「緊急に」cease「やむ；やめる」stockpile「(食糧や武器などの) 備蓄」reduce「を減らす」simultaneously「同時に」party「当事者，関係者」concerned形「関係のある」(名詞の場合は後ろから修飾する) ④ come about「起こる，生じる」(= happen) fundamental「基本的な」principle「原則，原理」present形「現在の」replace「に取って代わる」declare that ...「…と宣言 [断言] する」solid「堅い，堅固な」consist in「〜にある」(= lie in) (cf. consist of「〜から成る」) in mutual trust alone「相互の信頼にだけ」(= only in mutual trust)

研究 ■ 下線部 **(1)** の構造は，~~設問解説~~　問1を参照。

② 下線部 **(2)** を含む第2文前半 (= セミコロン前) の構造は，~~設問解説~~　問2を参照。

_{adv} _節**if one country is equipped with nuclear weapons**，_S**other countries** _V**must produce** _O**their own, [equally destructive]**「ある国が核兵器を装備すると，他の国々は同じように破壊的な，自分たち自身の核兵器を製造しなければならなくなる」

> be equipped with「〜が備わっている」はequip A with B「AにBを備える [装備する]」の受動態。ここではA = one country，B = nuclear weaponsである。their ownはtheir own nuclear weaponsを意味する。文末のequally destructiveはtheir own nuclear weaponsを説明する形容詞句。

③ _S**Justice, then, right reason, and consideration for human dignity and life** _{adv}**urgently** _V**demand** _O**that the arms race should cease**；_O**that the stockpiles [which exist in various countries] should be reduced equally and simultaneously by the parties concerned**「正義，それから正しい理性，そして人間の尊厳と生命に対する配慮は，軍拡競争がやみ，さまざまな国に存在する兵器の備蓄が全関係国により等しくかつ同時に縮小されることを緊急に要求する」

> A demand that B should do「AはBが…することを要求する」の構造を持つ。二つのthat節が並置され，demandの目的語として働く。that節内にはshouldが用いられているが，that the arms race cease，that the stockpiles ... be reducedのように『仮定法現在』(主語の人称・数 (単数／複数) にかかわらず，原形と同じ形をとる) を用いることも可能である。the parties concerned「関係のある当事者」は「すべての関係国」を意味する。

237

4 **If this is to come about**「これが起こることを望むなら」

　　直前の省略された部分には，「軍拡をやめ，兵器保有量を減らし，核兵器を撤廃することは，その過程が当事者の内なる確信に基づく完全なものであり，当事者すべてが人々を悩ませる戦争の恐怖と不安な予想を払拭するために協力しない限り不可能である」ことが述べられている。thisは「軍拡を止め，兵器保有量を減らし，核兵器を撤廃すること」を指すと考えられる。

　下線部 **(3)** を含む第4文主節（= the fundamental principle ... another）の構造は，▨ 設問解説 ▨　問3を参照。

　下線部 **(4)** を含む第4文後半（= which ... alone）の構造は，▨ 設問解説 ▨　問4を参照。

解答　問1：訳例参照　問2：軍備を増やす　問3：別の（基本的）原則　問4：訳例参照

設問解説

問1　**The production of arms is allegedly justified on the grounds that ...**「伝えられるところでは武器の製造は…という理由で正当化されるとのことだ」

　　on the grounds that ... は「…という理由で」を表す。that節はgrounds「根拠，理由」の内容を示す同格節。どのような理由で武器の製造が正当化されるかを示している。allegedlyは「申し立てによると，伝えられるところでは」を表す文副詞。「（…する）とされる，と言われる」と訳してもよい。

　adv'**in present-day conditions** s'**peace** v'**cannot be preserved** adv'**without the equal balance of armaments**「今日の状況で，平和は軍備の互角の均衡なしに維持することはできない」

　　cannot be *done* without A「Aなしに［Aがなければ］…され得ない」の構造を持つ。cannot be *done*「…されることはできない，…され得ない」は「…することはできない」のように能動態の訳もできる。without A「Aなしに」は「Aがなければ」のように条件の意を加味することもできる。the equal balanceにおけるequalは「等しい，同値の」を意味するが，balance「均衡」を修飾する要素としては「五分五分の」を意味する訳語が欲しいところ。

問2　**if one country increases its armaments, others feel the need to** (2)**do the same**「ある国がその軍備を拡張するなら，他の国々も同じことをする必要性を感じる」

　　do the sameはdo soと同じように，前出の動詞句を指す。ここではdo the

sameの具体的内容は，if節内の動詞句increases its armamentsを指す。to do the sameはneedの内容を補完するto不定詞句。

問3 If this is to come about, _s[the fundamental principle [_{関節} on which _{s'}our present peace _{v'}depends _{adv'}   ]] _vmust be replaced _{adv}by another

anotherのあとには名詞の単数形が省略されている。anotherはan + other に由来する語なので，その後ろは可算名詞の単数形である。「…基本原理は別 のものに取って代わられなければならない」というif節の文構造から，主語 の主要語（fundamental principle）が下線部 **(3)** anotherの後ろに省略 されていることがわかる。another = another fundamental principle と 解釈する。

問4 ,[_{関節} which _{s'}   _{v'}declares _{o'}[that _{s''}[the true and solid peace of nations] _{v''}consists not _{adv''}in ^A[equality of arms] but _{adv''}in ^B[mutual trust alone]]]

コンマ以降は，先行詞anotherに関して付加的情報を述べる非制限用法の関 係詞節。declaresの目的語として働くthat節の節内の動詞句にはconsists not in A but in B「AにではなくBにある」が用いられている。国家の平和 が存するところが，AではなくBであることを正確に伝える訳文を作る。

訳例 **1** (1) 武器の製造は，伝えられるところでは現代の状況下では軍備の互角の均衡がなけれ ば平和を維持することはできないという理由によって，正当化される。**2** したがって，も しある国が軍備を増強すれば，他の国々も同じことをする必要性を感じる。そして，も しある国が核兵器を備えたならば，他の国々も，それに劣らず破壊的な核兵器を製造し なければならないことになる。（中略）**3** 正義，それから理性そして人間の尊厳と生命 への配慮は，軍備競争が中止されることを要求し，さまざまな国に存在する兵器の備蓄 が全関係国により，平等かつ同時に減らされることを，緊急に要求している。（中略）**4** これが実現されるためには，現在の平和が依存している基本的な原則が，別の原則，す なわち，(4) 諸国間の真の堅固な平和は軍備の均衡にではなく相互の信頼にのみ存するこ とを宣言する原則によって，取って代わられなければならない。
    別訳（下線部 **(4)** のみ）各国の真の確固たる平和は，武器の均衡に（あるの）で はなく，相互信頼にのみ存在する

239

79

本文は，構文編練習問題30の再掲を含む。

1 In youth, we are impatient of those who are indifferent to our own (1) tastes. **2** As a boy, I could scarcely help feeling hostile to any one who was indifferent to the things about which I was enthusiastic in politics and literature. **3** I could lose my temper easily in an argument about Stevenson and Kipling. **4** (2) Even my favorite seaside resort was a sacred place, and those who cared nothing for it I regarded as, at best, fools. **5** Many food-lovers, I believe, continue throughout life to feel a similar (3) abhorrence of those who are indifferent to food. **6** (4) The gourmet who, having prepared a perfect meal for his guest, finds that the man is suffering from indigestion and is unable to touch his choicest dishes, seethes inwardly with hatred.

(山形大)

設問

問1 下線部（1）のtasteと近い意味のものを次から選べ。
① the ability to make out what is of good quality
② the quality of being acceptable and not offensive
③ the sensation produced by a particular food or drink
④ the tendency of a person to like something

問2 下線部（2）を和訳せよ。

問3 下線部（3）のabhorrenceと同じ意味を持つ名詞を本文中から英語1語で書き出せ。

問4 下線部（4）を和訳せよ。

問5 本文にタイトルをつけるとき，最も適切なものを次から選べ。
① Being Indifferent to Taste
② Enthusiasm toward Politics
③ Great Love for Food
④ The Gourmet Who Hates a Man Suffering from Indigestion

（解答時間の目安　12分）

語句 ■ in youth「若いころ（に）」impatient of「～に我慢ならない，～に耐えられない」indifferent to「～に無関心な，～に冷淡な」taste「好み，嗜好」 ② as a boy「少年のころ」cannot scarcely help *doing*「ほとんど…せずにはいられない［せざるを得ない］」hostile to「～に敵意のある」enthusiástic about「～に熱中して，～に熱心で」politics「政治」literature「文学」 ③ lose ~'s temper「冷静さを失う，いらだつ」argument「議論；論争」Stevenson「ロバート・ルイス・スティーブンソン」(1850-94 英国の小説家・随筆家・詩人) Kipling「ラドヤード・キプリング」(1865-1936 インド生まれの英国の作家・詩人) ④ favorite「お気に入りの」sacred「神聖な」care nothing for「～を（全く）好まない」(care for「～を好む」) regard *A* as *B*「*A* を *B* と見なす」at best「せいぜい，どう見ても」 ⑤ lover「愛好家」continue to *do*「…し続ける」throughóut「～中ずっと」 ⑥ gourmet [góərmeɪ]「美食家，グルメ」prepare *A* for *B*「*B* のために *A* を準備［用意］する」suffer from「(病気など) を患う」indigestion「消化不良，胃弱」choice 形「(特に食べ物について) 高級な，上質の」seethe「(怒り・興奮などで) 煮えくり返る，沸き立つ」inwardly「心の中で，内心では」hátred「憎悪，嫌悪」

研究 ■ 下線部 **(1)** を含む第 1 文の意味的つながりは，■設問解説■ **問1**を参照。
② 筆者は自分の関心事に興味を示さない人に敵意を抱かざるを得なかったと，若かりしころの心情を回想している。could scarcely help feeling は could not help feeling と同義。indifferent [to the things], enthusiastic [about which]（which = the things）という〈形容詞＋前置詞句〉の構造に注意する。この第 2 文の構造は構文編練習問題 30 の解説（別冊 p.44）を参照。

③ **I could lose my temper easily**「私は簡単に冷静さを失いかねなかった」
could は『過去における可能性』を示す。「…する可能性があった」と訳すことも可。

④ 下線部 **(2)** の構造は，■設問解説■ **問2**を参照。
⑤ 下線部 **(3)** を含む第 5 文については，■設問解説■ **問3**を参照。
⑥ 下線部 **(4)** の構造は，■設問解説■ **問4**を参照。

解答 **問1**：④ **問2**：訳例参照 **問3**：hatred **問4**：訳例参照 **問5**：①

設問解説

問1 taste は多義語で「味；味覚；好み；美的感覚；味見」などを意味する。第 1 文の tastes は those who are indifferent to our own tastes「私たち自身の tastes に無関心な人々」という文脈で用いられているので，類似の構造を持つ第 2 文の any one who was indifferent to ... literature を参照し，the things about which I was enthusiastic「私が熱中している［た］事柄」が our own tastes に意味的に近いと判断する。tastes のここでの意味は「好み」である。選択肢は，①「質のよいものを見極める能力→美的感覚，センス」，②「容認さ

れ不快でないという特質→品格」，③「特定の食べ物，あるいは飲み物が生み出す感覚→味覚」，④「ある人が何かを好む傾向→好み」。

問2 **Even my favorite seaside resort was a sacred place, and**「私のお気に入りの海辺のリゾートでさえ神聖な場所であったし，それで」

> andは『因果関係』を示す。「それで，だから」などと訳す。andを『追加』の接続詞ととるなら，「そして」と訳すことができる。

ₒ[those [関節 who s' ᵥcared nothing for ₒ'it]] sI ᵥregarded ₒ c[as, [挿入at best], fools]「それを好まない人々を，私はよくてもせいぜい愚か者と見なした」

> regardは通例regard *A* as *B*「AをBと見なす」という形で用いられるが，ここでは『話題化』（⇒p.96）により，regardedの目的語が主語の前に移動している。本来の構造はregard ᴬ[those who ... it] as ᴮ[fools]である。itは my favorite seaside resort を指す。

問3 **continue throughout life to feel a similar (3)abhorrence of those who are indifferent to food**「食べ物に無関心な人々に似たようなabhorrenceを生涯感じ続ける」

> 挿入句として働くthroughout life「一生の間」を飛ばして，continue to feel ... と読み進む。abhorrenceは難語だが，similar「似たような」に修飾されているので，似たような状況について述べる第2文のI could scarcely help feeling hostile to any one who ... literatureを参照し，ここでのhostileの意味をabhorrenceが持つと推測する。ただしhostileは形容詞でabhorrenceは名詞なので，hostileがそのまま答えになるわけではない。abhorrenceをhostile「敵意のある，反感を持った」と同様の概念を持つ名詞と判断して，「敵意のある状態」を表す名詞を探す。第6文のhatred「憎悪，嫌悪」が意味的に近い。

問4 英文を複雑にしているのはgourmetにかかる関係詞節なので，最初に主節の訳をまとめ，それに関係詞節の訳を埋め込めばよい。

s[The gourmet [who, ... dishes,]] ᵥseethes adᵥinwardly adᵥwith hatred「（…）美食家は内心では憎悪で煮え返っている」

> who, ... dishes, はgourmetにかかる関係詞節。seethe with hatredは「憎悪で煮え返る」を表す。

[関節 who s' , adv'[(v")having prepared (o")a perfect meal (adv")for his guest], ᵥ'finds ₒ'[節 that ...]]

> having prepared ... his guestは関係詞節内の完了分詞構文で，「…を用意したのに，…を用意したあとで」を意味する。この部分を飛ばして，who

finds that ... と読み進むことが重要。

o'[_節 that _{S"}the man ❶[_{V"}is suffering _{adv"}from indigestion] and
❷[_{V"}is unable to touch _{o"}his choicest dishes]]

節内では is suffering ... と is unable ... の二つの動詞句が等位接続され，述部として働く。the man は his guest を指す。touch「に触れる」は「に手を付ける，を食べる」と訳してもよい。関係詞節の訳をまとめると，「客人に完ぺきな食事を用意したあとで，その人が消化不良を患っていて，その極上の料理に手を付けることができないことに気づく」。

問5 本文の主題は「人は自分の関心事に興味を示さない人に我慢がならない」である。この趣旨に近い内容を持つ選択肢を選ぶ。選択肢②「政治に対する熱狂」，③「食べ物に対する強い愛着」，④「消化不良を患う人を嫌う美食家」はいずれも，主題に関する説明の展開の中で用いられた例なので，タイトルとしては不適。①「好みに無関心であること」が正解。

訳例 **1** 若いころは，自身の好みに対して無関心な人々に我慢がならない。**2** 少年のころ，私は自分が政治や文学で熱中していることに無関心などんな人にも敵意を感じないではいられなかった。**3** 私はスティーブンソンやキプリングについて議論するとき簡単に冷静さを失いかねなかった。**4** (2) 私のお気に入りの海辺のリゾートでさえ神聖な場所であったし，それゆえにそのリゾートを好まない人々を，私はせいぜい，愚か者と見なした。**5** 多くの料理愛好家は，思うに，食べ物に無関心な人々に似たような嫌悪を生涯感じ続けるのだろう。**6** (4) 客人に完ぺきな食事を用意して，その人が消化不良を患っていて，その極上の料理に手を付けることができないことに気づく美食家は，内心では憎悪で煮え返っているのである。

参考 Robert Louis Stevenson：代表作は *Treasure Island*『宝島』(1883)，*The Strange Case Of Dr. Jekyll And Mr. Hyde*『ジキル博士とハイド氏』(1886) などがある。Rudyard Kipling：代表作は *The Jungle Book*『ジャングル・ブック』(1894～1895)，*Kim*『少年キム（の冒険）』(1901)。1907年にノーベル文学賞を受賞。

80

1 I admit that loving a cat is a lot less complicated than loving a human being. **2** (1) <u>Because animals can't ruin our fantasies about them by talking, they're even more helplessly susceptible to our projections than other humans.</u> **3** Though of course there's a good deal of naked projection and self-delusion involved in loving other human beings, too.

1 We don't know what goes on inside an animal's (**2**); we may doubt whether they have anything we'd call consciousness, and we can't know how much they understand or what their emotions feel like. **2** I will never know what, if anything, the cat thought of me. **3** But I can tell you (3) <u>this</u>: A man who is in a room with a cat — whatever else we might say about that man — is not alone.

（神戸市外語大）

設問

問1 下線部（1）を和訳せよ。なお，**projection**は「投影」と訳すこと。

問2 空所（2）に入れるのに最も適当な語を次から選べ。
① body
② head
③ room
④ stomach

問3 下線部（3）の内容を本文の内容に即して日本語で説明せよ。

問4 本文の内容と一致するものを次から選べ。
① Cats need care because they are more helpless than humans.
② It is more difficult for us to love cats than to love humans.
③ The process of loving a cat is much simpler than that of loving someone.
④ What cats are thinking about is to some extent understandable.

（解答時間の目安　12分）

語句 （第1段落）■ admit that …「…ことを認める」complicated「複雑な，込み入った」■ ruin「を台なしにする」fantasy「空想（の産物）」helplessly「どうすることもできずに，どうしようもなく」susceptible to「～の影響を受けやすい」projection「投影」■ though「（節の先頭で，前文の内容に対して）もっとも，そうは言うものの」of course「もちろん，当然」a good deal of「たくさんの～」naked「あからさまな，むき出しの」self-delusion「自己欺瞞」(be) involved in「～に関係［関与］して（いる）」（< involve *A* in *B*「AをBにかかわらせる」）（第2段落）■ go on「起こる」doubt whether …「…かどうかを疑わしいと思う」call *A B*「AをBと呼ぶ」consciousness「意識」emotion「感情，情緒」■ if anything「もしあるにしても」think of「～（のこと）を考える」

研究 （第1段落）■ s'[(v'')loving (o'')a cat] v'is c'a lot less complicated adv'[節 than s''[(v''')loving (o''')a human being] (is x-much complicated)]

「ネコを愛することは人間を愛することよりはるかに複雑でない」

loving a cat と loving a human being が complicated の程度において比較される構造。

■ 下線部 **(1)** の構造は，設問解説 **問1**を参照。

■ adv|there v|'s s|(s')a good deal of naked projection and self-delusion (v')involved (adv')[in (v'')loving (o'')other human beings]|「多くのむき出しの投影や自己欺瞞が，他の人間を愛することに関係している」

主語を形成する〈名詞句＋過去分詞句〉の間に受動の主語・述語関係が成立しているので，その関係を反映する訳を作る。there is *A done* は，「…される［された］Aが存在する」と訳すこともあるが，「Aが…されている」と訳すとよい。

（第2段落）■ 空所 **(2)** を含む文前半（＝セミコロン前）の構造は，設問解説 **問2**を参照。

whether they have anything [関節(which / that) s''we v''d call o''c''consciousness]

anythingにかかる接触節で，「私たちが意識と呼ぶであろう」を表す。

swe vcan't know ❶o| 疑節 how much s'they v'understand o'| or ❷o| 疑節 what s'their emotions v'feel c'[like ( )]|「私たちは❶動物がどれほど多くを理解しているか，あるいは❷動物の感情がどのような感じがするかを知り得ない」

等位接続された二つの疑問詞節（間接疑問文）はknowの目的語として働く。

■ s|A man [関節who s' v'is adv'in a room adv'with a cat]|「部屋の中でネコと一緒にいる人」

manは「男性」ではなく，「（男女を問わず不特定の）人」を意味する。現代英語ではa person / someoneが使われるが，半世紀ほど前までは「人」を表すのにmanやheが用いられていた。

adv|疑節whatever else s'we v'might say o'| adv'about that man|「私たちがその人に関して他に何を言うにせよ」

ダッシュに挟まれた挿入節で『譲歩』を示す。

解答　問1：訳例参照　**問2**：②　**問3**：部屋の中でネコと一緒にいる人はひとりぼっちではないこと　**問4**：③

設問解説

問1　_{adv}節 Because _S'animals _{助動}'can't [_Vruin _O'our fantasies about them _{adv}'by talking]「動物は話すことで私たちの動物に関する空想を台なしにすることはできないので」

『理由』を示す副詞節。「動物は話すことができないので，私たち人間が動物に対して勝手に抱く空想を（話すことで）壊すことはできない」を意味する。can'tによる否定の作用は，『手段』を示す副詞的前置詞句by talkingに及ぶ。themはanimalsを指す。

_Sthey _V're _Ceven more helplessly susceptible [to our projections] _{adv}[節 than _S'other humans (are x-much helplessly susceptible to our projections)「動物は他の人間より，私たちの投影にさらにもっとどうしようもなく影響されやすい」

「話すことができない動物は，話すことができる人間より，人間の投影の影響を受けやすい」ことを示す。they（= animals）とother humansを比較される要素とする比較構文。evenは比較級に対する強意語で，「いっそう，さらに」を表す。susceptible to our projections「私たちの投影の影響を受けやすい」は概念がつかみにくいが，ここでの「投影」とは「私たち人間の動物に対する心情が，動物のあり方に関する解釈に反映しやすいこと」を意味する。

問2　_SWe _Vdon't know _O[疑節 what _S' _Vgoes on _{adv}inside an animal's（①body／②head／③room／④ stomach ）;において文脈を成立させるのは②head「頭」。①「体」，③「部屋」④「胃；腹部」はいずれも不適。セミコロンの後ろのwhether they have anything we'd call consciousnessと how much they understandと what their emotions feel likeは，what goes on inside an animal's（　　）と同じ趣旨の疑問詞節と考えられる。よって「意識」「理解」「感情」の存在する場所として適切な選択肢を選べばよい。

問3　I can tell you this:「私はあなたにこう言うことができる」におけるthisはコロンの後ろの文を指す。つまりthisの内容がコロンのあとの文により示されるという構造である。A man who is in a room with a cat — whatever else we might say about that man — is not alone をそのまま訳しても答えになるが，挿入節は省いてもよい。

問4 各選択肢の内容が本文の参照箇所の内容に一致するかどうかをチェックする。

①「ネコは人間より無力なので世話を必要とする」

　　▶本文に記述なし。

②「私たちがネコを愛することは人間を愛することよりもっと難しい」

　　▶第1段落第1文に不一致。

③「ネコを愛する過程は誰かを愛する過程よりずっと単純である」

　　▶第1段落第1文に一致。

④「ネコが考えていることはある程度理解できる」

　　▶第2段落第1・2文に不一致。

訳例　■ ネコを愛することは人間を愛するよりはるかに複雑でないと私は認める。② (1) <u>動物は，話すことで私たちの動物に関する空想を台なしにすることはできないので，他の人間</u>より，私たちの投影にさらにもっとどうしようもなく影響されやすい。③ もっとも，多くのむき出しの投影や自己欺瞞が，他の人間を愛することにも関係しているのは当然のことであるが。

　　■ 私たち（人間）は，動物の頭の中で何が起こっているかわからない。私たちが意識と呼ぶであろうものを動物が持っているかどうか私たちは疑問に思うかもしれないし，動物がどれほど多くを理解しているか，あるいは動物の感情がどのような感じのものか私たちは知り得ない。② 私はこのネコが私に関して，仮にあったとして，何を考えていたか絶対にわからないだろう。③ しかし私にはこう言える。部屋の中でネコと一緒にいる人は，私たちがその人に関して他に何を言うにせよ，ひとりぼっちではないということである。

参考　projection「投影［投射］」：自分の心情を他の人や動物や物に置き換えたり重ねたりすること。または，状況を理解・解釈する際に自分の心情が反映されることを意味する。心理学では一般的に，自身の心情や性格の好ましくない部分が，無意識のうちに，別の人や物にあるものだとすることを指す。

81

1 (1) <u>There are two ways in which one can own a book.</u> **2** The first is the property right you establish by paying for it, just as you pay for clothes and furniture. **3** But this act of purchase is only the prelude to possession. **4** (2) <u>Full ownership comes only when you have made **it** a part of yourself, and the best way to make yourself a part of it is by writing in **it**.</u> **5** An illustration may make the point clear. **6** You buy a beefsteak and transfer it from the butcher's icebox to your own. **7** But (3) <u>you do not own the beefsteak in the most important sense until you consume it and get it into your bloodstream.</u> **8** I am arguing that books, too, must be （ **4** ） in your bloodstream to do you any good.

（同志社大）

設問

問1　下線部（1）の**two ways**の具体的な内容を**30〜40字**で記せ。

問2　下線部（2）を**it**の内容を明示して和訳せよ。

問3　下線部（3）を和訳せよ。

問4　空所（**4**）に入れるのに最も適したものを次から選べ。
　　① absorbed
　　② bought
　　③ filtered
　　④ written

問5　本文の内容に基づいてレポートを書く際，参考になりそうな資料のタイトルを次から選べ。
　　① How to Make Use of Books
　　② How to Translate Books
　　③ How to Write Really Great Books
　　④ The Most Efficient Way to Buy Books

（解答時間の目安　12分）

語句 　**1** own「を所有する」 **2** property right(s)「財産権，所有権」 estáblish「を設立［確立／設定］する」just as ...「ちょうど…と同じように」furniture「家具」 **3** purchase「購入」prélude「予備行為，序（物事の始まり）」possession「所有」 **4** full「完全な」ownership「所有権」 **5** illustration「例，実例」 **6** transfér「を移す」butcher「肉屋」ícebox「（やや古）冷蔵庫」 **7** in the most important sense「最も重要な意味において」consúme「を消費する；を食べる，を摂取する」get *A* into *B*「*A* を *B* に（取り）入れる」bloodstream「（体内を流れる）血，血液；血流」 **8** argue that ...「…と論じる；…と主張する」do 〜 good「〜の役に立つ」

研究 　**1** 下線部 **(1)** の内容に関しては，**設問解説** 問1を参照。

　2 **The first is the property right** [関節 (which / that) s' **you** v'**establish** o' 　adv'[by (v'')**paying** (adv'')**for it**]]**, just as you pay for clothes and furniture.**「第1の方法は，ちょうどあなたが衣服や家具の代金を払うのと同じように，本の代金を払うことであなたが確立する所有権である」

　　The first は The first way (in which one can own a book) を意味する。you establish by paying for it（= a book）は，property right にかかる関係詞節。節内の by *doing*「…することによって」は『手段』を表す。just as ...「〜が…するのとちょうど同じように」の as は「…のと同様に」を意味する『様態』の接続詞。just は強意語で，as を修飾する。

3 But の後ろでは筆者の意見や主張が述べられるのが一般であるが，本文ではこの第3文と第4文がその役を担う。第3文で本の購入が所有の始まりにすぎないことを伝え，第4文で完全な所有はどのようにして生じるかを述べるという構成である。第4文が主題の提示部と考えられる。

4 下線部 **(2)** の構造は，**設問解説** 問2を参照。

5 第5文は，後続の文で，論点を明らかにするためのわかりやすい例が示されることを伝える。第4文で述べられた論理が読者にはわかりにくいかもしれないことを想定して，第6文で比喩によるわかりやすい説明が示される。

6 「論点を明らかにするための例」の前半部で，「所有の始まり」の意味をビーフステーキを引き合いに出して説明している。次の第7文で，「完全な所有」とはいかなるものかが説明される。it は a beefsteak を指す。

7 下線部 **(3)** の構造は，**設問解説** 問3を参照。

8 第8文の空所 **(4)** を含む構造は，**設問解説** 問4を参照。

解答 　問1：代金を支払って本を買うことと，本を吸収してそれを自分の一部にしてしまうこと。（38字） 問2：訳例参照 問3：訳例参照 問4：① 問5：①

問1 下線部 (1) の two ways は「人が本を所有することができる二つの方法」を意味する。第1の方法は，第2文の by paying for it「本の代金を支払うことによって」である。第2の方法は，第4文の (when) you have made it a part of yourself「その本を自分の一部にした（とき）」である。「本を自分の一部にする」とは「本が与える情報や知識をいつでも自分のために役立て得るようにすること」である。

さらに第4文には，the best way to make yourself a part of it is by writing in it「自分を本の一部にする最善の方法は本に書き込みをすることによってである」という追加情報が示される。「自分を本の一部にする」とは「本が描く世界に自分を組み入れること」であるから，完全な所有を得る方法として，「（本が描く世界に自分を組み入れるための最善の方法として）本に書き込みをし，（そうすることで）本を自分の一部にすること」とまとめるのがよい。

〔別解〕 本を買って所有権を得ることと，本に書き込みをしてそれを自分の一部にすること。(38字)

問2 **Full ownership comes only when you have made it a part of yourself**「完全な所有権は，あなたが本を自分の一部にしたときに初めて生じる」

come only when ... の only は when 節に作用する強意語なので，「…するときにやっと［ようやく／初めて］」と訳す。

ₛyou ᵥhave made ₒit ꜀a part of yourself は直訳でよい。本問は「下線部和訳」問題なので，この意味を解説したり，言い換えたりする必要はない。

and ₛ[**the best way** [**to** ₍ᵥ₎**make** ₍ₒ'₎**yourself** ₍꜀'₎**a part of it**]] ᵥ**is** ꜀[**by writing in it**]「そして自分を本の一部にする最善の方法は本に書き込みをすることによってである」

by writing in it は補語として働く前置詞句で，主語 the best way to make yourself a part of it の内容を補完し指定（その内容を特定）する働きをする。主語が the way to *do*「…する方法」の場合，補語に by *doing*「…することによって」が現れることがよくある。by を訳出するかどうかは意見の分かれるところだが，「…すること（によって）である」のどちらも意味が通るので好きなほうを選べばよい。

問3 ₛ**you** ᵥ**do not own** ₒ**the beefsteak** ₐ𝒹ᵥ[**in the most important sense**] ₐ𝒹ᵥ[**until you** ❶[**consume it**] **and** ❷[**get it into your bloodstream**]]「あなたは❶ビーフステーキ用の肉を食べ，❷それを自分の血流に取り入れるまで，最も重要な意味でそれを所有することにはならない」

not による否定の作用は，in the most important sense に及び，「最も重要

な意味では（所有してい）ない」を表す。untilは「（〜が…する）まで」を表す接続詞。

問4 選択肢の中で文脈を成立させるものを選ぶ。_{s'} books, _{adv'} too, _{v'} must be（**4**）_{adv'} in your bloodstream _{adv'} [to do you any good]「本もまたあなたに何らかの利益をもたらすためにはあなたの血流に（①吸収され／②買われ／③ろ過され／④書かれ）なければならない」において文脈を成立させるのは① absorbed「吸収された」である。前文の you do not own the beefsteak … until you … get it into your bloodstream から，比喩の beefsteak を book に置き換えることで，空所**(4)**には「取り入れられる」を意味する過去分詞が入ることが推測される。

問5「本を完全に所有する方法」について論じる本文に基づいてレポートを書く際，参考になりそうな資料は①「本を有効利用する方法」である。これを知ることで，「本に書き込みをして，自分を本の一部にする＝本の内容を理解する」こと以外にも「本を利用する」ための有効な方法が見つかると考えられる。他の選択肢の訳は，②「本を翻訳する方法」，③「本当に偉大な本を書く方法」，④「本を買う最も効率的な方法」。

訳例 1 書物を所有するには二つの仕方がある。2 第1は，ちょうど衣服や家具の代金を支払うのと同じように，書物の代金を支払うことによって成立する所有権である。3 しかしこのような購入の行為は，所有の序章であるにすぎない。4 (2) 完全な所有権は，書物を自分の一部にしてしまったときに初めて手に入るものであり，自分を本の一部にしてしまう最良の方法は，本の中に書き込みをすることである。5 例を一つ挙げれば論旨がはっきりするだろう。6 あなたがステーキ用の肉を買って，精肉店の冷蔵庫から自分の冷蔵庫に移すとする。7 しかし，(3) あなたがその肉を食べて自分の血液に吸収するまでは，最も大切な意味でそれを自分のものとしたことにはならない。8 私は，書物もまた，あなたにとって何らかの利益になるためには，あなたの血液に吸収されなければならないと言っているのである。

82

1 Unlike the British, Americans do not generally take a doleful delight in breakdown and failure. **2** This is because they are trained to admire achievement. **3** They can thus be less envious and begrudging than (1) those for whom good fortune is as rare as humility in Hollywood. **4** At the same time, societies like the United States, which insist on success, are bound to produce large amounts of human wreckage. **5** (2) This, however, has been efficiently taken into account. **6** There is (3) a dynamic, fabulously profitable machine for mopping the damage up, all the way from psycho-therapy to churches, mystic mud baths, and Indian healing rituals. **7** (4) One part of the system reduces people to burnt-out shells by seeking to pump too much profit out of them, while the other part reaps a profit out of trying to stitch them together again.

（早稲田大）

設問

問1 下線部（1）の表す意味に最も近いものを次から選べ。

① 幸運に恵まれない人

② 幸運を手にした人

③ 幸運を追求する人

④ 幸運に飽きた人

問2 下線部（2）の内容を日本語で説明せよ。

問3 下線部（3）の具体例として述べられているものを本文中から探し，日本語で記せ。

問4 下線部（4）を和訳せよ。

（解答時間の目安　12分）

語句 ■ take a ... delight in「〜に…な喜びを覚える」doleful「悲痛な」breakdown「不調，挫折」 ❷ *be* trained to *do*「…するように訓練［教育］されている」admire「を賞賛する」achievement「業績，成果」 ❸ thus [ðʌs]「したがって」(= therefore, so) envious「うらやんで，ねたんで」begrudging [bɪɡrʌdʒɪŋ]「ねたんでいる」good fortune「幸運」humility「謙遜，謙虚」 ❹ at the same time「同時に」insist on「〜を（強く）要求する」*be* bound to *do*「きっと…する，…するはずである」produce「を生み出す，をもたらす」wréckage「残骸；敗残者」 ❺ efficiently「効率的に」take 〜 into account「〜を考慮に入れる」 ❻ dynámic「活発な」fabulously「非常に，途方もなく」prófitable「利益になる，もうかる」machine [məʃíːn]「機械；機構」mop 〜 up[mop up 〜]「〜を拭きとる，〜を取り除く」dámage「損害，損傷」all the way from *A* to *B*「*A*から*B*までさまざまに」psycho(-)therapy「心理療法」mystic「神秘的な，謎めいた」mud bath「泥風呂」healing「治療の」ritual「儀式」 ❼ system「機構，制度」reduce *A* to *B*「*A*を*B*に変える［弱める］」burnt-out（= burned-out）「燃え尽きた，疲れ切った」shell「抜け殻，虚脱状態」pump *A* out of *B*「*A*を*B*からくみ出す」profit「利益」reap「を獲得する，を受け取る」stitch 〜 together[stitch together 〜]「〜を縫い合わせる，〜をまとめ上げる」

研究 ❶ **Unlike the British, Americans do not generally take a doleful delight in breakdown and failure.**「イギリス人とは異なり，アメリカ人は一般に挫折や失敗に悲痛な喜びを覚えない」

イギリス人は失敗を悲痛に感じつつもおもしろがるという性向を示すが，アメリカ人は一般にそうではないことを意味する。unlike *A*「*A*とは異なり，*A*と違って」は文頭に用いられることが多く，後ろに続く文の内容が*A*に関しては成立しないことを示す。

❷ **This is because they are trained to admire achievement.**「これは，彼らが成果を賞賛するように教育されているからである」

Thisは前文の内容を指す。because節はThisの理由を表す節で，「アメリカ人が一般に挫折や失敗に悲痛な喜びを覚えないのは，アメリカ人が挫折や失敗に臆することなく，成果［業績］を賞賛するように教育されているからである」ことを示す。節内のtheyはAmericansを指す。

❸ 下線部 **(1)** を含む第3文の構造は， 設問解説 **問1**を参照。

❹ **societies like the United States, which insist on success, are bound to produce large amounts of human wreckage**「アメリカ合衆国のような社会──それは成功を強く求める──は，必ずや大量の人間の残骸を生み出すはずである」

which insist on successは非制限用法の関係詞節で，societies like the United Statesに関連する追加情報を述べる。produce large amounts of human wreckageは「多くの失敗者［敗残者］を生み出す」ことを意味する。アメリカのような成果重視の社会では，1人の成功者の裏には大勢の失敗者が生まれることは避けられないのである。

5 ₛThis, ₐdᵥhowever, ᵥhas been efficiently taken ₐdᵥinto account. 「し
かしこのことは効率的に考慮に入れられてきた」

ₐdᵥHowever, ₛthey ᵥhave efficiently taken ₒthis ₐdᵥinto account. の受動態
である。なおこの能動態の文のthey は「（一般に）人々」，「アメリカのような社
会の人々」を指す。下線部 **(2)** を含む第5文の内容に関しては，⬛設問解説⬛　問
2を参照。

6 下線部 **(3)** の内容に関しては，⬛設問解説⬛　問**3**を参照。

7 下線部 **(4)** の構造に関しては，⬛設問解説⬛　問**4**を参照。

⬛解答⬛　　**問1**：① 　**問2**：成功することを強く求めるアメリカのような社会では，ど
うしても成功できなかった人が大量に生じることになるということ　　**問3**：心理
療法から教会，謎めいた泥風呂，インド式の治療儀式　　**問4**：訳例参照

⬛設問解説⬛

問1 **They can thus be less envious and begrudging than** ₍₁₎ **those
...** 「彼ら（アメリカ人）はそれゆえに，…人たちほど，うらやんだりねたんだりしない可
能性がある」

アメリカ人は，成果を賞賛することに重きを置くので，他人の成功や業績を
うらやんだりねたんだりはしない可能性がある，という意味。

[those [ₚ関節 **for whom** ₛ**·good fortune** ᵥ**·is** ꜀**·as rare** ₐdᵥ'　ₐdᵥ'[ₚ節**as**
ₛ**''humility in Hollywood**]]]

「ハリウッドにおいて謙虚さはめったに見られないものだが，それと同じくら
いまれにしか幸運に恵まれない人たち」のこと。humility in Hollywoodは
まれなものの代表として用いられている。

問2 This は前文のsocieties like the United States, which insist on success,
are bound to produce large amounts of human wreckageを指す（この文
の構造は，⬛研究⬛ ₄を参照）。「成功を強く求めるアメリカのような社会では，必
ず大量の人間の残骸が生じること」のように，英文の直訳に基づく解答でもよ
いし，「大量の人間の残骸」を「多くの失敗者［敗残者］」に言い換えた解答で
もよい。

問3 a dynamic, fabulously profitable machineは「活発に機能する，非常にも
うかる機械［機構，しくみ］」を意味する。その具体例はall the way from
psycho-therapy to churches, mystic mud baths, and Indian healing
rituals「心理療法から教会，謎めいた泥風呂，インド式の治療儀式に至るまで

さまざまなもの」に示されている。

問4 ₛ**One part of the system** ᵥ**reduces** ₒ**people** ₐdv **to burnt-out shells** ₐdv [**by**₍ᵥ'₎**seeking** ₍ₒ'₎[**to**₍ᵥ''₎**pump** ₍ₒ''₎**too much profit** ₍ₐdv''₎**out of them**]],「このシステムの一部［半面］は人々からあまりに多くの利益をくみ出そうと努めることにより人々を燃え尽きた抜け殻に変えてしまう」

the system は「アメリカのように成功することが求められる社会システム」を意味する。One part はここでは the other part「その他の部分」と対比的に用いられているので、「一部」より「半面，片面」と訳すほうがいい。reduce *A* to *B*「AをBに成り下がらせる」は，ここでは「AをBに変える［下落させる］」などと訳す。by *doing* は『手段』を表す。them は people を指す。

ₐdv [節 **while** ₛ'**the other part** ᵥ'**reaps** ₒ'**a profit** ₐdv'[**out of**₍ᵥ''₎**trying** ₍ₒ''₎[**to** ₍ᵥ''₎**stitch** ₍ₒ''₎**them** ₍ₐdv'''₎**together** ₍ₐdv''''₎**again**]]]「一方，その他の部分［他の半面］は（燃え尽きた抜け殻になった）人々を再び縫い合わせようとすることから利益を得る」

the other part は One part との対比がわかるように「その他の部分，他の半面」と訳す。reap a profit out of *doing*「…することから利益を収穫する［得る］」の reap は「自分がしたことの結果として何かよいものを得る」を意味する。stitch them(= people) together「人々を縫い合わせる」の stitch together は句動詞で，them はその目的語。「成功することができなくてぼろぼろになった人々を修復する」を意味する。

訳例

1 イギリス人とは異なり，アメリカ人は一般に挫折や失敗に悲痛な喜びを覚えない。**2** これはアメリカ人が成果を賞賛するように教育されているからである。**3** したがって，彼らは，ハリウッドにおける謙虚さと同じくらいまれにしか幸運がめぐってこない人々ほどは，うらやんだりねたんだりしないことだろう。**4** 同時に，アメリカ合衆国のような社会は，成功を強く求めるので，どうしても大量の敗残者を生み出すことになる。**5** しかしこのことは，これまでも効率的に考慮されてきた。**6** 心理療法から教会，謎めいた泥風呂，インド式の治療儀式に至るまでさまざまな，痛手を癒やすための活発に機能しひどくもうけになるしくみが存在する。**7** (4) このシステムの半面は人々からあまりに多くの利益をくみ出そうと努めることで人々を燃え尽きた抜け殻に変え，一方他の半面は人々を再び修復しようとすることから利益を得るのである。

83

1 (1) Once in a while a special person comes along whose work transforms the lives of many. **2** One such person was the computer engineer, Grace Hopper. **3** Hopper began her work with computers in the 1950s. **4** These were (2) the earliest years of the computer age. **5** At this time typical computers could only be used by highly-trained people since the instructions for these machines had to be written in the form of difficult mathematics. **6** Hopper wondered if it would be possible to write a computer program using English words instead of complex symbols. **7** (3) If so, the computer would become much easier to use. **8** As a result, she worked to create one of the first computer languages. **9** (4) This allowed computers to be easily used by many more people and was one development leading to the widespread adoption of computers beyond the scientific community.

(北海道大)

設問

問1 下線部（1）を和訳せよ。

問2 下線部（2）the earliest years of the computer age についての説明として正しいものを，次の①〜④から選べ。

① Computers were becoming more commonly used, though still difficult for ordinary people to use.

② Not only the scientific community but common people often used computers.

③ Only experts knew how to use computers, while most people tried in vain to use English words to write computer programs.

④ The instructions for computers were too hard for ordinary people to understand.

問3 下線部（3）を If so の内容を明らかにして和訳せよ。

問4 下線部（4）の This が何を指すかを明らかにし，それがどのような結果を生み出したかを日本語で説明せよ。

(解答時間の目安　12分)

語句 ▌**1** once in a while「ときどき」come along「現れる，出現する」transform「を変える，を変質させる」▌**2** computer engineer「コンピュータ技術者」▌**5** typical「典型的な，代表的な」highly-trained「大いに訓練された，熟練した」since ...「…なので」instruction「(通例~s) 指示，指図」form「形態，形」▌**6** wonder if ...「…かどうかと思う」complex「複雑な」symbol「記号」▌**8** as a result「その結果 (として)」create「を生み出す，を創作する」▌**9** allow A to do「Aが…するのを可能にする」development「発展，発達」lead to「～に至る，～につながる」widespread「広範囲に及ぶ」adoption「採用，使用」scientific community「科学界」

研究 ▌**1** 下線部 **(1)** の構造は ▌**設問解説** 問**1**を参照。

▌**4** 下線部 **(2)** の内容に関しては ▌**設問解説** 問**2**を参照。

▌**5** **At this time typical computers could only be used by highly-trained people**「この時代では典型的なコンピュータは高度に訓練された人々しか使うことができなかった」

onlyはby highly-trained peopleに作用する。1950年代にコンピュータを扱うことができたのは訓練を受けた専門家だけであったことを伝える。

since the instructions for these machines had to be written in the form of difficult mathematics「こうした機械に対する指示は難しい数学の形で書かれなくてはならなかったので」

直前のAt this time ... by highly-trained peopleに対する『理由』を述べる副詞節。

▌**6** s**Hopper** v**wondered** o[節**if** 仮s'**it** v'**would be** c'**possible** 真s'[to (v'')**write** (o'')**a computer program** (adv'')[(v''')**using** (o''')**English words** (adv''')**instead of complex symbols**]]].「ホッパーは複雑な記号の代わりに英語の語を用いてコンピュータプログラムを書くことが可能であるかどうかと思った」

if節内のwouldは仮定法過去と見ることもできるし，時制の一致によりwillがwouldとなったと見ることもできる。using English words instead of complex symbolsは『付帯状況』を表す分詞構文で，write a computer programを修飾する。complex symbolsは第5文のthe form of difficult mathematicsの言い換えとなる表現。

▌**7** 下線部 **(3)** の構造は ▌**設問解説** 問**3**を参照。

▌**8** **she worked to create one of the first computer languages**「彼女は初期のコンピュータ言語の一つを努力して創り出した」

work to doは「…するために努力［尽力］する，努力して…する」を表す。

▌**9** 下線部 **(4)** を含む文の構造は ▌**設問解説** 問**4**を参照。

解答 問**1**：訳例参照 問**2**：④ 問**3**：もし複雑な記号ではなく英語の語を使っ

てコンピュータプログラムを書くことができるなら，コンピュータはもっとずっと使いやすくなるだろう（と彼女は思った）。　**問4**：Thisは，ホッパーが（努力して）創り出した初期コンピュータ言語の一つを指す。これによりコンピュータはより多くの人に容易に使用されるようになり，科学界を越えて広範な分野で採用されるという結果に至った。

設問解説

問1 **Once in a while a special person comes along** |_{関節} **whose work** _{S'} **transforms** _{O'} **the lives of many**|. 「時折，自らの仕事[働き]が多くの人の生活を変えるような特別な人が現れる」

whose ... many は special person にかかる関係詞節。「自らの仕事[働き]により多くの人々の生活を変える」と訳すこともできる。この関係詞節は本来 special person の後ろに現れるべきものだが，そうなると主語の名詞句が長くなり，短い述部とのバランスが悪くなるので，この位置に置かれたものと考えられる。

問2 下線部後の第5・6文を参照し，その内容に一致するものを選ぶ。

①「コンピュータは，ふつうの人が使うのはまだ難しかったが，次第に一般的に使われるようになっていた」

▶第5文の「コンピュータは高度に訓練された人々しか使うことができなかった」に不一致。選択肢のthoughの後ろにはthey(= computers) wereが省略されている。

②「科学界だけでなく一般人もしばしばコンピュータを使った」

▶第5文の「コンピュータは高度に訓練された人々しか使うことができなかった」に不一致。

③「コンピュータの使い方を知っていたのは専門家だけで，たいていの人々はコンピュータプログラムを書くために英語の語を使おうとしたがうまくいかなかった」

▶ Only experts knew how to use computers は第5文に一致するが，while節の内容は本文に記述なし。第6文によれば，英語を使ってコンピュータプログラムを書くことができるのではないかと思ったのは，ふつうの人々ではなくホッパーである。

④「コンピュータに対する指示はふつうの人々が理解するのには難しすぎた」

▶第5文の内容に一致。

問3 If so「もしそうならば」のsoは先行する文を指す。ここではIf so = If it was possible to write a computer program using English words instead of complex symbols「複雑な記号の代わりに英語の語を使ってコンピュータプログラムを書くことが可能であるなら」である。このif節の構造に関しては，**研究** 6 の解説を参照。主節の ₛthe computer ᵥwould become ｃmuch easier [to ₍ᵥ'₎use ₍ₒ'₎　　]「コンピュータはもっとずっと使いやすくなるだろう」は難易構文（⇒p.60）で，主語the computerはuseの目的語に相当する。「複雑な記号の代わりに英語を使ってコンピュータプログラムを書くことが可能であるなら，コンピュータはもっとずっと使いやすくなるだろう」と訳せばよい。

問4 ₍₄₎ₛThis ᵥallowed ₒcomputers [to ₍ᵥ'₎be easily used ₍ₐdᵥ'₎by many more people]「これはコンピュータがもっと多くの人々に容易に使用されることを可能にした」

　　Thisが指すのは，前文の(she worked to create) one of the first computer languages「（ホッパーが努力して創り出した）初期のコンピュータ言語の一つ」または「ホッパーが初期のコンピュータ言語を努力して創り出したこと」。それが生み出した結果に関しては，Thisのあとのallowed … と，andのあとのwas one development … に述べられている。

　（₍₄₎ₛThis …）ᵥwas ｃone development [₍ᵥ'₎leading ₍ₐdᵥ'₎[to the widespread adoption of computers [beyond the scientific community]]]「（これは）科学界を越えてコンピュータが広範囲にわたって使用されることにつながる一つの発展であった」

　　解答に際しては，Thisが指すものと，その結果のそれぞれをまとめる。

訳例 🔳 ₍₁₎時折，自らの働きが多くの人の生活を変えるような特別な人が現れる。🔳 そのような人の1人がコンピュータ技術者のグレース・ホッパーであった。🔳 ホッパーは1950年代にコンピュータ研究を始めた。🔳 これはコンピュータ時代の最も初期の年であった。🔳 当時，典型的なコンピュータは高度に訓練された人々しか使うことができなかった。こうした機械に対する指示が難しい数学の形で書かれなくてはならなかったからである。🔳 ホッパーは複雑な記号の代わりに英語の語を用いてコンピュータプログラムを書くことが可能であるかどうかと思った。🔳 ₍₃₎もしそうならば，コンピュータはもっとずっと使いやすくなることだろう。🔳 結果として，彼女は初期のコンピュータ言語の一つを努力して創り出した。🔳 これはコンピュータがもっと多くの人々に簡単に使用されることを可能にしし，科学界を越えてコンピュータが広範囲にわたって使用されることにつながる一つの発展であった。

84

1 Unlike many other areas in the public realm, the playground in the broadest sense is not a strange place for moving on or hanging around. **2** (1) <u>It</u> is always a cross-generational intersection, nourished by social interdependencies between local inhabitants. **3** Certainly, the children are integrated members of society and their needs are an enrichment of public space. **4** This goes further, (2) <u>for social relationships develop on playgrounds that cannot be limited to that time and place</u>. **5** They are carried forward and can bind a locality together. **6** Fathers who meet coincidentally at a playground get together two weeks later for a family barbecue. **7** The next time, they bring their friends along. **8** (3) <u>Coincidental acquaintances</u> are the basis of lasting identity and security in the local area. **9** (4) <u>The denser one's social network, the more important the public space becomes as a space for leading one's life</u>. **10** Coincidental meetings between locals occur in every urban space where their paths cross: at crossroads, in front of grocery stores, in backyards or, of course, at the playground.

(首都大)

設問

問1 下線部（1）の指すものを本文中の英語で記せ。

問2 下線部（2）を和訳せよ。

問3 下線部（3）の **Coincidental acquaintances** <u>とはどのような人のこ</u> <u>とで，どのような行動をする</u>と書かれているか。本文に即して**50字程度**の日本語で書け。

問4 下線部（4）を和訳せよ。

問5 本文の内容に一致するものには**T**，一致しないものには**F**をつけよ。
　① Playgrounds are not the only place where local people get acquainted.
　② Playgrounds are where people from different generations happen to meet.

③ Playgrounds are becoming larger these days due to the needs of children.

④ Playgrounds give local people a chance to teach children about security risks in society.

(解答時間の目安　12分)

語句　■ **realm** [rélm]「領域, 分野」**in a ～ sense**「～な意味で」**broad**「広い；大まかな」**strange**「なじみのない, 未知の」**move on**「進む, 移動する」**hang around**「ぶらつく, うろつく」　■ **cross-generational**「世代間の」**intersection**「交差点」**nourish** [nə́ːrɪʃ | nʌ́r-]「をはぐくむ, を助長する」**interdependency**「相互依存」**local**「地元の」**inhabitant**「住民, 居住者」　■ **integrated**「統合された, 一体化した」**enrichment**「価値を高めるもの, 豊かにするもの」**public space**「公共空間」　■ **go further**「さらに踏み込む」*be* **limited to**「～に限られる」　■ **carry forward**「～を前進させる」**bind ～ together**「～を結び付ける, ～を一つにまとめる」**locality**「地域, 近辺」　■ **coincidentally**「偶然に, 同時的に」**get together**「集まる」　■ **bring ～ along**「～を連れてくる」　■ **coincidental**「偶然の」**acquaintance**「知人, 知り合い」**basis of**「～の基礎」**lasting**「永続する, 長続きする」**identity**「自己同一性」**security**「安全」　■ **dense**「密度の高い, 密集した」**lead a life**「生活を営む」　■ **urban**「都市の」**path**「進路, 動線」**crossroad**「(～s) 十字路, 交差点」**grocery store**「食料雑貨店」**backyard**「裏庭」

研究　■ 広い意味での「遊び場」は, 人が移動したりぶらついたりすることがふつうに行われる場所であることを意味する。

② 下線部 **(1)** を含む第2文の構造は, ■設問解説■ **問1**を参照。

③④ Certainlyから始まる第3文において, 子供が社会の仕組みに組み込まれた存在であり, 彼らのニーズ（必要とする施設や道具が整った遊び場など）が公共の空間を充実した場にしていることを認めたうえで, 第4文において, 遊び場が子供のための場であることを超えて, 不特定の人々が接触する場となることを述べる。

④ 下線部 **(2)** の構造は, ■設問解説■ **問2**を参照。

⑤ 遊び場で知り合った人々はその後, 社交の場を広げ, 結果として地域社会の結束を強めることを表す。この具体例が次の第6・7文により示される。

⑧ 下線部 **(3)** の内容に関しては, ■設問解説■ **問3**を参照。

⑨ 下線部 **(4)** の構造は, ■設問解説■ **問4**を参照。

⑩ ₛ⌈**Coincidental meetings** [between locals]⌉ ᵥ**occur** ₐdv⌈in every urban space [関節 where ₛ**their paths** ᵥ**cross** ₐdv' ⌋⌋

地元の人々は, その行動経路が交差するあらゆる都市の場で出会いを繰り返すことを伝える。彼らが出会う都市空間の具体例はコロン後に示される。

問1：the playground **問2**：訳例参照 **問3**：遊び場など公共の場所で偶然知り合う人々のこと。彼らは後日，社交の場を設けたり友人を紹介し合ったりする。(51字) **問4**：訳例参照 **問5**：① T ② T ③ F ④ F

設問解説

問1 (1) $_S$It $_V$is $_{adv}$always $_C$a cross-generational intersection, [$_{(v')}$nourished $_{(adv')}$by social interdependencies between local inhabitants]．「それは常に，地元住民間の社会的相互依存によりはぐくまれる，世代間の交差点である」

Itは第1文の主語the playground (in the broadest sense)を指すと考えられる。つまり「それ」は「移動したりぶらついたりするのになじみのない場所ではなく」，「異なる世代の人々が交差する場」である。

問2 for social relationships develop on playgrounds [$_{関節}$that $_{S'}$ $_{V'}$cannot be limited $_{adv'}$to that time and place]

for「というのも［は］…だからである」は，直前のThis goes furtherに対する『理由』を追加的に述べる働きをする。この文の難しさは，「その (that) 時間と場所に限られ得ない」という関係詞節が直前のplaygroundsにかかるのか，social relationshipsにかかるのか，判断しにくい所にある。関係詞節は通例，直前の名詞（句）にかかるので，playgroundsが先行詞となりそうだが，「その（＝遊び場という）時間と場所に限ることができない遊び場」では意味が通らない。一方，先行詞をsocial relationshipsと見れば，「その（＝遊び場という）時間と場所に限ることができない社会的関係（＝人間関係）」のように文脈が成立する。

問3 Coincidental acquaintancesが「どのような人か」に関しては，第6文のFathers who meet coincidentally at a playgroundを参照し，「遊び場など公共の場所で偶然知り合いになる人々」とまとめる。ここではfathersはpeopleの代表として，またplaygroundはpublic spaceの代表として言及されている。

彼らが「どのような行動をするか」は，第6文のget together two weeks later for a family barbecueと第7文のthey bring their friends alongを参照する。「後日社交の場を設けたり友人を紹介したりする」とまとめる。

問4 $_{adv}$[$_{従節}$The denser $_{S'}$one's social network ($_{V'}$is $_{C'}$　　)], $_{主節}$the more important $_S$the public space $_V$becomes $_C$　　$_{adv}$as a space [for $_{(v')}$leading $_{(o')}$one's life]．「自分の社会的人脈が密になればなるほど，公共空間は自

分の生活を送るための場としてそれだけもっと重要になる」

〈the ＋ 比較級 〜, the ＋ 比較級 …〉の構文で，従節の the denser は one's social network (is) の補語として，主節の the more important は the public space becomes の補語として働く。

問5 本文の内容を参照し，各選択肢の一致・不一致を吟味する。本文に述べられていない事柄に言及する選択肢は「不一致」とする。

①「遊び場は地元の人々が知り合いになる唯一の場所ではない」

▶第10文に一致。「地元住民の偶然の出会いは彼らの行動経路が交わるあらゆる都市空間で起こる」とある。

②「遊び場は異なる世代の人々がたまたま出会う場所である」

▶第2文の a cross-generational intersection「世代間の交差点」から，遊び場が異なる世代の人々が出会う場所であると推測することができる。

③「遊び場は今日，子供たちのニーズのために次第に大きくなっている」

▶ Playgrounds are becoming larger に関する記述は本文にはない。

④「遊び場は地元の人々に，社会の安全を脅かす危険な事態について子供たちに教える機会を与える」

▶ security risks in society に関する記述は本文にはない。

訳例 ◧ 公共の領域における他の多くの場所とは異なり，最も広い意味での遊び場は，人が移動したりぶらついたりするのになじみのない場所ではない。② それは常に，地元住民の間での社会的相互依存によりはぐくまれる，世代間の交差点である。③ 間違いなく，子供は社会の構成員で，彼らが必要とするものは公共空間を豊かにするものである。④ このことにはさらに先がある。(2) というのも，遊び場という時間と場所に限ることができない社会的関係が遊び場で発展するからである。⑤ その社会的関係は遊び場を離れて広がり，地元社会を一つにまとめることができる。⑥ 遊び場で偶然に出会った父親同士が2週間後に，家族のバーベキューのために集まる。⑦ その次の機会に，彼らは自分の友人を連れてくる。⑧ 偶然により知り合った人たちは，地元地域における長く続くアイデンティティーと安全の基盤である。⑨ (4) 人の社会的人脈が密になればなるほど，公共空間は生活を送るための場としてそれだけもっと重要になる。⑩ 地元住民の間での偶然の出会いは，彼らの行動経路が交差するあらゆる都市空間で生じる。交差点，食料雑貨店の前，裏庭，あるいはもちろん，遊び場で生じるのである。

85

以下の英文は "Government Support: A Tragedy for the Arts?" という記事の一節である。

1 Furthermore, state support for the arts has a negative effect on the quality of art itself. **2** Since funding is allocated under political direction, politics inevitably influences both (1) <u>fairness</u> and creativity in the art world. **3** Typically, state funding usually goes to well-connected or well-established artists and institutions rather than to talented newcomers and outsiders. **4** (**2**), artists are encouraged to produce art that will successfully pass the application process for a grant rather than to create art for art's sake. **5** (3) <u>This</u> leads to unadventurous attitudes among artists, and ultimately to the rejection of artistic innovations; for example, in the nineteenth century, the French Academy happily dismissed the new painting style called Impressionism.

1 Artists flourish best when they are challenged. **2** Lack of appreciation and financial difficulties did not prevent Van Gogh from creating his masterpieces, and we can expect that even as this article goes to print, many future icons of art are working away in poverty, or at least in obscurity. **3** (4) <u>Indeed, it is in the nature of great art that it often goes unrecognized at the moment of its creation.</u> **4** Future success cannot be guaranteed by state support, nor by social media, but by the considered verdict of future generations of critics.

（慶應大）

設問

問1 下線部（1）の fairness に対する影響とは具体的にはどういうことか, 本文の内容に即して日本語で説明せよ。

問2 空所（2）に入れるのに最も適当なものを選べ。
① Besides ② Conversely ③ For example ④ Nevertheless

問3 下線部（3）の内容を具体的に日本語で説明せよ。

問4 下線部（4）を和訳せよ。

問5 本文の内容に一致するものを次からあるだけ選べ。

① フランスでは印象派の絵画が当初から喜んで受け入れられた。

② 芸術の将来的成功は，国家からの支援を受けられるかにかかっている。

③ ゴッホは経済的に困窮していたにもかかわらず傑作を生み出した。

④ 近年ではソーシャルメディアのおかげで芸術作品が世に広まっている。

⑤ 芸術家の評価は次世代の批評家の判断により決定される。

(解答時間の目安　15分)

語句　(第1段落) ■ **furthermore**「さらに」**state**「国の」**have a negative effect on**「〜に悪影響を与える」■ **funding**「資金，財政的援助」**állocate**「を割り当てる」**under 〜 direction**「〜の管理 [指導] のもとで」**inevitably**「必然的に」**fairness**「公平，公正」■ **typically**「概して」**well-connected**「有力な縁故のある」**well-established**「定評のある，確立した」**institution**「機関，組織」**tálented**「才能のある」**outsider**「部外者，よそ者」■ **encourage A to do**「Aに…するように促す」**pass**「に合格する，に通る」**application**「申請，応募」**process**「過程」**grant**「助成金，補助金」**for 〜's sake**「〜のために」■ **lead to**「〜につながる」**unadvénturous**「冒険的でない」**últimately**「最終的には」**rejection**「拒否，拒絶」**the French Academy**「アカデミー・フランセーズ」(フランス学士院を構成する5部門の一つ) **dismiss**「を退ける」**Impressionism**「印象主義」(第2段落) ■ **flourish**「成功する，栄える」**challenge**「(難題などが) 〜の能力を試す」■ **appreciation**「評価，理解」**financial**「財政 (上) の，金銭的な」**Van Gogh**「バン・ゴッホ」(後期印象派の画家) **másterpiece**「傑作」**go to print**「印刷 [出版] される」**icon** [áɪkɑ(:)n | -kɔn]「偶像 (的存在)，憧れの的」**work away**「頑張る，努力する」**obscurity**「世に知られていないこと」■ **unrecognized**「価値を認められていない，正当な評価を受けていない」■ **guarantee**「を保証する」**considered**「熟慮の末の」**verdict**「評価，判定」**critic**「批評家」

研究　(第1段落) ■ 本文の主題を示す。

■ **Since funding is allocated under political direction**「援助金は政治的管理のもとで割り当てられるので」

このあとの主節に対する『理由』を述べる副詞節。

■ 下線部 **(1)** を含む第2文主節の構造は，■設問解説■　**問1**を参照。

■ 国家による援助がもたらす影響や実態を示す。**go to A rather than to B**「B (に) というよりむしろAに行く」の構造を持つ。*A* = well-connected or well-established artists and institutions，*B* = talented newcomers and outsiders。

■ 空所 **(2)** を含む第4文は，■設問解説■　**問2**を参照。

■ 下線部 **(3)** の内容に関しては，■設問解説■　**問3**を参照。

(第2段落) ■ 第2段落の主題を示す。芸術家は困難な状況にあるとき最も優れた創作活動を行うことを意味する。

②第2段落の主題に関する二つの具体例（ゴッホの例と未来の偶像となる多くの芸術家の例）が示される。

we can ... obscurityにおいて，even as 節は「〜が…するまさに［ちょうど］そのときに」を表す。this articleは，この文章のこと。are working away in poverty, ...in obscurityは「貧困のうちに，…人知れず創作に励んでいる」を表す。

③下線部 **(4)** の構造は，<u>設問解説</u> 問4 を参照。

④先行する第3文の内容を別の観点から述べている。cannot be guaranteed by *A*, nor by *B*, but by *C*「*A*によってでも，*B*によってでもなく，*C*によって保証され得る」の構造を持つ。not *A* but *B*「*A*ではなく *B*」の変形である。

<u>解答</u> 　問1：国家の援助がたいていは，有力なコネがあるとか評価の確立した芸術家や機関に渡り，有能な新人や部外者には渡らないこと　問2：①　問3：芸術家が芸術のための芸術を創作するのではなく，むしろ助成金の申請過程を首尾よく通過するような芸術を作るように促されること　問4：訳例参照
問5：③，⑤

<u>設問解説</u>

問1 ₛpolitics ₐdᵥinevitably ᵥinfluences ₒ[both [₍₁₎**❶fairness and ❷creativity**] in the art world]「政治は必然的に，芸術界における❶公平さと❷創造性の両方に影響を及ぼす」

　　　fairnessに対する影響とは，公平さが失われることであるが，その具体的内容は，第1段落第3文（Typically, state funding ... outsiders.）により示される。国家の援助金が有能な新人や部外者には行かず，強い人脈があるとか，評価が定着している芸術家や組織に行くという「不公平」である。第3文の構造に関しては，<u>研究</u>第1段落-③ を参照のこと。

問2 空所 **(2)** は，文頭における「つなぎ語」選択の問題なので，空所前の第3文と空所後の第4文の内容を比較して，文脈を成立させる選択肢を選ぶ。第3文は「国家の援助金の分配に偏りがある」ことを述べ，第4文は「芸術家が芸術のための芸術を作るのではなく，助成金の申請に首尾よくパスするような芸術を作るように促される」ことを述べる。両者とも，第1段落第1文で示される主題「国家の援助金が誘発する弊害」を指摘しており，また第2文のfairnessとcreativityへのネガティブな影響が第3文と第4文でそれぞれ具体的に示されていることから，第4文は第3文と同じ趣旨の事柄を追加的に述べる文である。① Besides「その上」, ② Conversely「逆に」, ③ For example「例え

ば」，④ Nevertheless「それにもかかわらず」の中で文脈を成立させるのは①である。

問3 This は unadventurous attitudes among artists や the rejection of artistic innovations という「結果」を生じさせる「原因」を表す。解答に際しては先行する第4文の具体的内容をまとめる。

問4 **Indeed, it is in the nature of great art that it often goes unrecognized at the moment of its creation.**

前置詞句 in the nature of great art が強調される強調構文である。that節内の文を先に訳し，「〜が…するのは偉大な芸術の本質（のうち）である」とまとめる。that節内の it は great art を指す。goes unrecognized は「価値が認められていない状態である」を意味する。「世に認められていない，評価されていない」などと訳してもよい。at the moment of its creation は「その創作の瞬間に，その創作時に」を意味する。この its も great art を指す。

問5 ①の「フランスでは印象派の絵画が当初から喜んで受け入れられた」は，第1段落第5文に不一致。②の「芸術の将来的成功は，国家からの支援を受けられるかにかかっている」は，第2段落第4文に不一致。③の「ゴッホは経済的に困窮していたにもかかわらず傑作を生み出した」は，第2段落第2文に一致。④の「近年ではソーシャルメディアのおかげで芸術作品が世に広まっている」は，第2段落第4文に不一致。「未来の成功はソーシャルメディアによっても保証され得ない」と述べられている。⑤の「芸術家の評価は次世代の批評家の判断により決定される」は，第2段落第4文に一致。

訳例 🔟 さらに，芸術に対する国家の支援は芸術自体の質に悪影響を与える。🔟 援助金は政治的管理のもとで割り当てられるので，政治は必然的に，芸術界における公平さと創造性の両方に影響を及ぼす。🔟 一般的に，国家の援助金はたいてい，有能な新人や部外者にではなくむしろ，有力なコネのある，あるいは定評のある芸術家や機関に渡る。🔟 その上，芸術家は芸術のための芸術を生み出すのではなく，助成金の申請過程を首尾よく通過するような芸術を作るように促される。🔟 このことが芸術家の間に冒険的でない態度を生じさせ，最終的には芸術的革新の拒否につながる。例えば19世紀に，アカデミー・フランセーズは印象派と呼ばれる新しい絵画様式を嬉々として退けたのである。

🔟 芸術家はその能力を試されるとき最も華々しい成功をおさめる。🔟 正当な評価の欠如と金銭的困難は，ゴッホが彼の傑作を生み出すのを妨げはしなかったし，またこの記事が印刷に回るまさにそのときに，未来の偶像となる多くの芸術家たちが貧困の中で，あるいは少なくとも世に知られずに，創作にいそしんでいると想像することができる。🔟 (4) 実際，偉大な芸術がしばしば，その創作時には世に認められないままであるのは，偉大な芸術の本質に他ならない。🔟 未来の成功は国家の支援によっても，ソーシャルメディアによっても保証され得ず，未来の世代の批評家たちによる熟慮の末の評価によって保証され得るのである。

86

■ The relation between the conceptual and theoretical and the supposedly non-theoretical visual may be explained using (1) the well-known story of the art student, the soldier and the farmer. ■ All three find themselves standing in a field and each gives a different account of what they see when asked to describe the scene. ■ (2) The soldier sees a position that would be impossible to defend, exposed to attack from both air and ground forces. ■ The art student sees (3) the structure of a Claudian* landscape, with some large dark green trees on the left balancing the more open and lighter central plain, which is accentuated and given depth by the river that winds to the horizon. ■ And the farmer sees an unprofitable unit with limited wheeled access, fit for neither arable crops nor livestock, which will flood in winter. ■ (4) Each sees something different, according to the conceptual frameworks, or theories, that they have adopted as part of their identity as farmer, soldier or student. ■ The student is using ideas from aesthetic theory or the history of art, the soldier is using ideas from military theory and the farmer is using a combination of economics, biology and geology to generate what might be called 'agricultural theory'. ■ As a result of the different theories, each 'sees' something different.

*Claudian: related to Claude Lorrain (1604/05(?)-1682), an influential landscape artist

(横浜国立大)

設問

問1 下線部 (1) の the well-known story について述べた次の英文中の空所に入れるものとして最も適当でないものを一つ選べ。

In the story, _____

① the three people are asked to describe what they see.

② the three people are shown the same picture of a field, trees and a river.

③ the three people imagine different things as they see the same country scene.

④ the three people see the same scene.

問2 下線部（2）を和訳せよ。

問3 下線部（3）は具体的にはどのようなものか。本文の内容に即して具体的に日本語で説明せよ。

問4 下線部（4）を和訳せよ。

（解答時間の目安　15分）

語句 　**1** conceptual「概念（上）の，概念的な」theoretical「理論（上）の，理論的な」supposedly [səpóʊzɪdli]「たぶん，おそらく」non-theoretical「非理論的な」visual「視覚の」**2** find *oneself doing*「自分が…しているのに気づく」give a ～ account of「の～な説明をする」describe「を描写する，の特徴を述べる」**3** position「位置，場所」defend「を防御する，を守る」exposed to「～にさらされた」attack「攻撃」ground force「地上部隊」**4** structure「構造」landscape「景色；風景画」balance「を釣り合わせる」accentuate「を際立たせる」wind [wáɪnd]「曲がりくねる」horizon「(the ～) 地平線，水平線」**5** unprofitable「もうからない，利益を生まない」limited「限られた」wheeled「車で移動する」áccess「接近方法」fit for「～に適した」arable「耕作に適する，耕地の」crop「作物」livestock [láɪvstɑ̀(ː)k | -stɔ̀k]「家畜」flood [flʌd]「水浸しになる」**6** frámework「枠組み」adopt「を採用する」identity「自己同一性，本質」**7** aesthétic「審美的な，美的な」military「軍隊の，軍事の」combination「組み合わさったもの」biólogy「生物学」geology「地質学」generate「を生み出す，を引き起こす」

研究 　**1**「概念的・理論的なものと非理論的・視覚的なものの関係の説明」という本文の主題の提示部。第2～5文で「有名な話」の内容が示され，第6～8文で画学生と農夫と兵士のそれぞれが「同じ景色を見ても違うものを見てしまう」理由が示されている。the conceptual and theoretical と the supposedly non-theoretical visual は，「…なもの［人］」を意味する〈the＋形容詞〉の構造。

2 find *oneself doing*「自分が…しているのに気づく」は「自分が…している状態にある」ことを表す。what they see の具体的内容は第3～5文に示される。when asked＝when they are asked。

3 下線部（2）の構造は， ■設問解説■ 　**問2**を参照。

4 下線部（3）の指示対象に関しては， ■設問解説■ 　**問3**を参照。

5 ₅the farmer ᵥsees ₒan unprofitable unit [❶[with limited wheeled access], ❷[fit for neither arable crops nor livestock], ❸[which will flood in winter]]｜「農夫は，❶車で接近する方法が限られ，❷耕作用作物にも家畜にも適さない，❸冬に水浸しになる利益を生まない一画の土地を見る」

❶の前置詞句，❷の形容詞句，❸の関係詞節が並置され，unprofitable unit を修飾する。

6 下線部（**4**）の構造は，　設問解説　**問4**を参照。

7 画学生と兵士と農夫それぞれの景色の解釈において，その基になる思考方法や理論が説明される。

8 同じ景色を見ているのに，人によって「見ているもの」が異なる理由（用いる「理論」が異なるから）を示す。

解答　　**問1**：②　**問2**：訳例参照　**問3**：左手の何本かの濃緑色の大木がもっと開けた明るい中央の平原と釣り合いを保ち，それが，水平線にまで曲がりくねって伸びる川によって際立たせられ，奥行きを与えられるという，クロード風の風景画の構図　**問4**：訳例参照

設問解説

問1　本文の当該箇所を参照し，各選択肢の一致・不一致を吟味する。

　　①「3人は自分が見るものの特徴を述べるように求められる」は，第2文に一致。

　　②「3人は野原と木と川が描かれた同じ絵を見せられる」は，第2文に不一致。3人とも絵は見せられていない。彼らは同じ景色を見て自分が「見る」ものを説明している。

　　③「3人は同じ田園の景色を見るときに異なるものを想像する」は第3〜5文に一致。

　　④「3人は同じ景色を見る」は，第2文に一致。

問2　$_s$The soldier $_v$sees $_o$[a position [関節 that $_{s'}$ $_{v'}$would be $_{c'}$[impossible [to $_{(v'')}$defend $_{(o'')}$]], adv'[$_{(v'')}$exposed $_{(adv'')}$to attack from both air and ground forces]]].

　　positionにかかる関係詞節は，「空軍と地上部隊両方からの攻撃にさらされて，防御するのが不可能であろうと思われる」の意。exposed … forcesは関係詞節内の分詞構文で，節内の主語（＝ a position）の状態を示す。

問3　the structure of a Claudian landscape「クロード風の風景画の構造」の具体的な内容は，直後のwith … horizon「…状態で」により示される。

　　[with $_{(s')}$[some large dark green trees on the left] $_{(v')}$balancing $_{(o')}$[the more open and lighter central plain], [which is … to the horizon]]「左側の何本かの濃緑色の大木がもっと開けた明るい中央の平原…と釣り合いを保っている状態で」

　　[関節which $_{s''}$ $_{v''}$is ❶accentuated and ❷given $_{o''}$depth $_{adv''}$[by the river [関節 that $_{s'''}$ $_{v'''}$ winds $_{adv'''}$ to the horizon]]]「それが，水平線にまで曲がりくねって伸びる川によって際立たせられ，奥行きを与えられる」

　非制限用法の関係詞節で，先行詞the more open and lighter central plainに関して追加情報を述べる。節内ではisの後ろで，❶accentuatedと❷given depthが等位接続されている。

問4 $_s$Each $_v$sees $_o$something different, $_{adv}$according to the conceptual frameworks, or theories, [関節 that $_{s'}$they $_{v'}$have adopted $_{o'}$ $_{adv'}$as part of their identity as farmer, soldier or student].「彼らが，農夫，兵士，画学生という自らの自己同一性の一部として採用した概念的枠組み，すなわち理論に応じて各人が異なるものを見る」

　or theories「すなわち［つまり］理論」は，conceptual frameworksの言い換えを示す。their identity as farmer, soldier or student「農夫，兵士，あるいは画学生という自分の自己同一性［アイデンティティー］」は「農夫，兵士，あるいは画学生であるという自分の本質」を意味する。asは「である，としての」の意味を持つ前置詞。

訳例 **1** 概念的で理論的なものと，おそらく非理論的で視覚的なものとの関係は，かの有名な，画学生と兵士と農夫の話を用いて説明されるかもしれない。**2** 3人は全員，野原に立っていて，その景色の特徴を述べるように求められると，それぞれ，自分が見るものに関して異なる説明をする。**3** (2) 兵士は，空軍と地上部隊両方からの攻撃にさらされて，防御するのが不可能であろうと思われる場所を見る。**4** 画学生はクロード風の風景画の構造を見る。左手の何本かの濃緑色の大木がもっと開けた，より明るい中央の平原と釣り合い，地平線にまで曲がりくねって伸びる川がその平原を際立たせ，奥行きを与えている。**5** そして農夫は，車で接近する方法が限られ，耕作用作物にも家畜にも適さない，冬に水浸しになる利益を生まない一画の土地を見る。**6** (4) 各人が，農夫，兵士，あるいは画学生という自らの本質の一部として採用した概念的枠組み，つまり理論に従い，異なるものを見る。**7** 画学生は美学的理論あるいは美術史に基づく考えを用い，兵士は軍事理論に基づく考えを用い，農夫は『農業理論』と呼ばれるかもしれないものを生み出すための経済学，生物学，地質学の組み合わせを用いている。**8** 異なる理論の結果として，各人は異なるものを「見る」のである。

87

1 But all at once I saw a human form in the distance, and, to my surprise, soon recognized that the traveller was a woman. **2** Seeing that she had a large basket on her arm, I judged her to be a pedlar. **3** (1) <u>Thinking this woman would be nervous at meeting a strange man in such a lonely place in the dark, I stepped aside a good way, so as to give her plenty of room to pass.</u> **4** However, she was far from being nervous, for she stopped at once and asked me if I had a match. **5** "Yes," I said, stepping forward and offering her my box of matches. **6** But, instead of taking them, she said, "Will you strike a light when I hold my shawl out?" **7** Saying this she placed her basket on the ground and then (**2**) her shawl against the wind. **8** So we both bent our faces behind her shawl and lighted our pipes. **9** My pipe was made of wood, but she being a truer traveller, was smoking a very short black pipe of clay — a very nose-warmer. **10** (3) <u>After that we wished each other good night, she being as cool and self-possessed as though it were broad day and a hundred people were within easy call.</u>

(慶應大)

設問

問1 下線部（1）を和訳せよ。

問2 空所（2）に入れるのに最も適当なものを次から一つ選べ。
① knitted
② spread
③ wore
④ wove

問3 下線部（3）を和訳せよ。

問4 本文の内容に一致するものを次から一つ選べ。
① Both the author and the woman lit their pipe with a match.
② The author stepped aside for fear that the woman might talk to him.
③ The woman asked the author for a box of matches.

④ The woman used a clay pipe, as it was easy to light even in the wind.

（解答時間の目安　12分）

語句　**１** all at once「突然」human form「人影，人の姿」in the distance「遠くに」to ～'s surprise「～が驚いたことに」recognize that ...「…ことを認識する［認める］」**２** judge *A* to be *B*「AがBであると判断する」pedlar 英「行商人」(= 米 peddler) **３** nervous at *doing*「…することに不安で［神経質で］」step aside「よける，わきへ寄る」a good way「十分な距離を取って」room「空間，場所」**４** far from (being) ～「決して～でない，～どころではない」for「というのも…だから」at once「すぐに」**５** step forward「歩み出る，進み出る」offer *A B*「AにBを差し出す［供給する］」**６** strike a light「マッチを擦って火をつける」shawl「ショール，肩かけ」**８** bend ～'s face「顔を下方に曲げる」**９** a pipe of clay「陶製のパイプ，クレイパイプ」nose-warmer「短いパイプ」(「鼻を温めるもの」の意) **10** wish ～ good night「～にお休みを言う」self-possessed「落ち着いた，冷静な」broad day「真昼間」within call「呼べば聞こえる所に」

研究　**２** Seeing that she ... her arm は『理由』または『時』を示す分詞構文。see that ... は「～が…することがわかる［を見て取る］」を表す。主節は ₛI ᵥjudged ₒher ꜀to be a pedlar の構造を持つ。

３ 下線部 **(1)** の構造は，┃設問解説┃　**問1** を参照。

４ 主節は ₛshe ᵥwas ꜀far from [₍ᵥ'₎being ₍꜀'₎nervous]「彼女は不安に思っているどころではなく，全くその逆であった」の構造を持つ。後続の for は，主節に対する判断の根拠を添える働きをする。ask ～ if ... は「～（＝人）に…かどうかを尋ねる」を表す。

５ 等位接続された ₐ𝒹ᵥ|₍ᵥ'₎stepping ₍ₐ𝒹ᵥ'₎forward| と ₐ𝒹ᵥ|₍ᵥ'₎offering ₍ₒ'1₎her ₍ₒ'2₎my box of matches| は『付帯状況』を示す分詞構文。step forward はここでは「前へ一歩進む」という字義どおりの意味を表す。

６ instead of *doing* は「…する（ことはせず，その）代わりに」を表す。Will you *do*? はここでは『指示』(=「…してくれない？，…してよ」) を表す。なぜ彼女が自分でマッチに火をつけず，代わりにショールを広げて持つのかは，次の第7文により示される。

７ 空所 **(2)** を含む第7文の構造は，┃設問解説┃　**問2** を参照。

９ she ₐ𝒹ᵥ|₍ᵥ'₎being ₍꜀'₎a truer traveller|, was smoking a very short black pipe of clay — a very nose-warmer「彼女はより本物の旅人であり，非常に短い黒のクレイパイプを，まさに鼻が熱くなるほど短いパイプを吸っていた」

　being a truer traveller, は she が何者であるかを示す分詞構文。主節に対し，「本物の旅人であるからクレイパイプを吸っていた」のように，『理由』を示す分

273

詞構文と解釈することもできる。

⑩ 下線部 **(3)** の構造は，　設問解説　　問**3**を参照。

解答

問**1**：訳例参照　問**2**：②　問**3**：訳例参照　問**4**：①

設問解説

問**1** ₐdv[(v')**Thinking** (o')[節(that) ₛ"**this woman** ᵥ"**would be** c"[**nervous** [**at** (v''')**meeting** (o''')**a strange man** (adv''')**in such a lonely place in the dark**]]]｜「この女性が暗がりのこんな寂しい場所で見知らぬ男性に出会うことに不安を感じるであろうと思って」

『理由』または『付帯状況』を示す分詞構文。

ₛ**I** ᵥ**stepped** ₐdv**aside** ₐdv**a good way,** ₐdv[**so as to** (v')**give** (o'1)**her** (o'2)[**plenty of room** [**to** (v")**pass**]]]｜「私は彼女に通過するのに十分な空間を与えるために，かなりの距離を取ってわきへ寄った」

a good wayは副詞的に働く名詞句。so as to *do*は「…するように，…するために」を表す。plenty of room to passはgiveの直接目的語として働く名詞句。「通過する［通る］のに十分な空間」と訳す。

問**2** ₐdv[**Saying this**] ₛ**she** ᵥ**placed** ₒ**her basket** ₐdv**on the ground and** ₐdv**then** ᵥ**(2)** ₒ**her shawl** ₐdv**against the wind.**「こう言って彼女は持っていたかごを地面の上に置き，それから風に対抗して［風をよけるために］自分のショールを（　　）」

空所に各選択肢を代入し，文脈が成立するものを選ぶ。①knitted「編んだ」，②spread「広げた」，③wore「着ていた」，④wove「織った」の中で意味が通るのは②である。第6文で彼女がwhen I hold my shawl outと言ったのは，「風よけ」のためであったことがわかる。

問**3** ₐdv**After that** ₛ**we** ᵥ**wished** ₒ1**each other** ₒ2**good night**「その後私たちは互いにお休みなさいと言った」

wish ～ good night「～にお休みなさいと言う」は慣用表現。

ₐdv[(s')**she** (v')**being** (c')**as cool and self-possessed** (adv')[節 **as though** ₛ"**it** ᵥ"**were** c"**broad day and** ₛ'**a hundred people** ᵥ**were** ₐdv"**within easy call**]]｜「彼女は，まるで時間が真昼間で大勢の人が呼べば簡単に聞こえる所にいるかのように冷静で落ち着いていた」

独立分詞構文で，『付帯状況』を表す。独立分詞構文は主語付き分詞構文のことで，珍しい用例である。*be* as ～ as though ... は「まるで…する［であ

る〕かのように〜である」を表す。ここでは as though 節内に仮定法過去（二つの were）が用いられている。訳例のように as though 以下をあとで訳すことも可能である。

問4 本文の内容を参照して，各選択肢の一致・不一致を吟味する。

①「筆者と女性の両方がマッチで自分のパイプに火をつけた」
▶第8文に一致。

②「筆者は女性が自分に話しかけないようにわきへ寄った」
▶第3文に不一致。筆者がわきへ寄ったのは，女性が覚える不安をおもんぱかって，彼女が通るのに十分な空間を確保するためである。

③「女性は筆者にマッチを1箱くれるように頼んだ」
▶第4文に不一致。女性は筆者にマッチを持っているか尋ねたが，くれとは言っていない。女性は筆者のマッチを使って自分のパイプに火をつけたかったのである。

④「女性はクレイパイプを使った。風の中でも火をつけやすかったからである」
▶第6〜8文の記述から，女性がショールを広げて持つのは風よけのためだとわかる。つまり，クレイパイプも風が吹いているときには火をつけにくいのである。

訳例 **1** しかし突然私は遠くに人影を見た。しかも驚いたことに，その旅人が女性であることを私は間もなく認識した。**2** 彼女が腕に大きなかごを抱えているのがわかって，私は彼女が行商人であると判断した。**3** (1)この女性が暗がりのこんな寂しい場所で見知らぬ男性に出会うことに不安を覚えるであろうと思って，私は，通るのに十分な空間を彼女に与えるように，かなりの距離を取ってわきへ寄った。**4** しかし彼女は全く不安に思っていなかった。というのも彼女はすぐに立ち止まり私にマッチを持っているかどうか尋ねたからである。**5** 「ええ，持っていますよ」と私は言い，前に進んで彼女に私のマッチ箱を差し出した。**6** しかし，マッチは受け取らずその代わりに，彼女は「私がショールを広げて持っているからマッチを擦って火をつけておくれ」と言った。**7** そう言うと彼女は持っていたかごを地面の上に置き，それから風をよけるために自分のショールを広げた。**8** それで私たち2人はショールの後ろに顔をかがめて，パイプに火をつけた。**9** 私のパイプは木製であったが，彼女はより本物の旅人であり，非常に短い黒のクレイパイプを，まさに鼻が熱くなるほど短いパイプを吸っていた。**10** (3)その後私たちは互いにお休みを言ったが，彼女は冷静で落ち着いていた。まるで真昼間で，大勢の人が呼べば簡単に聞こえる所にいるかのようだった。

88

1 Social perception judgements are much more complex and difficult to make than judgements about physical perception. **2** (1) We are likely to make mistakes far more often in perceiving people than in perceiving objects. **3** A mistake in perception of someone's personality (such as believing a person to be self-confident when in fact the person is not) is much more difficult to detect, let alone to correct, than a mistake in physical perception. **4** For example, when we make a mistake in assessing the size of a stone or a piece of furniture, the mistake can be readily detected when we take a second look with more careful observation. **5** (2) This is not the case when it comes to most judgements about people. **6** (3)Social perception is fundamentally difficult as it is based on inferences about hidden qualities, while physical perception is not.

1 Apart from this difficulty of judging internal characteristics in social perception, there is (4) another serious problem. **2** When it comes to judgements about people, we easily have biases based on preexisting feelings, attitude and motivations. **3** For example, the perceived similarities and differences between ourselves and others can be an important source of (5)such biases. **4** We are more likely to see good characteristics in people who are similar to us, and bad characteristics in people who are very different.

(福島大)

設問

問1 下線部 (1) を和訳せよ。

問2 下線部 (2) の表す内容を具体的に日本語で説明せよ。

問3 下線部 (3) を和訳せよ。

問4 下線部 (4) の表す内容を具体的に日本語で説明せよ。

問5 下線部 (5) の表す内容を具体的に日本語で説明せよ。

(解答時間の目安　15分)

語句 （第1段落）**1** social perception「社会的知覚」（perception「知覚，（直観的）認識」）
英judgement（＝米judgment）「判断」complex「複雑な」physical perception「物
理的知覚」**2** be likely to *do*「…しそうである，…する可能性がある」perceive「を知覚する」
object「物，物体」**3** personality「人格」believe *A* to be *B*「AがBであると信じる」self-
confident「自信のある」detect「を見つける；に気づく」let alone「～は言うまでもなく」correct
「を訂正する」**4** assess「を評価する；を算定する」furniture「家具」readily「すぐに，難なく」
take a second look「もう一度見る；見直す」observation「観察」**5** when it comes to ～
「～のこととなると，～に関しては」**6** fundamentally「基本的に，本質的に」(*be*) based on「～
に基づいて（いる）」inference「推測，推論」hidden「隠れた」（第2段落）**1** apart from「～
に加えて，～だけでなく」internal「内的な，内面の」characteristic「（通例～s）特徴，特性」**2**
bias [báɪəs]「偏見，先入観」preexisting「既存の，先在する」attitude「態度，考え方」motivation
「動機」**3** similarity「類似点」source「源」

研究 （第1段落）**1** Social perception judgements と judgements about physical
perception を，「複雑さ」と「実行する難しさ」の程度において比較する。
much more は等位接続された complex と difficult to make の両方にかかる。
(much more) difficult to make は難易構文（⇒p.60）で，主語 Social perception
judgements が make の目的語に相当する。

2 下線部 **(1)** の構造は，設問解説　問**1**を参照。

3 A mistake in perception of someone's personality と a mistake in physical
perception を，「見つける難しさ」の程度において比較する。ᵥis ꜀ᴸmuch more
difficult [❶to ₍ᵥ'₎detect, ₍ₐdᵥ'₎ᴸ挿入 let alone ❷to ₍ᵥ'₎correct], ₍ₒ'₎　　]」は難
易構文で，主語 A mistake in perception of someone's personality が detect お
よび correct の目的語に相当する。

　such as believing a person to be self-confident when in fact the person is
not は A mistake in perception of someone's personality の例を示す。not の後
ろには self-confident が省略されている。

4 the mistake は石や家具の大きさを推定する際の誤りを意味する。つまり物理的知
覚における誤りである。

5 下線部 **(2)** を含む第5文の論理構造は，設問解説　問**2**を参照。

6 下線部 **(3)** の構造は，設問解説　問**3**を参照。

（第2段落）**1** 下線部 **(4)** の内容に関しては，設問解説　問**4**を参照。

2 社会的知覚において，自らの感情・態度・動機に基づく偏見が作用することについ
て述べる。When it comes to judgements about people「人に関する判断となる
と」は，このあとの記述が社会的知覚に関連するものであることを示す。

3 下線部 **(5)** を含む文の構造は，設問解説　問**5**を参照。

4 自分と他者との類似点や相違点が，他者に対する偏見のもとになることを述べる。

解答 　**問1**：訳例参照　**問2**：人に対するたいていの判断に関しては，注意深い観察をもって見直したとしても誤りを見つけるのは容易でないこと　**問3**：訳例参照　**問4**：人を判断する際に，私たちがすでに有する感情，態度，動機に基づいて容易に偏見を抱いてしまうという問題　**問5**：自分と似ている人にはよい特徴を見いだし，自分と非常に異なる人には悪い特徴を見いだす可能性が高いということ

設問解説

問1　(s)We (v)are likely to make (o)mistakes (adv)far more often (adv)|(in (v')perceiving (o')people| (adv)|(節)than (we are likely to make mistakes x-much often) (adv)|[in (v")perceiving (o")objects]|.「私たちは物を認識するときより人を認識するときのほうが，もっとずっと頻繁に間違いをする可能性がある」

　in perceiving people と in perceiving objects という場合を，間違いをする頻度において比較する構文。

問2　This is not the case「これは実情ではない」における This は前文の内容を指す。つまり，物理的知覚における誤りはより注意深く観察して見直せばすぐに見つかるということである。また This is not the case の後ろに when it comes to most judgements about people「人に対するたいていの判断に関しては」とあるので，それが当てはまらないことがわかる。「人に対するたいていの判断に関しては，注意深い観察をもって見直したとしても誤りを見つけるのは容易でないこと」のようにまとめる。

問3　(s)Social perception (v)is (c)fundamentally difficult (adv)|(節) as (s')it (v')is based (adv')on inferences about hidden qualities|, (adv)|(節) while (s')physical perception (v')is not (c'difficult)|.「物理的知覚とは違い，社会的知覚は，それが隠れた特質に関する推測に基づくので基本的に難しい」

　『理由』を表す as 節は主節を修飾する。as 節内の it は Social perception を指す。hidden qualities は他者の目に見えない特質，つまり性格や嗜好(しこう)といった内面的特質を意味する。while 節は〈主節 + as 節〉との『対照』（=「一方で…」）を示す。while 節内では not の後ろに difficult が省略されている。

問4　another serious problem「別の重大な問題」の内容は，直後の第2文When it comes to judgements about people, we easily have biases based on preexisting feelings, attitude and motivations. により示される。「人々に関する判断となると，（自分の内に）前から存在している感情，態度，動機に基づく偏見を簡単に抱いてしまうという問題」のようにまとめる。

問5 ₛ[the perceived similarities and differences [between ourselves and others]] ᵥcan be ᴄan important source of such biases 「私たち自身と他者との間の認識された類似点と相違点はそのような偏見の重要な源になる可能性がある」

具体的内容は，直後の We are more likely to see good characteristics in people who are similar to us, and bad characteristics in people who are very different. により示される。「私たちが自分と似ている人をいい人と判断し，似ていない人を悪い人と判断する可能性が高いということ」のようにまとめる。

訳例　1 社会的知覚における判断は物理的知覚に関する判断よりずっと複雑で，するのが難しい。2 ₍₁₎私たちは，物を認識するときより人物を認識するときのほうがもっとずっと頻繁に間違いをする可能性がある。3 ある人の人格についての認識の誤り（例えばある人が実際はそうではないのに自信家であると信じること）は，物理的知覚における誤りより，訂正するのは言うまでもなく見つけるのがずっと難しい。4 例えば，私たちが石とか家具の大きさを推定する際に間違うとき，その間違いはもっと注意深く観察して見直せばすぐに見つけることができる。5 人々に対するたいていの判断に関しては，そうではない。6 ₍₃₎社会的知覚は隠れた特質に関する推測に基づくので本質的に難しいが，物理的知覚はそうではない。

1 社会的知覚において内面的特徴を判断することのこうした難しさに加えて，もう一つの重大な問題が存在する。2 人に関する判断となると，私たちは（自らの内に）前から存在している感情や態度や動機に基づく偏見を簡単に抱いてしまう。3 例えば，自分自身と他者との間において認識される類似点と相違点は，そうした偏見の重要なもとになる可能性がある。4 私たちは自分と似ている人々によい特徴を見いだし，自分とは大きく異なる人々に悪い特徴を見いだす可能性が高い。

参考　社会的知覚：他者が何者であるかを判断すること，またその判断。

89

1 When I first came to Japan more than 30 years ago I had (1)<u>a frustrating experience</u> within a few days of my arrival. **2** I was looking for a post office and I was told that there was one just down the crowded shopping street I was on, on the right. **3** Off I set. **4** I walked until I reached the end of the street, failing to locate it. **5** I asked another person, who gave me the same information: if I turned around and walked a bit (**2**). **6** Off I set again, almost back to where I'd started from, with no success.

1 After walking back and forth a few more times I finally noticed the post office. **2** There were likely several cultural reasons for (3)<u>my inability to recognize it.</u> **3** It was considerably smaller than I had expected and somehow didn't look "postal" to me, perhaps because it dealt with financial services as well, unlike corresponding American mailing facilities and it displayed pamphlets advertising gifts of fruit. **4** Finally, it didn't have a national flag outside it, once again different from a building providing similar services in the United States.

（香川大）

設問

問1 下線部 (1) の **a frustrating experience** の内容を **30〜40**字で説明せよ。

問2 空所（2）に入る文として最も適切なものを次から選べ。
① I'd find it behind me
② I'd find it on my right
③ I'd see it in front of me
④ I'd see it on my left

問3 下線部 (3) の原因を筆者はどうとらえているか。**70〜80**字にまとめよ。

（解答時間の目安　12分）

語句 （第1段落） **1** frustrating「いらいらする；挫折感を起こさせる（ような）」**2** down the street「通りを通って［行って］」crowded「混雑した」**3** set off「出発する」**4** fail to *do* 「…することができない」locate「を見つける」**5** turn around「回れ右をする，ぐるりと向きを変える」（第2段落）**1** back and forth「行ったり来たり」finally「ついに，やっと；最後に」notice 「に気づく」**2** likely 圖「たぶん，おそらく」inability to *do*「…することができないこと」recognize 「を識別する，の見分けがつく」**3** considerably「相当に，かなり」somehow「どういうわけか」 postal「郵便の，郵便局の」perhaps「もしかすると」deal with「～を扱う」financial services 「金融業務」as well「～もまた」unlike「～とは違って」corresponding「相当する」mailing facilities「郵便施設」(facility「（～s）施設，設備」) display「を陳列する，を展示する」advertise 「を広告する，を宣伝する」**4** provide「を提供する」

研究 （第1段落）**1** 下線部 **(1)** の内容に関しては，■設問解説■ **問1**を参照。

　　2 I was looking for a post office and I was told that there was one just down [the crowded shopping street [関節(which/that) ₛI ᵥwas ₐdᵥon（　　）]], on the right.「私は郵便局を探していて，私が居合わせた混み合った商店街をちょっと行ったところの，右側に郵便局があると教えられた」

　oneはa post officeを意味する。I was onは関係詞が省略された接触節で，crowded shopping streetにかかる。省略された関係詞は前置詞onの目的語として働く。

4 failing to locate itは分詞構文で，but failed to locate itを意味する。

5 空所 **(2)** の補充に関しては，■設問解説■ **問2**を参照。

6 Off ₛI ᵥset again, ₐdᵥ[almost back to [where I'd started from]], ₐdᵥ[with no success].「私は再び歩き出し，ほとんど歩き始めた所にまで戻ったが，うまくいかなかった」

　Off I setは「その場を離れて向こうへ」を意味する副詞offが主語（代名詞）の前に現れる構造。where I'd started from「私がそこから出発したところ」は関係詞節（whereは先行詞を含む関係副詞）で，the place where I'd started fromと同義。with no success「成功しなかった」は『結果』を示す前置詞句。

（第2段落）**2** 下線部 **(3)** を含む第2文の構造は，■設問解説■ **問3**を参照。

3 It ... somehow didn't look "postal" to me, perhaps [because ❶[it dealt with financial services as well, [unlike corresponding American mailing facilities]] and ❷[it displayed pamphlets [advertising gifts of fruit]]].「それはどういうわけか私には「郵便局の」ようには見えなかった。というのもたぶん，❶その郵便局が，アメリカでそれに相当する郵便施設とは異なり，金融業務も扱っていて，❷贈答用の果物を宣伝するパンフレットを陳列していたからであろう」

　because節は，先行する主節の主張に対する根拠を追加的に述べる。主節の主語のIt，because節の二つのitはすべてthe post officeを指す。corresponding American mailing facilitiesは「アメリカの郵便局」の意。

281

4 **Finally, it didn't have a national flag outside it,** ⌈**once again different from a building** [**providing similar services in the United States**]⌋. 「最後に，その郵便局は外に国旗を出しておらず，これもまたアメリカ合衆国で類似の業務を提供する建物とは異なるところであった」

　日本の郵便局がアメリカの郵便局と異なる点を最後にもう1点述べている。once again different from a building … the United States は it didn't have a national flag outside it に関して追加情報を述べる形容詞句。providing similar services in the United States は building を修飾する分詞句。

解答 **問1**：郵便局がなかなか見つからず，見つけるまで何度も同じ通りを行き来したこと。(36字) **問2**：④ **問3**：日本の郵便局は思ったより小さく，アメリカの郵便局とは違って金融サービスを提供し，贈答品のパンフレットを置き，国旗を揚げていないため郵便局に見えないから。(76字)

設問解説

問1 **I had** (1) **a frustrating experience within a few days of my arrival.**「私は到着から数日と経たないうちにいらいらする経験をした」

　経験の内容は第1段落第2〜6文，第2段落第1文に述べられる。郵便局の場所を教えてもらったにもかかわらず，なかなか探し当てることができず，見つけるまで通りを何度も行き来したという経験である。

問2 **I asked another person, who gave me the same information: if I turned around and walked a bit** (**2**).「私は別の人に尋ねた。その人は私に同じ情報を与えてくれた。つまり，私が回れ右をしてちょっと歩けば（　　）」

　通りの端まで来たときに別の人に郵便局の場所を尋ねたところ，「同じ情報」が得られたとあるので，郵便局は最初にいた場所から通りの端に向かうときは通りの「右側に」あり，逆に通りの端から最初の場所に戻るときは「左側に」あることになる。通りの端で回れ右をしてそのまま最初の場所に向かって進めば，④ I'd see it on my left「私は自分の左側に郵便局を見ることになる」と判断することができる。他の選択肢は①「私は自分の背後に郵便局を見つける」，②「私は自分の右側に郵便局を見つける」，③「私は自分の目の前に郵便局を見つける」でいずれも不適。

問3 adv**There** v**were** adv**likely** s⌈**several cultural reasons** [**for my inability** [**to recognize it**]]⌋.「私が郵便局を識別することができなかったことにはおそらく，いくつかの文化的理由があった」

設問は「下線部 **(3)** の原因を筆者はどうとらえているか」を問うものなので，several cultural reasons「日米両国の文化的相違に関連するいくつかの理由」の具体的内容を示せばよい。第 2 段落第 3 文には，「日本の郵便局がアメリカ人の筆者が①予想するよりかなり小さいこと」，「日本の郵便局がアメリカの郵便施設とは異なり，②金融業務を行っていたり，贈答用の果物を宣伝するパンフレットを置いていたりして，アメリカ人の目には郵便局のように見えないこと」が原因として挙げられ，続く第 4 文には，「日本の郵便局がアメリカの郵便局と異なり，③建物の外に国旗を出していないこと」が挙げられている。解答に際しては，この 3 点を簡潔にまとめる。

訳例　　① 私が 30 年以上前に初めて日本に来たとき，私は到着から数日と経たないうちにいらいらする経験をした。② 私は郵便局を探していて，私が居合わせた混み合った商店街をちょっと行ったところの，右側に郵便局があると教えられた。③ 私は歩き始めた。④ 通りの向こう端に着くまで歩いたが，私は郵便局を見つけることができなかった。⑤ 私は別の人に尋ねた。その人は私に同じ情報を与えてくれた。つまり，私が回れ右をしてちょっと歩けば郵便局は左側に見つかるというのだ。⑥ 私は再び歩き出し，ほとんど歩き始めた所にまで戻ったが，郵便局は見つからなかった。

　　① もう数回通りを行き来したあと，私はやっと郵便局に気づいた。② 私が郵便局を識別することができなかったことにはおそらく，いくつかの文化的理由があった。③ （日本の）郵便局は私が予想していたよりかなり小さかったし，またどういうわけか私には「郵便局の」ようには見えなかった。というのもたぶんその郵便局が，アメリカでそれに相当する郵便施設とは異なり，金融業務も取り扱っていたり，贈答用の果物を宣伝するパンフレットを陳列していたりしたからであろう。④ 最後に，その郵便局は外に国旗を出しておらず，これもまたアメリカ合衆国で類似の業務を提供する建物とは異なるところであった。

90

1 Fundamentally, paint is a mixture of colored pigments and a binder, by which we mean the substance that (1) binds the pigments to whatever is being painted. 2 Pigments are usually colored powders, (2) originally obtained from nature. 3 For example, clay and coppery rocks can be used to make brown or orange pigments, while yellow, orange, and red tints can be created from plants such as saffron. 4 Some natural pigments are very rare, or can only be found with difficulty; for example, (3)one of the only sources of purple pigment in the ancient world was from the shell of a certain rare snail, which made purple a very expensive color indeed, usually reserved for royalty.

1 During the 19th century, advances in chemistry led to (4)the creation of synthetic (artificial) dyes, reducing the cost of some rare colors by hundreds or thousands of times, and allowing the creation of some colors much brighter than possible in nature. 2 This also had the effect of making many pigments safer, as before the *advent* of synthetic dyes, some colors could only be created using poisonous materials. 3 (5) It is suspected, for example, that Monet's premature blindness and even van Gogh's famous mental issues may have been caused by overexposure to toxic pigments in the paints they used to create their wonderful works of art.

(中部大)

設問

問1 下線部（1）とほぼ同じ意味の語を次から選べ。

① changes　② colors　③ sticks　④ uses

問2 下線部（2）について，自然由来の顔料用素材として，本文中に挙げられているものをあるだけ選べ。

① 殻　② 植物　③ 岩石　④ 海藻　⑤ 炭

問3 下線部（3）を和訳せよ。

問4 下線部（4）がもたらした結果を，70〜80字で説明せよ。

問5　下線部（5）を和訳せよ。

（解答時間の目安　12分）

語句　（第1段落）**1** fundamentally「基本的には」paint「絵の具，塗料」mixture「混合物」colored「色の付いた」pigment「顔料；色素」binder [báɪndər]「接着剤」substance「物質」bind *A* to *B*「AをBに定着させる」**2** powder「粉，粉末」originally「元は，最初は」obtain「を得る」**3** clay「粘土」coppery rock「銅鉱石」tint「色，色合い」saffron「サフラン」**4** rare「珍しい」shell「貝殻；殻」snail「カタツムリ」indeed「実に，全く」reserved for「～に取っておかれた」róyalty「（集合的）王族，皇族」（royal「国王の，王室の」）（第2段落）**1** advánce「進歩，発達」chemistry「化学」lead to「～につながる，～に結び付く」creation「創造」synthetic「合成の，人造の」artificial「人造の」dye「染料」reduce「を下げる，を低下［減少］させる」allow「を可能にする」bright「明るい；鮮やかな」**2** the effect of *doing*「…するという効果」ádvent「（the ～）出現，到来」poisonous「有毒な」material「原料，材料」**3** suspect that ...「…ではないかと思う」Monet「クロード・モネ」（1840-1926：印象派の画家）premature「早すぎる，時ならぬ」blindness「盲目，失明」van Gogh「（ビンセント・）バン・ゴッホ」（1853-1890：後期印象派の画家）mental「精神の，心の」issue「問題」cause「を引き起こす」overexposure to「～に過度にさらされること」toxic「有毒な」

研究　（第1段落）**1** 主題「顔料の特徴・製法・歴史」の導入部。この文は，paint「絵の具」という身近なものを引き合いに出し，それを起点にして，よく知られていないその主成分のpigments「顔料」に関する説明へと論を進める働きをする。この直後にはbinderに関する簡単な説明が続き，第2文以降で主題であるpigmentsに関する説明が展開される。

by which ... being painted の構造は，　設問解説　問1を参照。

2 originally obtained from nature は主語 Pigments の特徴を記述する補語的要素。

3 文頭の For example から推測できるが，前文の originally obtained from nature の具体例を示している。　設問解説　問2を参照。

4 自然由来の顔料の一部は入手が極めて困難であることを述べる。

下線部（3）の構造は，　設問解説　問3を参照。

（第2段落）**1** 下線部（4）を含む第1文の構造は，　設問解説　問4を参照。

2 第2文の構造は，　設問解説　問4を参照。

3 下線部（5）の構造に関しては，　設問解説　問5を参照。

解答　　問1：③　問2：①，②，③　問3：訳例参照　問4：珍しい色の製造コストを大幅に下げ，自然界に存在するものよりも明るい色の製造を可能にした。また，有毒物質を含まない安全な顔料を製造することができるようになった。（79字）　問5：訳例参照

問1 a binder, [by which $_{s'}$we $_{v'}$mean $_{o'}$the substance [that $_{s''}$
$_{(1)}$$_{v''}$binds $_{o''}$the pigments $_{adv''}$[to whatever is being painted]]「接着剤——それによって私たちは，絵の具やペンキが塗られている物に顔料を（…する）物質を意味する」

> by which ... being painted は先行詞 a binder に関して，それがどういうものであるかを説明する非制限用法の関係詞節。a binder の定義を示す関係詞節と考えればよい。whatever is being painted とは，紙であれキャンバスであれ何であれ絵の具や塗料によって塗られる物のことを意味する。binds の位置に，①changes「変える」，②colors「を着色する」，③sticks「をくっつける」，④uses「を使う」をそれぞれ代入する。文脈を成立させるのは③sticks である。動詞 bind は「を縛る，を結ぶ」を意味する語なので，これに近い意味を持つ選択肢を選ぶのも一つの方法である。

問2 For example で始まる第1段落第3文と第4文に，下線部 originally obtained from nature の具体例が述べられる。clay and coppery rocks から③，plants such as saffron から②，shell of a certain rare snail から①を選ぶ。④と⑤はいずれも本文に記述がない。

問3 $_s$[one of the only sources of purple pigment [in the ancient world]] $_v$was $_c$[from the shell of a certain rare snail]「大昔の世界における紫色の顔料の限られた源の一つは，ある希少なカタツムリの殻であった」

> from は「由来」を表す。補語が from から始まる前置詞句であるのは，主語 one（= a source）に意味上欠けている要素（=「何に由来するか」）を補完するためである。訳出に際しては，from の訳語である「から」は入れないほうが自然な訳となる。

, [関節 which $_{s'}$ $_{v'}$made $_{o'}$purple ❶$_{c'}$a very expensive color indeed, ❷$_{c'}$usually reserved for royalty]」「それは紫色を❶実にとても高価な色にし，❷たいていは王族のために取っておかれるものにした」

> 非制限用法の関係詞節で，先行する one ... snail に関して，それが原因で生じた結果を示す。訳例のように，「そのせいで紫色は本当にとても高価な色になり，たいていは王族のために取っておかれるようになった」と訳すこともできる。補語❶，❷がコンマを介して並置されているが，❷は❶の結果を示すと考えられる。

問4 advances in chemistry led to $_{(4)}$ the creation of synthetic (artificial) dyes「化学の発達は合成された（人造の）染料の開発につながった」

後ろに続く等位接続された二つの分詞句（reducing ... と allowing...）は『結果』を示す分詞構文で，これが「下線部 **(4)** がもたらした結果」を示している。さらに This also had the effect of *doing*「これはまた…するという効果をもたらした」から始まる第2文も「下線部 **(4)** がもたらした結果」を示すと考えられるので，この部分をまとめて解答とする。

❶ _{adv}[_(v')reducing _(o')the cost of some rare colors _(adv')by hundreds or thousands of times], and **❷** _{adv}[_(v')allowing _(o')the creation of some colors [much brighter than possible in nature]]「❶一部の希少な色の生産費を数百分の一，あるいは数千分の一に低下させ，❷自然界で可能であるよりはるかに鮮やかないくつかの色の開発を可能にした」

「希少な色の生産費が劇的に下がり，自然界には存在し得ないほど鮮やかな色を創り出すことが可能になった」とまとめる。by hundreds timesは「数百倍」，by thousands of timesは「数千倍」を表すが，reduce「を低下［減少］させる」と合わせて「数百分の一，あるいは数千分の一に低下させる」と表現する。

_SThis _{adv}also _Vhad _O[the effect of [_(v')making _(o')many pigments _(c')safer]], _{adv節}[as _{adv}before the *advent* of synthetic dyes, _{S'}some colors _{V'}could only be created _{adv'}[_(v'')using _(o'')poisonous materials]].「これはまた，多くの顔料をより安全にするという効果をもたらした。というのも，合成染料の到来以前は，一部の色は有毒な原料を使うことによってしか創り出すことができなかったからである」

「有毒な原料を使わずにすむことで，多くの顔料がより安全になった」とまとめる。

問5 It is suspected, for example, that ...「例えば，…ではないかと思われる」は形式主語構文。

_{S'}Monet's premature blindness and even van Gogh's famous mental issues _{V'}may have been caused _{adv'}by overexposure [to toxic pigments [in the paints [_{関節}(which/that) _{S''}they _{V''}used _{O''}　　 _{adv''}[to _(v''')create _(o''')their wonderful works of art]]]]「モネの早すぎる失明，さらにはゴッホの有名な精神障害さえ，彼らが自らのすばらしい芸術作品を生み出すのに使った絵の具に含まれる有毒な顔料に過度にさらされることにより引き起こされたのかもしれない」

関係詞の省略された接触節はpaintsにかかる。節内の動詞句はused ～ to *do*「…するために～を使った」の構造で，省略された関係詞はusedの目的語として働く。

　■ 基本的に，絵の具は有色の顔料と接着剤の混合物である。接着剤とは，絵の具やペンキが塗られている物体に対して顔料を定着させる物質を意味する。■ 顔料はふつう有色の粉末で，元は自然から手に入れていた。■ 例えば，粘土や銅鉱石は茶色，あるいは橙色の顔料を作るのに用いることができ，一方で黄色，橙色，赤色はサフランのような植物から創り出すことができる。■ 自然由来の顔料の中には非常に希少であるとか，あるいは苦労してやっと見つけることができるものがある。例えば，(3) 大昔の世界における紫色の顔料の限られた源の一つは，ある希少なカタツムリの殻であったが，このせいで紫色は実にとても高価な色になり，たいていは王族のために取っておかれたのである。

　■ 19世紀中に，化学の発達は合成された（人造の）染料の開発につながり，一部の希少な色の生産費を数百分の一，あるいは数千分の一に低下させ，自然界で可能であるよりはるかに鮮やかないくつかの色の開発を可能にした。■ 合成染料の開発はまた，多くの顔料をより安全にするという効果をもたらした。というのも，合成染料の到来以前は，一部の色は有毒な原料を使うことによってしか創り出すことができなかったからである。■ (5) 例えば，モネの早すぎる失明や，さらにはゴッホの有名な精神障害でさえ，彼らがそのすばらしい芸術作品を生み出すのに使った絵の具に含まれる有毒な顔料に過度にさらされることにより引き起こされたのかもしれないと思われている。

出典一覧

例題 1 "56% of hotels in Japan bar visitors with tattoos from bathing facilities" from Japan Today by GPlusMedia Inc. (Japan Today), Oct. 22, 2015. . Used by permission.／例題 2 "Overwhelmed? 10 ways to feel less busy" by Oliver Burkeman from *The Guardian*, Feb 26, 2016. Copyright Guardian News&Media Ltd. Used by permission.／例題 3・4 "Mind Change: A Global Phenomenon" from MIND CHANGE: HOW DIGITAL TECHNOLOGIES ARE LEAVING THEIR MARK ON OUR BRAINS by Susan Greenfield, copyright © 2015 by Susan Greenfield. Used by permission of Random House, an imprint and division of Penguin Random House LLC. All rights reserved.／例題 5 "The Secret to a Good Scream" from The New York Times, July 16, 2015. Copyright The New York Times Company. Used by permission.／例題 6 "Explorers, Danger and a Guiding Presence" from Voice of America by Voice of America, Feb 23, 2010.／例題 7 北海道大学／例題 8 "Manning the house" by Heather Howard and Atsuko Matsumoto, from THE DAILY YOMIURI, January 15, 2010 より作成。 ／例題 9 成蹊大学／例題 10 獨協大学／例題 11 *An Introduction to Applied Linguistics, 2nd edition* by Norbert Schmitt, Taylor & Francis (Routledge), 2010. Used by permission.／例題 12 *Good Reading* by New American Library of World Literature, 1954.／例題 13 "Sorry, You Can't Speed Read" from The New York Times, by Jeffrey M. Zacks and Rebecca Treiman, The New York Times, April 15, 2016. Used by permission.／例題 14 *Fallodon papers* by Viscount Grey of Fallodon, Houghton Mifflin company, 1926.／例題 15 from Insight Out by Tina Seelig. Copyright ©2015 by Tina L. Seelig. Used by permission of Harper Collins Publishers.／例題 16 *Japanese Literature: An Introduction for*

Western Readers by Donald Keene, Hachette UK (John Murray).／例題17 Three Days to See by Hellen Keller, January 1933 Atlantic © American Foundation for the Blind.／例題18 The wonderful world of books by Penguin US by Alfred Stefferud, Robert Osborn, Houghton Mifflin.／例題19 "Want to lose weight? Sit quietly and listen to yourself chewing" by Oliver Moody, THE TIMES, March 17 2016. Used by permission.／例題20 *The Book of Knowledge: The Children's Encyclopedia Volume 5* by Scholastic Library Publishing. All rights reserved. Reprinted by permission of Scholastic Library Publishing, Inc.／例題21 九州大学／例題22 *The Listener* by Bernard Shaw.／例題23 *Young Man Entering Business* by Orison Swett Marden, 1903.／例題24 *Ethics for Young People* by Ginn and Company.／例題25 *How to Pick A Jury* by Clarence Darrow.／例題26 "Using Menu Psychology to Entice Diners" from The New York Times, by Sarah Kershaw, The New York Times, December 22, 2009. Used by permission.／例題27 知の挑戦 = World of Wonders Inspiring the Future by Anthony Sellick, John Barton, 小笠原亜衣 © Anthony Sellick, John Barton, 小笠原亜衣, published by 成美堂, 2016. Used by permission.／例題28 *Peter the Whaler* by William Henry Giles Kingston.／例題29 *The Random House Dictionary Of The English Language* by Penguin Random House USA, 1966.／例題30 "For Kyoto, a Chance to lead Japan in Fight Against Food Loss" from Japan Times, by Eric Johnston, Japan Times, Oct 20, 2018. Used by permission.／例題31・32 "Why human must not give up the quest for Mars?" by Nicky Jenner, *The Guardian*, 1 May 2017. Copyright Guardian News&Media Ltd. Used by permission.／例題33 *Up from Slavery* by Booker T. Washington, 1901.／例題34 "Everyman His Own Historian" of the American Historical Review（January 1932）by Carl L. Becker.／例題35 Communications (Revised Edition) by Raymond Williams, Random House UK (Chatto & Windus), © Merryn Williams. Used by permission.／例題36 *Idea of a Patriot King* by Henry St John, 1st Viscount Bolingbroke.／例題37 *Ethics for Young People* by Ginn and Company.／例題38 Sociolinguistics: An Introduction to Language and Society, Fourth Edition by Peter Trudgill, Penguin UK, 2000. Used by permission.／例題39 慶應義塾大学／例題40 "Bug Nuggets. Is the world ready for soy-glazed mealworms?" from *The Atlantic* Magazine by Daniel Fromson, September 01, 2011 issue, © 2011 The Atlantic Media Co., as first published in The Atlantic Magazine. All rights reserved. Distributed by Tribune Content Agency.／例題41 "Teaching in Everyday Life: Fathers and mothers" from THE ART OF TEACHING by Gilbert Highet, copyright 1950, copyright renewed 1977 by Gilbert Highet. Used by permission of Alfred A. Knopf, an imprint of the Knopf Doubleday Publishing Group, a division of Penguin Random House LLC. All rights reserved.／例題42 *The Impact of Science on Society* by Bertrand Russell, Routledge. Used by permission.／例題43 *Up from Slavery* by Booker T. Washington, 1901.／例題44 慶應義塾大学／例題45 *MYERS & MONTAGUE, GUIDE TO AMERICAN ENGLISH, 5th* Ed., ©1972. Reprinted by permission of Pearson Education, Inc., New York, New York.／例題46 Congressional Record: Proceedings and Debates of the Congress, 第107巻, 第23部 by U.S. Government Printing Office.／例題47 *Living Philosophies* by Albert Einstein.／例題48 From. *Gateway to the Great Books*, 1E. © 1990 Gale, a part of Cengage, Inc. Reproduced by permission. www.cengage.com/permissions.／例題49 Great Ideas from the Great Books by Mortimer J. Adler, Copyright © by Mortimer J. Adler, published by Washington Square Press, 1967. Used by Permission.／例題50 *Authority and the Individual* by Bertrand Russell, Routledge, 2009. Used by permission.／例題51 総合英語：未来の扉を開いて—Front Page of the Future by James M. Vardaman, Copyright © by James M. Vardaman, published by 三修社, 2013. Used by Permission.／例題52 *Autobiography* by John Stuart Mill.／例題53 "Attached to tech and paying price in concentration" from The New York Times, by Matt Richtel, The New York Times, Jun 6, 2010. Used by permission.／例題54 How to Mark a Book by Mortimer J. Adler, Copyright © by Mortimer J. Adler, published by Saturday Review, July 6, 1940. Used by Permission.／例題55 *The Private Papers of Henry Ryecroft* by George Gissing.／例題56 "A Computer Wins at Go, and This Human Is Disappointed" by Stephen L. Carter from Bloomberg © SyndiGate Media Inc. March 11, 2016. Used by permission.／例題57 *Social Studies: An Orientation Handbook for High-school Pupils* by William McAndrew, Little, Brown, 1935. Used by permission.／例題58 Technophobia! : Science Fiction Visions of Posthuman Technology by Daniel Dinello, published by the University of Texas Press, Copyright © 2005.／例題59 Song of the Earth by Jonathan Bate, copyright © by Jonathan Bate. Reproduced with permission of the Licensor through PLSclear.／例題60 *The Conquest of Happiness* by Bertrand Russell, W.W.Norton(Liveright), 2013. Used by permission.／例題61 慶應義塾大学／例題62 "Am I too old to learn a new language?" by Mo Costandi, The *Guardian*, 13 September 2014. Copyright Guardian News&Media Ltd. Used by permission.／例題63 *Ethics and eco-ethics* by Otto Kinne, Inter-Research.／例題64 北海道大学／例題65 *How Should One Read A Book?* by Virginia Woolf.／例題66 Through the Communication Barrier: On Speaking, Listening, and Understanding@1979 Samuel I Hayakawa, Harper & Row.／例題67 1968 NASA authorization : hearings before the Committee on Science and Astronautics, U.S. House of Representatives, Ninties Congress, first session by U.S. Government Printing Office.／例題68 From THE PROMISE OF A PENCIL by Adam

Braun. Copyright © 2014 by Goodpenny Ventures LLC. Reprinted with the permission of Scribner, a division of Simon & Schuster, Inc. All rights reserved.／例題69 Social Psychology: A Very Short Introduction © Oxford University Press. Reproduced with permission of the Licensor through PLSclear.／例題70 愛知県立大学／例題71 Happy Homes and the Hearts That Make Them or Thrifty People and Why They Thrive by Samuel Smiles, A. M. Chas. A.／例題72 "Frankness" from *The Ladies' Garland- Volume 2*.／例題73 *Young Man Entering Business* by Orison Swett Marden, 1903.／例題74 From *Communications* by *Raymond Williams* Published by *Jonathan Cape* Reprinted by permission of The Random House Group Limited. ©1975／例題75 *Books v. Cigarettes* by George Orwell.／例題76 *Principles of Social Reconstruction* by Bertrand Russell, Routledge, 1997. Used by permission.例題77 *A father to his freshman son: A father to his graduate girl* by Edward Sandford Martin.／例題78 PACEM IN TERRIS by Pope John XXⅢ © 1963 Libreria Editrice Vaticana. Used by permission.／例題79 *Indifference* by Robert Lynd.／例題80 "A Man and His Cat" from The New York Times, by Tim Kreider, The New York Times, August 1, 2014. Used by permission.／例題81 *How to Mark a Book* by Mortimer J. Adler, Copyright © by Mortimer J. Adler, published by Saturday Review, July 6, 1940. Used by Permission.／例題82 From ACROSS THE POND: AN ENGLISHMAN'S VIEW OF AMERICA by Terry Eagleton. Copyright © 2013 by Terry Eagleton. Used by permission of W.W. Norton & Company, Inc.／例題83 北海道大学／例題84 Urban Code: 100 Lessons for Understanding the City by Department Of Architecture ETH Zurich (Anne Mikoleit, Moritz Pürckhauer), MIT /gta Verlag, 2011. Used by permission.／例題85 慶應義塾大学／例題86 *The Myths We Live By* by Mary Midgley, copyright © by Mary Midgley. Reproduced with permission of the Licensor through PLSclear.／例題87 *The essential W. H. Davies* by W. H. Davies.／例題88 Interpersonal Behaviour: The Psychology of Social Interaction by Joseph P. Forgas, Copyright © by Joseph P. Forgas, 1986. Used by Permission.／例題89 *A street view of cultural context in complex cityscapes* by Kate Elwood, Japan News. Used by permission. ／例題90 中部大学　練習問題1 *Why is water an important resource?* by American Geosciences Institute. Used by permission.／練習問題2 *Cross-Cultural Connections: Stepping Out and Fitting In Around the World* by Duane Elmer, IVP Academic, 2002. Used by permission.／練習問題3 明治大学／練習問題4 Global education experts urge Japan to look beyond rote learning by MAGDALENA OSUMI, Japan Times, 2016. Used by permission.／練習問題5 "All work and no play" from The Japan Times ST, by Rebecca Quin, The Japan Times, July 15, 2016. Used by permission.／練習問題6 Meet the man who can teach you how not to be average by Anna Hart, Telegraph Media Group, 2016. Used by permission.／練習問題7 成蹊大学／練習問題8 *The Salmon of Doubt: Hitchhiking the Galaxy One Last Time* by Douglas Adams, Pan Macmillan, 2005. Used by permission.／練習問題9 本書オリジナル／練習問題10 *Design as Art* by Gius. Laterza & Figli S.p.A. / Penguin UK, 2019. Used by permission.／練習問題11 *Up from Slavery* by Booker T. Washington, 1901.／練習問題12 "Letting Happiness Flourish in the Classroom" from The New York Times, by Jessica Lahey, The New York Times, March 9, 2016. Used by permission.／練習問題13A *Character* by J.Murray.／練習問題13B The Celestial Omnibus: And Other Stories by E. M. Forster, Society of Authors / Peters Fraser + Dunlop / Dover Publications (Courier Corporation). Used by permission.／練習問題14 "The New Community" from THE SPIRIT OF COMMUNITY: RIGHTS, RESPONSIBILITIES, AND THE COMMUNICATION AGENDA by Dr. Amitai Etzioni, copyright ©1993 by Amitai Etzioni. Used by permission of Crown Books, an import of Random House, a division of Penguin Random House LLC. All rights reserved.／練習問題15 Adventures in Appreciation by Fannie Safier, Harcourt Brace Jovanovich, Wanda Schindley, Margaret Ferry, John Kuehn, Harcourt, Brace, 1989. Used by permission.／練習問題16 "Frankness" from *The Ladies' Garland- Volume 2*.／練習問題17 From *Small is Beautiful: A study of Economics as if People Mattered* by E.F. Shumacher. Published by *Vintage*. Reprinted by permission of The Random House Group Limited. ©1993.／練習問題18 *THE MEANING OF ART* by Herbert Read, Faber and Faber, 1974. Used by permission.／練習問題19 "Does music really help you concentrate?" by Dean Burnett, *The Guardian*, 20 August 2016. Copyright Guardian News&Media Ltd. Used by permission.／練習問題20 北海道大学／練習問題21 *Practical Faster Reading : An Intermediate/Advanced Course in Reading and Vocabulary* by Gerald Mosback, Vivienne Mosback, Cambridge University Press, 1976.／練習問題22 *Peter the Whaler* by William Henry Giles Kingston.／練習問題23 Republished with permission of [Peter Hauri, Shirley Linde], from [No More Sleepless Nights, Peter Hauri, Shirley Linde, 1996]; permission conveyed through Copyright Clearance Center, Inc.／練習問題24 Freedom and Responsibility in the American Way of Life Mass Market Paperback by Carl L. Becker, 1945.／練習問題25 *The Man and His Works* by Carl L. Becker.／練習問題26 Quote by Henry Ford.／練習問題27 *Letters Papers from Prison* by Simon and Schuster.／練習問題28 *On Education* by Bertrand Russell, Routledge, 2006. Used by permission.／練習問題29 HANDS: WHAT WE DO WITH THEM AND WHY by Darian Leader (Penguin Books, 2016). Copyright © Darian Leader, 2016.／練習問題30 *Indifference* by Robert Lynd.／練習問題31 "When will men live as long as women?" by Niamh McIntyre, *The Guardian*, 13 February 2018.

Copyright Guardian News&Media Ltd. Used by permission.／練習問題32 *Staying Well: Your Complete Guide to Disease Prevention* by Harvey B. Simon, Houghton Mifflin, © 1992, Houghton Mifflin.／練習問題 33 *The Book of Knowledge: The Children's Encyclopedia, Volume 3.* All rights reserved. Reprinted by permission of Scholastic Library Publishing, Inc.／練習問題34 *Selected Writings of Edward Sapir* by Edward Sapir, edited by David G. Mandelbaum.／練習問題35 *Autobiography* by John Stuart Mill.／練習問 題36 *Man's Search for Meaning: Young Adult Edition* by Victor E. Frankl. Copyright © 1959, 1962, 1984, 1992 by Victor E. Frankl. Reprinted with permission from Beacon Press, Boston Massachusetts／練習問題 37 Quote by John Homer Miller.／練習問題38 from *Sapiens* by Yuval Noah Harari. Copyright © 2015 by Yuval Noah Harari. Used by permission of HarperCollins Publishers.／練習問題39 "Frankness" from *The Ladies' Garland- Volume 2.*／練習問題40 "How to lose excess weight - diet, exercise or both?" from the National Post by Postmedia (National Post), Dec 6, 2016. Used by permission.／練習問題41A *The Autocrat of the Breakfast Table* by Oliver Wendell Holmes.／練習問題41B Quote by John Homer Miller.／練習問題 41C・42 Complete Essays: Aldous Huxley, 1920-1925, Volume I ('the work') Aldous Huxley Copyright © 2000. Used by permission of Rowman & Littlefield Publishing Group. All rights reserved.／練習問題43A *Politics and the English Language* by George Orwell.／練習問題43B *A manual of morals for common schools* by J.P. Jewett.／練習問題44 *Character* by J.Murray.／練習問題45 "The Next Battle for Marriage Equality" from DISSENT by Suzanne Kahn, University of Pennsylvania Press, Winter 2016. Reprinted with permission of the University of Pennsylvania Press.／練習問題46 Why It's Best to Take Tests Early in the Day by Carmen Nobel, Harvard Business School Working Knowledge, 24 February, 2016. Used by permission.／練習問題47 "The Superior Social Skills of Bilinguals" from The New York Times, by Katherine Kinzler, The New York Times, March 13, 2016. Used by permission.／練習問題48A *The Story of My Life and Selected Letters* by Hellen Keller, 2016 Quarto Group, © American Foundation for the Blind. ／練習問題48B *What every Yale freshman should know* by Edmund S. Morgan, Saturday Review, 1960. Used by permission.／練習問題49 *The Works of John Ruskin, book 14* by John Ruskin.／練習問題50 *An Autobiography* by Anthony Trollope.／練習問題51 *Teacher in America* by Jacques Barzun, 1986 © Rowman & Littlefield Publishing Group, Inc. Used by permission.／練習問題52A *Living in the U.S.A.* by Alison Raymond Lanier, Intercultural Press (Nicholas Beraley Publishing), 1988. Used by permission.／練習問題 52B From *Faith for Living* by Lewis Mumford, Copyright © 1940 by Elizabeth M. Morss and James G. Morss. Used by permission of Gina Maccoby Literary Agency.／練習問題53 Brief quote from p.4 of How to Avoid Work by William J. Reilly. Copyright © 1949 by Harper & Brothers, renewed copyright © 1977 by Gladys Bogue Reilly. Used by permission of HarperCollins Publishers.／練習問題54 *English Proverbs Explained* by Ronald Ridout, Clifford Witting, Pan Books, 1969.／練習問題55 *What I believe* by Edward Morgan Forster, Society of Authors / Hogarth Press, 1939.／練習問題56 *A History of Freedom of Thought* by John Bagnell Bury.／練習問題57 *Ethics for Young People* by Ginn and Company.／練習問題58 *Language: An Introduction to the Study of Speech* by Edward Sapir.／練習問題59 "Attached to tech and paying price in concentration" from The New York Times, by Matt Richtel, The New York Times, Jun 6, 2010. Used by permission.／練習問題60 *Life and Literature* by Lafcadio Hearn.／練習問題61 From Gladys G. Doty and Janet Ross. Language and Life in the U.S.A.. ©, a part of Cengage, Inc. Reproduced by permission. www. cengage. com/permissions.／練習問題62 Fashion Theory An Introduction by Malcom Barnard, copyright © by Malcom Barnard. Reproduced with permission of the Licensor through PLSclear.／練習問題63 Gender in Communication: A Critical Introduction by Palczewski, Catherine H., SAGE College, 1 January, 2018. Used by permission.／練習問題64 "How Colleges Can Again Be Levelers of Society" from The New York Times, by Tina Rosenberg, The New York Times, May 3, 2016. Used by permission.／練習問題65 慶應義塾大 学／練習問題66 *Sleep Deprivation and Deficiency* by National Heart, Lung, and Blood Institute (NHLBI).／ 練習問題67　北海道大学／練習問題68 Excerpt from WORDS CAN CHANGE YOUR BRAIN: 12 CONVERSATION STRATEGIES TO BUILD TRUST, RESOLVE CONFLICT, AND INCREASE INTIMACY by Andrew Newberg, M. D. and Mark Robert Waldman, copyright © 2012 by Andrew B. Newberg and Mark Robert Waldman. Used by permission of Hudson Street Press, an imprint of Penguin Publishing Group, a division of Penguin Random House LCC. All rights reserved.／練習問題69 "Chapter 4" from THE KITE RUNNER by Khaled Hosseini, copyright © 2003 by TKR Publications, LLC. Used by permission of Riverhead, an imprint of Penguin Publishing Group, a division of Penguin Random House LLC. All rights reserved.／練習問題70 "The Story of the Daily Mail" from DAILY MAIL by Paul Harris, Solo Syndication Limited. Used by permission.